Geest – Verlag

Für meine Familie und alle, die aufgeben wollen. Tut es nicht. Bitte.

C 71,6
Diagnose: Hirntumor

Kim-Vanessa Mathes

Kim-Vanessa Mathes
C 71,6
Diagnose: Hirntumor
Geest-Verlag, Vechta-Langförden 2010

Geest-Verlag
Lange Straße 41 a, 49377 Vechta-Langförden
Tel. 04447/856580 / Fax 04447/856581
Geest-Verlag@t-online.de
www.Geest-Verlag.de

Die Fotografie des Covers ist
von Lisa Föllinger, Erich Hirsch, Thilo Trauth

Druck: Geest-Verlag

ISBN 978-3-86685-260-0
Printed in Germany

Die Namen wurden aus Datenschutzgründen geändert, eventuelle Ähnlichkeiten sind von der Autorin nicht beabsichtigt. Sollte
sich jemand wiedererkennen, darf er sich freuen, denn schließlich
beruht dieses Buch auf einer wahren Begebenheit, soll aber die
Geschichte der Autorin wiedergeben und von niemand anderem
sonst. Die Anmerkungen meiner Mutter sind zum besseren Verständnis gedacht. Danke.

Inhalt

Prolog

Dieses Buch ist mein Herz. Mein Leben – welches vielleicht nicht sehr lange dauern wird. Es hat mir über eine grauenhafte Zeit geholfen und ist der einzige Sinn, den ich dieser schrecklichen Zeit abgewinnen kann. Ich habe bereits im Krankenhaus beschlossen aufzuschreiben, was mir widerfahren würde, jedoch konnte ich zu dem Zeitpunkt nicht richtig sehen, hören, sprechen und auch nicht schreiben oder tippen. Das ging erst viele Wochen später – deshalb bitte ich zu entschuldigen, dass manches vielleicht durcheinander geraten ist, aber ich musste mir alles merken. Mit einem verletzten Hirn. Später half mir das Schreiben mehr beim Verarbeiten, als die vielen Gespräche mit den Psychologen, es ist mit mir gewachsen und hat mir oft Halt gegeben. Deshalb soll es genau so gelesen werden: Mein Verhalten entspricht oft der Situation meiner Krankheit und ist geprägt von Verzweiflung und absoluter Machtlosigkeit. Ich bin wirklich kein Vorbild. Das ganze Buch ist sehr persönlich und ich wünsche mir, nicht auf halber Strecke verurteilt zu werden, sondern dass Sie weiterlesen und erst am Schluss ein Urteil fällen.

Mich rührt das Buch einerseits zu Tränen und bringt mich andererseits zum Lachen. Durchleben Sie ein von Emotionen geprägtes Jahr mit mir. Ich hoffe, dass Sie eine solche Erfahrung niemals in Ihrem Leben selbst machen müssen! Ich möchte mit diesem Buch anderen Betroffenen Beistand geben und gesunden Menschen

zeigen, dass es furchtbar ist, krank zu sein. Was einem am meisten hilft, ist Beistand. Deshalb bitte ich ausdrücklich darum: Verdammt, wendet euch nicht ab! Wir brauchen euch so sehr, das könnt ihr euch nicht vorstellen. Zudem darf Folgendes nicht zu kurz kommen: Ich verdanke meinen Freunden mein Leben und bin all jenen unendlich dankbar, die bedingungslos für mich und meine Familie da waren.
Ich bin auch nur so, wie das Leben mich gemacht hat.

Kim-Vanessa Mathes

Wie alles begann

Mein Name ist Kim-Vanessa Mathes und ich bin 19 Jahre alt. Nicht sonderlich spektakulär, wäre da nicht der Hirntumor. Bis jetzt habe ich drei Operationen hinter mir. Im Kopf. Und das innerhalb von wenigen Monaten. Es war lebensbedrohlich. Und furchtbar für alle Beteiligten. Ich war in einer neurologischen Klinik am Bodensee und musste vieles neu erlernen, doch ich will von vorne anfangen, schließlich wissen Sie noch von nichts.

Ich besuchte Anfang 2009, mit 18 Jahren, die 13. Klasse eines Mädchengymnasiums in der Pfalz, und es waren gerade Weihnachtsferien. Da in Rheinland Pfalz die Schulzeit bis zum Abi nur 12,5 Jahre dauert, fing bei uns das schriftliche Abitur im Januar an. So wie ich die Ferien mag, habe ich erst einmal nichts gemacht für die Schule. Wer bitte tut groß etwas für die Schule, wenn Ferien sind? Gut, man nimmt sich immer etwas vor, schiebt es tausend Mal hinaus und dann steht das letzte Wochenende an und man hat doch nichts getan. Zwischendurch gab es Tage des ‚Intensiv Learnings', ansonsten habe ich gebastelt, ein Tausenderpuzzle gemacht, in einen Bilderrahmen gepackt, aufgehängt und dann noch mit Fotos eine große Collage geklebt. Also alles eigentlich unnötige Sachen, aber mir erschienen sie zu dem Zeitpunkt existentiell wichtig, was soll's. Ich mag es einfach, kreativ zu sein. Genauso gern sehe ich alles ein bisschen sarkastisch. Ich selbst bezeichne es ja als ironisch, aber die anderen meinen, dass ich zu schadenfroh bin in manchen Fällen und daher sarkastisch besser hinkäme. Nur so viel: Das macht alles viel, viel witziger! Für mich, verständlicherweise. In meiner freien Zeit war ich feiern, auf DVD-Abenden oder habe Volleyball gespielt. Ich weiß, wer sich nicht schon in den Sommerferien auf das Abi vorbereitet, ist verloren. Aber da ist ja schließlich auch noch der Freundeskreis, der gepflegt werden will. Und Freizeitaktivitäten dürfen natürlich ebenso wenig vernachlässigt werden. Außerdem bin ich kein Streber (was nicht bedeutet, dass ich Strebsamkeit verachte), auch wenn meine Noten gut sind. Ich bin einfach nicht der Lerntyp, es fiel mir eher leicht, durchlesen reichte. Egal.

Meine Leistungskurse waren Deutsch, Französisch und Erdkunde, in diesen Fächern musste ich auch das schriftliche Abitur ablegen. Nach Silvester fingen die Kopfschmerzen an. Erst war es recht erträglich, und ich dachte, dass das wechselhafte Wetter daran schuld sei. Doch von Tag zu Tag wurde es schlimmer. Trotzdem veranstaltete ich mit zwei Mitschülerinnen einen Erdkunde-Lerntag und wir fassten wirklich etwas zusammen und lernten. Zudem hatte ich das Amt der Abi-Zeitungsredakteurin und somit viel Arbeit auf mich genommen, so war ich halt. Tage gingen für die Zeitung drauf, ich eignete mir alles an, meine beste Freundin und ich schrieben und zensierten viel, damit am Ende niemand beleidigt sein musste. Wir verfassten noch ein paar Artikel und Kritiken, die sich sehen lassen konnten. Anonym natürlich. Ein Zeitungstreffen veranstaltete ich auch bei mir, alles im Januar, kurz vor dem Abi. Die Sache mit dem Lernen erübrigte sich da ganz von selbst ...

Am 12.01.09 ging es dann los mit den Abiturprüfungen, für mich stand Deutsch auf dem Programm. Mein Papa fuhr mich hin, eine Decke und genug zu essen hatte ich dabei, und dann ging es los. Das Siegel wurde geöffnet. Was das für eine abartig wichtige Angelegenheit war, ganz offiziell und so. Ein Thema gefiel mir und ich schrieb sogar 20 Seiten in den sechs Stunden, was ein Rekord für mich war! Danach war ich total erschöpft, aber ich kannte das schon von etlichen Bewerbertagen im Herbst, die genauso anstrengend gewesen waren. Danach fühlte man sich so leer und müde, als hätte man alle Wörter aus sich herausgeschrieben. Aber letztendlich war das Abi nichts anderes als eine Kursarbeit, was mir die Angst vor den nächsten Prüfungen nahm. Ich hatte ja schon alles irgendwann einmal gehört und nicht völlig vergessen. Naja, das hoffte ich zumindest. Die Kopfschmerzen kamen und gingen, das war völlig normal bei dem Stress!

Am 16.01. folgte Abi Nummer zwei, Erdkunde. Auch hier wurde ein Siegel geöffnet und das eine Thema gefiel mir ganz gut. Wieder schrieb ich 20 Seiten über Burkina Faso und es folgte die totale Erschöpfung. Mittags legte ich mich hin, denn die Kopfschmerzen tauchten jetzt nahezu täglich auf und waren unaushaltbar stark. Es war schwer, sich überhaupt noch zu konzentrieren, aber ich bekam es hin. Am 19.01. wartete die letzte Abiturprüfung, Französisch. Wider Erwarten lief es schlechter als sonst, aber durchaus noch okay. Also ich ärgerte mich natürlich, allerdings war das Thema einfach so absurd, dass sich keiner darauf vorbereitet hatte. Landeskunde zu Québec, wer erwartet denn so etwas! Das war an einem Montag, am Tag darauf war ein Augenarzttermin angesagt, wo ein Gesichtsfeld bestätigte, wie toll ich sehen konnte. Ich fragte mich genervt, wofür ich dann eine Brille brauchte, wenn es doch ‚ach-so-toll' war. Mit dem Kopfweh ging es einigermaßen, ich glaube, ich hatte mich mittlerweile an den leicht stechenden Schmerz gewöhnt.

Ganz stolz plante ich den nächsten Abend, an dem wir feiern gehen wollten, schließlich hatten wir das Abitur gemacht! Den höchsten Bildungsabschluss! Alles war geplant, wie wir hin- und heimkommen würden, der Sekt war gekauft, ... es konnte nichts schiefgehen. Eigentlich. Wäre ich nicht bereits morgens im Bad umgekippt mit Fieber, niedrigem Puls, Halsschmerzen, Gliederschmerzen, Kopfweh ... Es ging sofort zum Hausarzt. Klar war, dass auf mich mit Grippe erst einmal das Bett warten würde und keine Party. Also stand ich widerwillig beim Arzt auf und legte mich zu Hause wieder nieder. Das konnte jetzt nicht wahr sein! Hallo? Man macht nur einmal sein Abi! Oh, ich hasste die dumme Grippe!

Meine Eltern umsorgten mich und halfen mir durch eine schlimme Woche voll schwankenden Pulswerten und Kopfschmerzen, die selbst mit Schmerzmitteln nicht nachließen und die ich versuchte, mit einem Eis-Akku tiefzukühlen. Vergeblich. Am nachfolgenden Donnerstag, nachdem ich eine Woche die Schule nicht besucht hatte (außer Mittwoch, weil wir da gemeinschaftlich im Kurs frühstückten. „Siehst du das auch?", fragte ich dabei dauernd. „Alle sind so komisch platt ... Wie aus Karton! Abartig zweidimensional."), ließ ich mich morgens zum Neurologen fahren, zwar wäre mein Termin eigentlich erst am darauf folgenden Dienstag gewesen, aber ich hielt es nicht mehr aus. Es tat so verdammt weh. Nachts wachte ich ständig auf, lief durchs Zimmer, versuchte, auf der Couch im Wohnzimmer zu schlafen, aber der Schmerz ließ nicht nach. Auch nicht mit Eis auf dem Kopf. Es war nicht zum Aushalten. Der Fernseher oder Bücher waren zu anstrengend und deshalb blieb mir nichts übrig als zu warten, zu schlafen, den Schmerz auszuhalten. Ohne Ablenkung waren die Schmerzen noch viel heftiger und die Zeit wollte einfach nicht vergehen.

Beim Neurologen meldete ich mich am Tresen an und musste natürlich warten – ich hatte schließlich keinen Termin –, ich war froh, überhaupt dranzukommen! Ich weinte vor mich hin, weil es so heftig wehtat, und schlief irgendwann auf meinem Stuhl im Wartezimmer ein. Etwas anderes war ohnehin nicht möglich. Eigentlich wollte ich in die Schule, aber das ging nicht, denn schon am Vortag war ja bereits alles sehr merkwürdig gewesen, die anderen waren Pappaufsteller von sich selbst gewesen. Meine gesamte Wahrnehmung war irgendwie nicht mehr normal. Noch ein Grund, zum Neurologen zu gehen, und da wären wir wieder beim Thema. Er fragte viel, klopfte die Ellbogen und Knöchel ab, ließ mich mit verschlossenen Augen laufen und stehen und ein EEG machen. Da war was, ganz klar, ich bin nämlich nicht richtig stehen geblieben, sondern fast umgekippt, aber das EEG, wo man wirklich viel sehen kann, war in Ordnung. Das heißt: Die Gehirnströme flossen ohne Probleme. Ich bekam zwei Überweisungen zu anderen Fachärzten. Sollte dabei nichts rauskommen, würde man mir eventuell leichte Antidepressiva verschreiben. Mein Schmerz wäre stressbedingt und psychosomatisch. Gut, so engagiert beziehungsweise in diesem Fall schikaniert, wie ich vom Schmerz war, lief ich sofort los, denn im Ort war auch der Hals-Nasen-Ohrenarzt ansässig und ich wollte keine Zeit verschwenden, keine weitere Stunde mit diesen Schmerzen aushalten müssen! Heulend irrte ich durch die Straßen zu meinem HNO. Zweimal wurde ich fast angefahren, weil ich vor lauter Tränen und Zweidimensionalität die Autos nicht mehr richtig wahrnahm. Auch beim HNO tauchte ich ohne Termin auf und durfte trotzdem bleiben. Ich hatte ja wenigstens die Überweisung vom Neurologen. Ich weiß nicht, was ich gemacht hätte, wenn sie mich abgewiesen hätten, schließlich hatte ich Schmerzen und konnte kaum noch klar denken.

Glücklich, eine der Überweisungen abgehakt zu haben, wartete ich im Wartezimmer. Der Arzt stellte Sinusitis fest und meinte angesichts meiner schlechten Verfassung: „Dich hat es aber ganz schön erwischt!" Sinusitis ist Stirnhöhlenentzündung, so hat man es mir zumindest gesagt. Mir wurden Vitamine und Antibiotika verordnet, zusätzlich zum Schmerzmittel *Ibuhexal*, das ich schon mehrmals am Tag einnahm, da mir das meine Mama gegen die Schmerzen gegeben hatte. *Ibuhexal* heißt die Marke, der Wirkstoff ist *Ibuprofen*, weshalb man beides sagen kann, falls sich das jemand gefragt haben sollte.

Dann fuhr ich mit dem Bus zu meiner Mama, die im Nachbarort auf der Arbeit war, damit sie mich mit nach Hause nehmen konnte. Der Bus wäre nämlich nicht in meinen Heimatort gefahren. Ich stieg also aus und platzte einfach mit verheultem Gesicht in das Büro. Mein Kopf tat so weh, da war es mir völlig egal, wie die Leute guckten! Die Mama nahm mich mit heim, wo ich den Rest des Tages mit Schmerzmitteln vollgepumpt auf der Couch verbrachte. Es war nichts mehr mit mir anzufangen und während die anderen feierten, heulte ich mir zu Hause die Augen aus. Da mich keiner mehr aus meinem nächsten Umfeld durch die Gegend fahren wollte, schließlich hatten die Ärzte das Bild aufkommen lassen, dass das Ganze psychosomatisch sei und mit dem Abistress zusammenhinge, bat ich meine Oma, mich am nächsten Tag zum Orthopäden zu fahren, zur zweiten Überweisung also. Nur so nebenbei, Ärzte müssen wohl einer außergewöhnlich vielbeschäftigten Spezies angehören ... Was habe ich durch die Gegend telefonieren und herumdiskutieren müssen ... Unglaublich! Um Ihnen mal klarzumachen, wie man sich fühlt: Man fühlt sich völlig beschissen. Wirklich! Ich fing schon selbst an zu glauben, dass ich mir den Schmerz einbildete, und versuchte, mich zusammenzureißen, aber es nutzte nichts, er hörte nicht auf. Ich wollte doch ein Kleid kaufen gehen für den Abiball und ich wollte so gern ein eigenes, kleines Auto aussuchen, aber selbst das Tiefkühlen meines Hirns führte nicht dazu, dass das Kopfweh weniger wurde. Und es tat so verdammt weh! Es stach und pochte und klopfte ...

Manchmal konnte ich vor lauter Schmerzen nicht einmal schlafen.

Beim Orthopäden wurden Röntgenbilder gemacht, die Aufschluss über die Ursache meiner extremen Nackenschmerzen geben sollten. Der Arzt kam zu dem Schluss, dass meine Halswirbelsäule überstreckt sei. Ich bekam eine Spritze und sollte den darauffolgenden Mittwoch wiederkommen. Dann kam das Wochenende und mit ihm wurden die Schmerzen schlimmer, ich verließ Bett oder Couch nur im Notfall, wenn ich zur Toilette musste. Ich guckte weder Fernsehen noch las ich, was sehr ungewöhnlich für mich war. Sonntags waren die Schmerzen so schlimm, dass meine Mama mich vor die Wahl stellte, stärkere Medikamente zu nehmen oder ins Krankenhaus zu fahren. Ich nahm schon neun Tabletten am Tag – ohne sichtbaren Erfolg. Ab diesem Tag sah ich sogar doppelt, was dazu führte, dass ich an Wandecken hängen blieb, gegen Türrahmen lief und Dinge nicht mehr greifen konnte. Mein Papa schlug mir vor: „Geh doch mal ein bisschen raus an die frische Luft!" Ich erwiderte gereizt: „Wenn ich hier schon gegen den Türrahmen knalle, warum sollte ich dann rausgehen? Damit ich gegen Bäume renne, oder was?!" Er hatte es nur gut gemeint, aber ich glaube, dass Sie sich vorstellen können, dass ich mehr als genervt war.

Wir fuhren also in die Ambulanz und mussten warten, denn die Ärzte waren völlig überfordert mit dem Massenandrang am Wochenende. Als Mama und ich ins Untersuchungszimmer durften, verschwand unsere Ärztin noch einmal, weil sie einer anderen Patientin helfen musste. Dann tauchte sie endlich wieder auf und ich konnte ihr mein Leid schildern. Erst einmal untersuchte sie mich, fragte nach den Schmerzen und kam zu dem Schluss, man müsse warten, bis die Medikamente wirken würden. Der letzte Ausweg wäre ein Bild vom Kopf und ich sollte eine Halskrause anziehen. Damit waren wir entlassen. Meine Eltern holten das Ungetüm von Halskrause bei der Notfallapotheke, daheim angekommen, musste ich es anziehen. Ich fühlte mich eingequetscht und eingeschränkt, beim Schlafen störte es mich extrem, ich konnte mich kaum normal bewegen und außerdem verbesserte es gar nichts. Ich drohte zu ersticken und sah zu allem Überfluss auch noch bescheuert aus. Das blöde Ding machte mich aggressiv, und die Doppelbilder verschlimmerten meine Laune zusätzlich. Immer wieder fragte ich meine Mama: „Guck mich mal an – schiel' ich?" Diesen Eindruck hatte ich nämlich. Aber zu meiner Verwunderung war das nicht der Fall. Noch nicht.

Ich ging nicht mit ins Kino, war nicht im Internet erreichbar, verpasste Training und Schule ... ich konnte wirklich nichts machen. Die Schmerzen waren so krass und hatten sich auf meinen Nacken und die Schultern ausgebreitet. Mein Kopf würde bald explodieren – zumindest fühlte es sich so an.

Meine Eltern ließen mich Montag und Dienstag Tabletten nehmen und mich auskurieren, auch wenn die Schmerzen nicht weniger wurden und die Doppelbilder blieben. Mittwoch ging ich mit meiner Mama erneut zum Orthopäden. Der weigerte sich, mich noch einmal zu spritzen, und sagte nur: „Doppelbilder kommen nicht von der Wirbelsäule." Gut. Aber woher dann? Ich wusste mir nicht zu helfen und wollte, dass meine Mama sich das auch anhörte. Sie wurde hereingerufen und der Arzt deutete immer wieder auf mein zugekniffenes Auge, während er eine Anekdote von einem Hirntumor erzählte, der zu Doppelbildern geführt hatte. Am Ende waren wir ein wenig verwirrt bis erschüttert und wieder mal um zwei Überweisungen reicher.

Ein Hirntumor? Mit 18? Das war verdammt noch einmal zu früh, das durfte einfach nicht wahr sein. Also suchten wir in der Stadt nach einem Augenarzt, fanden aber keinen. Mama hatte noch einen Termin wegen ihres Knies im Krankenhaus, wo wir dann hinfuhren. Auf dem Weg hatten wir eine Diskussion darüber, ob sie mich nicht besser heimbringen sollte. „Kim, das hat so keinen Sinn! Ich weiß auch nicht mehr weiter!" „Das ist doch keine Absicht! Ich bilde es mir nicht ein! Mama, es tut weh und ich seh' alles doppelt!" „Ich bringe dich besser heim." „NEIN! Ich will nicht heim!" Ich wollte unbedingt mit, konnte aber nur noch allein laufen, wenn ich ein Auge zukniff, weil ich sonst den Weg nicht mehr sehen konnte. Also, da waren sonst zwei Wege, die sich komisch überschnitten. Im Krankenhaus, auf dem Weg zum Termin, fragte meine Mutter mich: „Soll ich dich in die Ambulanz bringen? Vielleicht finden die ja etwas." Ich verzieh ihr die Genervtheit, schließlich hatten Hausarzt, Neurologe, Orthopäde, HNO und Ambulanz nichts festgestellt, außer dass ich anscheinend etwas nicht verkraftete und mir das alles nur einbildete, um Aufmerksamkeit zu bekommen. Sieben Ärzte, sieben verschiedene Diagnosen, alle sahen jedoch die Ursache im Stress. Klar, die Aufmerksamkeit bekam ich jetzt, lieber wäre ich jedoch schmerzfrei gewesen.

Tagebucheintrag von Kims Mutter
04.02.09 – 12.30 Uhr

Notfallzentrale. Einweisung. Aufnahme auf die Innere. EKG-Blutkontrolle. Zimmerzuteilung. Schmerzmittel über den Tropf.

05.02.09 – 9.00 Uhr

Kim ruft mich an und sagt, dass sie etwas im Kopf hätte. Ständig verfolgt mich der Gedanke: „Was wird sie schon im Kopf haben?" Es wird eine CT-Bildübertragung gemacht. Befund: Tumor von 3 cm im Kopf (etwas, das Raum fordert). Es findet eine Kontaktaufnahme mit der Klinik in Baden-Württemberg statt. Um 12 Uhr werden die Bilder digital übermittelt, die Entscheidung fällt um 16.30 Uhr, wir würden sofort fahren. Es folgt ein Transport mit dem Krankenwagen ohne Federung an der Liege.

Trotz anfänglicher Einwände brachte mich meine Mama in die Ambulanz. Ich durfte mich mitsamt Doppelbildern auf die Liege legen und während wir auf den Arzt warteten, erzählte ich ihr alles, was mich belastete: Die Oberstufenleitung, die mich vor dem Direktor runtermachte, sodass ich in der Schule geheult hatte, das Chaos mit meinem Exfreund, das Abitur, das viele

Bedienen, ständig Volleyballtraining, Bewerbertage, Nachhilfe ... ich war völlig überfordert. Ich hatte die Hoffnung, dass es besser werden würde, wenn ich endlich alles erzählt hatte. Mir war es leichter zumute, aber gesundheitlich veränderte sich nichts. Leider.

Endlich erschien der Arzt, unversehrt, auch wenn er zuvor trotz mehrerer Versuche des Personals nicht ans Telefon gegangen war und man schon gedacht hatte, es wäre ihm etwas passiert, weil er so spät dran war. Er ließ sich mein Krankheitsbild schildern und wies mich ein. Innerlich jubelte ich. Endlich glaubte mir jemand, auch wenn es ein älterer Herr mit Katzenhaaren auf der Jacke war. Heute muss ich sagen, Gott sei Dank wies er mich ein. Sonst wäre es zu spät gewesen. Ein motivierter, junger Sanitäter, der mich auch auf die Liege gelegt hatte, packte mich in den Krankenwagen und fuhr mich die 40 Meter hoch ins Krankenhaus. Ein sehr engagierter Mann. Jetzt nahm alles seinen Lauf.

Mit einem Rollstuhl brachte man mich in die Notaufnahme. Meine Mama schickte ich zu ihrem Termin, sie würde mich später suchen. Eine sehr nette Frau nahm mich auf, fragte mich nach meinem Ergehen und danach, welche Medikamente man mir verschrieben hätte, nahm Blut ab und brachte mich auf die Station. Leider war es zu voll und ich musste warten – zwar im Bett liegend, aber auf dem Flur.

Endlich im Zimmer, lag ich am Fenster, konnte draußen meine Schule sehen und wartete, wie es weitergehen würde. Ich teilte das Zimmer mit einer älteren Dame, die mit Vorliebe Koch- und Gerichtssendungen oder auch Talkshows im Fernsehen schaute, und das bei einer Lautstärke, bei der selbst einem Gesunden Hören und Sehen vergangen wären. Meine Mama ging, nachdem sie den ganzen Tag bei mir verbracht hatte, nach Hause. Ich blieb. Das CT war für den nächsten Morgen angesetzt worden. Das Essen war gut, was mich ein klein bisschen freute, ansonsten versuchte ich, den bis in die Nacht andauernden Lärm zu ignorieren und ein kleines bisschen zu schlafen, was jedoch nur mit Schlaftabletten möglich war.

Schwestern brachten mich am nächsten Tag zur Magnetresonanztomographie. Ich muss sagen, wenn man das nicht kennt, ist es trotz Ohrstöpseln extrem laut! Der Körper liegt auf einer Liege und der Kopf wird in eine Maschine gefahren, die ihn rundherum umgibt. Bei viel Lärm bewegt sich das Gerät und macht Bilder. Man muss ganz still liegen. Das habe ich zumindest gemacht.

Zurück brachte mich eine Schwester in einer Nonnentracht. Schon da fiel mir auf, dass ich noch nie so oft meinen vollen Namen gehört hatte. „Wie heißen Sie?", „Sind Sie Kim-Vanessa Mathes?", „Ja, bin ich." Klar doch. „Sie können aber Kim zu mir sagen."

Jetzt hieß es, auf das Ergebnis warten. Die Mama würde arbeiten, mindestens bis halb eins. Ich schlief ein bisschen, dass der Fernseher lief, brachte mir ziemlich wenig, denn ich sah zwei. Eine Ärztin. Endlich. Aber todernst. Sie machte den Fernseher aus und bat die Mitpatientin rauszugehen. Oh. Nichts Gutes?

„Ich muss Ihnen etwas sagen ... Sie haben etwas im Kopf, das Raum fordert. Was es genau ist, können wir nicht sagen." Pause. „Okay. Und jetzt?" Pause. „Wir suchen eine Klinik für Sie. Die Bilder können wir nach Baden-Württemberg übertragen, wir melden uns wieder. Wahrscheinlich muss man Sie sofort operieren, vielleicht noch am Wochenende."

Und dann war ich allein. Meine erste Reaktion war, den Hörer zu nehmen und meine Mama anzurufen. Jetzt weinte ich, so hatte ich das alles doch nicht gewollt. „Mama! Es ist etwas in meinem Kopf. Die wollen mich noch heute verlegen." Heftig musste ich schluchzen. „Ich komme sofort!"

Wieder war ich allein, das war schlimm. Was sollte denn da sein in meinem Kopf? Ich wünschte mir so sehr, dass alles ein schlechter Traum wäre, ein Schatten auf dem Bild, aber leider war es die Wirklichkeit. Ich hatte so große Hoffnungen gehabt, dass ich mir vielleicht doch alles nur eingebildet hätte und jetzt alles wieder gut wäre, nachdem ich Mama alles gebeichtet hatte. Doch etwas war in meinem Kopf. In MEINEM Kopf.

In der Zwischenzeit hatte meine Mama ihre Freundin angerufen und gesagt, dass sie sie in einer Sekunde abholen würde. Dann kamen sie zu mir. Zum Glück war ich noch in der Südpfalz und die Mama hatte schnell kommen können. Sie sagte: „Hör auf zu weinen, es wird alles gut." Als meine Mum erfuhr, dass sie mit mir im Krankenwagen mitfahren durfte, bot ihre Freundin an, unser Auto nach Hause zurückzufahren. Selbst das hat meine Mama noch durchdacht. Und sie schaute mich an und meinte: „Jetzt bist du doch erleichtert, dass du es dir nicht einbildest, oder?" „Ja." Jetzt war es zwar real, aber alles viel zu krass.

Eigentlich begriff ich sowieso nicht mehr, was real war. Wir warteten darauf zu erfahren, auf welche neurochirurgische Station ich verlegt werden würde. Der Fernseher plärrte und meine Mama sorgte dafür, dass er wieder ausgeschaltet wurde. Ruhe! Ich wollte Schlafmittel haben, das würde helfen. Einfach schlafen, dann aufwachen und sehen, dass alles nur ein böser Traum gewesen war.

Die Ärztin ging über Mittag heim zu ihrem Kind zum Stillen und wir warteten weiter. Also eines muss ich echt anmerken: Wer krank ist, lernt das Warten. Dazu wird man einfach gezwungen, denn ständig sind die Verantwortlichen nicht da.

Die erste Klinik in Baden-Württemberg bekam die Bilder und die Ärzte berieten, ob sie operieren könnten. Ich hatte Glück, sie sagten zu. Nun hieß es, auf den Krankenwagen warten, der erst gegen Nachmittag ankam. Nachmittag! Dabei wusste ich seit Stunden, dass etwas in meinem Kopf saß.

Endlich konnten wir losfahren. Ich war sehr dankbar, dass meine Eltern am Tag zuvor Kleider und Waschsachen gebracht hatten und meine Mutter diese jetzt einfach einpacken konnte. Wieder packen! Schon das zweite Mal, dabei war ich erst am Tag zuvor eingeliefert worden.

Die Leute vom Krankenwagen, ein junger Mann und eine junge Frau, holten mich mit der Trage ab. Es ging in den Keller und zu meiner ersten Fahrt mit dem Krankenwagen. Zu der Liege muss ich sagen, dass sie sehr eng und unbequem war. Der Sanitäter, der wirklich hübsch war, entschuldigte sich dafür, dass der Krankenwagen nicht gepolstert sei. Die Mama fragte ihn, wieso das so sei. Er erklärte, dass sie im Voraus nie wissen würden, wen sie holen müssten, und fragte, was denn mit mir wäre. „Sie hat einen Tumor im

Kopf." Da war es gesagt. Nein! Hatte ich nicht! Es forderte nur Raum, oder? Mama hatte ausgesprochen, was die Ärztin nicht hatte benennen wollen. Ein Tumor. Mit 18. So war es.

Wir fuhren, meine Augen waren geschlossen, ich wurde durchgeschüttelt, und es kam mir so vor, als würden wir Stunden brauchen. Mein Kopf tat extrem weh und im Radio lief *Stupid Girls*. Ganz leise zwar, aber ich hörte es und vergaß es nicht wieder.

Tagebucheintrag von Kims Mutter
05.02.09 − 17.15 Uhr

Ankunft in der Klinik, im Gebäude C. Kim kommt ins Zimmer, ich habe ein Gespräch mit den Ärzten, ein Grieche und ein George. Ich erfahre, dass sie schon am Samstag, den 07.02. operiert werden soll. Man will keine Zeit vergeuden. Ich führe ein Gespräch mit Kim. Dann folgt die Anmeldung auf der Inneren, weil die Neurochirurgie schon geschlossen hat. Kim ist schon länger als 24 h im Krankenhaus.

Es ging nach Baden-Württemberg, die hatten nämlich eine Neurochirurgie. Dort angekommen, fuhr man mich auf der Trage durch die Gänge. Ich verlor nach zwei Gängen bereits die Orientierung, sah ja auch alles doppelt. In meinem neuen Zimmer wohnte ich nun mit zwei älteren Damen. Ich ignorierte alles außer dem Arzt, der erst einmal in meine Augen leuchtete und die Doppelbilder mit seinem Autoschlüssel prüfte, nach rechts – wie viele sind es? Und nach links – wie viele nun? Und wo genau? Eine Schwester kam hinzu, sie war relativ klein und unscheinbar, aber ein richtiger Schatz. „Willst du etwas essen? Dann schau' ich, was ich finden kann!" Klar wollte ich essen. Essen hilft immer. In Zwischenzeit nahmen die Ärzte meine Mutter mit, die die Anmeldung für mich erledigte.

Wie beschreibt man den schlimmsten Moment seines Lebens? Ich habe keine Ahnung, aber ich habe ihn erlebt. Meine Mama kam wieder ins Zimmer zurück – und ich sah es ihr schon an. Sie weinte. Kaum merklich, aber ich kannte sie zu gut, das tat sie sonst nie. Ich musste mitweinen, doch sie sagte: „Hör auf, wir schaffen das, wir haben so viel geschafft!" Es tat so weh, ich glaubte, mein Herz zerreißen zu hören.
„In deinem Kopf ist ein Tumor, am Kleinhirn. Wenn alles klappt, wollen sie dich schon am Samstag operieren. Der Chefarzt hat sich das angesehen, er wird dich operieren. Er hat das schon einmal gemacht." Ein Schock, von heute auf morgen war alles anders. Es musste schnell gehandelt werden, sonst bräuchte man nicht mehr operieren, weil ich sterben würde. Die Ärzte wollten auch mit mir reden, schließlich war ich volljährig. Ich machte mit meiner Mama aus, wem sie Bescheid sagen sollte, denn ich wollte am Freitag noch mal meine Lieben um mich haben. Ein vorerst letztes Mal.
Es war schon spät, als mein Papa die Mama abholte. Am nächsten Tag würden meine Eltern wiederkommen. Ich wollte sie nicht gehen lassen und allein bleiben mit diesen Gedanken, aber ich musste es, schließ-

lich war ich kein Baby mehr. Ein netter, griechischer Arzt in Blau holte mich ab und nahm mich mit in sein Arztzimmer. Ich erzählte ihm alle Details, auch wann das Kopfweh angefangen hatte und wo es saß. Er zeigte mir erstmals die Bilder von meinem Kopf. Er nannte den Tumor ‚Wurzel' – und um ehrlich zu sein, so sah er auch auf den Bildern aus. Er hatte sich in meinen Kopf reingewurzelt, da, wo er nicht hingehörte. Und richtig war: Es war eine Raumforderung, bereits drei Zentimeter groß. Der Arzt testete, wie gut meine Hände sich drehen konnten, leuchtete in die Augen und nahm Blut ab. Eines der Röhrchen war dazu da, die Blutgruppe zu bestimmen für den Fall, dass Blutkonserven während der OP nötig werden würden. Das kann passieren, denn Gehirn- oder Kopfoperationen sind aufgrund der vielen Blutbahnen im Kopf extrem gefährlich.

Ich nannte meinen Tumor ‚Blumor', weil er so aussah. Also ich dachte mir das so blumig irgendwie. Außerdem hatte der Grieche ‚Wurzel' gesagt. Er war gewachsen und die Ärzte sagten, er habe ‚geblüht', also wieso nicht ‚Blumor'? Gerade weil der Chefarzt von einem Kindertumor gesprochen hatte, hatte ich ein bisschen die Angst verloren und stellte mir den Blumor wie Unkraut vor, das sich in meinen Kopf gehockt hatte. Außerdem war es witziger, und bei dem Gameboyspiel, das wir gerade spielten, gab es auch eine Todesschlingpflanze, die war genauso negativ und hatte sich einfach irgendwo hingewurzelt ... Also – wahrscheinlich auch, um es besser verkraften zu können – wurde aus dem Tumor kurzerhand ein Blumor. Das klang wirklich nur halb so schlimm. Wie er da hinein gekommen war? Wie Unkraut eben: Da war einfach ein

Samen durch die Luft geweht und in mein Ohr geschlüpft, total zufällig.

Nach meiner Blutgruppe fragten wir auch und wir bekamen das Ergebnis in die Klinik gefaxt, weil ich es doch so gerne wissen wollte. Ich bin A plus. Also eigentlich A positiv, aber als meine Mama mich fragte, ob ich die Blutgruppe noch wisse, da fiel mir nur die Version mit dem Plus ein. Ich bin so oft versucht, in diesen Text ein Grinsesmiley einzufügen, aber da das hier ein Buch und kein Chatgespräch ist, schreibe ich einfach hin, dass ich es sehr lustig fand. A plus.

Tagebucheintrag von Kims Mutter
06.02.09

Wir haben ein Gespräch mit dem Oberarzt, er erklärt anhand einer Zeichnung, wo der Tumor sitzt und was alles bei der Operation passieren kann. Kim fragt, ob alle aufgezählten Risiken auf einmal auftreten können. Er erklärt, dass meistens das Sehen betroffen sein würde. Wenn er ihren Schlucknerv verletzen müsste, würde er die Hälfte des Tumors fürs Erste im Kopf lassen und das Laborergebnis abwarten. Sie hat an diesem Tag noch eine Blutuntersuchung und ein MRT. Ich rufe noch ihre engsten Freunde an und sie kommen auch alle – schön. Das tut ihr gut.

Kim-Vanessa Mathes

Die Operation

Am nächsten Morgen, nach einer Nacht voller Ge-
schnarche, schlimmer Warumgedanken und Angst,
gab es mehrere Gespräche. Zusätzlich wurde auch ein
MRT gemacht, was zwar sehr laut war, aber irgendwie
war es lustig, in der Röhre zu liegen, in der es ratterte
und klopfte und brummte. Zudem sah der eine MRT-
Mann richtig gut aus. Was mir zwar nicht weiterhalf in
meiner Situation, aber es war eine schöne Ablenkung
im Klinikalltag. Es gab ein Gespräch mit dem Narkosearzt, das recht gut verlief, denn ich hatte eigentlich keine Fragen. Ich würde ja eh schlafen. Nur wollte ich
nicht, dass die Leute ewig auf meiner Hand herum-
klopften, um die Vene zu finden. Das kannte ich von
der Mandel-OP vor zwei Jahren, das hatte ziemlich
wehgetan. Ich hasste das! Meine Frage, ob die Beruhigungstablette grün sei, beantwortete er sehr seriös
mit: „Also ich glaube, die ist weiß." Aber dann lachte
er doch kurz. So bin ich nun mal, ich strenge mich an,
aber ich bin doch gelegentlich zu direkt und ein bisschen vorlaut.
Das Gespräch mit dem Chefarzt gab mir – zum Glück –
endlich wieder ein bisschen Hoffnung. Er machte sich
die Mühe und malte einen Kopf auf ein Papier, zeich-
nete die Gehirnpartien ein und erklärte, wie sie vorge-
hen würden. Die Nase geriet sehr lang und spitz. So eine Nase hat doch kein Mensch. Und schon gar nicht
ich! Aber es heiterte mich trotz allem ein wenig auf.
Der Tumor saß auf dem Kleinhirn, weshalb sie von hinten die Nackenmuskeln durchtrennen, ein Stück Kno-

chen entfernen und dann versuchen würden, den Tumor herauszuschneiden. Sollte dies nicht vollständig möglich sein, würden sie ihn nur zum Teil entfernen, einschicken und feststellen, ob er gut- oder bösartig sei. Auf keinen Fall würde er das Schluckzentrum zerstören wollen, weil er mir eine künstliche Ernährung ersparen wollte. So direkt sagte er das jedoch nicht. Vielleicht war ihm das zu emotional. Er schrieb alle möglichen Risiken auf, und zu meinem Erstaunen hielten sie sich in Grenzen. Meine einzige Frage war: „Kann das alles zur selben Zeit auftreten?" „Wenn, dann nur eines davon." Gut.

Ich hätte schwerbehindert werden oder sterben können, das habe ich aber erst hinterher von meiner Mum erfahren. Irgendwie wurde mir das bei dem Gespräch nicht so klar. Anscheinend reden Ärzte im Subtext oder ich höre nur die Hälfte oder so.

Der Chefarzt sagte mir, dass mein Tumor ein Kindertumor sei, das bedeute nicht, dass er so ungefährlich wäre, sondern dass er sonst bei Kindern vorkäme. Er habe dies schon oft in den letzten zehn Jahren operiert, was mir ein Gefühl der Sicherheit gab. Da ich 18 war, hatte ich die Wahl, die Operation abzulehnen, was bedeutet hätte, dass ich gestorben wäre. Mit Tumor. Also unterschrieb ich. Aber auch dabei fühlte ich mich, als würde ich mein Todesurteil unterschreiben. Also mehr oder weniger, schließlich wusste keiner, was passieren würde, da man an einer heiklen Stelle operieren würde, an der wichtige Blutbahnen verliefen. Meine Mama sagte zu der ganzen Sache immer: „Wir können froh sein, dass der Tumor dir so viel Zeit gegeben hat. Ein paar Wochen früher und du hättest kein Abitur." Da hatte sie recht und trotzdem war es so, dass ich mich fürchtete, den Anschluss zu verlieren oder etwas zu verpassen ...

Wir verließen das Arztzimmer, und ich hatte ziemlich große Angst. Angst vor allem, Angst vor der anstehenden Operation.

An diesem Tag kamen alle meine besten Freunde noch einmal vorbei. Ich erklärte Liz, was noch zu tun war mit der Abizeitung, aber ich hatte schon die Berichte erstellt und Korrektur gelesen, deshalb war es nicht mehr viel. Ich zählte alles auf, gab ihr mein Passwort und später bekam sie auch meinen Laptop vorbeigebracht. Vorsichtshalber verabschiedete ich mich von allen. Es hätte durchaus ein Abschied für immer sein können. Johanna kam und auch Janine aus der Schule, wer wichtig war in meinem Leben, war da. Deshalb auch meine besten Freunde Annabelle, Liz, Finn und Elm. Meine Mama und mein Papa und auch mein Bruder verabschiedeten sich am Abend von mir. Später kam auch noch eine Augenärztin vorbei, maß den Druck auf den Augen, schaute den Sehnerv an und testete verschiedene Sachen. Man brauchte die Werte, um eventuelle Veränderungen nach der OP feststellen zu können. Während all meine Freunde da waren, war mir weder klar, wo ich war, noch warum. Erst als ich allein war, traf es mich wie ein Schlag: Ich hatte mich gerade verabschiedet.

Eine Frau war morgens entlassen worden und eine neue Mitpatientin kam am Abend. Diese wurde gleich ausgefragt und erzählte von ihren Kindern. Sie war 39, alleinerziehend und bekam einen Tumor aus der Nase operiert. Ein bisschen lenkte es ab, wenn man von jemand anderem sprach. In dieser Nacht weinte ich viel und dachte über alles nach. Ich versuchte, das witzige Hörbuch *Millionär* anzuhören, aber ich kannte es schon nahezu auswendig, die vergeblichen Versuche des Protagonisten, an Geld zu kommen, wollten mich nicht ablenken. Ich schlief so gut wie gar nicht und hatte richtig Angst, mein Brustkorb war ganz eng. Nach dieser Nacht konnte ich sehr lange Zeit nicht mehr weinen. Ich hatte früher oft geweint. Kleinigkeiten hatten mich zum Weinen bringen können ... Lächerlich. Denn jetzt hatte ich einen Grund zu weinen, es war mehr als hart.

Tagebucheintrag von Kims Mutter
07.02.09 – Tag der OP

Ich bin um 7.00 Uhr im Krankenhaus, Kim wird noch einmal geduscht und bekommt die Haare mit Jodshampoo gewaschen. Ich helfe ihr, die OP-Kleidung anzuziehen. Wir haben noch ein bisschen Zeit zum Reden. Um 8.30 Uhr bringen wir sie zum OP-Bereich, Verabschiedung. – Tür zu.
Ich treffe auf dem Gang noch den operierenden Oberarzt, er meint, es würde circa fünf Stunden dauern. Ich räume noch ihre Sachen in die Tasche und gehe dann zur Cafeteria. Warten – warten – warten. Tausend Gedanken kreisen in meinem Kopf. Um 12.00 Uhr kommt Celina zu mir. Wir wechseln den Ort und setzen uns auf die Bank vor der Station. Um 14.30 Uhr kommt der Oberarzt und sagt, dass die Operation gut verlaufen sei und ich gleich auf die Intensivstation könne. Um 15.15 Uhr werde ich dann auf die Intensivstation geholt. Es ist ein furcht-

barer Anblick, das eigene Kind so zu sehen. *Man erklärt mir, Kim könne noch nicht selbstständig atmen, da der Tumor ihr Atemzentrum zerquetscht habe. Sie hätte während der Operation aspiriert. Sie reduzieren immer mehr den Sauerstoffgehalt und Kims Körper bäumt sich auf, um nach Luft zu ringen. Es scheint, als würde sie ersticken. Ralf, Kims Papa, kommt auch ins Krankenhaus. Abends hat sie es geschafft, sie atmet und ist bei sich. Es geht ihr schlecht, sie erbricht.*

Am nächsten Morgen, vor der Operation, ging ich noch einmal mit einer Schwester duschen. Ich habe es noch genau vor Augen. Die Haare wuschen wir mit Jod. Sie war ganz begeistert von meinem Tattoo, das ich übersetzen musste: La liberté c'est s'envoler = Freiheit ist es, davonzufliegen. Das hatte ich mir selbst überlegt, denn Freiheit war immer sehr wichtig für mich gewesen. Die Schwester föhnte mir die Haare, kämmte mich und fand es schade um die schönen, dicken Haare, die wahrscheinlich abgeschnitten werden würden. Aber ganz ehrlich, Haare wachsen wieder, um die machte ich mir keine Gedanken. Im Zimmer wartete schon meine Mutter auf mich, aber ich ging erst noch einmal aufs Klo. Man kann nie wissen. Ich bekam das Operationshemd, die Antithrombosestrümpfe und die Einmalunterhose an. Im Bad sah ich, wie rot die Augen von der durchwachten Nacht waren … Ich lenkte mich ab und dachte daran, wie Janine gestern extra noch vorbeigekommen war. Nur um mich zu sehen und ein bisschen bei mir zu sein. Ich bekam die Beruhigungstablette. Die Erinnerungen an alles, was danach passierte, sind getrübt. Ich weiß noch, wie wir in den Operationsraum gefahren sind, ich wechselte vom Bett auf die Liege. Alles grün in dem Raum. Mein Kopf durfte auf etwas weichem Gelben liegen, das aussah wie Wackelpudding. Die Narkoseärztin war geschminkt, aber ohne Brille sah ich eh nicht viel. Und dann hört es auch schon auf. Sechs Stunden dauerte die Operation letztendlich, aber ich schlief zum Glück. Das Ergebnis war, dass ich aufwachte. Auf der Intensivstation – aber ich wachte auf und ich hatte wieder Glück gehabt, denn der Tumor war entfernt worden. Nach einer Woche kam das Ergebnis: Grad 1. Das bedeutet, er war zu 99 % gutartig gewesen.

Danke hierfür, Gott.

Ich hatte mir geschworen, dass ich nie mehr, nie, nie wieder nach dem Warum fragen wollte. Natürlich gibt es die Theodizeefrage, ich kannte Hiobs Geschichte, aber für mich gab es sie nicht mehr. Gott gibt und Gott nimmt, aber er schaut nicht vorher, wer fromm gewesen oder etwas verdient hat beziehungsweise nicht. Dinge passieren, warum sollte man hinterher nach dem Warum fragen? In meinem Fall: Ich konnte es ja nicht mehr verändern! Selbst die Operation war schon vorbei, der Tumor längst weg. Klar kämpfte ich dann jeden Tag mit den Folgen, aber es war schon vorbei. Warum ich? Wer weiß, vielleicht habe ich zu lange zu viel gemacht. Egal. Jetzt musste ich schauen, dass wieder alles normal werden würde.

Erst später erfuhr ich, dass die Tumorhaut noch an meinem Kleinhirn klebt, und er doch wieder wachsen könnte. Man kann im Gehirn nun mal nicht großzügig Gewebe entfernen, wie man zum Beispiel einen Apfel von braunen Stellen befreit. Man würde viel zu viel zerstören. Die Reste waren genauso gefährlich wie der Tumor selbst. Also brachte es mir nichts, dass er Grad 1 gewesen war. Im Gegenteil: Weil er langsam wachsend war, konnte man jetzt keine Chemotherapie ansetzen. Die Reste würden also in meinem Kopf bleiben müssen.

Tagebucheintrag von Kims Mutter
08.02.09

Es wird ein Kontroll-CT gemacht. Es ist Visite mit dem Arzt, er erklärt, die Tumorhaut wäre geblieben, der Rest entfernt worden und der Nervenwasserausgangskanal funktioniere. Kim erbricht alles und dauernd.

Ein Erwachen

Meine Erinnerungen setzen auf der Intensivstation wieder ein. Alles rauschte und klirrte. Später hieß es, sie hätten gerade Inventur gemacht. Weil ich die Pille absetzen musste (Thrombosegefahr!), hatte ich zu allem Elend auch noch meine Tage bekommen, so unangenehm es mir ist, darüber zu schreiben – so unangenehm war auch die Sache selbst.
Und da war dieser dringende Wunsch, wieder normal zu sein. Klar, ich hatte dieses Elend nie gewollt. Ganz ehrlich: So etwas wünsche ich niemandem. Lieber wäre es mir gewesen, mein Leben weiterzuführen wie vorher auch. Mama hatte mein Handy und hielt Kontakt zu meinen Freunden, zum Glück. Also auf der Intensivstation blieb ich von Samstagmittag bis Montag, viel weiß ich jedoch nicht mehr. Es wurde wieder ein CT gemacht und zum Glück war auch hier die Schwester nett. Ich musste wieder unterschreiben, was man meistens muss vor einem CT oder einem MRT, ich war jedoch nicht dazu in der Lage, hatte ja auch keine Brille auf. Man gab mir den Kugelschreiber in die Hand und mit Müh und Not konnte ich ihn überhaupt halten. Dann brachte jemand das Klemmbrett mit dem Zettel darauf. Ich hielt den Stift und ich glaube, meine Mama war da bei mir, jedenfalls zog jemand einfach das Brett unter dem Stift weg. Ich hatte einen Strich gemalt. Als Unterschrift.
Allgemein gibt es nichts Schlimmeres, als auf den Topf gehen zu müssen und von Schwestern abgeputzt zu werden. Es klingt nicht nur widerlich, man empfindet

es auch als sehr schlimm, das nicht mehr selber zu können. Vor allem, weil ich so schwach und kraftlos war, es war ein Wunder, dass ich nicht jedes Mal ins Bett machte.

Ich habe noch vor Augen, wie ich den Beatmungsschlauch herausgerissen habe und am Gitter des Bettes rüttelte, damit jemand käme. Da war es an der Zeit zu gehen, da hielt ich es einfach nicht mehr aus im halbdunklen Geknister der Intensivstation. Das Ding war, dass mein rechtes Ohr nicht mehr richtig funktionierte und deshalb auch noch klirrte und knisterte. Es klang ein bisschen nach Glas, Sand, Steinen und Meeresrauschen. Ununterbrochen waren da diese Geräusche, es machte mich ganz verrückt! Zusätzlich knackte mein Kopf. Das klang, als würde jemand in meinem Kopf mit einem Holzbleistift gegen eine Heizung oder Wand hauen. Das war auch der Grund, warum ich mich nicht einfach hinlegen konnte, sondern mich komisch verbiegen musste, um eine Stellung zu finden, in der es nicht so knackte. Dabei tat mein Gesicht weh und oft klang es, als käme das Knacken genau aus der Mitte des Gesichtsknochens. Je nach Kopflage verschwand es, wurde lauter oder hielt an. Das ist so unvorstellbar, aber es kam aus meinem Kopf, und nur ich hörte es. Der Grund dafür war, dass das nach der Operation gebliebene Loch in meinem Hinterkopf sich erst mit Flüssigkeit füllen musste. Bis das Hirn- oder Nervenwasser, was auch immer es gefüllt hat, ausreichte, knackte es. Ich hörte also den steigenden Wasserpegel, so, als wenn sich eine Heizung in meinem Kopf mit Wasser füllen würde. Ich muss sagen, dass das auch noch fast fünf Wochen anhielt. Es war total entnervend.

Tagebucheintrag von Kims Mutter
09.02.09

Verlegung um 10.30 Uhr auf die Station. Das Zimmer ist eiskalt, es ist desinfiziert worden, weil sie darin zuvor den Norovirus hatten. In Zimmer 4 haben sie ihn immer noch. Drei ältere Damen liegen im Zimmer, eine hatte ein Aneurysma, die anderen Bandscheibenvorfälle.

10.02.09

Eine vierte Frau kommt ins Zimmer. Kim erbricht sich viel, kann die Arme nicht koordinieren. Sie wird mit Gewalt geduscht. Jeden zweiten Tag, wegen der Hygiene, aber das Zimmer steht vor Dreck. Zwei der Schwestern sind sehr unfreundlich.

Ich wurde auf eine andere Station gebracht und sah die liebe Schwester nicht mehr oft, nur, wenn ich sie besuchte. In meinem Zimmer waren drei ältere Damen, manchmal auch vier. Ich will es gern abkürzen, indem ich sage: Es war schrecklich. Aber es gibt noch einiges zu berichten, schließlich blieb ich dort fast vier Wochen. Leider wurde mir dieser Monat nicht geschenkt, sondern ich musste jeden Tag selbst durchleben.
Die Damen hatten Angewohnheiten, die mir bis heute unerklärlich sind. Trotz ihrer kurzen Haare benutzten sie einmal morgens und einmal nachts jede Menge Haarspray. Das nicht, wie man Deo kurz einmal sprüht, sondern wirklich jede Menge. Und es roch im ganzen

Zimmer danach. Ich hatte das Gefühl, es schon einzuatmen, und mein erster Gedanke war: „Das ist das Haarspray mit dem lilafarbenen Deckel." Ob es das nun war, weiß ich nicht. Jeden Tag kam ein ‚grüner Engel', welcher gegen Geld einkaufen ging. Ich brauchte nichts, zumindest nichts, was solch eine Person hätte besorgen können. Die Damen bestellten *Bild der Frau* und *Frau im Trend*, schon bald wurde die erste entlassen. Ich gewöhnte mich an die krassesten Fernsehserien, die ich nie freiwillig gucken würde (es ging um irgendwelche adeligen Familien und Intrigen und so), und biss die Zähne zusammen, wenn mit Mann oder Kindern stundenlang lautstark telefoniert wurde. Dafür mussten sie mit anhören, wie ich mich die halbe Nacht übergab. Eine Nierenschale nach der anderen füllte ich, auch das Frühstück behielt ich für gewöhnlich nicht bei mir. So eklig es klingt, so war es. Irgendwann kam keine Nahrung mehr, sondern Magensäure. Die war ganz orange und schmeckte komisch süßlich. Es gab selten einen Tag, an dem ich nicht brechen musste. Wenn doch, waren wir überglücklich und freuten uns richtig, nachts jedoch ging es wieder von vorne los. Es ging mir schlecht und zusätzlich ekelte ich mich so vor mir selbst. Zum Glück bekam ich oft Besuch von meinen Freunden, dann war alles so normal und lustig. Es ging mir nahezu gut und ich vergaß die Schmerzen, hörte die Geräusche nicht und konnte vergessen, wo ich war. Diese Nachmittage waren so unglaublich schön. Meine Freunde mussten teilweise jedoch mit ansehen, wie ich mich übergab. Sie gingen zwar schnell raus, aber unangenehm war es mir trotzdem.

Stellen Sie sich mal vor, Ihre Freunde sähen Sie so krank und erbärmlich. Es war für alle Beteiligten schrecklich. Von den Haaren war nur am Hinterkopf etwas weg, man hatte einen breiten Streifen einfach abrasiert, der Rest war noch dran, weshalb wenig zu sehen war von der Operation. Wenigstens das. Ich konnte nicht allein laufen, weshalb ich einen Gehwagen bekam. Der war ziemlich groß und sperrig, aber man konnte seine Unterarme beim Laufen auf Polster legen. Das Ding passte genau in die Kabine der Toilette und musste jedes Mal mit hinein. Genauso wie eine Schwester. Ich durfte nämlich nicht ohne eine Schwester auf die Toilette, sondern musste klingeln. Das anfangs mehrmals in der Nacht, und oft blieben die Schwestern mit dabei, falls etwas passierte. Ich muss sagen, obwohl es wirklich um die eigene Sicherheit ging, ein wenig Privatsphäre hätte ich mir schon manchmal gewünscht. „Hatten Sie Stuhlgang?", wurde man jeden Morgen vor versammelter Mannschaft gefragt. Und immer musste man klingeln, auch wenn das Brechen anfing. Das tat mir alles so leid, auch wenn ich eigentlich nichts dafür konnte, denn die Übelkeit war angeblich normal für Patienten mit Kleinhirnschädigung.

Meine Freunde kamen immer wieder zu Besuch. An einem Nachmittag kamen Schulfreundinnen, Nora weinte sogar an meinem Bett. Sie war froh, dass ich die OP überstanden hatte, aber das alles war so schlimm für sie, dass sie gar nicht anders konnte. Ich war ein bisschen überfordert damit und nahm sie in den Arm. Das gibt es auch, dass Leute in Tränen ausbrechen und gar nicht anders können. Mit so etwas umzugehen, ist wirklich nicht einfach – und doch war es schön zu sehen, dass man jemandem so wichtig war. Das spornte einen an zu kämpfen. Sie hatte mir einen Schutzengel gemalt, der dann an meinem Bett über mich wachte. Einmal sah es im Bad so aus, als hätte ich graue Haare. Schock. Gleich mittags fragte ich meine Mama: „Hab ich graue Haare?" „Ach Quatsch, warum denn, bist du eine alte Frau?"

Selbst meine Französischleistungskurslehrerin besuchte mich im Krankenhaus. Ich war so froh und gleichzeitig schämte ich mich, denn akustisch verstand man mich kaum. Die Stimme piepste und war ganz hoch. Sie brachte mir *Carambar* und beim zweiten Mal eine Schokoladentasse mit, total süß. Aber ich konnte kaum mitreden, ich verpasste ja die letzten Unterrichtsstunden, Aktionen, den Abigag und den Abigottesdienst, machte keine Nachhilfe mehr und ging nicht mehr bedienen ... Ich hatte mich weder von den Leuten in der Schule noch von der Schule selbst verabschieden können. Der Unterricht hatte nach 12,5 Jahren geendet, ohne mich, einfach geendet ... Das tat so verdammt weh, und ich konnte einfach nicht fassen, dass es vorbei war und ich eigentlich nicht mehr hinmusste. Jetzt waren alle Mädchen in der ganzen Welt verstreut, nur ich war im Krankenhaus statt in Norwegen zum Austausch. Das mündliche Abitur fehlte mir noch, aber sowohl Schulleitung als auch Ministerium ermöglichten mir, es nachzuholen, sobald ich genesen sein würde.

Das Duschen war ja auch so eine Sache für sich, denn jeden zweiten Tag wurde ich fast schon zwangsgeduscht. Mit dem Duschrollstuhl. Immer dieses Wasser, das seine Temperatur ununterbrochen änderte, und die Duscherei mit der Schwester. Es guckte jemand zu, wusch meine Haare und den Rücken, rubbelte mich ab, föhnte und kämmte die Haare ... Eigentlich eine gute Hilfe, aber nur bei manchen Schwestern, andere waren ein bisschen grob. Da hatte man das Gefühl, dass man am Ende vor lauter Kämmen keine Haare mehr auf dem Kopf hätte. Einmal war es ganz lustig, weil der Schwester das Jodshampoo mit offenem Deckel runterfiel und ich von oben bis unten jodgetränkt war. Total rot versaut. Sonst war das Duschen oft kalt und eine Qual, es war mir ja so schlecht morgens, und mittags war keine Zeit oder zu wenig Personal anwesend.

Jeden Tag kamen die Putzfrauen ins Zimmer und wischten auf dem Boden herum. Mein Nachttisch klebte, denn Einschenken konnte ich nicht wirklich, aber nie wurde er richtig geputzt. Immer wieder rammte dafür der Wischmop gegen mein Bett, sodass ich aufwachte. Trotzdem kam mir der Boden nicht sauber vor. Meiner Meinung nach wäre es sinnvoller, weniger Plastikbecher für die Medikamente zu benutzen, die jedes Mal weggeworfen werden, und stattdessen ein bisschen mehr Geld zu investieren für Putzmittel oder das Wechseln der Bodenwischtücher. Aber mich fragt ja keiner. Es ginge da auch um Hygiene! Egal.

Meine Freundinnen waren so süß und ließen mich nicht allein. Amelie machte ein blaues Herzkissen für mich, auf das sie meinen Namen gestickt hatte. Johanna stickte ebenfalls meinen Namen und eine Feder auf ein weißes Kissen, meine Freundin Alena strickte einen Skifahrer, der einen Bommel auf dem Kopf hatte und den ich gut festhalten konnte. Wie einem Baby, dem man auch Dinge schenkt, die es gut greifen kann. Aber ich war hin und weg, denn selbst hätte ich nichts stricken können, das eine richtige Form hat. Ich taufte den Skifahrer Lena, wegen der braunen Löckchen und den blauen Augen, und er begleitete mich ins MRT. Oder sie. Ich packte die Lena ganz fest während es ganz laut dröhnte. „Bumbumbumbum BIMBIMBIM bum."

Milena machte etwas ganz Tolles, sie nähte einen Kissenbezug an ein Tablett und füllte ihn mit Kernen. Ich konnte es auf den Schoß legen und es passte sich meinen Beinen an. Es fiel auch mit dem Abendessen nicht um, was für mich absolut praktisch war. So konnte ich das Essen näher bei mir haben und es fiel nicht ganz so oft hinunter. Das Tablett hatte sie bunt mit Bildern beklebt, es war wirklich sehr schön. Von meiner Volleyballmannschaft bekam ich einen kleinen Volleyball voller Unterschriften geschenkt, das war alles so süß, ich hätte vor Dankbarkeit weinen können. Johanna bastelte mit einer Freundin einen Baum voller Fotos und brachte mir auch noch Bilder für den Nachttisch mit. Und Blumen. Von Janine bekam ich Blumen aus dem Garten, die dufteten so gut. Meine beste Freundin brachte Tapferkeitskaramellbonbons, Briefe aus der Stute und Blumen. Sie war immer wieder da, was mich total freute. Annabelle hatte eine CD gebrannt und eine Karte gebastelt. Zum Glück war es so und nicht anders! Meine besten Freunde, Finn und Elm, waren auch da. Ich freute mich so über ihre Geschenke, aber viel wichtiger war, dass sie an mich dachten und einfach vorbeikamen. Elm war sogar nach dem Arbeiten ein paar Mal allein gekommen. Ich weiß gar nicht mehr alles, wenn ich jemanden vergessen habe, dann tut es mir sehr leid! Selbst mein Patenonkel und meine Patentante waren da und wollten nach mir sehen. Sie versorgten mich mit Saft und Schokolade und waren so bemüht. Unser Pfarrer war da, und das auch noch an seinem Geburtstag! Total nett. Mein Bruder wurde 13 und ich war nicht zu Hause. Meine Mama kam an ihrem 40. Geburtstag zu mir ins Krankenhaus, und wir aßen gemeinsam meinen Lieblingskuchen: Erdbeerkuchen. Mhm, so lecker! Ich liebe Erdbeeren! Dann kam er leider wieder raus und ich entschuldigte mich, der teure Bäckerkuchen! Mama fand das Quatsch, aber es tat mir so leid! Liz wurde 19, aber auch das verpasste ich. Ich hatte nicht einmal Geschenke, weil ich ja im Krankenhaus lag.

Immer wieder ging der Besuch und ich war allein. Ja, allein und verlassen ... Nachts kam die Angst. Ich fühlte mich entsetzlich einsam und die Nächte waren immer so lang! Manchmal überlegte ich mir fantasievoll, wo ich nicht überall Urlaub machen würde, wenn ich wieder zu Hause wäre. Dann, was ich für ein weiteres Tattoo wollte oder welche Frisur, sobald die Haare nachgewachsen sein würden. Das lenkte mich wenigstens ein bisschen ab. Wenn der Fernseher nicht bis Viertel nach zehn lief, war es noch schlimmer. Ich konnte zwar nur zuhören, aber es half schon, dann war die Nacht nicht mehr so unendlich lang. Hörbuch konnte ich nicht hören, denn kaum hatte ich Kopfhörer auf und die Augen geschlossen, drehte sich alles und die Schwärze kam näher und entfernte sich wieder, fast so, als würde mich jemand schütteln. Es war so endlos langweilig, wenn das Abendessen vorbei war. Dann kam vielleicht Fernsehen, und dann hieß es ausharren, bis das Frühstück kam. Oder die Schwestern, die einen weckten und das Bett machen wollten. Aber ich konnte nicht aufstehen, da ich meistens morgens brach. Dann musste ich zumindest nicht aufstehen. Manchmal hievten sie mich trotzdem samt Brechschalen auf einen Stuhl, als wenn es so wichtig gewesen wäre, das Bett jetzt sofort zu machen. Ich hing dann da und übergab mich ohne Ende – aber Hauptsache, mein Bettlaken war glatt.

Tagebucheintrag von Kims Mutter

17.02.09

Kim hat eine Untersuchung bei den Augenärzten, schlechtes Ergebnis, denn man muss ein halbes Jahr abwarten, um zu sehen, was sich verbessert. Kontrolle alle zwei Monate. Kim wird von einer Schwester gewaltvoll behandelt. Ich spreche mit einer anderen Schwester, sie gibt es am nächsten Tag weiter. Kim bekommt am Abend die Klammern raus, 20 Minuten später läuft Hirnwasser raus. Die Schwestern sind entsetzt und versuchen, es zu verbinden.

18.02.09

Ralf fährt früh zur Klinik und spricht mit dem Arzt über den gewaltsamen Vorfall, andere Schwestern sind dabei, sie wollen ihm erst nicht den vollen Namen der betroffenen Schwester geben, sagen aber am Ende doch, wer dahintersteckt. Meine Freundin informiert den Herrn von der Pflegedienstleitung, es wird ein Team angesetzt und eine Schwester soll mit mir reden. Kim bekommt am

Rücken eine Lumbaldrainage mit Zugbeutel, um das Hirnwasser abzuziehen, damit der Druck sich verringert und die Wunde am Kopf sich schließt. Es soll fünf Tage dauern, wenn es nicht klappt, wird erneut operiert.

19.02.09

Kim erbricht dauernd, es geht ihr sehr schlecht.

Mein schlimmstes Erlebnis hatte ich auch dort im Krankenhaus. Eines Morgens wurde ich zum Waschbecken gezwungen, um meine Zähne zu putzen. Ich erbrach das Frühstück ins Waschbecken und auch auf den Waschlappen, mit dem ich es zurückhalten wollte. Ich schämte mich, aber die Schwester kam, sah die Sauerei und meinte: „Wasch dich jetzt!" Ich versuchte, ihr zu erklären, warum ich einen frischen Waschlappen brauchte, aber meine Stimme piepste und war zu langsam. Die Schwester hörte mir gar nicht zu, sondern packte meine Hand, hielt sie samt Waschlappen unter das Wasser und wiederholte ihren Befehl. Dann zog sie mir das T-Shirt über den Kopf. Vor lauter Panik wusch ich den Waschlappen aus und benutzte ihn anschließend, um mich zu waschen. Danach nahm ich das frische T-Shirt entgegen. Was hätte ich denn tun sollen? Ich war auf ihre Hilfe angewiesen. Ich konnte allein nicht einmal vom Bad zu meinem Bett laufen. Aus lauter Angst habe ich gar nicht so genau mitgekriegt, was sie vor dem Vorhang alles gesagt hat, aber im Nachhinein packten auch die anderen Frauen aus. Die Schwester sei unfreundlich und pampig gewesen und hätte anscheinend auf mein Verlangen nach einem neuen Waschlappen gesagt: „Wer soll das bezahlen?" Dabei hatte ich eigene Waschlappen. Zuerst behielt ich das alles für mich, denn ich schämte mich, dass ich auf meinen Waschlappen erbrochen hatte.

Am nächsten Tag hatte ich einen Augenarzttermin. Der Bringservice war echt nett, raste jedoch mit mir im Rollstuhl durch die Gegend wie auf der Flucht. Mir war ganz schlecht von dem Geschaukel. Beim Arzt angekommen, wurde ich zuerst im Gang platziert und allein gelassen. Immer wieder ging die Tür auf und es zog, aber ich konnte allein nicht wegfahren. Ich saß in meinem Rollstuhl wie ein Häufchen Elend und wartete darauf, an die Reihe zu kommen. Immer wieder drängten sich Leute an mir vorbei und stießen an den Rollstuhl, statt mich an die Seite zu schieben. Ich hatte die Brille auf, das rechte Auge wurde nach wie vor zugeklebt und an Kontaktlinsen war nicht zu denken.

Ich wurde hineingebeten und setzte mich sehr wackelig vor die Gesichtsfeldmessung, genauer, die Ärztin stützte mich und setzte mich mehr schlecht als recht auf den Stuhl. Ich hatte meine Schwierigkeiten, auf das Licht zu schauen, da die Augen nicht in der Lage waren, irgendetwas zu fixieren. Sie wackelten von allein hin und her, wie bei einer Puppe. Zudem tat es weh, nach links oder rechts zu schauen. Es waren Schmerzen in den Augen. Mir war nicht klar gewesen, dass es so etwas gibt. Das Gesichtsfeld war gar nicht einmal so schlecht, also ging es weiter zum Sehtest. Ich sollte auf das Kreuz und die Zahlen im erleuchteten Feld schauen, aber selbst mit Brille war alles verschwommen. „Du siehst wirklich nichts? Also ... gar nichts!?" Die

Frau konnte es nicht fassen, aber selbst die großen Zahlen konnte ich nur verschwommen wahrnehmen. Ein weißer Schleier mit etwas Grauem darin. Irgendwie ganz abstrakter Nebel. Völlig unfassbar für die Ärztin, denn es wurde nicht einmal besser, als sie mich näher hinschob: „Was, jetzt auch nicht?" Ahh, am liebsten hätte ich geschrien: „Nein! Immer noch nicht!" Aber mir war mehr nach Lachen zumute, weil sie so endlos entsetzt war.

Wieder saß ich auf dem Flur, bis es in das dritte Behandlungszimmer ging. Das Ganze dauerte bestimmt schon zwei Stunden, deshalb musste ich mittlerweile auch mal auf die Toilette. Also strengte ich mich unglaublich an und fuhr meinen Rollstuhl vor die Kabinentür. Die Kabine war zum Glück sehr schmal und ich taumelte von einer Wand zur anderen, hin und her, wie auf einem Schiff auf hoher See. Aber ich schaffte es tatsächlich! Also beim Händewaschen kippte ich nach hinten, aber ich hielt mich am Wasserhahn fest und fiel nicht. Als ich mich wieder draußen in den Rollstuhl setzen wollte, stand schon eine Schwester bereit, um mich weiterzuschieben. Sie schimpfte ein bisschen, wie unvorsichtig das von mir gewesen sei – aber wenn ich doch musste und keiner da war? Ich wollte die Fußstütze hochklappen, aber ich hatte die Rechnung ohne mein fehlendes Gleichgewicht gemacht und fiel neben meinem Rollstuhl um. „Oh Gott! Was machst du da? Geht's?" „Hilfe, das wackelt alles!" Ich dachte nur: ‚Wäre die Schwester nicht gewesen, wäre ich auf den Boden gekracht.' So hing ich halb auf der Schwester und halb auf der Lehne des Rollstuhls.

Im Behandlungszimmer musste ich in jede Richtung gucken, soweit es die Schmerzen erlaubten, und es wurde in die Augen geleuchtet. Dann kam meine Mama, die schon auf mich gewartet und auf eigene Faust zu der Augenärztin gefunden hatte. Sie begrüßte mich, und stockend erzählte ich ihr von der gemeinen Schwester. Sie und auch die Ärzte drum herum waren mehr als geschockt. Ich durfte allein mit meiner Mama gehen, und wir suchten den Weg zurück ohne den Begleitservice. Ich muss hinzufügen, dass ich im Rollstuhl nicht gerade leicht war, aber meine Mama war tapfer. Wir meisterten den Weg durch die kalten Katakomben. Ein wenig außer Atem kamen wir wieder in der Neurochirurgie an.

Es wurde noch schlimmer, denn als die vielen Klammern aus meinem Kopf entfernt wurden, kam es zu einem dummen Zwischenfall. Zwar hieß es: „Am Dienstag kommen die Klammern raus!", aber die Metallklammern kamen dann doch schon montags raus. Wir wunderten uns, aber die Kommunikation stoppte manchmal bei einer Schwester oder einem Arzt, sodass wir uns einfach auf den anwesenden Arzt verlassen mussten. Meine Mutter war dabei, als die Klammern herausgeschnitten wurden. Es knackte und hörte sich an, wie wenn man mit einer Gartenschere Metall zerschneidet, dabei war das mein Kopf! Alle waren entfernt, es zwickte nur leicht, aber dann wurde es nass im Nacken. Schockiert sagte ich: „Mama! Es ist ganz nass!" Sie guckte nach, es war Hirnwasser. Ich dachte, es wäre Blut. Auch noch zu allem Elend. Wieder klingelte ich und wurde mit Pflastern verarztet, mein kompletter Hinterkopf wurde eingebunden. Wenn man hinfasste, fühlte es sich nach Windel an. Aber allein die Vorstellung, dass jemandem Hirnwasser aus dem Kopf läuft, finde ich abstoßend und erschreckend genug. Vor allem, wenn dieser jemand ich war.

Irgendwann war ich sauer auf meinen Biolehrer, denn ich hatte nie gelernt, dass es Hirnwasser gibt. Also vielleicht hat er es ja mal erwähnt, aber auf jeden Fall war es an mir vorbeigegangen! Und deshalb hatte ich vor dem Arzt wie ein Idiot dagestanden, der glaubte, dass das Gehirn im luftleeren Raum schwebt oder so was. Auf jeden Fall hatte mein Biolehrer gesagt, dass man niemals Luft in die Venen bekommen dürfe, denn dann könnte man sterben, da im Herzen dann die Blutzufuhr unterbrochen werden könnte. Das war mir total im Gedächtnis geblieben, und ich entwickelte eine Panik vor Luftbläschen im Infusionsschlauch. War da ein noch so winziges Luftbläschen, beobachtete ich mit aufgerissenen Augen, wie es dem Zugang und somit meinem Arm immer näher kam, und dachte schon: ‚Gleich stirbst du!' Bevor es jedoch so weit war, klingelte ich und heulte melodramatisch: „Da ist Luft in meiner Infusion! Das darf nicht in meinen Arm, sonst muss ich sterben." Die Schwestern schnipsten dann immer am Schlauch herum, sodass die Luft wieder nach oben entwich. Einmal war so viel Luft drin, dass der Schlauch sogar abgestöpselt werden musste. Ha! Also hatte ich doch recht mit meiner Panik.

Die böse Schwester raunzt und schreit mich auf dem Gang an, sie will sofort mit Kim sprechen, ich verbiete das und sage ihr, dass sie eine sehr unfreundliche Person sei und sich in Acht nehmen soll.

In der ersten Nacht zogen sie mir zur Sicherheit auch noch eine Mütze aus weißem Verbandsstoff auf, die unter dem Kinn zusammengebunden wurde. Ich sah aus wie ein Clown. Dazu kam, dass das rechte Auge zugeklebt wurde mit einem Wattepad und einem Pflastertape, wie bei einem Idioten. Toll, eine doofe Mütze und nur ein Auge. Aber wenn es half, musste es wohl sein.

Immer weiter ging es, immer neue Verbände und Pflaster und Diagnosen, und ich kam mir vor wie ein blödes Versuchskaninchen, dem man immer wieder etwas antut und das unnötigerweise leiden muss. Man probierte halt mal aus, vielleicht half es ja doch.

Das mit der bösen Schwester nahm auch seinen Lauf, sie durfte dank meiner resoluten Mama nicht mehr in meine Nähe kommen. Wenigstens das, denn ich hatte eine unglaubliche Angst vor ihr. Manchmal war jedoch niemand da, wenn ich klingelte, und sie musste mir dann doch helfen. Mein Herz klopfte dann bis zum Hals und lieber hätte ich gewartet – aber wenn ich Hilfe brauchte, ging es nicht anders. Dann gab sie keinen Ton von sich und beeilte sich, wieder fortzukommen. Sie schrie auf dem Flur sogar mit Mama herum – nach dem Motto, ich hätte mir das nur ausgedacht. Klar, als wenn ich nichts Besseres zu tun gehabt hätte!

Als Folge auf den Stau des Hirnwassers im Kopf machten sie eine Rückendrainage. So eine Lumbalpunktion ins Rückenmark bekommen manchmal auch Schwangere – es tut höllisch weh. Ich musste mich auf das Bett setzen und die Füße angewinkelt auf einen Stuhl stellen. Ich kniff die Zähne zusammen, aber es tat einfach nur weh. Der Schwester zerdrückte ich fast die Hand, bis sie mir mein Kuschelschaf in die Hand gab, das ich dann zerdrücken konnte. Die Drainage wurde mit der Spritze gelegt und es wurde kräftig am unteren Wirbelbereich gedrückt. Das stach, und zwischendurch schoss es mir bis in den Kopf und in die Knie. Sitzen zu bleiben war verdammt schwer, vor allem, weil der Arzt die Spritze in meinen Rücken rammte und es sich anfühlte, als würde er die Wirbel verschrammen. Aber dann war es zum Glück vorbei und ich atmete wieder auf. Später erst erklärte mir Mama, dass Lumbaldrainagen recht gefährlich seien. Sticht der Arzt nur Millimeter zu tief, kann er Nerven verletzen und einen lähmen. Das Ganze wurde gemacht, weil nun das Liquor – oder wie das Hirnwasser nun geschrieben wird – abgeleitet werden sollte. Normalerweise, also im besten Fall, läuft es aus dem Gehirn an der Wirbelsäule im Rückenmark ab. Das ist ein Kreislauf, aber ich bin kein Arzt und kann es schlecht erklären. Der Tumor hat aber den Durchgang zum Rückenmark fast zerdrückt, weshalb die Seitenventrikel (die Wassertanks im Gehirn) sich ausdehnten, weil zu viele Wassermassen in meinem Kopf waren. Um dies nun abzuleiten, wurde das Wasser über das Rückenmark entzogen, damit es sich nicht im Kopf stauen konnte und vielleicht noch mehr zerstörte. Man hoffte, dass sich der Durchgang noch dehnen würde – jetzt, da der Tumor weg war. Es hieß fünf Tage. Aber am Ende blieb das Ganze eine Woche. Eine Woche konnte ich mir mein Hirnwasser in einem Beutel neben mir angucken. Und am krassesten war, dass ich Kopfschmerzen bekam, je nachdem, ob er hoch oder tief hing. Es tat also weiterhin weh. Immer und immer wieder musste ich klingeln, weil es so unerträglich war. Die Schwestern änderten dann die Höhe des Beutels am Infusionsständer und der Schmerz schoss mir in den Kopf, wenn sie es zu ruckartig taten. Der Beutel musste mit auf die Toilette, entweder mitsamt Infusionsständer, er hing mir um den Hals, oder wie eine Tasche um den Arm. Damit das Liquor durchsichtiger wurde und der Körper mehr Flüssigkeit hatte, musste ich sehr viel trinken. Mein Liquor war zu Beginn eher gelblich und fast trüb. Zum Glück schenkte mir eine der Damen immer wieder Wasser nach, sodass ich fast gezwungen war zu trinken. Die Mama brachte jede Menge Saft, denn ich hasste es, Wasser zu trinken. Überhaupt war trinken so unlustig! Immer und immer wieder kam das ganze Getrunkene wieder raus, manchmal spritzte es über das Frühstück, weil mein Mund versuchte, es zurückzuhalten, aber unabsichtlich machte ich dann den Wasserspeier. Die Damen guckten dann immer ganz mitleidig, und es tat mir leid, schließlich hielt ich sie vom Schlafen oder Essen ab. Das Frühstück blieb meistens auch nicht drin, selbst Joghurt nicht. Erst gegen Mittag wurde es besser mit der Übelkeit. Ich lag auch den ganzen Tag, weil alles andere undenkbar war. Irgendwann blieben auch

Tabletten nicht mehr drin und ich bekam wieder Infusionen, mehrmals am Tag auch noch Flüssigkeit. Und immer hing dieser Hirnwasserbeutel neben mir. Oft verwickelte ich mich in der Leitung, vor allem nachts. Und immer musste ich ihn mitschleppen auf die Toilette. Entweder es lief zu viel oder zu wenig, einmal waren in dem Beutel mehr als 600 ml und er war so entsetzlich schwer um meinen Hals. Mir war ständig schlecht, und es dauerte ewig, bis ich schlief und wenn ich aufwachte, musste ich wieder brechen oder auf die Toilette, also: klingeln, aufstehen, Schuhe an, den Gehwagen und den Beutel nehmen, mitsamt dem Gerümpel in die enge Kabine, klingeln, wenn ich fertig war, und alles noch einmal rückwärts. Das war alles immer so anstrengend. Da überlegt man sich zweimal, ob man auf die Toilette geht. Naja, aber ich konnte es nicht lange halten und musste einfach klingeln, sonst wäre das Bett nass gewesen.

Die Rückendrainage hatte nicht nur zur Folge, dass ich meinem Hirnwasser dabei zusah, wie es tagelang neben meinem Kopf in einen Beutel floss, sondern ich hatte auch um den Eingang des Schlauchs im Rücken ein Pflaster, das immer wieder erneuert werden musste. Dauernd wurde es nass vom Hirnwasser, das austrat, statt in den Schlauch zu fließen. Auch die Hose und die Bettwäsche wurden feucht und mussten häufig gewechselt werden. Es klebte alles und war komisch nass. Dazu kamen die Kopfschmerzen. Es war anstrengend und zugleich war es mir vor meinem Besuch unangenehm, wenn man so einfach mein Hirnwasser angucken konnte. Ungewöhnlich war es und zugleich angewidert und fasziniert schauten meine Besucher auf den Beutel, während ich mich schämte und es endlos widerlich fand. Mein Körper tolerierte die Rückendrainage gar nicht und ich musste noch mehr erbrechen. In dieser Zeit gab man mir auch viel *Cortison* gegen die Schwellung im Kopf. Davon bekam ich ein Doppelkinn und einen dicken Bauch, durch das Erbrechen wurde ich gleichzeitig dünner. Ich konnte mich nicht mehr sehen. Mein einziger Gedanke war nur, dass mich so nie wieder jemand attraktiv finden würde, wenn ich aussah wie ein Luftballon.

Tagebucheintrag von Kims Mutter
23.02.09

Der Schlauch wird aus dem Rücken entfernt, Kim zuckt und zittert viel. Dauernd erbricht sie sich (aber Hauptsache, sie wird in die Dusche gezwungen). Sie soll mal wieder geduscht werden, eine Dame aus ihrem Zimmer ruft uns an, dass sie weint. Ralf ruft die Schwester an, fragt, was das schon wieder soll. Sie fragt, woher wir das wüssten, er sagt, dass das keine Rolle spiele. Als wir ins Krankenhaus kommen, wird die Dame, die uns angerufen hatte, in ein anderes Zimmer verlegt.

Noch schlimmer als die Schmerzen war für mich die Tatsache, dass die Damen aus meinem Zimmer nach und nach entlassen wurden. Es war nur noch eine von der ersten Zimmerbesetzung übrig, die mir viel Beistand gab. Alle anderen waren neu, und ich kannte sie nicht wirklich. Es war ein ständiges Kommen und Gehen. Eines Morgens sollte ich schon wieder geduscht werden, die Rückendrainage war gerade erst entfernt worden und die Gefahr war viel zu groß, dass in der Dusche durch das Shampoo Bakterien über die Wunde im Rücken ins Hirnwasser gelangten. Der Arzt hatte das Duschen eigentlich verboten. Ich wusste, dass ich nicht duschen sollte, und sagte es unter Tränen schnell und piepsig der Frau neben mir, die so unglaublich freundlich war und meine Mama anrief. Sie war genauso aufgelöst wie ich und wusste gar nicht, wie sie mich beruhigen sollte. Ich hatte solch eine Angst und war erleichtert, als meine Eltern endlich kamen.

Die Dame wurde später aus unerklärlichen Gründen in ein anderes Zimmer verlegt, was sehr traurig für mich war, denn ich blieb nun bei völlig Unbekannten.

Das einzig Lustige in dieser Zeit waren die vielen Briefe, die ich bekam. Von ganz vielen Leuten, mit denen wir eigentlich schon ewig nichts mehr zu tun hatten. Ob das nur aus Mitleid war? Wer weiß. Ich bekam auch E-Mails, die die Mama dann für mich ausdruckte, und sogar Karten von meinen Lehrern. Witzig war eine Mail von meinem Kunstlehrer, in der stand, dass keiner mehr gescheit mitmachen würde von den Abiturientinnen, weil ja schon Notenschluss gewesen war. Er wollte mein Verständnis und beschrieb seine Bemühungen um Aufmerksamkeit. Ich lachte nur, denn, um ehrlich zu sein, ich glaube nicht, dass ich es anders gemacht hätte, wenn ich in der Schule gewesen wäre. Auch wenn es ihn ehrt, dass er dachte, dass ich besser mitgemacht hätte. Naja, wer weiß! Aber ihm zu Ehren benannte ich einen kleinen Kuschel-Schutzengel, der im Krankenhaus über meinem Bett hing, nach ihm. Er war ein Geschenk von meiner Uroma und ihrer Tochter, die sich so lieb bei mir meldeten und mich ebenfalls versuchten, ein bisschen aufzuheitern. Das war so süß. Ihre Tochter schrieb uns, dass Uroma wegen dem Alzheimer immer alles vergessen würde, aber nach mir würde sie trotzdem fragen! Der Engel sollte mich ab sofort zu jeder Operation begleiten, als kleiner Aufpasser. Mama sagte dann immer: „Hast du den Hubert?" „Ja, der Hubert muss mit!" Was mich sehr berührte war, als mein bester Freund erzählte, dass seine Oma auch nach mir fragen und immer für mich beten würde. Als ich das Mama erzählte, meinte sie: „Ja, es beten so viele Menschen für dich – bei dem da oben herrscht bestimmt totale Überflutung. Deshalb kann er dich gar nicht sterben lassen."

In meinem Zimmer lagen immer noch vier und manchmal auch fünf Leute. Eines Nachts musste ich dringend auf die Toilette. Jedenfalls klagte ich über Schmerzen und dass es so laut sei, aber die Schwester fuhr mich nur an: „Ich kann auch nichts dafür, dass ihr zu fünft seid." Ich überlegte die ganze Nacht, warum sie mich so undankbar dargestellt hatte, aber am nächsten Tag bei Licht wurde mir klar, was sie gemeint hatte. In der Nacht war noch ein fünftes Bett samt Notfallpatient hereingeschoben worden. Was ich nicht bemerkt hatte, sie war einfach überfordert gewesen.

Total überraschend kam an einem Tag ein Freund von mir herein, Luke, in den ich einmal verliebt gewesen war. Es war mir sehr peinlich, dass ich so komisch aussah! Es war so nett, dass er da war, schließlich hatte er von mir nichts gesagt gekriegt, sondern über Freunde erfahren, wo ich war. So war ich völlig abgeschottet von der Außenwelt und wusste kaum Bescheid, was vor sich ging. Die Zeit verging und ich sah durchs Fenster, dass es schneite oder die Sonne schien. Erleben konnte ich es nicht. Mein Exfreund war auch einmal zu Besuch. Naja, ich kann nur so viel dazu sagen: Die Situation war verdammt komisch. Man ist dann erst wirklich damit konfrontiert, nicht mehr begehrenswert und hübsch zu sein, wenn man auf einmal den Vergleich zu früher hat. Er erzählte von Fasching und all meinen Freunden, und ich wünschte mir so sehr, auch wieder weggehen zu können!

Natürlich waren noch viel mehr Leute auf Besuch bei mir, und genau das ist so wichtig, denn während man Besuch hat, vergisst man, wo man ist und warum. Auch wenn man selbst vielleicht kaum etwas sagen kann, tut es doch gut zu hören, was die anderen zu erzählen haben. Einmal habe ich nicht einmal die Augen öffnen können, als zwei Freundinnen von mir da waren. Mir war so schlecht. Trotzdem war es schön, dass sie da waren. Ich sah sie nicht, aber hörte ihren Erzählungen zu.

Schlimm ist es, wenn die Leute gehen, es dunkel wird und man allein zurückbleibt. Allein mit den anderen Kranken im Zimmer, die alt sind oder fremd und schnarchen. Am besten hatte man immer sowohl Ohrstöpsel als auch eine Schlafmaske dabei! (Leider konnte ich die Maske nicht anbehalten, denn es tat mir an der Wunde am Hinterkopf weh.) Das Bett ist nicht wirklich gemütlich, allein schon der Geruch im Krankenhaus erzeugt Heimweh. Das Essen war dreimal am Tag der Lichtblick – und dann bekam man nicht einmal etwas, das einem schmeckte. Die Essenszeiten im

Krankenhaus waren so ungewohnt früh, dass sich mein Körper seltsam umgewöhnte und ich dauernd Hunger hatte. Trotzdem blieb nichts in mir.

Im Zimmer waren viele neue Patientinnen, eine Frau war schwerhörig und verlangte immer wieder lautstark nach ihrer 1904 geborenen Mutter, die jedoch schon verstorben war. Sie bot meiner Mama welche von ihren Pralinen an, die eigentlich ihre Tochter gebracht hatte: „Wollen Sie vielleicht Schokolade? Die hat meine Mutter gebracht! Sie wurde 1904 geboren, aber ist noch so fit." Sie hatte immer eine rosa Schlafmaske mit Strasssteinen auf und klappte, wenn sie etwas sehen wollte, eine Seite hoch, was total lustig aussah. Wollte sie nichts sehen, ließ sie sie unten und redete trotzdem mit ihrem Besuch. Alte Leute können echt schrullig sein! Wobei meine Mama und ich vermuteten, dass sie das nur spielte und in Wirklichkeit sehr gut verstand, was man ihr sagte. Das Essen schmeckte ihr meistens nicht, und sie weigerte sich zu essen. „Was soll das denn sein? So ein Fraß! Das esse ich nicht!" Sie fragte einmal die Schwester: „Wollen Sie mich vergiften? Nehmen Sie das wieder mit!" Ich hätte am liebsten laut gelacht. Nachts versuchte sie abzuhauen, da sie nicht mehr wusste, wo sie war und warum. Dann schrien die Schwestern auf dem Flur mit ihr herum, weil sie doch so schwerhörig war. Ein Drama. Tagsüber ganz witzig, aber nachts nur schrecklich.

Mein Ohr rauschte zu allem Elend immer noch und mein Kopf knackte, sodass ich kaum schlafen konnte. Wenn ich eine Position fand, in der er nicht knackte, dann lag ich blöd auf meinem Hinterkopf und die Wunde tat weh. Ich bekam auch Nasenbluten und aus

Langeweile biss ich alle Fingernägel ab, was die Mama wiederum aufregte. „Hier im Krankenhaus wimmelt es vor Bakterien, da brauchst du dir nicht auch noch die Finger aufbeißen!"

Ich konnte – wie gesagt – kein Fernsehen schauen, denn ich sah nichts, ich hörte bestenfalls Teile davon, Lesen ging nicht und Malen auch nicht – es war also echt langweilig! In den Fernseher musste man etwas einbezahlen, weshalb er dann abends auch noch ausblieb, wenn keiner bezahlen wollte. Erst viel später wurde uns gesagt, dass er auch ohne Bezahlung funktioniere. Das tat mir leid, meine Eltern hatten also so oft umsonst bezahlt. Wie lächerlich!

Meine Eltern brachten mir auch oft etwas zu essen mit in der Hoffnung, dass ich endlich etwas Richtiges zu mir nahm. Doch zu Anfang schmeckte alles widerlich, selbst die Pizza. Das tat mir auch so leid, ich weiß, wie sehr es verletzt hat, dass ich ablehnte, was solche Mühe gemacht hatte. Ich wollte es ja essen, so gern sogar, aber es ging nicht. Es schmeckte abscheulich. Nicht nach etwas Bestimmtem, einfach nur widerlich. Wenn meine Mama mittags da war, organisierte sie Handtücher oder Unterlagen für das Bett, da ich nicht richtig am Rand sitzen konnte. Mir wurde schlecht davon und deshalb aß ich im Bett, was aber wegen der zitternden Hand sehr oft schiefging. Vor allem die Suppe, denn davon kamen vielleicht gerade fünf Löffel in meinem Mund an, der Rest landete sowohl auf mir als auch im Bett. In solchen Momenten verging einem der Appetit, weil man so entsetzt darüber war, dass man es nicht einmal schaffte, den Löffel zum Mund zu führen. Ich lag quasi in meinem Mittagessen.

Wenn man im Krankenhaus ist, fängt man irgendwann an, regelrecht von Essen zu träumen, und bekommt Heißhunger auf alles Mögliche: Lasagne, Flammkuchen, Eintopf, Raclette, Sahne, Schokolade, Erdbeeren, Windbeutel ... Ich hatte so ein krasses Verlangen nach den verschiedensten Gerichten, ich vermisste sie richtig, am allermeisten wollte ich *Trio*. Das sind so leckere Cornflakes, ganz süß, so kleine rechteckige Päckchen in drei Farben. Die Mama kaufte mir welche, brachte sie samt Löffel und einem kleinen Milchbeutel mit. Ich weiß noch, wie glücklich es mich machte, an diesem Abend *Trio* zu löffeln. Zwar verschüttete ich Milch beim Essen auf das Deckbett, aber was machte das schon im Vergleich dazu, dass mir endlich etwas schmeckte, das auch drin blieb? Die meisten Sachen aus der Kantine schmeckten gar nicht einmal so schlecht, wie zum Beispiel Kartoffelbrei. Doch die Konsistenz war Zement ähnlicher als allem anderen. Ich fragte mich jedes Mal, ob er wohl an der Decke kleben bliebe, wenn ich ihn hochwerfen würde. Vielleicht hätte man auch damit mauern können, wer weiß! Schade war nur, dass man es nicht besonders witzig fand, wenn man den Deckel hob, Hunger hatte und dann komisch fester Kartoffelmatsch auf dem Teller lag. Die Gabel blieb sogar senkrecht darin stehen.

An einem Tag, an dem meine Eltern kamen, ging es mir extrem schlecht. Ich brach und hing total in den Seilen. Wie so oft nach dem Brechen war mir heiß und mein Körper zitterte. Wegen des Muskelzitterns wurde noch ein EEG gemacht, denn man vermutete Epilepsie. Im Bett fuhr man mich dahin, danach auch noch zum MRT. Nach der Operation funktionierte auch die Regelung der Temperatur nicht, weshalb ich schwitzte und dann wieder fror. Einmal zitterte ich so sehr, dass heiße Luft unter meine Bettdecke geblasen wurde, bis ich wieder damit aufhörte. Ich konnte es einfach nicht regulieren! Dauernd deckte mich meine Mama auf oder zu, wir zogen die Antithrombosestrümpfe für eine Weile aus und wieder an. Die Strümpfe halfen aber nicht viel, ich fror trotzdem, außerdem rutschten sie ständig herunter. Dann hingen sie in den Kniekehlen und drückten mir das Blut ab, bis es wehtat. Zudem vertrockneten meine Beine und Füße unter diesen Strümpfen. Wenn meine Mama sie nicht immer wieder eingecremt hätte, wären sie wohl abgebröselt, denn es staubte ja schon beim Ausziehen. Meistens hatte ich Boxershorts und Antithrombosestrümpfe an, welche knapp unter der Hose endeten, was ein bisschen so aussah, als hätte ich Strapse an. So lief ich dann manchmal am Gehwagen durch den Flur und kam mir dumm vor. Die Männer, wenn mal einer der Alten über den Flur lief, guckten ein bisschen skeptisch, und ich dachte nur: ‚Hallo? Wir sind im Krankenhaus! Ich weiß, dass das komisch aussieht und ich halte mich bestimmt nicht für sexy in dem Outfit. Ahh.' Ich hatte auch nie Lust, extra Jogginghosen oder feste Schuhe anzuziehen, wenn wir auf dem Gang spazieren liefen. Es war so anstrengend! Ich wäre auch so rausgegangen, schließlich hatte ich ganz andere Probleme. Aber Mama bestand darauf, dass ich mir wenigstens etwas überzog. Nicht wegen dem Outfit, sondern weil es einfach zu kalt war. Fast täglich musste ich meine Kleider wechseln, weil ich schon wieder etwas draufgeschüttet hatte oder die Nierenschalen, die sich auf dem

Nachttisch stapelten, nicht rechtzeitig packen konnte. Es gibt nichts Ekligeres, als sich selbst anzubrechen, weil es so plötzlich kommt. Die Mama kaufte immer wieder neue T-Shirts, da sie mit dem Waschen gar nicht mehr hinterherkam. Alles war versaut.

Um ehrlich zu sein, sind die Nierenschalen aus Pappe zwar praktischer, weil man sie wegwerfen kann, jedoch stinken die widerlich nach altem Karton. Also, es sind ja kleine Schalen aus Karton, die auch danach riechen müssen, aber trotzdem stank es eklig. Die Papiertücher rochen nicht besser, und wenn man sich damit den Mund abwischte, waren sie sofort durchweicht oder klebten einem am Kinn. Ich überlegte mir immer, warum die Dinger Nierenschalen hießen, bestimmt weil man darin Nieren sammeln konnte. Okay, das ist, glaub ich, Quatsch. Sie heißen bestimmt so wegen ihrer runden Form. Eine Schale war grundsätzlich in meinem Bett, eine andere klemmte zur Sicherheit unter meinem Kinn, selbst wenn ich mit jemand redete. Das muss entsetzlich ausgesehen haben, aber immer wieder verabschiedete sich das Mittagessen, egal, wer mich gerade besuchte oder was ich tat. Einfach ohne Vorwarnung schoss es aus meinem Mund. Oh Mann, das tat mir so verdammt leid, aber zu dem Zeitpunkt war es nicht anders möglich. Ich konnte es nicht verhindern.

Mein Besuch blieb nie zu lange, da mich Besuch so sehr anstrengte, dass ich fast einschlief vor Erschöpfung. Außerdem genoss ich es, wenn meine Mama beim Abendessen allein bei mir war und mir das Essen richtete, das sie mitgebracht hatte. Zum ungetoaste-

ten Krankenhausbrot sagten wir nur *totes Brot*, denn so sah es aus. Total bleich.
Ich hatte mehr schlechte als gute Tage, aber es wurde besser. Zumindest hatte ich keine Epilepsie und langsam wurde es besser mit der Temperaturregulation. Das ständige Brechen blieb jedoch.

Tagebucheintrag von Kims Mutter
24.02.09

Heute hätte die Reha begonnen, sie wird jedoch verschoben, da es Kim sehr schlecht geht. Es wird ein EEG und ein MRT gemacht, das Blutbild ergibt schlechte Leberwerte und eine erhöhte Infektion. Ihr Körper hat sich durch das ständige Erbrechen selbst vergiftet. Sie bekommt Antibiotika und verträgt kein Novalgin mehr.

25.02.09

Das Ergebnis vom MRT zeigt, dass kein Tumorrest mehr zu sehen ist, es sieht aber noch frisch operiert und vernarbt aus, sodass man kein endgültiges Urteil fällen kann. Das EEG ist unauffällig. Ich frage, ob Kim nicht in ein anderes Zimmer könne, wo nicht so viele Menschen sind. Sie wird am Abend in ein Zweibettzimmer zu einem anderen jungen Mädchen gelegt. Dort fühlt sie sich wohl. Sie schläft zum ersten Mal ein paar Stündchen. Ich bedanke mich bei der Schwester, die das veranlasst hat.

An einem Dienstag hätte ich entlassen werden sollen. Nach der Visite fragten wir den Arzt, den ich nur Herr

Brombeer oder Blaubeer nannte, der aber nur so ähnlich hieß. Er meinte: „Es wird wohl noch ein paar Tage dauern." Ich wurde zornig, war am Boden zerstört und wollte nach Hause abhauen. Auch Mama war enttäuscht, denn kaum hatten wir die frohe Botschaft Papa gesendet, mussten wir ihm sagen, dass doch nichts daraus würde. Es hieß, das Bett würde an einen anderen Patienten vergeben und Ende der Woche würde man weitersehen. Ich wollte so sehr in die Reha, die meine Mutter für mich ausgesucht hatte. Einfach weg aus dem Krankenhaus! Endlich etwas anderes sehen, andere Leute um einen haben ... Dort wären andere Jugendliche, die sogar ähnliche Krankheiten hätten. Wir fanden eine Schwester, die ernsthaft bemüht um die Patienten war. Der schilderten wir, wie sehr ich darunter litt, dass in meinem Zimmer nur alte Frauen wohnten. Ich hatte Glück und wurde am nächsten Tag in ein Zweierzimmer zu einer 19-Jährigen gelegt. Bei ihr war zuvor die schwerhörige Frau gelegen, die des Nachts immer versucht hatte abzuhauen. Ich war so froh und fragte das Mädchen schüchtern nach ihrem Namen. Diana. Wir verstanden uns gut, und sie meinte auf meine Entschuldigungen wegen der Stimme hin: „Ach Quatsch, ich verstehe dich gut." Das tat gut.

Am Freitag dann teilte mir mein Papa mit, dass ich noch bleiben müsste, und es vielleicht die Woche darauf klappen könnte. Ich sah ihm an, dass es ihm leidtat, aber er konnte ja auch nichts dafür. Ich war jedoch den Tränen nahe und so wütend: „Papa, ich will hier weg! Ich kann nicht mehr! Nimm mich mit heim!" Diana meinte abends zu mir: „Hey, so schlimm ist es doch nicht! Wir schaffen das schon."

Ich musste vom Gehwagen auf den Rollator umsteigen, was mich aufregte: „Ich will das nicht! Der wackelt! Ich bin keine Oma!" Aber er wurde gebraucht, und ich schaffte es ja einigermaßen mit dem Rollator. Ich sollte weiterhin nachts klingeln, wenn ich aufs Klo gehen wollte. Oft ging ich allein, aus Angst, ich würde nur stören. Die Schwestern waren nachts im Stress und hatten keine Zeit, mit mir auf die Toilette zu gehen. Als ich es endlich schaffte, nachts nicht mehr zu müssen, war ich unglaublich erleichtert. Meine Mama wollte, dass ich trotzdem klingelte, schließlich bestand immer noch die Gefahr, dass ich umfiel, aber ich ließ es bleiben. Ich wollte keinen Ärger.

Jeden Morgen kam die Krankengymnastin und übte irgendwas mit mir. Ich musste an der Fensterbank auf einem Bein stehen, hin- und herwackeln, mit den Armen in der Luft herumwirbeln oder im Bett mit den Füßen wippen, um den Kreislauf anzukurbeln. Mama fand, dass es wie ein komischer Tanz aussehe, was ich ihr vorführte. Sah es wirklich, deshalb lachte ich mich auch jedes Mal halbtot. Ich bekam auch einen gelben Igelball ausgeliehen, mit dem ich manchmal aus Langeweile meine Schultern massierte oder meine Arme und Beine. Was nicht schadet, kann man ruhig machen. Außerdem hatte ich solche Nackenschmerzen, und das Wärmekissen wurde auch von anderen gebraucht, sodass ich mir selbst zur Besserung verhelfen musste. Das ist, was ich nur jedem raten kann: Fangt an, selbst für euch zu sorgen. Man darf sich nicht blind auf andere verlassen, auch Ärzte machen Fehler.

Kim geht es leicht besser, sie erbricht nur noch morgens.
Die Leberwerte sind schlecht, es gibt täglich Blutkontrol-
len. Sie bekommt immer noch kein Novalgin mehr, nur
noch Paracetamol als Schmerzmittel.

Ich hatte zweimal Nasenbluten, zum Hals-Nasen-Ohren-Arzt wurde ich im Rollstuhl gebracht. Man hatte Angst, dass es mit der Operation zusammenhängen könnte, und wollte es überprüfen. Den Transport übernahm der Personen-Begleitservice. Das Krankenhaus hatte überall lustige Striche in verschiedenen Farben auf dem Boden, sodass man sich besser zurechtfinden konnte. Der Weg war lang und kalt, aber wir rasten wieder nur so um die Ecken. Vielleicht wurden sie ja besser bezahlt, wenn sie Rekordzeiten mit dem Rollstuhl ablieferten? Im Wartezimmer rettete mich der *Gameboy* meines Bruders, den ich in meine Tasche gepackt hatte, aber es dauerte trotzdem recht lange. Irgendwann musste ich in ein anderes Wartezimmer wegen diverser Hörtests. Dort wurde ich nur angestarrt und fühlte mich extrem unwohl. Auch wegen meinem zugeklebten Brillenglas. Ich musste irgendwann total dringend aufs Klo und dachte mir, dass es eh noch dauern würde. So quälte ich mich mit dem Rollstuhl zu der Toilettentür. Den Rollstuhl hatte ich doch wieder bekommen, weil es zu wackelig war mit dem Rollator. Die Toilette war ein wenig tiefer gelegen, und nachdem ich die Tür endlich aufbekommen

hatte, schoss der Rollstuhl nahezu die Rampe runter. Ich fuhr los und blieb – volle Kanne – mit meinem rechten Arm am Türrahmen hängen. AUAA! Das tat extrem weh und im ersten Moment guckte ich schockiert auf meinen Arm runter, weil ich dachte, er wäre abgetrennt oder so was. Er war noch dran, aber trotz vollem Wartezimmer schien sich keiner angesprochen zu fühlen, mir zu helfen. In dem kleinen Bad befanden sich zwei Kabinen, eine für das Personal und eine für Patienten. Den Rollstuhl musste ich auch noch verlassen, denn er hätte niemals in die Kabine gepasst. Aus Zorn ließ ich die Kabinentür offen und den Rollstuhl davorstehen. Wäre jemand reingekommen, hätte er mich da eben auf der Schüssel sitzen sehen. Pech. Wenn mir halt keiner half. Beim Händewaschen fiel ich fast wieder rückwärts um, aber zum Glück konnte ich mich in den Rollstuhl fallen lassen. Endlich zurück, war ich völlig außer Atem und bestimmt eine halbe Stunde weggewesen. Außerdem tat jetzt mein Arm weh.
Dann wurde ich hineingerufen und der erste Hörtest wurde gemacht. Es ging nur um die Schwingung des Trommelfells, die rechts wie links gut war. Weiter ging es in eine kleine Kabine. Dort wurden mir Kopfhörer aufgesetzt und ich musste auf einen Knopf drücken, ob das Geräusch von rechts oder links kam. Der Kopfhörer bedeckte immer nur ein Ohr und wegen meiner Verpflasterung am Hinterkopf tat es auch ein bisschen weh. Die Töne wurden immer höher und piepsiger und waren extrem leise, vor allem im Knister-Ohr. Danach musste ich nachsprechen, was mir ein Mann an Wörtern vorsagte. Zum einen konnte ich nur schlecht sprechen und zum anderen waren es echt veraltete und

ungewöhnliche Wörter: Moos, Torf, Keil, Zink, Galopp, Schwert ... Gut, wenn es sein musste. Danach kamen Zahlen dran. Erst sagte die Stimme: „Hörbeispiel 4" oder „Sektion 3". Das war irgendwie lustig. Ich war mir nicht ganz darüber im Klaren, ob ich das auch sagen sollte, aber die Frau vor der Glaskabine hatte gesagt, ich solle alles sagen, auch wenn es mir schwerfiele. Also sagte ich das mit dem ‚Hörbeispiel' oder der ‚Sektion' auch dazu. Danach dann 15, 63, 90 ... Das alles dauerte echt lange, ich glaube, so viele Zahlen hatte ich noch nie gesagt, zumindest nicht laut, allein, zu mir selbst ... Egal. Es ging weiter in einen anderen Raum. So ganz klar war mir nicht, was dort eigentlich gemessen wurde, denn ich musste gar nicht sagen, ob ich etwas hörte oder nicht. Die junge Frau fragte mich, was ich hätte, und war ernsthaft betroffen. Wir unterhielten uns noch ein bisschen, was auch ganz guttat. Sie schob mich danach wieder zurück ins erste Wartezimmer, wo ich erneut auf den Arzt warten musste. Er verordnete *Bepanthen*-Nasensalbe mehrmals am Tag und spritzte gleich kräftig Creme in beide Nasenlöcher. Naja, das war immer noch besser als ein Nasenverband, wie er es zuvor vorgehabt hatte. Das einzig Dumme war jedoch, dass ich jetzt kaum noch Luft bekam und durch den Mund atmen musste, der auch langsam austrocknete. Der Begleitservice fuhr mich wieder zurück, wo mich meine Zimmernachbarin schon erwartete. Ich war so froh, dass Diana bei mir war. Es war so, als hätte ich eine Freundin, die da war, um das alles mit mir durchzustehen. Diana war im Krankenhaus, weil sie auf einem Schulausflug umgekippt war. Ihr Exfreund hatte sie gegen ihren Willen ins

Krankenhaus gefahren und ihr somit das Leben gerettet, da sie eine Hirnblutung hatte. Nach ihrer Operation war sie nun halbseitig gelähmt und auch die Hälfte ihrer Haare war abrasiert worden. Aber sie trug es mit Fassung.

Bei ihr im Zimmer war ein Fernseher. Am Anfang sah ich nichts und hörte nur zu. Doch eines Tages sah ich auf einmal etwas. Nicht verschwommen! Das war so schön und mit einem Auge schaute ich ab sofort ununterbrochen fleißig Fernsehen. Die Salbe musste ich noch über mehrere Wochen in meine Nase spritzen. Es war widerlich, wenn die Nase voll mit Creme war und man nicht mehr atmen konnte. Vor allem sah es eklig aus, wenn weißes Zeug aus der Nase quoll.

Mit meinen Eltern war ich nach Wochen zum ersten Mal mit dem Rollator draußen. Wir setzten uns auf eine Bank. Ich konnte Schilder erkennen und auf dem Klinikgelände sogar Nummernschilder von Autos lesen. Das war schön und es tat gut, endlich wieder draußen in Sonnenschein und Wind zu sitzen. Ich fühlte mich ganz befreit und wollte nicht mehr in dem Krankenhaus eingesperrt sein. Ich bekam zwar viel Besuch, selbst von Freunden von vor langer Zeit und Leuten, mit denen ich nicht rechnete, aber ich fühlte mich trotzdem einsam. Diana wünschte sich, wie ich zu laufen, dabei war mein Laufen eine Katastrophe, denn ich schwankte wie ein Betrunkener und brauchte den Rollator.

Meine Eltern brachten mir weiterhin immer etwas zu essen und waren jeden Tag da. Zum Glück, muss ich sagen. Dass wir alle zusammenhielten, machte mir

Mut. Sonst wäre ich wahrscheinlich an Langeweile und Vereinsamung gestorben.

Endlich in die Reha

*Wir erfahren, dass am 04.03. die Aufnahme im neurolo-
gischen Rehabilitationszentrum stattfinden sollte. Ich
erkläre der Schwester, dass sie einen Krankenwagen mit
gefederter Liege bestellen müsse und dass ich da mitfahren würde. Sie fragt Kim: „Traust du dir zu, mit dem Taxi
zu fahren?" „Nein", sage ich, „kommt überhaupt nicht
in Frage!" So ein Quatsch.*

03.03.09

*Wir packen Sachen, Kim geht es heute nicht so gut, sie
ist sehr müde. Abends spreche ich noch mit einem der
Ärzte, er wirkt leicht genervt. Ich frage nach den Leber-
werten, er meint, dass die schlechten Werte von dem
vielen Erbrechen kommen können. Auf meine Frage, ob
die Bakterien aus dem Liquor weg seien und wie man das
wissen könne (sie haben nämlich kein Liquor mehr kon-
trolliert, aber das Antibiotika abgesetzt), reagiert er gereizt. Er will wissen, wie ich auf die Frage komme, dass
da überhaupt Bakterien drin seien. Ich sage: „Bitte? Das
haben die Ärzte gesagt und daraufhin Antibiotikum angesetzt." Dann sagt er: „Ja ja, so Bakterien entstehen
schon mal oder auch nicht, man gibt Antibiotika zur Pro-
filaxe. Bei Kim geht man davon aus, es sind keine mehr
da. Deshalb wurde das Antibiotikum wieder abgesetzt."
Ich erwähne, dass das ja wie ein Pokerspiel sei. Er will*

mich loswerden, doch ich frage noch wegen der Weiterbehandlung nach der Reha. Er meint, dass das Hausarzt-Aufgabe sei und es nach einem Jahr ein MRT zur Kontrolle bei ihnen gebe, sie wollten schließlich sehen, was aus Kims Krankheit geworden sei. Über die weitere Gabe von Medikamenten würden die Ärzte in der Reha entscheiden.

04.03.09

Ich bin um 07.15 Uhr in der Klinik. Die Abfahrt mit dem Krankenwagen ist auf 8.00 Uhr bestellt. Kim ist schon fertig, es geht ihr schlecht. Um 09.30 Uhr ist immer noch kein Krankenwagen da. Ich frage eine Schwester, sie ruft in der Leitstelle an, es würde noch 45 Minuten dauern. Wir warten. Um 11.45 Uhr kommt das Mittagessen. Wir müssen noch einmal das Zimmer wechseln. Kim ist sehr müde. Um 13.00 Uhr frage ich nochmals nach, ich koche schon vor Wut. Um 13.45 Uhr kommt der Transport, vor der Tür sagt eine Schwester dem Sanitäter, ich wäre sehr unfreundlich und auf 180. (Sie dachte wohl, man höre das im Zimmer nicht.) Ich grüße, reagiere aber sonst nicht. Kim kommt auf die Liege, ich nehme das Gepäck. Mehrere Schwestern stehen Spalier, um Kim zu verabschieden, ich sage nix und lächle nur. Wir fahren um 14.00 Uhr los. Die Fahrt ist sehr rasant, am Anfang ist es hinten drin überaus kalt. Kim dreht sich mehrmals auf der Liege, es geht ihr aber so weit gut. Zum Schluss ist es wegen der Heizung bei uns hinten sehr heiß.

Endlich kam am darauffolgenden Dienstag die gute Nachricht, dass ich am Mittwoch gehen dürfte. Ich hatte auch genug davon, ständig irgendwelche Speisepläne auszufüllen oder überhaupt im Krankenhaus zu bleiben! Einen Tag würde ich noch überstehen, aber wütend war ich trotzdem. Ich wurde früh geweckt, packte, meine Mama ließ sich von meinem Papa zum Krankenhaus fahren, und wir erwarteten den Krankenwagen. Meine Zimmernachbarin war zwei Tage zuvor erneut operiert worden und war nun auf der Intensivstation, ich konnte mich also gar nicht mehr verabschieden. Auch nicht von ihren Eltern, die so nett gewesen waren; ihr Papa hatte uns einmal jeweils einen großen Blumenstrauß mitgebracht. Voll lieb.

Also warteten nur meine Mama und ich. Zu Beginn war auch Papa da, aber wir schickten ihn dann heim. Stunde um Stunde verging und es wurde immer unerträglicher. Irgendwann mussten wir das Zimmer für eine neue Patientin räumen und ich wurde samt Bett und Koffer in ein anderes Zimmer gebracht. Es gab dann sogar Mittagessen und ich aß noch Bratkartoffeln mit Spinat und Ei. Meine Schulkameraden bekamen zur selben Zeit die Abi-Ergebnisse und meine Freundin schickte mir meine Noten per SMS: 11, 11 und 10. Also zweimal „gut" und einmal „noch gut". Eigentlich in Ordnung, aber ich hatte mehr erwartet. Meine Mum war trotzdem glücklich, immerhin hatte ich trotz Kopfschmerzen so ein gutes Ergebnis erzielt.

Immer noch warteten wir auf den Krankenwagen. Ich hatte schon Angst, dass ich nicht mehr fahren dürfte und noch einmal eine Woche warten müsste. Zwischendurch schlief ich sogar ein. Es dauerte echt unerträglich lange und wir konnten ja nichts machen, außer auf dem Bett herumzusitzen. Dann kam der Wagen doch endlich. Ich wurde auf eine Liege verfrachtet, festgeschnallt und meine Mama folgte uns. Sie durfte im Wagen mitfahren. Die Fahrer waren lieb, aber das war mir grad egal, weil ich so zornig war. Sie können ja auch nichts dafür, schließlich mussten sie auf Bereitschaft fahren, aber wir hatten fünf Stunden gewartet! Zum Glück saß die Mama neben mir, als es losging.

Ich konnte nicht rausgucken, denn die Scheiben waren matt. Die drei Stunden Fahrt schlief ich und drehte mich unter Anstrengung trotz der Gurte von einer Seite auf die andere. Eine Tüte hatte man mir vorsichtshalber auf den Bauch gelegt, falls es mir schlecht werden sollte. Unterwegs gab es einmal einen Unfall, an dem wir vorbeifuhren, und ich hörte, wie die Fahrerin sagte: „Schau, da drüben liegt eine Leiche! Schlimmer Unfall, aber wir können nicht halten. Der Notarzt ist ja zum Glück schon vor Ort."

Tagebucheintrag von Kims Mutter
04.03.09

Wir kommen um 16.30 Uhr an, man hatte schon den ganzen Tag auf uns gewartet. Schließlich hatte man gedacht, wir würden morgens losfahren. Die Fahrer wollen erst zu einer anderen Klinik fahren, danach wissen sie nicht, zu welchem Eingang sie müssen, als sie an der richtigen Klinik ankommen. Ein Pfleger nimmt uns unten in Empfang. Kim kommt direkt in ihr Zimmer, ihre Ärztin kommt. Kim ist übel, sie erbricht sofort. (Ich denke, es

kommt von der langen Fahrt.) Wir machen ein Aufnah-
megespräch zu viert in ihrem Zimmer. Dann räume ich
ihre Sachen in den Schrank und kläre die Zugfahrt ab für
zurück. Abschied von Kim, sie hat noch ein klein wenig
gegessen. Ich bekomme ein Taxi auf 18.30 Uhr bestellt,
das mich zum nächsten Bahnhof fährt. Der Zug fährt um
19.10 Uhr Richtung Heimat. Ich schicke Kim eine SMS aus
dem Zug.

Wir kamen an, ich war mehr oder weniger noch im
Halbschlaf. Die letzte Viertelstunde war ein ständiges
Auf und Ab gewesen. Vor allem war die Liege nicht
sonderlich bequem und ich war ja auch noch festgezurrt gewesen. Wenigstens hatte ich meine Lieblings-
jacke an, an der kann man so schön den Kragen zu-
klappen, dann ist einem gleich viel wärmer. Unterwegs
konnte man aber schlecht die Patienten in eine Schale
brechen lassen, das hätte nur eine riesige Sauerei gegeben, weshalb ich etwas anderes bekommen hatte.
Also, die Tüte war lang und durchsichtig und hatte einen festen Plastikring an einem Ende und sie lag neben
meinem Kopf zur Sicherheit. An sich war ich das gewohnt, denn die fünf Wochen zuvor lag auch immer
mindestens eine Brechschale in meinem Bett. Es war
meistens auch nötig, weil es ohne Vorwarnung losging
mit dem Brechen.
Der erste Blick, den ich aus dem Krankenwagen warf,
war nicht besonders vielversprechend. Grauer Himmel
und ein komischer Sendeturm. Mit der Liege wurde ich
weitertransportiert, ein Pfleger fuhr mit uns Aufzug
und begleitete die Krankenwagenleute, Mama und

mich ins Zimmer. Auf dem Gang war eine schöne Lampe, die ein buntes Licht an die Wand warf, und es waren Netze an den bunten Treppengeländern, die verhindern sollten, dass jemand fiel. An sich sah es recht freundlich aus.

Im Zimmer waren wir allein, also meine Zimmernachbarin war nicht da. Ich wurde auf das Bett verfrachtet und war erst einmal sehr kaputt. Wir waren recht spät, man hatte schon gar nicht mehr mit uns gerechnet. Der Pfleger stellte einige Fragen und schrieb sich vieles auf. Dann ging es los – mir wurde schlecht und ich brauchte dringend eine Schale. Die Tüte hatte man mir genommen, also bekam ich das Erstbeste, was dem Pfleger in die Hände fiel: die metallene Waschschüssel meiner Zimmerkollegin. Und was kam zum Vorschein? Natürlich Spinat, Kartoffeln und Eier. So, wie ich es gegessen hatte. Das muss ich jetzt einfach noch erklären, auch wenn es eklig ist, aber egal. Was wieder kam, war nie so, wie man sich es vorstellt, wenn sich jemand übergibt. Das Essen hatte meistens noch Form und Farbe wie zuvor ... es war eben noch nicht verdaut. Noch heute denke ich immer daran, wenn ich Spinat sehe. So war also der erste Eindruck, den ich hinterließ: völlig kaputt, müde und mich erbrechend.

Trotz allem, oder vielleicht gerade deshalb, hatte ich Hunger, und um 17.00 Uhr gab es Abendessen, was zum Glück bald war. Wegen der Essenszeiten im Krankenhaus war ich es eh gewohnt, früh zu essen, und bekam bereits Hunger. Niemand verstand, wie ich jetzt noch essen konnte, aber nach dem Brechen war mir nicht mehr schlecht. Dann hatte ich das Zittern und Würgen ja bereits hinter mir und war nur noch erschöpft. Ich wurde mit einem Rollator ausgestattet und torkelte in den Gemeinschaftsraum, der uns gezeigt wurde. Es war Mittwoch und es gab warmes Essen, Chicken-Nuggets und Pommes oder Maccaroni mit Tomatensoße. Was man eben lieber wollte. Ich wollte Pommes, aber an meinem Tisch saß ein kleineres Mädchen mit Behinderung, das ständig mit dem Kopf wackelte, sodass ich kaum zum Essen kam. Sie spuckte auf den Tisch und klaute fast mein Besteck, und das Essen, das ihr ihre Mama in den Mund schob, fiel ihr immer wieder heraus. Ich weiß, dass sie nichts dafür konnte, aber das Erste, was ich dachte, war: ‚Ich will heim!' Meine Mama verabschiedete sich für eine halbe Stunde und ließ mich beim Essen zurück. Es gab Eistee, aber ich hatte eine Abneigung gegen Trinken. Ich weiß nicht, ich trank noch nie gerne, man musste mich schon immer zwingen. Es machte absolut keinen Spaß.

Der Tag ging schnell vorbei und meine Mama ließ sich leider abends mit dem Taxi zum Bahnhof bringen. So war ich wieder allein. Es war so schlimm, ganz allein war ich in dem Zimmer, lag im Bett und starrte aus dem Fenster auf eine unbekannte Umgebung und es roch nach fremdem Waschpulver. Und es war so kalt und leise. Und ich konnte ja selbst gar nicht aufstehen und nichts tun, nicht einmal an meine Sachen im Schrank kam ich dran. Die Schwesternklingel im Bett, schlief ich ein. Mein Kopfkissen – ‚mein Fritzl' – hatte ich bei mir. Das roch nach zu Hause, nach unserem Waschpulver.

Tagebucheintrag von Kims Mutter
05.03.09

Morgens sendet Kim eine SMS, dass es ihr nicht so gut gehe, dass sie schon wieder erbrochen habe. Um 14.50 Uhr ruft mich ihre Ärztin an, dass sie Kim ins nächste Krankenhaus bringen, um eine CT-Kontrolle zu machen, sie hätten ihr schon einen Flüssigkeitstropf angehängt, aber Kim gehe es immer schlechter. Sie will sich in den nächsten zwei Stunden wieder bei mir melden. Ich rufe Ralf an, er soll sofort nach Hause kommen, und verständige meine Freundin, damit sie eventuell Mirco nimmt. Um 16.05 Uhr ruft die Ärztin wieder an und meint, dass wir schnell kommen sollen, Kim würde jetzt notoperiert werden, es gehe ihr sehr schlecht. Ich sage, dass wir kämen, aber zwei bis drei Stunden bräuchten. Sie verspricht, über das Handy mit mir in Kontakt zu bleiben. Ich packe schnell alle Sachen, wir fahren Mirco zu meiner Freundin Celina und dann geht es ab auf die Autobahn. Ich rufe eine gute Freundin an, damit sie mir die Nummer vom Krankenhaus durchgibt. Erst ist es die falsche – und ich wäre am liebsten ausgeflippt. Dann bekommen wir endlich die richtige Nummer. Ich rufe vom Auto aus an und werde verbunden. Ich sage, dass ich die Mama von der Kim sei und noch circa eine halbe Stunde brauchen würde. Ich frage, wo ich hinmüsse. Der Mann am Telefon erklärt mir, dass Kim schon operiert sei und auf der Intensivstation läge. Um 21.15 Uhr sind wir endlich dort. Der diensthabende Arzt erklärt, dass Kim im Moment Fieber habe. Sie habe einen Shunt, der bis in den Bauchraum reiche. Ein Ventil am Oberkopf regle den Abfluss des Nervenwassers aus dem Hirn. Kim wäre momentan stabil und würde auf der Intensivstation bleiben. Wir könnten am nächsten Tag mit dem Arzt sprechen, der sie operiert hat. Es ist 23.30 Uhr, wir verlassen die Klinik und suchen ein Hotel.

Notoperation

Der nächste Tag ist sehr dunkel in meiner Erinnerung. Ich weiß nur noch, dass ich starke Kopfschmerzen hatte und sie trotz *Ibuhexal* nicht weggingen. Also ich bekam schon eine ganze Menge davon, aber es half nichts. Die normale Dosis für mich lag bereits bei dreimal 400 mg am Tag, was jedoch nicht mehr anschlug. Ich lag im Bett und litt. Dunkel weiß ich noch, dass meine Ärztin irgendwann einen Krankenwagen anforderte und wollte, dass ich sofort zum CT ins nächste Krankenhaus fuhr, nachdem man erst überlegt hatte, noch eine Nacht zu warten. Wir hatten meine Hausschuhe dabei, mehr weiß ich nicht. Und den Namen der Schwester weiß ich noch: Sonja. Sie ist mitgefahren. Dann lässt alles nach, ich weiß erst wieder etwas von der Intensivstation, aber auch das nicht so genau. Später wurde uns gesagt, dass es eine Viertelstunde später zu spät gewesen wäre. Das ist gerade einmal eine rote Ampel unterwegs, denn fünfzehn Minuten später hätten die lebenserhaltenden Funktionen aufgehört. Der Hirndruck war so hoch, dass bei weiterem Warten Atmen und Schlucken ausgesetzt hätten. Der Grund war das Hirnwasser, das nicht mehr abfließen konnte und sich im Kopf gestaut hatte, sodass man einen *Shunt* legte. Man nennt das Ganze *Hydrocephalus*, es handelt sich um einen Überdruck und Wasserstauung im Gehirn. Also hatte die Ärztin aus der Reha mir das Leben gerettet. Ich war ihre erste Patientin, und sie war so einfühlsam und immer so bekümmert, wenn es um mich ging. Das erfüllt mich schon ein bisschen mit Stolz, denn als erste Patientin wird sie mich so schnell nicht vergessen. Schon gleich nicht, weil ich erst mal im Sterben lag, als sie mich kennenlernte. Kurz zur Erklärung, was ein *Shunt* überhaupt ist: Also, es gibt zwei Arten davon, es ist so etwas wie ein Schlauch, der das Hirnwasser entweder in den Bauchraum leitet oder, ich glaube, mit dem Herzen oder so verbunden ist. Mein *Shunt* ist ein VP-*Shunt*, also er liegt im Bauchraum, es gibt auch die VA-Version mit dem Herzen. Jedenfalls übernimmt der Schlauch die Ableitung des Hirnwassers aus dem Gehirn, weil der Körper das allein nicht mehr kann. Es befindet sich also ein Schlauch in meinem Kopf, der sich bis in den Bauchraum erstreckt, wo sich ein Katheter befindet. Reguliert wird das Ganze durch ein Ventil, je nach erreichter Milliliterzahl des Hirnwassers im Kopf öffnet es sich und das Wasser läuft ab in den Bauch. Den Schlauch kann man an der rechten Kopfseite spüren, aber nicht sehen. Am Bauch habe ich eine Mini-Narbe, am Kopf zwei große Narben, aber die sind in den Haaren versteckt. Die Haare wurden natürlich abrasiert, aber die Narbe endete kurz vor dem Haaransatz, deshalb würde man auch nichts mehr sehen, wenn die Haare wieder gewachsen sein würden. Also, das hoffte ich zumindest, denn noch waren die Haare raspelkurz und mein Kopf mit Pflastern zugeklebt. Es ist schon ein Schock, aufzuwachen und zu erfahren: „Wir haben Ihnen einen *Shunt* implantiert." „Was?" „Ein *Shunt* ist ein Ableitungssystem des Hirnwassers aus Ihrem Kopf, in Ihrem Fall in den Bauchraum." Und dann fasst man seinen Kopf an. Schock. Da steckt tatsächlich ein Schlauch in mir. Man spürt ganz deutlich den Schlauch, das Ventil. Mit den Fingern lässt sich verfolgen, wie sich der *Shunt* über den Kopf zieht, am Hals verläuft ... Es war irgendwie gruselig und unreal. Da wacht man auf und hat einfach Plastik in sich. Auch wenn der Arzt zu meiner Mutter sagte, dass das Ventil hochwertig wie eine Rolex sei. Toll, das änderte für mich nichts, wenn ich mir vorstellte, dass man eine Rolex unter meine Haut operiert hatte. Es war trotzdem ein *Shunt* und gruselig. Das Wort fand ich auch dumm, es klang so hässlich. Wie Scharte oder so. Meine Mama fragte, wie ich es dann nennen wolle. „Strohhalm oder Röhrchen oder so." Egal, welchen Namen es hatte, die Sache war trotzdem unmenschlich und komisch! Ich hatte noch nie etwas davon gehört, dass es gängig wäre, Menschen irgendwelche Schläuche einzubauen. Oh Hilfe, ich wollte doch normal sein!

Im Nachhinein überlegte ich mir, ob wir mit Blaulicht gefahren waren. Bestimmt. Schade, ich hatte es nicht mitbekommen.

Mein Durst war schrecklich auf der Intensivstation und dauernd kam mir Schleim hoch. Immer wieder habe ich gebrochen und es ging mir schlecht. Ich bekam ‚synthetischen Speichel' in so einer Sprühflasche, den ich mir in den Mund sprühen konnte. Und Limonenstäbchen, aber davon gab es nur in den ersten Tagen welche, weil man nicht verlernen sollte zu trinken. Selbst als ich fast weinte, weil ich welche haben wollte, bekam ich keine. Kohlensäure konnte ich nicht trinken, denn da war es noch wahrscheinlicher, dass ich brechen würde. Also blieb nur Wasser. Von der Intensiv ging es auf eine Überwachungsstation, aber dann habe ich wieder gebrochen und es kam ein Notfall, weshalb ich wieder auf eine andere Station verlegt wurde. Ich hatte hohes Fieber – 40,2 – und mir war so extrem heiß. Man hatte mir ja einen *Shunt* implantiert, weil der Druck in meinem Kopf so extrem angestiegen war, jetzt schien damit irgendwas nicht zu stimmen.

Tagebucheintrag von Kims Mutter
06.03.09

Wir sind bei Kim auf der Intensivstation. Ein Doktor erklärt uns, was man bei Kim gemacht habe. Wir lassen uns einen Termin bei dem Arzt geben, der sie operiert hat. Um 14.00 Uhr sprechen wir mit ihm. Er sagt, dass Kim gestern im Krankenhaus angekommen sei und man habe im CT sofort gesehen, dass der Liquordruck gefährlich hoch war. Der Arzt beim CT habe ihn angepiepst und er wäre sofort hingerannt. Er habe Kim auf der CT-Liege noch etwas gefragt und nach der Antwort wäre sie schon ins Koma gefallen. Sofort wurde operiert. Ihr Kopf wurde über der Stirn aufgeschnitten, um den Druck zu verringern. Es wurde ein Shunt implantiert. Er sagt, dass wohl schon seit einer Woche der Nervenwasserausgangskanal verschlossen sei und so das Liquor nicht abfließen konnte, und am 05.03 war es fast der letzte Tropfen, der das Fass zum Überlaufen brachte. Sie wäre 15 min später an komplettem Herzkreislauf- und Hirnversagen gestorben. Wir schauen uns die CT-Bilder gemeinsam am PC an. Kim wird um 16.00 Uhr auf die Neurologie verlegt, nachdem ein CT-Bild gemacht wurde. Kim erbricht viel, zittert und ist völlig fertig. Sie klagt über starke Kopfschmerzen. Der Arzt schaut noch einmal nach ihr und meint, dass dieser Zustand vier Wochen anhalten würde. (Dass dies leider eine Fehleinschätzung war, konnten wir zu dem Zeitpunkt nicht ahnen.) Wir fahren noch zu einem Arzt in der Reha-Klinik. Ich bedanke mich dafür, dass er so schnell misstrauisch gewesen war und Kim ins Krankenhaus bringen ließ. Wir schauen auf dem Laptop die CT-Bilder vom 24.02. und die letzten Bilder von vor der Abfahrt am 04.03. an. Er meint, dass der Liquorausgangskanal da schon ziemlich eng gewesen war und man schon einen Shunt hätte legen können, dass das aber im Ermessen des Arztes läge. Wir nehmen ein paar Sachen mit und fahren zu Kim ins Krankenhaus. Eine Ferienwohnung haben wir jetzt auch gefunden.

07.03.09

Kim hat hohes Fieber und sie klagt über starke Kopfschmerzen. Ihr Puls ist viel zu hoch.

Zurück zum Fieber. Im Krankenhaus zogen sie mich aus und bedeckten mich mit Eisbeuteln. Man war völlig überfordert mit meinem glühend heißen Körper. Vor allem die Kniekehlen und Armbeugen bekamen Eispakete ab, weitere wurden auf meine Oberschenkel gepackt. Ich weiß gar nicht mehr wie viele, weil mein Kopf wohl einfach abgeschaltet hatte. Ich fand das mit den Eisbeuteln nur witzig, was es aber eindeutig nicht war. Wie fühlt man sich, wenn man im Sterben liegt? Ehrlich gesagt – keine Ahnung. Ich hab' es nicht wirklich bemerkt. Jedes Mal war es eher so, dass ich bereits über den Berg war, als es mir bewusst wurde oder mir jemand sagte, wie schlimm es um mich gestanden hatte. In die erste OP ging ich mit gar keinen Gedanken. Absolute Leere im Kopf. Wirklich, ich habe nichts gedacht, außer, dass ich danach nicht komisch zerstört aussehen wollte. Bei der *Shunt*-Implantation ging es mir zuvor schlecht, aber dann habe ich nichts mehr mitgekriegt. Jetzt merkte ich, wie heiß es war und ich mich komisch schlapp und träge fühlte, aber sterben? Also, ich sah kein helles Licht und mein Leben zog auch nicht im Zeitraffer an mir vorbei. Dafür war auch gar keine Zeit.

Es bestand der Verdacht, dass sich der *Shunt* infiziert hätte. Das kann passieren, da man ja nie ganz davon ausgehen kann, dass fremdes Material völlig steril ist. Es ist ein stetiges Risiko, wenn man irgendetwas in den Körper implantiert.

Ich bekam wegen der Infektion jede Menge verschiedene Antibiotika. Erst schien nichts anschlagen zu wollen. Dann bekam ich endlich etwas, das half. Laut meiner Mama war es so schlimm wie Rohrreiniger und tötete alles ab, was sich noch in mir befand. Ich bekam zum ersten Mal *Ondansetron*, was endlich gegen das Brechen half. Gebrochen hab ich zwar immer noch und auch fast nichts gegessen, aber es wurde besser. Zumindest ging es mir abends dann fast gut. Wäre der *Shunt* infiziert gewesen, hätte man ihn herausnehmen müssen und in einer weiteren Operation einen neuen implantieren, die Antibiotika schlugen jedoch endlich an.

Ich wurde überwacht, mein Blutdruck immer wieder überprüft und der Sauerstoffgehalt, weshalb ich so ein komisches Rohr mit Schwamm oder so in meiner Nase stecken hatte. Dauernd piepste der Bildschirm und leuchtete auf, sodass ich aufwachte. Ach – meine Eltern waren natürlich da. Wer sie informiert hat, weiß ich nicht, aber ich war unglaublich froh, dass sie da waren.

Ich hatte mehrere Stationen durchlaufen, ständig wurde ich verlegt, weil ein Notfall kam oder so etwas ... Am Ende lag ich auf der Überwachungsstation und neben mir ein merkwürdiger Kerl. Es ging mir schlecht. Sehen konnte ich ihn nicht, schließlich war man durch Vorhänge getrennt, aber ich hörte ihn. Andauernd klingelte er nach der Schwester, um dann zu fragen, ob er einen Kaffee haben könnte. „Wir sind hier auf der Überwachungsstation, da können Sie nicht mal eben einen Kaffee haben." Oder er fragte nach dem Stationstelefon, um kurz jemanden anzurufen, und telefonierte dann echt stundenlang und rief die verschiedensten Leute an. Sein Puls war niedrig und er sollte einen Herzschrittmacher bekommen, obwohl er so jung war. Er war auch total leicht, zumindest wog er fast 20 Kilo weniger als ich – und nörgelte ununterbrochen am Essen herum. Er wollte keine Soße, kein grünes Gemüse, Nudeln durften das Fleisch nicht berühren und nur so ein Quatsch. Ich hab ihn ja nur einmal gesehen, aber manchmal hat er mich etwas durch den Vorhang gefragt. Er schlug sogar einmal vor, den Vorhang wegzuschieben, aber das wollte ich eindeutig nicht. Ich hatte nicht das Bedürfnis, mich mit so einem verrückten Kerl anzufreunden! Er motzte seine Mama am Telefon an und schickte sie dauernd los, um irgendwelche bestimmten Kaugummisorten zu kaufen – befahl seiner Mutter in einem unverschämten Ton, welche (irgendwas mit blauen Dreiecken drauf) sie kaufen sollte und blaffte sie immer total gemein an. Als sie zu Besuch war, war er auch so zu ihr. Auf dem Flur weinte sie bitterlich und erzählte meinem Papa, wie sehr sie unter ihrem Sohn litt. Dabei tat sie echt alles für ihn! Aus dem *Shunt* wurde mit einer Spritze Liquor entnommen, welches ganz trüb war wegen der Infektion. Das tat höllisch weh, ich zerdrückte die mir angebotene Hand nahezu. Nach zwei Tagen kam ich jedoch auf eine normale Station und zum ersten Mal konnte ich etwas Normales trinken und es blieb drin: Eistee. Meine Eltern waren total glücklich und auch ihre Freunde freuten sich mit uns. Dauernd war mir heiß, dann bekam ich einen feuchten Waschlappen auf die Stirn, dann zitterte ich wieder und brauchte eine zweite Decke. Einmal fror ich so sehr, dass man wieder heiße Luft unter die Bettdecke pustete, so wie schon damals im Krankenhaus. Furchtbar anstrengend war das. Mein Papa blieb die Woche über bei mir, meine Mama fuhr mit unseren Freunden, die extra gekommen waren, dann heim, schließlich hatte ich zu Hause einen kleinen Bruder, der auf die Schnelle bei Bekannten untergekommen war. Christian und Tine waren echt so lieb und immer für uns da. Es tat mir so leid, dass ich nur so dahing, spuckte und meistens nicht mal die Augen öffnete, aber es ging nicht anders.

Ich war gefangen in einem Körper, der mir nicht gehorchte, unfähig, laut zu schreien. Was hätte das auch geändert? Vielleicht wäre es mir aber ein bisschen besser gegangen ...

Mein Papa war die Woche da, er machte sich ganz prima. Er brachte mir immer mit, auf was ich gerade

Lust hatte. War er doch froh, wenn ich überhaupt etwas in mir behielt. Ich bekam Schokolade und Gummibären und wundersamerweise konnte ich den Eistee in kleinen Glasflaschen aus der Cafeteria trinken. Alles nur schluckweise. Papa kam jeden Tag mit seiner Supermarkt-Plastiktüte und einem roten Buch, das er von irgendeiner Bücherei hatte, ins Krankenhaus. Er las mir aus seinem Buch vor, aber ich schlief dann immer ein. Das hatte schon bestimmt zehn Jahre keiner mehr gemacht. Er half mir so sehr. Ich war so froh, dass er geblieben ist.

Der junge Mann von der vorherigen Station fragte meinen Vater einmal aus über den Herzschrittmacher und meinte zu den Schwestern, er gehe in drei Tagen heim. Und ob er jetzt endlich einen Kaffee haben könne. Manchmal fand ich es nur lächerlich, manchmal hat es echt genervt, vor allem, da sein Fernseher plärrte, als wäre er schwerhörig. Er schnarchte zudem extrem. Hilfe. Wie sehr wünschte ich mir das Mädchen aus dem anderen Krankenhaus zurück, das so aufmunternd gewesen war. Naja, ich war froh, als ich wieder verlegt wurde. Ich hatte auch ein komisches Lungenspiel bekommen. Man pustete ganz fest hinein und dann bewegten sich drei Bälle in einer Art Plastikgehäuse. Man trainierte so kräftig, um lange auszuatmen. Aber wenn man es zu oft machte, wurde einem schwindlig. Die Lunge wurde auch geröntgt zur Kontrolle, ob sie sich mittlerweile erholt hätte.

Die Erfahrung, dass ältere Frauen extrem laut schnarchen und Infusomaten nur nervig rumpiepsen, machte ich dann zum wiederholten Mal. Ich wurde mehrfach geröntgt, bekam jede Menge Infusionen und ich verließ das Bett nie. Eine ganze Woche nicht. Eigentlich hätte ich noch länger bleiben sollen, aber es wurde wieder Liquor entzogen (aua, mit der Spritze aus dem Schlauch unter der Haut im Kopf) und das war zum Glück klarer, weshalb ich dann doch gehen durfte. Was heißt gehen? Es wurde ein Transport bestellt und ich wurde im Rollstuhl verladen, da ich eine Woche nur gelegen hatte. Meine Schuhe waren auf der turbulenten Hinfahrt zur Notoperation auch verschwunden. Keiner wusste irgendwas, Papa und der Krankenwagenmensch machten noch Hektik wegen irgendeinem Schreiben, aber ich durfte wenigstens wieder zurück in die Reha. Das eigentlich Wunderbare ist, dass der Körper in solchen furchtbaren Situationen völlig abschaltet. Ich weiß fast nichts mehr, während meine Mama und mein Papa furchtbare Momente erleben mussten.

In der Reha hatte man nicht mit mir gerechnet, deshalb war man erst einmal überfordert. Es gab keinen Therapieplan und keiner wusste etwas mit mir anzufangen. Außerdem musste ich ja auch noch Infusionen bekommen. Also hielten wir, Papa und ich, uns erst einmal in meinem Zimmer auf. Er telefonierte immer wieder mit Mama, die ihm sagte, was er wohin räumen sollte. Sie sagte auch, er solle mit Edding meinen Namen auf meine Waschsachen schreiben. Ich bekam das gar nicht wirklich mit, weil ich im Halbschlaf auf dem Bett lag. Erst mit der Zeit fiel mir auf, dass er es sehr ernst genommen hatte und alles beschriftet war, was ich besaß. Kim, Kim, Kim ... sogar auf meiner Haarbürste und auf dem Labello in meiner Hosentasche stand mein Name. Ich lachte natürlich, als ich es Mama später erzählte: „Mama, er hat einfach ALLES beschriftet! ÜBERALL steht Kim."

Zum Abendessen kam ich in einen Rollstuhl, der ein richtiges Ungetüm war. Er war groß und schwer und schwarz. Aber man wollte kein Risiko eingehen, denn im Krankenhaus hatte ich auch eine Woche gelegen und war nur zur Abschlussuntersuchung ein paar Schritte getaumelt. Der Rollstuhl jedenfalls war so schwer, dass ich ihn mit meinen schwachen Ärmchen nicht fortbewegen konnte. In den Essensraum wurde ich also geschoben und bekam einen Latz um. Manchmal einen aus so einer Art Papier, meistens jedoch ein groteskes violettes Handtuchding, das einen riesigen Stofflatz darstellte. Um ehrlich zu sein, war das auch noch nötig. 18 Jahre alt und unfähig zu essen. Das Problem war, dass meine rechte Seite beeinträchtigt war. Vor allem der rechte Arm hatte nun *Ataxie*. *Ataxie*, hatte man mir erklärt, heißt so viel wie, dass dein Kopf sich immer verrechnet. Das bedeutet zum Beispiel, dass man nicht genau trifft oder auch daneben greift, was sich in Zittern ausdrückt. Das war so schlimm, dass ich entweder ständig daneben schüttete, wenn ich einschenken wollte, nicht schreiben konnte und schon gar nicht richtig essen. Mit einem Löffel war es ganz kritisch, Suppe landete nie in meinem Mund. Mit Messer und Gabel ging auch alles sehr langsam. Immer wieder landete das Essen auf der Hose oder dem Latz. Oft weigerte ich mich, einen anzuziehen, weil ich mir so erbärmlich vorkam, aber dann war jedes Mal mein Oberteil versaut. Ich produzierte am Tag mehrmals Wäsche. Es tat mir so leid, aber es wurde einfach nichts mit dem Essen. Irgendwann aß ich dann mit links, meistens aus Hunger und total hastig schaufelte ich alles rein. Außerdem hing ja an meinem Arm noch die Infusion, weshalb ich abwechselnd den rechten oder linken Arm nicht benutzen konnte. Dann kam noch dazu, dass ich auf einmal verboten bekam, unangedickte Flüssigkeiten zu trinken, und Salat hatte kritische Konsistenz. Das war verboten. Zu Mama sagte ich am Telefon: „Kritische Substanz", aber verboten war verboten. Ich bekam fast einen Heulkrampf, als mir der Pfleger den Eistee wegnahm, um ihn anzudicken. „Lass das, ich will das nicht!" „Kim, bis die Ergotherapeutin das überprüft hat, darfst du nicht." „Aber es schmeckt mir nicht! Im Krankenhaus hab' ich auch getrunken!" „Ich diskutier' nicht mit dir, es ist jetzt nun mal so." „Gut, dann trink' ich halt gar nix." Und dann kam der Zorn. Unter Tränen rührte ich wütend in der Pampe herum, bis es durch die Gegend spritzte. Ich ließ es schmatzen und vom Löffel tropfen. Immer wieder sagte ich: „Ich trink' das nicht. Bäh, wie das schon aussieht!" Es war so widerlich. Und so dickflüssig. Aber ich hatte Durst und musste ja etwas trinken. Immer wieder sagte ich nichts beim Essen und trank heimlich ohne Verdickung. Sobald es jemand bemerkte, gab es Ärger, und das widerliche Pulver kam ins Trinken rein. Manche bekamen das sogar in die Milch! Das blieb mir erspart, da ich schon nach wenigen Tagen Milchverbot bekam. Man dachte, ich würde brechen, weil sich Milch und Eistee nicht vertragen. Ich brach zwar dann immer noch, aber nicht so heftig, wie wenn ich Milch bekommen hätte. Im Essensraum gab es Jungen- und Mädchentische, wo man einen bestimmten Platz zugeteilt bekam. Meine Wut erregte, dass immer die Wurst und der Käse oder die besseren Cornflakes auf dem Jungentisch standen. Ich konnte ja nichts tragen oder holen, und bis jemand die Teller zu uns brachte, waren die guten Sachen schon weg. Vor allem, da so ein Futterneid herrschte, dass es manche ausnutzten, wenn die Schwestern nicht hinsahen und entweder mit der Hand (statt mit der Gabel) etwas nahmen oder vier Scheiben Wurst auf ein Brot legten oder drei große Scheiben Käse.

Zum Glück war das Besteck relativ stumpf. Nicht nur einmal rutschte ich beim Brötchenaufschneiden ab und rammte mir das Messer gegen den Unterarm. Jedes Mal war ich ganz erschrocken und hatte einen roten Fleck am Arm. Es tat sogar trotz des stumpfen Metallstücks weh ... aber ich will mir nicht ausmalen, was mit einem richtigen Messer passiert wäre. Ich bekam zu Beginn noch jeden Tag Infusionen und auch Blut wurde abgenommen. So hatte ich ganz blaue Arme und Hände und von der Anti-Thrombose-Spritze einen ganz blau-lila-grünen Bauch. Ich hatte mir mal von meiner Mama abgeguckt, sich die Ohren zuzuhalten, wenn mir jemand eine Spritze gab. Das half ganz gut, denn dann spürte man den Stich nicht mehr so arg. Nur guckten die Ärzte immer total dumm. „Was ist? Hast du Kopfschmerzen?" „Nein, ich halt mir das Ohr zu." „Für was? Das bringt doch nichts." „Doch! Machen Sie einfach weiter." Und dann lachten die immer vor sich hin, als wenn Blut abnehmen so leicht und lustig wäre. Ist es aber nicht!

Es wurden auch nachts Infusionen angehängt, weil ich ja immer noch Antibiotika bekam gegen die mögliche *Shunt*-Infektion. So piepste die halbe Nacht der dumme Infusomat. Das Problem war auch, dass nach einem Tag mein Arm schon *para* war. Eine Schwester bemerkte es beim Essen. Klar hatte der Arm wehgetan und war komisch dick und rot, aber es kann sich niemand vorstellen, was das für Qualen sind, jeden Tag so gepiesackt zu werden. Also hatte ich nichts gesagt und gehofft, man würde den Zugang doch noch verwenden können. Aber er funktioniert nicht mehr, wenn der Arm so quaddelig ist.

Es gibt Ärzte, die stechen in die Vene, und es kommt nichts. Oder die Vene platzt, wenn man einen Zugang reinschieben will. Oder sie rollt sich weg. Naja, links findet man bei mir fast nie etwas, da finden manche nicht mal einen Puls. Was ja Quatsch ist, denn da muss ja einer sein! Ich habe sehr dünne Venen, Rollvenen, und es ist nahezu unmöglich, am linken Arm Blut zu nehmen. Klasse. Jeden Tag gaben die Zugänge nichts mehr her, so mussten neue gelegt werden. Manchmal alle paar Stunden. Irgendwann guckten die Ärzte schon an den Füßen nach Venen, aber da war es genauso schlecht. Man versuchte es überall an meinem Körper ... es kam mir so vor, als stopften sie in jede mögliche Vene eine Nadel rein. Meine Ärztin versuchte es viermal am rechten Handrücken, aber es klappte nicht. Dann wurde ein erfahrenerer Arzt geholt – und ich litt weiter. Ich zuckte zusammen, wenn sie den Zugang in den Arm schoben, es tat zu weh. So blau waren meine Arme und Hände noch nie gewesen!

Einmal waren wir draußen spazieren und Papa schob den riesigen Rollstuhl den Berg hoch. Er musste ganz schön drücken und war ganz außer Atem, so schwer war das Ding! Kein Wunder, dass ich alleine kaum vorwärts kam. Einzig lustig in dieser Zeit war nur, dass auf einmal meine Schuhe wieder auftauchten, einfach plötzlich neben meinem Bett standen! Ich fragte gleich am Stationszimmer nach und eine Schwester wurde ganz rot: „Also, ich bin ja mitgefahren mit dem Krankenwagen und habe sie in meinen Rucksack gepackt. Dann wurdest du ja sofort operiert und es war so ein Durcheinander, dass ich es ganz vergessen hatte. Gestern habe ich sie bei mir daheim gefunden. Das tut mir echt leid!" „Ja, es macht nix, wir haben uns nur gewundert. Jetzt habe ich zwei Paar Hausschuhe."

Reha am Bodensee

Ich hatte endlich einen Rollator bekommen und schwankte damit durch die Gegend. Immer war mir schlecht und oft genug musste ich brechen ... Morgens war es am schlimmsten. Trotz der Medikamente. Jedenfalls habe ich Cornflakes gefrühstückt und Eistee getrunken. Danach wollte ich wieder ins Zimmer, aber auf dem Gang war es schon zu spät, und ich spuckte vier Schalen voll und dann auf den Boden direkt vor das Schwesternzimmer. Danach wurde das Milchverbot strikt eingehalten und ich bekam noch mehr Brechschalen auf meinen Rollator. Am Tag danach übergab ich mich orange ins Bett, auf mein Kissen, das Fritzl, und die Weste. Meine allerliebste *Bench*weste! Und am Tag danach brach ich fünf Schalen voll. Ich hatte die Brechschalen ja immer dabei. Auch wenn sich das jetzt komisch anhört, aber zum Glück hatte ich immer einen Stapel Brechschalen mit! Es war schlimm für mich, entsetzlich peinlich und widerlich. Ständig musste ich auf den Schwesternknopf drücken, weil ich das Bett oder die Brechschalen vollgespuckt hatte. Ich zitterte, mein Kopf wurde heiß, ich schwitzte und würgte ... Irgendwann meinte meine liebste Ärztin: „Die Brechschale ist ja wie dein Kuscheltier." So war es eigentlich auch, schließlich bin ich keinen Meter gegangen, ohne dass ich nicht mindestens eine Schale dabeihatte. Trotzdem reichte das nicht aus. Ich bekam nach den schrecklichen Tagen der Infusionen auch einen Therapieplan und verschiedene Therapien. Es war mir aber zu dumm, ihn, in eine Klarsichthülle gepackt, an einem Band um den Hals zu tragen, wie es viele jüngere Patienten taten. Also steckte ich den Plan immer in meine Hosentasche oder legte ihn auf meinen Rollator. Vor 12.00 Uhr war es mir zu Beginn nicht möglich, irgendwas zu machen, da brach ich noch. Außerdem war ich erst einmal völlig erschöpft vom vielen Blutabnehmen und dem Trubel der letzten Tage.

Man probierte immer wieder etwas Neues aus gegen die Übelkeit. Ich bekam Tropfen, also *Vomex*, aber ich war der Meinung, dass ich von Tropfen erst recht brechen musste. Ich hasste Tropfen! Dann bekam ich *Vomex* als Tabletten, aber die halfen auch nicht. Danach bekam ich *MCP-Tropfen*, die nichts änderten (ich hasste doch Tropfen!), und *Mortilium*. Dazu natürlich Magenschoner, aber weiterhin brach ich und litt jeden Morgen unter Übelkeit. Irgendwann wurde es durch die jeweiligen Medikamente nur noch schlimmer und ich hatte Unverträglichkeiten entwickelt. Die Medikamente griffen nicht, weil die Übelkeit von der Verletzung des Kleinhirns kam und nicht vom Magen. So hatte man es mir jedenfalls versucht zu erklären. Man wusste nicht, was man mir geben sollte. Jedes Mal, wenn ich mich übergab, zitterte weiterhin mein ganzer Körper und ich bekam ein ganz heißes, verschwitztes Gesicht. Ich zitterte so, dass ich nicht mehr laufen konnte. Es wurde einigermaßen erträglich, als ich wie im Krankenhaus *Ondansetron* bekam. Es ist wirklich krass, wie viele Medikamente man bei mir ausprobierte. Kein Wunder, dass manchmal nichts mehr zu helfen schien. Zumindest konnte ich irgendwann mit *Ondansetron* ab 12.00 Uhr ein bisschen lesen oder auch etwas spielen. Las ich vorher, ging die ganze Tortur von vorne los, also hortete ich meine Briefe bis nachmittags. Das war eh eine sehr schöne Sache – fast jeden Tag bekam ich Briefe oder Päckchen. Das half mir, das alles durchzustehen, dann ertrug ich es, aufzustehen und gegen die Übelkeit anzukämpfen. Genauso die täglichen Telefonate mit meiner Mama und dass mich meine Eltern am Wochenende besuchten ...

Ich bastelte irgendwann eine Briefebox für meine Post und antwortete den Schreibern, so gut ich konnte. Zu Beginn war es krakelig und schlimm, da die Hand so sehr zitterte, dass ich einfach mit links schrieb – da sah es nicht besser aus. Wer es sich vorstellen will, der soll einfach mit der Hand schreiben, mit der er normalerweise nicht schreibt. Und dann vielleicht fünf Sätze auf ein Blatt, mehr bekam auch ich nicht hin. Es sah schlimmer aus als bei einem Erstklässler – und es war so anstrengend zu schreiben ... Oft konnte man es nicht einmal lesen, obwohl ich mich abmühte. Das machte mich zu allem Elend dann auch noch zornig! Da strengt man sich an und es sieht furchtbar aus! Ich schrieb manchmal doch mit rechts und hielt den Arm oder die Finger mit links fest, damit es nicht so zitterte. Einmal hatte ich den Briefumschlag falsch herum beschriftet, aber ich hatte mich so angestrengt und wollte es nicht noch einmal schreiben. Kurzerhand schrieb ich einfach „Sorry Post, falsch herum!" auf die Rückseite. Die Schwestern fanden mich sehr süß. Wenigstens das.

Ich therapierte mich selbst, sogar beim Frühstück. Ich durfte ja die Cornflakes nicht mit Milch essen, also aß ich sie pur. Und zwar pickte ich sie einzeln mit der rechten Hand aus der Schale. Es dauerte ewig, die

Hand zitterte ja abartig, ich hatte Hunger und irgendwann auch keinen Nerv mehr. Dann packte ich die Schale und schüttete mir den Rest gierig in den Mund. Aber immerhin versuchte ich es! Ich hatte schon immer einen unglaublichen Dickkopf gehabt und ich tat meistens, was ich wollte. Jetzt wollte ich gesund und normal sein. Sofort! Ich wollte, dass mein Arm aufhörte zu zittern ... ich wollte so viel. Das Problem war nur, dass ich auf mich selbst zornig war, wenn es nicht klappte. Ich machte zwar weiter, war aber oft genug gehässig und unleidig. Es geht nun mal nicht immer nach meinem Kopf, im Gegenteil: Das wäre manchmal sogar schlecht.

Abends konnte man im Gemeinschaftsraum fernsehen. Meistens gab es Stress, weil man sich nicht einigen konnte, jeder wollte etwas anderes schauen. Deshalb setzte ich mich manchmal schon um sechs vor den Fernseher, damit ich um Viertel nach acht dort saß und sagen konnte, dass ich länger wartete. Nur musste ich dann immer *Simpsons* mitgucken, weil das Fabi mit seiner Mutter guckte und danach *Galileo*. Alles nur, damit ich ein Anrecht auf ein anderes Programm hatte. Einmal gab es richtig Ärger, weil einer der Patienten seine Mutter vorgeschickt hatte. Die versuchte, alle zu fragen und zu überstimmen. Aber das klappte nicht, weil ich der herbeilaufenden Schwester vorheulte, dass mir versprochen worden sei, dass ich *Topmodel* gucken dürfe. HA, ich durfte! Aber auch nur, weil Susi und Karmen auch mit mir schauen wollten. Karmen sprach nie etwas, aber da sagte sie: „Ich will auch *Topmodel* gucken." Der doofe Kerl konnte *Cobra 11* auch am anderen Fernseher gucken. Allgemein guckte ich so viel Fernsehen und vor allem Werbung, dass es noch schlimmer wurde mit meiner Fernsehschädigung. Ich kannte schon nahezu jeden Werbeslogan auswendig oder konnte Titellieder mitsingen, ich hätte sogar meinem Bruder Konkurrenz machen können, der eigentlich darin unschlagbar gut ist.

Der besagte Patient war allgemein sehr frech und unverschämt. Er war da, weil er mit 15 einen Tag vor Weihnachten mit dem Auto seines Vaters mit 330 km/h in einen Baum gefahren war. Zumindest laut ihm, es sei mal so dahingestellt. Jetzt waren seine Beine zerstört und mit Fixateuren gespannt, damit sie wieder gerade zusammenwuchsen. Seine Mama hat mich einmal abends auf die Seite genommen und mir ihr Leid geklagt. Er habe die ganze Familie an sein Schicksal gebunden und mit seiner Dummheit alles kaputt gemacht. Er hatte auch erst vier Monate im Koma gelegen. Jetzt ging es ihm wieder besser und sein T-Shirt besagte die Wahrheit: ‚Mich kann man nicht mehr erziehen.' Selbst die Schwestern verdrehten die Augen, wenn seine Zimmernummer nach dem Notrufsignal auf der kleinen Anlage erschien. Einmal sagte ich: „Hopp du Kind, jetzt sei mal leise!", und er beschimpfte mich so bösartig, dass ich nur den Kopf schütteln konnte. Eindeutig nichts gelernt und die zweite Chance nicht genutzt. So ein Depp. Seine Mutter meinte an dem Abend zu mir: „Ja, bei dir ist das was anderes. Ich mein' es nicht böse, aber deine Krankheit hat dir Gott gegeben. Dafür kann keiner etwas. Aber er. Er hat mit seinem Blödsinn unser Leben zerstört. Die ganze Familie. Und dann mussten wir noch Monate um sein Leben bangen. Jetzt geht es besser und schon wieder macht er nur Blödsinn. Nichts hat er gelernt." Ja, ich denke, dass es noch schlimmer ist, wenn es einen Schuldigen gibt. Aber können Sie sich vorstellen, dass es mir verdammt wehtat, was sie gesagt hatte? Klar hatte keiner Schuld! Jetzt musste ich mir auch noch so etwas anhören! Aber ich glaube nicht, dass mir Gott so etwas angetan hat. Ich halte auch nichts davon, dass manche Menschen, die nie gläubig waren, auf einmal sagen: „Das ist eine Strafe Gottes." Was ein Quatsch, da hat jemand nur einen Schuldigen gesucht. Ich vergebe ihm, dass mir das passiert ist und gebe niemandem die Schuld an meinem Schicksal. Ich hoffe aber gleichzeitig, dass mir die anderen vergeben, dass ich zickig und abweisend war. Die Leute sollten nicht nur an Gott glauben, weil ihnen etwas passiert ist – aber wenigstens dann. Man darf sich nicht auch noch den letzten Beistand nehmen lassen! Nichts kann einem mehr helfen als die Hoffnung. Gott ist immer da und er hört zu, auch wenn man sich ganz allein und verlassen fühlt. Man darf nur nicht aufgeben – nicht sich und auch nicht die anderen.

Jeden Tag wurde man einer anderen Schwester zugeteilt. Manche hatte ich echt verdammt gern, selbst die, die ein wenig strenger waren. Ich genoss es, dass mich die eine immer wieder in den Arm nahm und sagte, dass sie sich immer ein Enkelkind wie mich gewünscht hätte.

Sehr vorbildlich klebte ich auch immer meine Brille um, was jedoch am Anfang etwas umständlich war, da ich erst später eine Folie vom Augenarzt bekam und so immer nur dünne Duschfolien hatte. Die fuhr ich in meinem Rollator samt einer Schere spazieren. Wenn jedoch das linke Auge abgeklebt war, dann durfte ich nicht aufstehen oder laufen, denn dann wackelte alles und mir wurde schlecht. Deshalb wechselte ich die Folie nur zum Fernsehen und tauschte dann zurück, bevor ich ins Bett ging. Meistens war also das rechte Auge abgeklebt.

Abendessen gab es immer um 17.00 Uhr und bei jedem Essen, auch um 12.00 Uhr, musste man mindestens bis um halb sitzen bleiben. Zu Beginn war das gar kein Problem, weil ich wegen der *Ataxie* so zitterte, und deswegen das meiste eh daneben schüttete und ewig brauchte. Später wurde es jedoch besser mit dem Essen, es ging schneller. So war ich dann schon lange fertig und musste ewig sitzen bleiben. Bis die Schwestern mit dem Salat kamen, hatte ich manchmal schon fertig gegessen. Und sich selbst holen, sollte man nicht, damit nicht alle durch den Raum tigerten. Ich konnte eh nicht laufen ohne Rollator und war darauf angewiesen, dass mir jemand half. Der Rollator stand grundsätzlich im Weg herum. Aber ich war nicht fähig, ihn woanders abzustellen und zum Stuhl zu laufen, ich musste bis direkt vor meinen Platz fahren. Die Schwestern stellten den Rollator dann woandershin, damit sie besser durchkamen mit den Rollstühlen und so. Aber dadurch war ich wiederum hilflos und musste warten, bis mir jemand wieder zu meinem Gefährt half, weil ich nicht mehr von meinem Stuhl fortkam. Ein bisschen machte es mich wütend, immer warten zu müssen, es war aber nicht anders möglich und es drehte sich ja schließlich nicht alles nur um mich. Wie neidisch ich auf die Leute war, die ihren Teller selbst in den Geschirrwagen stellen konnten! So gerne wollte ich das auch können! Auch das Einschenken übernahmen die Schwestern, wenn sie nicht hinsahen, schenkte ich mir selbst ein – meistens auf den Tisch. Oh, was für ein Mist! Aber einen Lappen konnte ich ja auch nicht selber holen, also saß ich in der selbst produzierten Sauerei und musste warten, bis es jemand bemerkte und Zeit hatte, es wegzuputzen, oder den Anschiss kassieren und um Hilfe rufen. Das kommt davon, wenn man nicht warten kann! Dessert aß ich nicht, weil es mir nicht schmeckte. Ich schrieb der Küche sogar einen Brief, dass ich das Essen qualitativ hochwertig und gut fand, der Nachtisch dem aber nicht gerecht werden würde, der Bananenquark schmecke wie Naturjoghurt mit Bananenkaba. Die Folge davon war, dass der Küchenchef mich besuchen kam und es eine Woche lang echt gute Sachen gab, danach kehrte der gleiche Trott zurück.

Zwei Gläser musste man zu jeder Mahlzeit trinken – naja, eher löffeln mit der Pampe zum Verdicken drin. Aber genau an dem Essenstisch habe ich festgestellt, dass ich ernsthaft ein Problem damit hatte, wie andere Leute aßen. Ich hasse es, wie manche Leute essen! Es fiel ihnen aus dem Mund oder sie leerten es auf den Tisch. Am schlimmsten war zum einen für mich, dass die anderen so langsam aßen und zum anderen merkwürdige Angewohnheiten hatten. Das Mädchen, Kathi, das mir gegenübersaß, ließ bei Krautsalat oder Spaghetti immer die langen Fäden aus dem Mund hängen und machte in Zeitlupe kleine Bewegungen mit den Lippen, um sie in den Mund zu befördern. Pro Nudel ging bestimmt eine Minute drauf – und ich konnte einfach nicht wegsehen! Klar war sie langsamer, sie hatte auch ein schweres Schicksal: Auf einmal hat sie begonnen, Sachen zu vergessen, und ihr Kurzzeitgedächtnis funktionierte nur noch schlecht. Oft hat sie sich auf dem Weg zur Therapie verirrt und wurde deshalb meist von den Therapeuten abgeholt. Oder sie lief auf dem Flur nach links statt nach rechts zu ihrem Zimmer. Aber wenigstens konnte sie ohne Hilfsmittel laufen. Das Mädchen war echt herzensgut, doch trug sie Hochwasserhosen und manchmal schon am Nachmittag ihren Schlafanzug. Oder sie trug ihn zum Kegeln im Freizeitkeller. Einmal gingen wir als ganze Gruppe zum Kegeln rüber, sie war einfach im Schlafanzug und wollte trotzdem mit. Der Sozialpädagogin war es egal, solange sie einen Mantel anzog, weil es kalt war. Wir waren öfters beim Kegeln und die Sozialpädagogin gab sich große Mühe. Wer im Rollstuhl saß, bekam eine Schiene, die der Kugel den Weg vorgab. Wer nicht allein kegeln konnte, dem half sie. Ich konnte nur mit dem Rollator kegeln, da ich nicht stehen bleiben konnte. Also fuhr ich dann bis an die Linie und versuchte, am Rollator vorbeizuspielen, ohne umzufallen. Es ging, doch ich traf nicht besonders gut. Aber ich war natürlich zu stolz, mir helfen zu lassen oder die Schiene zu benutzen. Das war das Schlimmste: Ich war im Kopf eigentlich völlig klar, ein bisschen langsam, aber sonst normal ... und dann gefangen in einem Körper, der nicht richtig funktionierte. Trotzdem wollte ich so viel wie nur möglich allein machen.

Einmal fragte ich, ob ich mir im Freizeitkeller beim Kegeln eine Pizza kaufen dürfte. Die erste seit Wochen. Sie war noch viel zu heiß, aber ich stopfte sie mir hastig in den Mund. Ich war so glücklich in dem Moment. Heiße, fettige, leckere Pizza! Die anderen um mich herum schauten mich sehnsüchtig an. Da ich nach zwei

Stücken bereits satt war, verschenkte ich den Rest und machte die anderen glücklich. Nur David wollte nicht: „Da ist mir zu viel Grün drauf." Nach ein paar Wochen ging ich auch nicht mehr mit, weil ich keine Kegel traf und es keinen Spaß machte, mit einer Hand schwankend am Rollator.

Ich wollte mir nicht helfen lassen. Wie so oft, ich wollte es allein machen – und dann ging etwas zu Bruch oder es klappte nicht so, wie ich es wollte. Hauptsache: Kim hatte es selbst gemacht. Nach dem Motto: Lass mich das machen! Ohh, war wohl nichts. Wie das Einschenken im Krankenhaus, wo ich jedes Mal den Boden überschwemmte.

Naja, zurück zum Essen. Das Mädchen, mit dem ich ein Zimmer teilte, nennen wir sie Ursula, saß im Rollstuhl und konnte auch nicht ohne Hilfe ins Bett und wieder heraus. Deshalb war jeden Morgen Hektik und Chaos in unserem Zimmer und mindestens eine Schwester wuselte herum. Beim Essen schaufelte sie mit zwei Händen Brot in sich hinein oder mit dem Löffel das Mittagessen. Gemüse ließ sie immer liegen. Allgemein aß sie gerne Fleisch, oft brachten ihr ihre Eltern Leberwurst oder kleine Salamis mit. Die aß sie dann auch, manchmal ein ganzes Paket auf einmal. Für mich war das insofern schlimm, als ich ungefähr ein Jahr vor der Operation beschlossen hatte, Vegetarierin zu werden. Der Grund war ein Film, den wir in Erdkunde gesehen hatten: *We feed the world*. Zudem wollte ich abnehmen und mir beweisen, dass ich auf etwas verzichten könnte. Gut, ich machte auch *Weight Watchers* und nahm kaum ab – was aber daran lag, dass man eine Schilddrüsenunterfunktion feststellte. Egal jetzt. Ärgerlich. Jedenfalls schaufelte Ursula in einem Tempo das Essen rein, dass einem schlecht wurde. Außerdem hatte sie künstliche Fingernägel an ihren dicken Fingern und strich sich tausendmal am Tag die Haare fest hinter die Ohren. Die Geste machte mich wahnsinnig. Alles an ihr, aber vor allem, wie sie aß. Sie konnte nicht so gut sprechen, nur ganz tief und krächzig. Sie redete kaum mit mir, weil sie ihre Stimme nicht mochte. Zumindest hatte das einmal eine Schwester angedeutet. Aus lauter Panik fragte ich, ob sie was gegen mich hätte, aber sie verneinte das. Sie würde mich mögen. Naja, den Eindruck hatte ich nie, und wenn wir beide im Zimmer waren, hatte ich immer so ein unangenehmes Gefühl – so als wäre ich unerwünscht bei jemand Fremdem im Zimmer. Dabei war es ja auch mein Zimmer. Immer wieder fragte ich sie etwas, wenn wir abends beide im Bett lagen, aber sie antwortete nicht. Manchmal sagte sie „ja" oder „nein", aber das war auch alles. Irgendwann war sie immer draußen, wenn ich da war, und andersherum, sodass wir uns eigentlich aus dem Weg gingen. Ich fragte die Schwestern ständig, ob ich nicht umziehen könne, aber sie hielten es für keine gute Idee, denn bei allen anderen Mädchen wäre ich nachts aufgeweckt worden, weil sie inkontinent waren oder Infusionen bekamen. Man musste abwägen und entschied, dass ich bei Ursula zumindest ruhig schlafen könne. Am Wochenende lag sie bis mittags im Bett und ich konnte nichts im Zimmer machen, weil es dunkel war und sie da herumlag. Außerdem war das Fenster zu und es roch nach verbrauchter Luft und Schlaf.

Jeden Morgen kriegte ich mit, wie sie sich im Liegen wusch, sie konnte ja nicht ins Bad. Zu Beginn wurde auch mir am Waschbecken geholfen, nur waschen wollte ich mich immer selbst. Ich schämte mich irgendwie, wenn mir jemand dabei zusah, wie ich nackt vorm Spiegel stand und versuchte, mich zu waschen. Die Badtür konnte man auf dieser Frührehabilitationsstation nicht abschließen, ohnehin war sie kaputt und schob sich dauernd auf. Manchmal saß man dann auf dem Klo, die Tür ging auf, jeder konnte einen da sitzen sehen und ich dachte dann nur: „Auch gut!" Neben dem Klo gab es Plastikgriffe links und rechts zum Heben, eine Dusche gab es nicht. Vor unserer Zimmertür stand immer ein Lifter oder so etwas herum, der half, Ursula aufs Klo zu setzen. Gegen Ende jedes Essens sagte sie zu der einen Schwester in ihrer tiefen Stimme: „Ich muss aufs Klo." Dann fuhr sie weg – mit dem für sie typischen Geräusch ihrer am Rollstuhl schabenden Metalluhr. Wie ich dieses Geräusch hasste ... Jedenfalls folgte ihr dann die Schwester und unser Bad war besetzt. Manchmal stand die kaputte Badtür offen, wenn ich hereinkam, und sie hing mehr oder weniger im Lifter über der Toilette. Klar tat mir das leid, aber es war ja auch mein Zimmer. Ich wollte ja nicht einmal ins Zimmer, wenn sie auf dem Klo war, aber ich konnte ja auch nicht ewig draußen warten. Es war keine Absicht und trotzdem guckte sie mich mit einer Mischung aus Hass und Neid an. Neid, weil ich alleine auf die Toilette ging, Hass, weil ich sie da so hängen sah. Keine Ahnung, aber es war wirklich eine schlechte Idee, uns in ein Zimmer zu stecken. Wir passten so etwas von gar nicht zusammen! Ich war schon immer kommunikativ, sie sprach – wenn überhaupt – nur sehr wortkarg und abgehackt. Ich fing dann sogar an, mit mir selbst zu sprechen, weil auf der Station viele nicht reden konnten oder nur langsam, undeutlich und schlecht. So sang ich oder erzählte mir, was ich alles erledigen wollte. Einmal bekam ich ein Stück Pizza und sang dann auf dem Weg ins Zimmer: „Lecker, lecker Pizza. Lecker Pizzi Pizza." Ich sprach oft mit einem Mädchen, dem ich auch ein Türschild bastelte, das jedoch nicht mehr sprechen konnte und im Rollstuhl saß. Sie verbog ihre Füße und ich sagte immer: „Mach deinen Fuß wieder runter." Sie hörte sogar auf mich, aber sie konnte nur nicken oder die Schultern hochziehen. Also stellte ich Entscheidungsfragen oder erzählte ihr etwas. Manchmal schauten wir ein Heft an. Also, ich legte es vor sie und blätterte immer weiter, während ich ihr erzählte, was zu sehen war. Es war so süß, wenn sie lachte, dann grunzte sie fast. Jedenfalls stand sie auf *Tom* von *Tokio Hotel* und lachte, wenn man sich über die Frisur seines Bruders ausließ. Meine beste Freundin wurde ein achtjähriges Mädchen, weil sie die Einzige war, die normal reden konnte. Wir malten, schauten Fernsehen oder spielten *Mensch-ärgere-dich-nicht*. Auf der Station gab es einen Treffpunkt mit Couch und Sesseln, wo ein riesiges, magnetisches *Mensch-ärgere-dich-nicht*-Spiel stand. Es war optimal uns kranken Patienten angepasst. Dort konnte man sitzen, spielen und erzählen, wenn man nicht im Zimmer sein wollte. Oft redete ich auch mit meiner Ärztin, die ich über alles liebte. Klar hatte sie mir das Leben gerettet, aber damit hatte es nichts zu tun. Sie war so lieb und süß und jeden Tag so hübsch angezogen. Der

Fahrer meinte auch einmal: „Ja, das ist 'ne Hübsche!"
Oder ich laberte die Schwestern zu und allgemein extrem viel mit meiner Mama am Telefon. Es ging
schlecht, die Stimme piepste und stockte, aber das
hielt mich nicht vom Telefonieren ab. Meine Mama
verstand mich trotzdem.

Ich saß ständig auf der Couch und machte Pause. Also
wenn mich jemand suchte – zu finden war ich auf der
Couch! Manchmal starrte ich stundenlang Löcher in die
Luft, ich war ja nicht belastbar. Ich brauchte die Pause,
damit ich mich nicht übergab. Die Mütter, die dort mit
mir saßen, erzählten mir viel über das Schicksal ihrer
Kinder. Es kam auch vor, dass eine weinte. Dann war
ich ganz überfordert und wusste weder was ich tun
noch was ich sagen sollte. Meine Mama meinte, dass
sie einfach brauchten, dass ihnen jemand zuhörte, und
das dann einfach nutzten, auch wenn ich selbst ein Patient war.

Jede Woche musste ich zum Wiegen. Klar war ich anfangs total froh, dass ich über acht Kilo abgenommen
hatte. Naja, es war ja auch kein Wunder, schließlich
blieb von dem Essen fast nichts drin. Aber es wäre mir
lieber gewesen, nicht so schwach und kränklich zu
sein.

Erste Schritte und große Zweifel

Bald schon konnte ich am Klang der Schritte erkennen, wer den Flur heraufkam. Die Schuhe meiner Ärztin klackerten lustig auf dem Boden, deshalb will ich sie fortan *Mary Poppins* nennen. Der eine Pfleger schlurfte eher, die nächste rannte fast. Eine Schwester stampfte, die nächste hüpfte über den Gang. Witzig war auch, wenn man klingelte und die Schwestern über die Sprechanlage etwas nachfragten. „Kim, alles klar bei dir?" „Kim, was ist los?" „Kim, was brauchst du?" „Kim, es kommt gleich jemand."
Dazu, dass mir jeden Tag so extrem schlecht war, kam, wie bereits angedeutet, hinzu, dass ich doppelt sah. Das heißt, ich sah alles mehrfach und das auch noch schief. Eines der Bilder war sogar dunkler und hatte mehr so einen Rotstich. Um jeweils das andere Auge zu trainieren, wurde weiterhin eines zugeklebt oder die Brillenseite abgeklebt. Zu Beginn hatte ich erst eine Augenklappe, was unglaubliche Druckstellen verursachte. Vor allem musste man immer einen Zopf haben oder das Gummiband machte so merkwürdige Hubbel in die Haare. Immer stießen die Wimpern an die Piratenklappe und an der Nase schlich sich stets noch Licht ins Auge, auch wenn ich über die Augenklappe noch Klebestreifen pappte. Das sah total dämlich aus und brachte nicht sehr viel. Irgendwann kam man auf die Idee, eine Seite meiner Brille mit Duschfolie abzukleben, was besser half. Ein Brillenglas war dann einfach matt. Zum Fernsehen wechselte ich wieder. Bah, hat es mich genervt, immer diese Fummelei. Vor allem war

das rechte Auge so ungeübt, dass es schwierig war, Dinge zu fixieren oder schnell zu lesen. Dann wackelte das Bild dauernd hin und her, wie auf einem schwankenden Schiff, und ich bekam Nackenschmerzen von der schiefen Kopfhaltung. Trotzdem schaute ich mit dem rechten Auge fern, auch wenn mir schlecht wurde und es wehtat. Ich wollte unbedingt Fortschritte erzielen.

Ich bekam, wie bereits beschrieben, *Ondansetron* gegen die Übelkeit, ein Mittel, das Chemo-Patienten auch bekommen, morgens und abends 4 mg. Eine richtige ‚Keule', wie es meine Mama nannte. Da ich trotzdem noch brach und mir so extrem schlecht war, erhöhten wir die Dosis auf abends 8 mg, was aber dazu führte, dass es sich anfühlte, als würde ich Achterbahn fahren und mir das Herz stehen bleiben. Es schlug nicht mehr richtig, setzte aus oder raste. Nach dem Wochenende wurde ein EKG gemacht und man stellte fest, dass mein Herz nun eine Extra-Systole machte, weshalb wir das Medikament wieder auf die vorherige Dosis reduzierten. Es war ein Versuch gewesen, aber der war fehlgeschlagen. Die Frau mit dem EKG-Gerät verzweifelte fast, weil die Kleber nicht auf meiner Haut blieben. „Bist du eingecremt?" „Mhm, von gestern." Dann holte sie eine Rolle Pflastertape, um die Elektroden festzukleben. Sie klebte mich von oben bis unten voll. An sich ist das EKG ganz lustig, weil man an die Hand- und Fußgelenke so Bänder bekommt und sechs Elektroden auf den Brustkorb, naja, wenn sie halten würden! In der Reha hatte man auch zu Beginn ein Kontroll-EEG gemacht. Schon zum dritten Mal, nach der ersten Operation ja auch schon. EEG ist total nervig, da liegt man eigentlich ganz entspannt mit einer komischen Haube und bestimmt zwanzig Kabeln auf dem Kopf, aber man darf nicht schlafen. Vorher reiben sie einem mit einem Stäbchen Kontaktgel auf die Kopfhaut und rubbeln so fest, dass es fast weh tut. Dauernd heißt es: „Augen auf. Augen zu. Augen auf – und zu." Sehr nervig, vor allem, weil ich ja alles dann doppelt sah. EEG mag ich nicht, EKG ist in Ordnung.

Ein Stockwerk über meiner Station standen vier Computer, damit man jederzeit Zugang zum Internet hatte. Also fuhr ich auch einmal mit dem Rollator nach oben und versuchte mich am Tippen. Es funktionierte sogar, sehr langsam. Ich sah nicht so gut und brauchte immer ein paar Minuten, bis ich alles angesehen hatte, und es überforderte mich, wenn ich mehrere Sachen gleichzeitig machen musste. Mir wurde schlecht. Dabei war ich zuvor total ‚multitasking' gewesen. Ich konnte mehreren Leuten zuhören, mich gleichzeitig mit jemandem unterhalten und dabei noch schreiben und zum Beispiel an die Tafel gucken. Mädchenschule eben. Jetzt saß ich am PC und brauchte meine gesamte Konzentration, total anstrengend!

Auf einmal fuhr ein Kerl mit seinem Rollstuhl neben mich. Er war sehr klein, hatte eine Brille und einen Vollbart, also echt nicht mein Fall und fragte: „Brauchst du noch lang?" „Ich bin gerade erst dran." Dann ging er nicht weg, sondern guckte mir seelenruhig über die Schulter. Dabei machte ich mich groß und drehte den Bildschirm ein wenig, damit er nichts sah. Aber er ging nicht. „Wie heißt'n du? Und wie alt bist du?" Ich gab brav Antworten und war total genervt. Alles, was ich wollte, war, endlich am PC wieder etwas hinzubekommen! Ich konnte jetzt keinen anderen Menschen gebrauchen! „Willst du mich mal besuchen?" Äh was? „Aber ich hab' einen Hund. Magst du Hunde?" „Ja, geht." „Kannst du überhaupt Treppen laufen? Wenn nicht, muss dir jemand hochhelfen mit dem Rollator." Hallo? Er hatte doch auch einen Rollstuhl, was sollte das jetzt? „Hast du 'nen Freund?" Ging ihn das was an? Das war jetzt echt ein bisschen dreist. „Nein." Ob er eine Freundin hatte, interessierte mich null. „Also, wenn du dann zu Besuch kommst ... also, ich könnte schon dein Freund sein. Kannst du mit dem Rollator rausgehen? Ich bin nämlich gerne draußen." Ich wollte doch gar nicht! Das Gespräch ging eindeutig in die falsche Richtung. „Also, überleg es dir mal. Willst du?" „Also, ich brauch' da ein bisschen Zeit, ich sag' dir Bescheid." Mimimi. Aber ich konnte ihm ja unmöglich sagen, dass er mich in Ruhe lassen sollte! Das wäre auch gemein gewesen, wo er doch anscheinend kein Glück mit Frauen hatte. Zum Glück war ein anderer Computer frei und er fuhr weg. Das alles war mir viel zu aufdringlich, weshalb ich einfach mitten im Satz offline ging und schnell auf meine Station flüchtete. Meine beste Freundin schrieb mir noch eine SMS, wo ich denn plötzlich hin sei – aber ich konnte nicht dableiben! Nur weil ich ein Mädchen bin und ihm antwortete, hieß das doch nicht, dass ich Interesse hatte. Ahh. So Leute taten mir leid. Ich wusste ja auch nicht, ob mich jemals wieder einer attraktiv finden würde – aber deshalb nahm ich doch nicht anspruchslos jeden, der nicht bei Drei auf den Bäumen war. Hilfe! Ich floh fortan so gut es ging vor ihm, also ich sah ihn eh nicht so oft, lag ich doch ständig im Bett und übergab mich. Es reichte mir, dass ich so krank war, ich hätte es nicht ertragen, mit jemand zusammen zu sein, der genauso beeinträchtigt war. Und das ist nicht böse gemeint, sondern einfach nur ehrlich. Ich kannte mittlerweile genug Rollstuhlfahrer, die auch meine Freunde waren. Claus zum Beispiel saß auch im Rollstuhl und war echt ein hübscher Kerl. Also das Vorurteil, dass man sich deswegen schlecht fühlt, ist Quatsch. Es ist einfach ein sehr schwieriges Thema, wenn man nicht völlig gesund ist, fühlt man sich sofort hässlich und unattraktiv, auch wenn es nicht unbedingt so ist.

Alle paar Wochen hatte man eine Fallbesprechung, eine *case*, zu der sowohl der behandelnde Arzt als auch alle Therapeuten, die Zeit hatten, kamen. Man besprach die Fortschritte, Ziele, Veränderungen, Medikation, Psyche, welche Änderungen man im Therapieplan machen sollte und brachte sich auf den neusten Informationsstand. In meiner ersten *case* wurde besprochen, dass ich bald eventuell umziehen sollte, da ich etwas selbstständiger geworden war, sodass ich nicht mehr so viel Pflege brauchte. Und natürlich fragte ich nach einem Entlassungsdatum. Ich wusste auch, wie unrealistisch das war, aber ich wollte mein Leben zurück, eine völlig andere Vorstellung, die ich endlich umsetzen wollte. „Ja weißt du, das kann man jetzt noch nicht sagen. Also unter einem Jahr sollte die Krankenkasse keine Probleme machen."

Ein Jahr?! Mindestens? Geht's noch? Ich wollte ab August Volleyball spielen, die Saison ging weiter! „Also ich geh' spätestens nach einem halben Jahr. Ende August. Das ist meine Toleranzgrenze. Wenn ich da nicht gehen darf, dann hau' ich ab, ist mir egal. Da hat Annabelle Geburtstag." „Kim, das werden wir dann sehen. Du bleibst, solange es gut für dich ist."

Hatte ich keine *case*, Therapie oder war nicht gerade Essenszeit, war es manchmal echt langweilig, deshalb war es ganz unterhaltsam zu duschen. Das Duschen war immer eine Sache für sich. Ich konnte ja nicht allein laufen, im Krankenhaus bin ich immer geduscht worden, und die Woche nach der zweiten Operation hatte man mich immer mit einer Schüssel im Bett gewaschen und nicht geduscht. Jetzt durfte ich nach zehn Tagen endlich den Kopf wieder waschen. Das ist nach jeder Operation am Kopf so, dass man seine Haare erst einmal nicht waschen darf. Das ist wirklich grauenhaft, man sieht noch kränker und furchtbarer aus, wenn man so fettige Haare hat. Wir klebten die Narbe und die Fäden am Bauch mit einer Duschfolie ab, was sich ganz komisch anfühlte. Es klebte dann so ein durchsichtiges Rechteck auf meinem Bauch und wenn Wasser draufkam, fühlte es sich so an, wie wenn man seine Hand in eine Tüte steckt und dann in einen Eimer Wasser taucht. Gut, der Vergleich klingt jetzt komisch, aber so fühlte es sich wirklich an.

Ich fuhr also meinen Rollator in das große Badezimmer, die Schwester zog den Vorhang zu und ich zog mich aus. Dann half sie mir auf den Duschstuhl und ich bekam Shampoo auf die Hand. Zu Beginn wurde ich auch abgespült, aber einseifen wollte ich mich von Anfang an selbst. Danach taumelte ich über den nassen Boden und mit einem zugekniffenen Auge zu dem Stuhl zurück. Ein Auge musste ich zukneifen, sonst sah ich zwei Stühle und wusste auch nicht, welcher der richtige war. Alles war verschwommen, ohne Brille konnte es ja nicht anders sein. Dann bekam ich ein Handtuch für den Kopf, eines für den Körper und eines für die Füße. Mir wurde der Rücken abgetrocknet und geholfen beim Eincremen. Danach rollte ich zum Spiegel auf den nächsten Stuhl, mit dem Stehen und Laufen hatte ich große Probleme. Nun musste ich mich kämmen und föhnen. Dabei hasse ich Föhnen.

Jeden Abend riefen mich meine Eltern auf dem Patiententelefon an und ich berichtete vom Tag. Oft saß ich so auf dem Flur und meine Ärztin strich mir im Vorbeigehen über den Kopf. Meine Stimme war langsam und viel zu hoch, ich hasste es zu spüren, wie mein Gesprächspartner schon ungeduldig wurde, weil ich so langsam war ... Allgemein tat mein Zustand mir weh, weil ich mich gefangen fühlte in meinem Körper, der nicht machte, was der Kopf ihm sagte. In meinem Kopf sprach ich ganz normal mit mir, sobald ich etwas laut sagte, kam es nicht mehr richtig raus. Genauso konnte ich nichts mehr von dem, was mich ausmachte. Ich konnte weder malen, schreiben, Volleyball oder Theater spielen. Nichts. Mein ganzes Sein war zerstört worden. Dazu kamen immer Momente, die von der *Ataxie* ins Komische gezerrt wurden. Komisch für die anderen, aber furchtbar für mich. Zum Beispiel wollte ich aus der Flasche trinken, doch beim Ansetzen zitterte ich herum, sodass ich mir die Öffnung an die Nase drückte oder mir das Getränk überschüttete, weil ich die Flasche zu früh kippte.

Meine Haare waren ja auf dem Kopf oben abrasiert und die Fäden waren dick und dunkelblau. Die mussten nun gezogen werden, was den Schwestern sogar Spaß zu machen schien, zumindest brachte es die eine

Schwester der anderen bei. An mir. Mit Skalpell und Pinzette. Ich war also so etwas wie das Versuchsobjekt. Das machte mir nichts, aber ein bisschen Angst hatte ich schon, da das Skalpell sehr spitz war. Außerdem wollte ich nicht, dass die Wunden wieder aufgingen. Ich hatte eine Wundheilungsstörung und nach Meinung der Ärzte schlechtes Heilfleisch, denn zu Beginn heilte die Narbe auf dem Kopf schlecht und ich durfte nicht schwimmen, weil ich noch immer ein kleines Loch am Haaransatz hatte. Wie das klingt: ,schlechtes Heilfleisch'. Als wäre ich ein Steak. Zurück zum Fädenziehen: Es ziepte und zog, und die Fäden machten komische Knallgeräusche, als ob ein Draht durchreißen würde. Es war ein bisschen so, als würde man an einer Puppe die Fäden auftrennen, die aber sehr widerspenstig waren und festsaßen. Manchmal mussten die Schwestern richtig am Faden ziehen und reißen. Ich hatte echt das Gefühl, als wäre ich wie ein alter Strohsack grob zugenäht worden.

Ich hatte mittlerweile eine ganze Sammlung von Hüten, denn ich sollte es vermeiden, mit dem Kopf allzu lange in der Sonne zu liegen, da ja auch kaum Haare zum Schutz da waren. Also stellte sich mein Körper bald auf den Alarm ,Sonne!' ein. Verließ ich das Haus, stoppte ich automatisch, bevor ich aus dem Schatten trat, und zog meine Mütze auf den Kopf. Dann erst konnte ich weiterlaufen. Mama lachte darüber, als ich rief: „Halt, stehen bleiben! Sonne!" „Hast du deinen Hut?" „Ja! Weiter geht's." Traurig war es trotzdem, denn eigentlich mochte ich das Gefühl von Sonnenstrahlen auf meiner Haut. Jetzt machte es mich aggressiv und mir wurde schlecht von der Wärme.

Annabelle und Elm waren mehrmals am Wochenende da. Das war immer ganz lustig, weil ich dann mit dem Rollator vorauswatschelte und wir auf der Terrasse hockten und erzählten. Ich wollte alles wissen und vergaß rasch, wo ich war, wenn sie mir von zu Hause erzählten. Es tat mir gut, wenigstens gedanklich aus der Reha herauszukommen. Vor allem, normale Menschen um sich zu haben, gab einem das Gefühl, wieder dazuzugehören ... Ich war immer so dankbar, wenn sie zu Besuch kamen, und freute mich die ganze Woche darauf. Von solchen Momenten lebte ich die ganzen Tage, bis am nächsten Wochenende meine geliebten Eltern oder Freunde wiederkamen.

Einmal malte ich Mandala, weil ich bereits im Krankenhaus von meiner Mama ein Mandalabuch zum Üben gekriegt hatte. Eigentlich malte ich die ganze Seite an, da ich es nicht einmal annähernd schaffte, innerhalb der Konturen zu bleiben. Eines der Mandalas hatte ich mit grünem Filzstift angemalt, man konnte meinen, es hätte ein Zweijähriger angekritzelt. Zur besseren Vorstellung: Die komplette Seite war mit einer Farbe vollgemalt. Dabei hatte ich es ernsthaft versucht.

Als ich in der Reha anfing, Anfang März, schneeregnete es, was total komisch war, da ich zuvor ja nur drinnen gewesen war und vom Wechsel der Jahreszeiten nichts mitbekommen hatte.

An Therapien hatte ich zuerst Ergotherapie, Logopädie, Krankengymnastik und Kunst. Ich wurde zu jeder Therapie gebracht, da ich mich nicht auskannte und auf meiner Station auch viele waren, die vergaßen, wo sie waren oder hinwollten. Ich wurde also gebracht und geholt, immer riefen die Therapeuten auf der Station an. Eine Schwester war dafür verantwortlich. Ich bastelte ein Schild, P B S – Personen-Begleitservice, das ich ans Stationszimmer hängte.

Bevor ich wieder richtig schreiben konnte, war ich das erste Mal in der Kunsttherapie. Ich wurde sogar noch mit dem Rollstuhl hingebracht und trug die grausige orangefarbene Regenjacke. An sich mochte ich die Jacke eigentlich, ich hatte sie nur ewig nicht angehabt, weil ich viel schönere hatte und sie einfach doof aussah. Naja, meiner Mama zuliebe hatte ich sie an. So wurde ich in die Kunstwerkstatt gefahren und malte mit Wasserfarbe, was nicht so klappte, wie ich mir das vorgestellt hatte. Ich wollte ein Türschild basteln, aber es sah grauenhaft aus ... Also bat ich den Kunstthera-peuten, nennen wir ihn ,Vinci' (weil er so kreativ und geduldig war), es wegzuwerfen. Er tat es nicht, was ich jedoch erst später herausfand. Er warf nichts weg, er sah sich sogar als Bilder-Anwalt oder -Hebamme, der hilft, die Bilder auf den Weg zu bringen, und verteidig-te sie, da sie nichts dafür konnten, dass sie so aussa-hen wie sie aussahen. Nichts klappte an diesem Tag, ich war innerlich ganz jähzornig. Später, auf Station, malte ich mir mit Filzstiften ein Namensschild für mei-ne Tür, die ich mir zum Üben hatte schenken lassen. Ich brauchte ewig, aber es sah dann ganz hübsch aus. Ich ließ mir Tesafilm geben und klebte es an meine Tür. Also ich versuchte es – ohne Brille, aber dann sah ich zwei Türen, also versuchte ich es, indem ich ein Auge zukniff und schwankend die Hände vom Rollator löste. Dann stolperte ich zurück, um es zu betrachten. Es war total schief, was an den Doppelbildern lag, da ich doch alles schief sah! Also hängte ich es wieder ein bisschen anders, doch es war jedes Mal schief. Irgendwann packte mich die Wut und ich pappte es auf gut Glück mit geschlossenen Augen an – jetzt hing es sogar einigermaßen gerade, für meine Verhältnisse war es prima. Für zwei andere Kranke auf der Station malte ich ebenfalls Schilder, da es dort ja fast niemand allein konnte. Aber für Ursula malte ich keines. Die hatte auch keins verdient – hätte sie mich gefragt, dann vielleicht, aber so prangte jetzt nur mein Name zwischen Blumen und Sternen an der Tür. Alles war ein bisschen übertrieben und bunt, aber ich war froh, dass man überhaupt wieder etwas erkennen konnte und ich dazu fähig war, verschiedene Farben zu benutzen.

Zum Glück bekam ich jeden Tag Post von meinem Freundinnen und SMS. Fleißig antwortete ich, wenn auch ziemlich groß und unleserlich. Es dauerte auch unendlich lange, aber ich versuchte mein Bestes. Am allermeisten freuten mich die Briefe meiner Oma Bad D. Sie war 87 und schrieb mir, so oft sie konnte, auch wenn es bestimmt schwer für sie war, mein Gekritzel zu lesen. Sie sorgte sich so und tröstete mich über die schwierigsten Zeiten hinweg.

In der Logopädie war ich bei einer Dame, bei der ich viel malte oder Bilderrätsel machte. Ich malte für ihre Pinnwand und schrieb auch ein Gedicht über Blumen. Aber letztendlich machte ich nichts für die Stimme, was irgendwie komisch war. Ich bekam bald jemand anderen und erfuhr, dass sie dann auch nicht mehr im Jugendwerk arbeitete. Vielleicht ja auch, weil sie ihren Aufgabenbereich nicht einhielt. Wer weiß? Das einzig Gute war, dass sie mich endlich freistellte für normales Trinken und Salat. Endlich! Gerade am Tag vorher noch hatte ich eine Diskussion geführt, weil ich keinen Salat bekam und nur dummes, dickes Eistee-Matsch-Gesöff. Vor Wut hätte ich fast geweint, aber die Schwestern blieben hart.

Irgendwann war meine Wunde am Kopf ganz verheilt und ich durfte dann doch schwimmen, was sogar ganz gut klappte. Also, ich ging jedenfalls nicht unter. Ich trainierte dann im flachen Wasser das Laufen. Es war nur sehr anstrengend mit der Augenklappe oder später der abgeklebten Brille, die ständig beschlug oder voller Wassertropfen war. Ich bat nach einigen Wochen, nicht mehr schwimmen gehen zu müssen, obwohl ich immer besser wurde und nach Aussage des Therapeuten eine wirklich gute Rückenschwimm-Technik hatte.

Weil ich nicht verwirrt oder vergesslich war wie die meisten auf meiner Station, durfte ich auch allein mit dem Rollator zur Therapie laufen, nachdem man mir alles gezeigt hatte. Zur Sicherheit hatte ich mehrere Pappschalen dabei, ein Päckchen Tempos und meistens auch die Brechschale aus Metall. Ich stapelte alles auf die Sitzfläche des Rollators und fuhr los. Naja, weil ich nun mal nicht nur auf einer geraden Ebene fuhr und es den Wagen schüttelte, fiel irgendwann alles herunter. Die Metallschale knallte auf meinen Zeh, die Pappschachteln kullerten herum und die benutzten Tempos flogen mit dem Wind ein paar Meter weit – eine unerreichbare Weite für mich. Mit Müh und Not und einer Hand am Rollator sammelte ich wieder alles ein, wobei ich fast umfiel. Puh, war das anstrengend. Die Tempos musste ich fliegen lassen, ich konnte nicht auf den Rasen fahren. Einmal flog ein Plastikbecher mit dem

Wind ein Stück davon. Den konnte ich auch nicht holen – und wenn ihn keiner eingesammelt hat, dann fliegt er heute noch durch die Welt oder liegt irgendwo im Gebüsch herum.

Andere Patienten waren jedoch verwirrt und sehr vergesslich, Holger zum Beispiel. Er hatte einen Autounfall gehabt, den er selbst verursacht hatte. Durch ein Schädel-Hirntrauma war viel kaputt gegangen und er trug meistens ein Weglaufarmband, das piepste, wenn er das Haus verließ. So was hätten bei Weitem mehr Patienten gebraucht. Ich weiß noch, wie Marco einmal abgehauen war, sich sogar die Kanüle rausgerissen und den Infusionsständer in seinem Zimmer zurückgelassen hatte. Am Ende hatte ihn sogar die Polizei gesucht. Das Armband hatte man Holger angezogen, nachdem er einmal abgehauen war: Er hatte einem Vater, der zu Besuch war, gesagt, dass er abgeholt werden würde und ihn gebeten, mit ihm die Koffer runterzutragen. Dann standen sie auf dem Parkplatz: „Wer holt dich denn ab?" „Mein Vater in einem roten Golf." Als nach einer halben Stunde keiner da war, bat ihn der Vater wieder mit rein. Auf der Station hatte man Holger schon gesucht gehabt – der arme Mann, er konnte ja nicht wissen, dass Holger nicht einmal wusste, was er da sagte! Er war sehr verwirrt und legte sich manchmal auch ins falsche Zimmer zu fremden Leuten ins Bett oder ging an falsche Schränke. Einmal saß ich auf der Couch, als ich Holger und eine Schwester hörte. „Wo soll ich hin?" „In dein Zimmer! Da vorne, wo das Licht an ist!" Dann lief er an mir vorbei. Und auch an seinem Zimmer, wo das grüne Licht über der Tür leuchtete, geradewegs in das Schwesternzimmer, wo

Licht brannte und die Tür aufstand. „Halt Holger! Das ist das Schwesternzimmer! Guck', da ist dein Zimmer." „Ah ja. Ok." Ohh, eigentlich musste ich lachen, was ich natürlich nicht tat, aber er hatte die Schwester einfach falsch verstanden mit dem Licht. Danach klebten sie ein großes Namensschild an seine Tür, damit er zumindest lesen konnte, wo er hinmusste. Ich saß ja eh auf der Couch, also fing ich an, ihm zu sagen, wo er hinmusste, wenn er an mir vorbeilief. Die Therapeuten holten ihn meistens ab, da er sich sonst verirrte.

Einmal probierten sie aus, Kathi allein laufen zu lassen. Sie kam nie in der Flechtgruppe an, sondern die Therapeutin rief an, um zu fragen, wo sie sei. Das wusste keiner so genau, bis der Mathelehrer anrief, um zu sagen, dass Kathi im Ausbildungsbau herumlief. Kathi war – wie gesagt – von heute auf morgen vergesslich geworden. Mittlerweile schien ihr Kurzzeitgedächtnis fast gar nicht mehr zu arbeiten, sie wurde immer langsamer, auch beim Essen oder Sprechen. Einmal fragte ich sie: „Kathi, wie viel Uhr ist es eigentlich?" Sie schaute auf ihre Uhr, sah mich an, nahm den Arm wieder herunter und setzte sich bequemer hin. Sie hatte vergessen, dass ich gefragt hatte. Ich war so perplex, dass ich mich nicht traute, noch einmal zu fragen. Aber ich regte mich bei den Schwestern über die Tatsache auf, dass man nichts für sie machen konnte. Die Ärzte hatten nicht herausgefunden, woran es lag, deshalb war es einfach aussichtslos. Man konnte nicht operieren – und ich wollte nicht verstehen, wie man so einen Zustand einfach akzeptieren konnte, ohne etwas zu tun.

In Ergotherapie machte ich Fingerübungen mit den Qi Gong-Kugeln und die verschiedensten Übungen für die

Feinmotorik. Ob mit Knete, Holzkugeln oder Murmeln, wir machten echt viel. Ich malte auch ganz oft mit dicken Wachsmalkreiden auf riesige Blätter, weil ich nicht wirklich kontrollieren konnte, was ich malte. Zu Beginn machte man einen ‚Box and Blocks'-Test, wo man jeweils mit der rechten oder linken Hand in einer Minute so viele Holzklötze wie möglich auf die andere Seite legen musste. Ich war echt extrem langsam, aber ich strengte mich an. Im Vergleich zu gesunden Menschen versagte ich kläglich, dabei kam ich mir recht schnell vor. Manchmal spielten wir mit den *Pois* – das sind Bälle oder Tücher an Schnüren, die man in der Gegend herumjongliert, was bei einem gestörten Gleichgewichtssinn schwierig ist. Außerdem musste man beide Hände und Arme koordinieren, ohne dass die Schnüre sich verhedderten oder man sich die Bälle an den Kopf donnerte.

Dann hatte ich Stunden mit der Praktikantin Jule, wir kamen echt gut miteinander aus. Wir machten den Feinmotoriktest – bei mir hielt sie auch ihre Unterrichtsbewertung. Leider ging sie sehr bald. Zum Abschluss backten wir Hefeschnecken und -brezeln, die total gut ankamen und so lecker waren. Ich hatte Jule wirklich liebgewonnen!

In der Krankengymnastik freundete ich mich sofort mit dem Physiotherapeuten an, nennen wir ihn Lars. Er war ein bisschen wie ein großer ‚Papabär'. Jedenfalls übte er vor allem das Laufen mit mir, denn das war für mich das Wichtigste. Ich musste auf dem Trampolin stehen oder auf dem Laufband laufen und er legte einen ‚Schaumstoff-Nöppel', seine Worterfindung, an meinen Weg. Natürlich hielt er mich oder ich war in einem Gurt festgezurrt. Allein wäre ich umgefallen. Dann musste ich üben, das Bein zu heben und über etwas zu steigen oder mich zu drehen, ohne zu fallen. Oder ich musste auf einem Bein stehen oder mit ihm Fußball spielen oder etwas vom Boden aufheben, ohne zu kippen. Eigentlich war das völlig gegen meine Natur, weil ich Volleyballerin bin, aber ihm zuliebe spielte ich trotzdem Fußball, was ihn total freute: „Ach, so etwas hat noch kein Patient zu mir gesagt, dass er das mir zuliebe macht!" Zu Beginn war mir immer schlecht, und wir konnten entweder nichts machen, weil ich nicht einmal hinging, sondern im Bett lag und brach, oder ich war dort und mir war so schlecht und schwindlig, dass wir nichts machen konnten, außer vielleicht *Vier gewinnt* spielen. Ich war ein Wrack, schlimmer noch: Ich passte genau zwischen die ganzen Kranken, mir ging es selbst so schlecht.

In Ergotherapie waren auch manchmal andere Patienten mit ihren Therapeuten im selben Raum. Einer der Jungs, Adrian, fing immer wieder einfach an zu schluchzen: „Wieso hat mich Gott bestraft? Was hab ich denn gemacht? Der liebe Gott hat mich bestraft!" Man konnte im ersten Moment nichts antworten, weil man viel zu geschockt war und mit den Tränen kämpfen musste. Wer konnte darauf schon eine Antwort geben? Er war so trübsinnig und schien keine fremde Meinung annehmen zu können. Ich dachte nicht, dass meine Erkrankung eine Strafe war, auch wenn es sich zuerst so anfühlte. Aber Adrian tat mir so leid, das tat einem im Herzen weh, dass man immer wieder Leute kennenlernte, die im Leben erfolgreich gewesen waren, eine gute Kindheit gehabt hatten, denen es gut gegangen war, und dann war ein Unfall gekommen und hatte ihr Leben zerstört. Zerstören ist vielleicht zu hart gesagt, aber es hatte auf jeden Fall alles verändert. Man lernt, dass Leid vor keinem Halt macht und es jeden jederzeit treffen kann, auch dann, wenn man es womöglich am wenigsten erwartet. Deshalb darf man nicht zu lange warten, sein Leben zu leben – es kann morgen schon zu spät sein!

Im Aufzug traf ich einen anderen Jungen im Rollstuhl, der schon über ein Jahr auf der Station war. Er fragte seine Mama: „Wo sind wir hier? Was machen wir hier?", dann stiegen sie aus. Die Schwester, die mit mir nach oben fuhr, schaute mich nur traurig an: „In solchen Momenten wird es schwer. Wenn einer seine Mutter nach so langer Zeit fragt, wo er eigentlich ist. Das tut weh."

Es gibt verschiedene Stufen der Verarbeitung von Schicksalsschlägen (also, so kenne ich das). Es fängt an mit Isolation und dem ‚Nicht-wahrhaben-wollen', dann kommt der Zorn, Verhandlung, Depression und Zustimmung. Manche Leute kamen nie weiter, sondern blieben auf dieser Stufe stehen, sie weigerten sich, ihr Schicksal anzunehmen oder reimten sich eine eigene Realität zusammen. Manchmal dachte ich, dass ich gar keine Wahl gehabt hatte: Da war ein Tumor in meinem Kopf gewesen, wenn man nicht operiert hätte, wäre ich gestorben. Wenn ich angefangen hätte, es nicht wahrhaben zu wollen und mich zu isolieren, wäre ich erst recht gestorben. Ich hätte nicht warten und mich verweigern können oder gar depressiv werden. Genau deshalb hatte ich die Stufen innerhalb weniger Minuten durchlebt. Klar kamen danach immer wieder phasenweise die verschiedenen Gefühle auf, aber die Situation hatte mich gezwungen, stark zu sein. Leben oder Tod, stark oder schwach. Wer diesen Weg nicht mitgehen konnte, auf den konnte ich keine Rücksicht nehmen, denn das hätte mich zurückgeworfen. Ich musste das akzeptieren, genauso wie ich jeden Tag damit leben muss, dass wieder etwas passieren kann – dass sich vielleicht bei der nächsten Kontrolle Kontrastmittel anreichert und anzeigt, dass das Monster in meinem Kopf zurück ist.

Jedes Wochenende waren meine Eltern da. Einmal war die Mama allein da und kam genau dazu, als sich das Frühstück wieder verabschiedete. Das war dumm, mir war so elend, aber ich ging dann trotzdem mit ihr ins Elternzimmer. Sie kochte für mich ‚Haschee' und wir schauten Fernsehen. Es tat mir so leid, dass es mir so dreckig ging, weil sie ja extra drei Stunden hergefahren war. Wir verbrachten das Wochenende zusammen und gingen auch ein bisschen draußen spazieren. Nicht besonders weit, da ich Venenentzündung hatte und die kompletten Beine einbandagiert waren. So konnte ich mich noch schlechter bewegen und die Beine nicht mehr abknicken. Ich taumelte wie auf Stelzen herum. Ich sollte mich trotzdem bewegen, aber es tat so weh und brannte höllisch. Zuerst hatte man gedacht, mein Meniskus hätte sich entzündet, weil ich so starke Knieschmerzen bekommen hatte, aber die Schmerzen breiteten sich aus. Deshalb ging man davon aus, da ich ja über Wochen gelegen hatte, die Venen nun überlastet wären und sich entzündet hätten. Durch Cremen und Bewegung sollte es wieder werden. Als meine Mama am Sonntag ging, meinte sie: „Jetzt freuen wir uns, dass eineinhalb Tage gut waren und nur ein halber schlecht!" Diesen Optimismus brauchte ich ganz dringend, trotzdem war es schrecklich, dass immer etwas Neues kaputt war. Es tat mir so gut, dass sie kam und über Nacht blieb. So hart es klingt, dass so etwas überhaupt nötig gewesen war, aber durch mein Schicksal waren wir näher zusammengerückt als Familie. Endlich verstand ich mich mit meiner Mama richtig gut. Zu Beginn hatte ich – wie gesagt – nicht viele Therapien, weil ich es auch gar nicht durchhielt, aber da es mir am Abend dann von der Übelkeit her gut ging, war mir langweilig, bis das Fernsehprogramm losging. Ich las irgendwann ein Buch in Französisch, das ich empfohlen bekommen hatte (ich verstand es sogar noch!), und war unglaublich froh über den *Nintendo DS* von meinem Bruder. Ich machte *Gehirnjogging*, aber das Problem war, dass man ja verglichen wurde mit seinen vorherigen Leistungen. Mein geistiges Alter sank von 20 auf 64 Jahre. Ganz zu schweigen davon, wie langsam ich war. Wenn man etwas schreiben musste, konnte der *DS* nie lesen, was ich mit *Ataxie* kritzelte, und in der vorgegebenen Zeit versagte ich kläglich. Und bei den Sprachfunktionen verstand er mich nicht, weil meine Stimme ja ganz kaputt war ... Ich schrie regelrecht: „Zwei – zwei – zwei –ZWEI – ZWEI!!!", aber es kam nur ein heiseres Piepsen heraus. Und er raffte es nicht, der *DS*. Ohh, ich flippte fast aus. Wenn ich dann doch vom Niveau her ein Auto oder Flugzeug war, war ich ganz aus dem Häuschen und freute mich den ganzen Abend wie ein kleines Kind. Die Leute guckten mich zwar immer komisch an, wenn ich auf dem Sofa saß und mit dem DS sprach, aber es schadete mir ja nicht.

Lars bastelte mir in der Krankengymnastik, kurz KG, einen Fahrradkorb an den Rollator. Nun konnte ich endlich meinen ganzen Kram transportieren, ohne dass alles von der Sitzfläche fiel. Jetzt hatte ich alles im Korb und klapperte durch die Gegend. Vor allem hatte ich auch die Teekanne dabei, die ich mit mir herumschleppen musste. Ich konnte ja keine Kohlensäure trinken und der Eistee hing mir zum Hals raus. Milch hatte man mir ja verboten, sodass ich sie mittlerweile auch nicht mehr mochte. Trotzdem sollte ich wegen dem Gehirn ausreichend trinken, mindestens zwei Liter am Tag. Außerdem hatte ich am Tag vorher Bauchschmerzen und Durchfall gehabt und sollte viel Tee trinken und Zwieback essen. Anscheinend hatte ich den *Norovirus* bekommen. Auch noch zu allem Elend. Mit dem Laufen klappte es mittlerweile sogar ein paar Schritte ohne Rollator, jedoch winkelte ich die Arme an, weil ich es so gewohnt war, etwas vor mir herzuschieben. Das sah dann total unnatürlich und bescheuert aus. Jedoch wollte die Mama nicht, dass ich allein ohne Rollator lief, weil ich so unsicher war und sie Angst hatte, dass ich auf den Kopf fiele. Also lief ich nur in der KG ohne Rollator und machte auch nur klitzekleine Schritte, weshalb Lars immer wieder sagte: „Große Schritte musst du machen!" Die führte ich dann meiner Mama vor, die sich kaputtlachte: „Sag Lars, dass wir in der Pfalz aber nicht stolzieren. Du läufst ja wie ein Storch im Salat mit deinen großen Schritten."

Mary Poppins fragte einmal, ob ich für ihr Zimmer etwas basteln würde, weil es so trist wäre. Also bastelte und malte ich für sie, auch wenn es aussah wie von einem Kindergartenkind. Zum einen eine bunte Collage, einen Sonnenuntergang und ein Fische-Bild, aber das war zu ihrem Geburtstag. Sie freute sich unglaublich und hängte alles in ihrem Zimmer auf.

War ich nicht bei meiner Ärztin oder saß auf der Couch, tauschte ich leere Mandalas mit meiner Freundin und schrieb auch in ihr Freundebuch. Zehn Jahre Unterschied, denn sie war acht und ich achtzehn, aber neue Situationen erfordern auch Kompromisse. Nennen wir sie *Madeleine*, wie das Mädchen aus der Kinderserie. Madeleine wohnte mit ihrer Mama und ihrer Schwester auf meiner Station. Ihre Schwester saß im Rollstuhl und hatte einen Schlaganfall gehabt. Sie war ein Zwilling, das andere Kind war jedoch gesund und die ältere Schwester ebenfalls. Madeleine war adoptiert worden und hatte einen Gehirntumor, was man vorher nicht gewusst hatte. Jetzt lernte sie auch wieder zu laufen und ging in der Reha zur Schule. Sie hatte eine Trachealkanüle im Hals und musste künstlich ernährt werden, war aber trotz allem ein fröhliches Kind und lachte viel. Ihre Gesellschaft tat mir wirklich gut. Einmal im Monat kamen Clowns auf unsere Station und heiterten die Leute mit ihren Tricks auf. Madeleine war ganz begeistert. Wir bekamen beide an unseren Rollator eine Schleife und ein Plastikei mit Clownsgesicht gebunden. Ein bisschen kindisch, aber zumindest lenkte es für eine Stunde von der Krankheit ab.

Es kamen immer neue Patienten, es wurden Leute entlassen oder verlegt, ein ständiger Wechsel eben. Einmal war einer da, der auf einer Party zu viel getrunken und Streit angefangen hatte. Ein anderer Typ hatte ihm auf die Luftröhre geschlagen, und er war rückwärts mit dem Kopf auf einen Stein gefallen. Danach hatte man ihn im Krankenhaus vorsorglich beobachtet und er war in die Reha gekommen. Er selbst kam sich völlig gesund vor, man hatte ihn ja auch nicht operiert oder so. Er hat mich genervt mit seinem Mannheimer Dialekt und dummen Gerede, aber eigentlich konnte er einem leidtun. Ich mein', er hat nicht mal gemerkt, dass er nur Müll redete. Letztendlich hat er die Reha abgebrochen und ist gegangen, weil es seiner Meinung nach unsinnig war. Dabei bekam er ja Medikamente und die Ärzte hatten diagnostiziert, dass er Schäden im Gehirn zurückbehalten hatte. Aber er war nun mal volljährig. Das machte mich dann auch nachdenklich: Ich hätte auch abbrechen und nach Hause zu meinen Freunden gehen können! Aber ich war ja wirklich schwer krank, und daheim wäre ich von allein bestimmt nicht wiederhergestellt worden ... Also blieb ich.

Abends saßen wir vor dem Fernseher und ich war froh, als ich irgendwann wenigstens dann etwas essen konnte. So stopfte ich verschiedene Süßigkeiten in mich hinein oder auch einmal eine ganze Tüte *Pombären*. Ich hatte solche Sehnsucht nach ihrem Geschmack gehabt, dass ich einfach alle essen musste. Außerdem wollte ich es nutzen, dass einmal etwas in mir drin blieb. Wenn die Küche offen war, schlich ich rein und holte mir Milch für Cornflakes oder einen Becher Eistee. Cornflakes waren abends nicht erlaubt, aber ich wollte unbedingt welche! Außerdem konnte ich sie morgens nicht essen – und mittlerweile vertrug ich sogar Milch! Ich ging ohne Rollator, heimlich, taumelte, schwankte und stürzte von der Ablage zum Tisch oder Stuhl ... und dann mit dem vollen Becher wieder zurück. Oft ging es daneben, aber ich verheimlichte, dass ich es gewesen war. Ohh, da ist es nass? Hm, wie das wohl kommt? Allgemein nutzte ich es, dass so viele da waren, deren Kopf geschädigt war, denn so konnte man sich dumm stellen oder unwissend und keiner fragte genauer nach. Zum Beispiel wollte ich sagen, dass es Fisch gab und rief: „Schiff!" Danach tat ich so, als wäre nichts gewesen, aber eigentlich hatte ich es gemerkt und mich zu Tode geschämt, denn ich hatte es ja gar nicht falsch sagen wollen. Oft stellte ich mich sogar stumm, schließlich war meist keiner da, der mit mir sprach außer den Müttern. Wenn ich das auch nicht wollte, tat ich einfach so, als könnte ich auch nicht sprechen. Ich konnte das Leid nicht mehr anders ertragen.

In meinem Zimmer hängte ich ganz viele Bilder und Postkarten an meine Wand, aber es ging nur langsam, und ich fiel beinahe um ohne Rollator. Vor allem brachte ich die Reißzwecke fast nicht in die Wand, obwohl ich mit meinem gesamten Körper dagegendrückte. Es war unglaublich anstrengend, und ich war bestimmt eine halbe Stunde beschäftigt.

Brauchte ich andere Schuhe als die, die ich anhatte, bückte ich mich und fiel meistens aus der Hocke um wie ein dicker Käfer. Die Schuhe waren im untersten Schrankfach, und das erreichte ich nicht ohne hinzufallen. So saß ich dann auf dem Po, und es war eine Tortur, bis ich mich wieder an meinem Rollator hochgezogen hatte. Erst auf ein Knie, dann mit Schwung auf ein Bein, dann am Griff festhalten und ziehen. Dabei fiel der Rollator fast um und fuhr einen Halbkreis, weil die linke Bremse nicht funktionierte, und ich fiel fast wieder hin. Das Ganze hatte zur Konsequenz, dass ich meistens einfach meine Schlappen anhatte und keine anderen Schuhe anzog.

Die Treppe konnte ich grundsätzlich nie nehmen, ich musste Aufzug fahren, und der Fahrstuhl im Ausbildungsbau war so extrem langsam, was mich immer aufregte. Draußen gab es auch ein paar Stufen, sodass wir dann manchmal doch den Rollator tragen mussten und ich mich panisch an meiner Mama oder Lars festklammerte. Das ist eindeutig ein Problem: Sowohl Kopfsteinpflaster als auch unnötige Sockel und Treppen sind nahezu unüberwindbare Hindernisse, wenn man Rollstuhlfahrer ist oder am Rollator geht und keine Hilfe hat.

Eine neue Therapie begann: Ich hatte Mathematik, weil ich in Mathe ja noch das mündliche Abitur machen musste. Beim ersten Mal hatte ich sowohl Rollator als auch Spucknapf dabei und musste auch ununterbrochen in ein Tempo spucken, weil der Speichel so widerlich schmeckte. So verbrauchte ich enorm viele Taschentücher und stopfte sie dann in meine Hosentaschen. Im Unterricht sollte ich erstmal ein Blatt ausfüllen, damit man meine Kenntnisse testen konnte. Es waren Sachaufgaben, etwas Geometrie und eine Logikaufgabe. Ich verrechnete mich oft und konnte nur mit Mühe einigermaßen lesbar schreiben, dabei war es wirklich lösbar! Es hatte eigentlich keinen Sinn, ich konnte kaum etwas so umsetzen, wie ich es im Kopf

wusste. Dabei sah ich die Aufgabe und wusste auf Anhieb, was zu rechnen war. Selbstverständlich löste ich
die Aufgabe – und es war alles falsch! Ich war fassungslos. Außerdem hatte ich die gesamte Doppelstunde
gebraucht, was mich total verwunderte. Ich war nie so
langsam und schlecht in Mathe gewesen! Einmal wurde mir im Klassensaal Blut abgenommen, da man es
morgens vergessen hatte. Ich warnte die Schwester
bereits, dass mir im Sitzen schlecht werden würde, sie
erwiderte: „Ach was, das geht schnell, du wirst nichts
merken!" So war es eben nicht. Mir wurde es schwarz
vor Augen und ich kippte vom Stuhl. Die Mathelehrer
legten mich auf eine Isomatte und es wurde sofort auf
der Station angerufen. *Mary Poppins* kam und ich
musste mit der Liege zurück auf Station gebracht werden. Aber ich hatte sie gewarnt!
Meine Freunde kamen am Wochenende wieder zu Besuch. Annabelle und Elm, die die ganze Zeit für mich da
waren und die ich bereits vermisste, wenn sie von mir
wegfuhren. Ich zeigte ihnen kurz mein Zimmer und die
Bilder, dann saßen wir wieder auf der Terrasse und erzählten! Elm hatte mir auch eine CD gekauft, weil ich
so musiksüchtig geworden war und ihn nach einem
bestimmten Lied aus dem Radio gefragt hatte.
Das war eh was! Die Mama hatte meinen MP3-Player
aus dem Krankenhaus mitgenommen, so hatte ich eine
Weile keinen. Davor hatte ich einmal ihren, auf dem
nicht viel war, nur ein Hörbuch, das ich schon mitspre-
chen konnte. Jedenfalls hatte ich in meinem Zimmer
auch keine Anlage und entwickelte ein so großes Bedürfnis nach Musik, dass ich ewig beim Frühstück saß,
weil dort im Raum ein Radio stand. Ursula hatte jedoch

eine Anlage, und wenn sie daheim war am Wochenende (also nicht in der Reha), hörte ich meine CDs oder Hörbücher. Oh, war das toll! Egal was, Hauptsache Musik! Die hörte ich auch abends mit dem Discman, aber zumeist schlief ich ein und am nächsten Morgen war dann die Batterie leer. Das war ärgerlich. Auch im Auto meiner Eltern drehte ich die Musik sofort laut auf, wenn ich einmal darin saß – wobei ich zu Anfang gar nicht im Auto mitfahren konnte, denn mir wurde sofort übel. Auf der Station kam es nicht oft vor, dass jemand kognitiv schon so weit war, dass er sich normal unterhalten konnte, was aber bei mir mittlerweile der Fall war. Deshalb vergaß man oft, wie schlecht es mir noch ging. Ich wirkte nicht mehr sehr krank, wenn man sich mit mir unterhielt. Doch leider war es noch so.

Wenn Ursula dann wieder da war vom Wochenende, fragte sie die Schwestern immer aus. Aber sie redete ja kaum und nur brummig und abgehackt. Jedenfalls behauptete sie, dass sie auf einer Party mit ihrem Ex gewesen sei. Der besuchte sie auch ab und zu und trottete dann hinter ihrem Rollstuhl her und beide sprachen nichts. Jedenfalls war ich trotzdem abartig neidisch. Ich wollte auch feiern gehen! Oder auf eine Party oder was auch immer. Es war schon schlimm gewesen, über Fasching im Krankenhaus zu sein, während alle Leute feiern gingen.

Genauso nervig war, dass Ursula nie die Zimmertür zumachte. Ständig fuhr sie rein oder raus und bei uns war ‚Tag der offenen Tür'. Immer wenn ich zu unserem Zimmer kam, stand die Tür sperrangelweit auf. Selbst mit dem Rollator bemühte ich mich, die Tür zu schließen. Ich hielt meistens den Mund und war so verdammt nett, damit sie mit mir redete, aber sie tat es nicht. Ich mühte mich ab mit der Tür und dem Rollator, damit sie im Dunkeln ewig weiterschlafen konnte, ich machte Platz, damit sie mit dem Rollstuhl überall durchkam, und bemühte mich darum, in ihr eine Freundin zu finden, aber sie wollte nicht.

Einmal war Ursula von ihren Eltern gebracht worden. Ich saß auf der Couch, die ja direkt am Stationszimmer stand. Dann fragte ihre Mutter doch glatt die Schwester: „Kann nicht einer von euch ab und zu die Ursula rasieren? Weil die so schwarze Haare hat und wenn nur ich das mache, wenn sie zu Hause ist, dann wird das nur alle zwei Wochen gemacht und ist so eine Arbeit." Ich hab' gedacht, ich hör' nicht recht. Vor allem – hallo? Die kann doch nicht von den Schwestern verlangen, wo sie eh kaum Zeit haben, eine Rundum-Rasur bei ihrer Tochter zu betreiben. Naja, ich würde das auch gar nicht bei mir wollen.

Eine Regelung in der Reha besagt, dass man zweimal im Monat nach Hause darf. Aber nur zwei Tage über Nacht, wenn man länger als acht Wochen da war. Da wir knapp drei Stunden weit weg wohnten, lohnte es sich nicht für mich, wegen einem Tag heimzufahren. Ich hätte eine so lange Fahrt auch noch nicht gut überstanden, deshalb kamen meine Eltern mich besuchen. Mein Bruder war bis dahin noch nie da, weshalb ich ihn schrecklich vermisste! Und natürlich meinen Kater Muffin, der daheim mein Zimmer nach mir absuchte und kläglich miaute.

Einmal hatte ich wieder Kreativgruppe – ich hatte viel Kunst, denn das vermisste ich und früher hatte es mir sehr gelegen. Aber an dem Tag geriet ich in einen

Streit mit der Therapeutin, Frau Draph, weil ich innerhalb der einen Stunde ein Bild fertigmalte. Nur ihr zuliebe hatte ich es mit vorherigem Abpausen gemalt, denn eigentlich hasste ich Abpausen. Sie meinte dann: „Ja, das nächste Mal hudelst du dann aber nicht!" Boah. Ich entgegnete: „Ich kann gar nicht hudeln! Die Hand kann das doch gar nicht! Ich bin so." Sie motzte dann: „Du bist 18, du kannst dich verändern! Das nächste Mal wird bei mir nicht mehr gehudelt. Mir hat deine ganze Arbeitsweise schon das letzte Mal nicht gefallen." Den Tränen nahe, klagte ich: „Wenn ich mich aber gar nicht verändern will?!" „Darüber reden wir das nächste Mal." Ich war so böse, so etwas hat mir keiner zu sagen! Schon gar nicht, weil es nicht stimmte! Also marschierte ich rüber, schob meinen Rollator voller Zorn über das Gelände, platzte bei *Mary Poppins* ins Zimmer und erzählte ihr völlig aufgebracht, was vorgefallen war. „Was heißt dieses Wort? Hudeln?" „Das bedeutet schnell machen, unsauber arbeiten, etwas hinpfuschen!" „Willst du denn nicht erst einmal mit ihr reden? So hat sie das bestimmt nicht gemeint." „Nein! Das hat sich für mich erledigt. Ich rede nie wieder mit der. Ich hudle nicht, das kann ich nämlich gar nicht! Die hat doch keine Ahnung, anstatt sich um die Patienten zu kümmern, ist es ihr wichtiger, dass die Pinsel keine fünf Minuten am Stück im Wasser stehen!" Damit war für mich die Kreativwerkstatt gestorben und ich bin ich auch nie wieder hingegangen. Meine Mama hat mir dann Leinwände gekauft und mitgebracht und ich malte bei Vinci darauf – wie ICH wollte. Ich bin schon immer sehr kreativ gewesen, und wenn ihr nicht passte, wie ich jetzt arbeitete, hatte sie

Pech gehabt. Ich war krank und beeinträchtigt, aber hudeln tat ich nicht. So eine Beleidigung durfte sich keiner herausnehmen!

Wegen den schiefen Doppelbildern (trotz der einseitig abgeklebten Brille änderte sich nichts an der Schieflage, auch wenn ich dann nur noch ein Bild sah) hielt ich seit Wochen meinen Kopf schief, was dazu führte, dass ich extreme Nackenschmerzen bekam. Und mir wurde schlecht, wenn ich den Kopf zu schnell bewegte oder mit den Augen zu weit nach oben oder unten sah. Wie ein Roboter musste ich den ganzen Kopf drehen, wenn ich irgendwohin gucken und dabei vermeiden wollte, dass mir speiübel wurde. Ich fiel auch um, wenn ich meinen Kopf drehte. Das Problem war vor allem das Kleinhirn, das wegen dem Tumor und dem hohen Hirndruck in Mitleidenschaft gezogen worden war. Das Kleinhirn ist der zweitgrößte Teil im Gehirn des Menschen, und es werden ihm Funktionen der Planung, Koordination und Feinmotorik zugesprochen. Es spielt eine Rolle in neuen Lernvorgängen und vor allem bei der Durchführung von Bewegungsabläufen. Man muss sich das so erklären: Normalerweise ist im Gehirn so eine Art Befehlskette, das heißt, wenn man zum Beispiel zu viel isst oder trinkt, kommt der Befehl ‚Brechen!'. Bei mir fehlte der erste Baustein, das Kleinhirn fiel aus, und mein Gehirn meldete ständig ‚Brechen!'. Mein Gleichgewicht war zerstört, weshalb ich auch nicht mehr richtig laufen konnte. Allgemein waren die Koordination und die Motorik außer Gefecht gesetzt worden. Deshalb hatte es ja mit dem Laufen noch nicht geklappt, ich war sehr instabil und hatte kein wirkliches Gefühl für meinen Körper. Trotzdem erlaubte Lars mir bald, ohne Rollator zu laufen, wenn ich mich gut fühlte und mich irgendwo halten konnte. Ich war sehr ehrgeizig und versuchte, mich ganz konzentriert auf den Beinen zu halten. Sie können es besser nachvollziehen, wenn Sie sich vorstellen, dass Ihr Gehirn keinen Befehl mehr gibt für das Laufen. Der Körper läuft nur, weil man ihm tausend einzelne Anweisungen gibt: für den rechten Fuß, für den linken Fuß, für die Arme zum Mitschwingen, für die Hüfte zum Drehen, für den Rumpf zum Aufrichten … Vergisst man eine Sache, macht es der Körper nicht und man verliert das Gleichgewicht. – Es war so schwierig! Es ist kaum auszumalen, an was man eigentlich alles denken muss und was der Körper lange vorher bereits automatisiert hat. Hatte, denn jetzt war es weg und musste neu gelernt werden. Jeder einzelne Bewegungsablauf musste neu verinnerlicht werden, von allein machte mein Körper nichts. Der Kopf wusste nicht, wie weit er Arme oder Beine strecken sollte, ich griff daneben oder machte unterschiedlich große Schritte mit den Beinen. Dabei konnte ich verzweifeln so viel ich wollte, es war einfach weg.

Ich begann dann abends, den Rollator stehen zu lassen und an meinen Platz am Tisch zu schwanken oder frei in mein Zimmer zu taumeln. Zum Glück befand sich eine Art Geländer an der Wand, an dem ich mich festhalten konnte, wenn es ganz schief wurde und ich zu sehr eierte. Schwester Jenny sah, wie ich von rechts nach links taumelte, und schimpfte über den Flur: „Wenn ich dich noch einmal ohne Rollator sehe, gibt's was hinter die Löffel!" „Ich darf doch!" „Solange nichts in deiner Akte steht, lassen wir das lieber! Komm jetzt an meinen Arm, ja?" Hihi, eigentlich war es lustig, wie sie sich sorgte, aber ich wollte das doofe Omawägelchen endlich loswerden! Der Rollator, die Haare, das Gleichgewicht, der Schlauch im Kopf, das Brechen und das matte Brillenglas trennten mich vom Normalzustand – und ich wollte doch so gerne normal sein! Normal, nichts Besonderes. Normal hübsch, wie vorher auch. Ich glaube, dass es noch viel schlimmer ist, wenn einem der Normalzustand vertraut ist, und man weiß, wie es ist, gesund zu sein. Wenn einem genau das weggenommen wird. Leute, die von Geburt an krank sind, haben natürlich auch den Wunsch nach Gesundheit, aber sie kommen besser zurecht, da sie ihr Leben nicht anders kennen. Ich hingegen vermisste so viel.

Am Anfang saß an meinem Tisch beim Essen ein Mädchen, das schon bald entlassen werden würde, ein anderes würde eine Woche später ins Haus C umziehen, wo man hinkam, bevor man heimdurfte, und das dritte Mädchen sollte operiert werden. Ihr fehlte noch ihre Schädeldecke. Das kann man sich gar nicht vorstellen, aber fast jeder Zweite hatte dort keinen Knochendeckel mehr. Diese Leute trugen dann vorübergehend einen Helm und wurden operiert, sobald ihr Gehirn abgeschwollen war. Die Schädeldecken befanden sich in ganz Deutschland verteilt in den Krankenhäusern in Kühlschränken. Ich finde die Vorstellung schon fast gruselig, wenn man sich überlegt, dass überall Schädeldecken in Kühlschränken aufgehoben werden. Es gibt auch die Möglichkeit einer künstlichen Schädeldecke, je nachdem, ob die eigene wieder verwendet werden kann oder nicht.

Das Mädchen jedenfalls kam unverrichteter Dinge zurück vom Krankenhaus. Dort hatte sich der *Norovirus* eingenistet und man hatte sie wegen der Infektionsgefahr nicht operiert. Zwei Wochen später fuhr sie wieder hin und kehrte erneut unter Tränen zurück. Sie hatte Eiter unter der Kopfhaut um das Gehirn, sie musste erst einmal Antibiotika nehmen, bevor sie Monate später wiederkommen könnte. Es tat mir so weh zu sehen, wie sie weinte und nichts lieber wollte, als ihre Schädeldecke zurückzuhaben und danach nach Hause zu können!

Man lernte gezwungenermaßen zu warten. Ich war schon immer ein sehr ungeduldiger Mensch, aber das spielte auf einmal alles keine Rolle mehr. Da arbeitete man immer unter Druck und Stress und dann auf einmal war das alles weg. Man hatte nichts mehr zu tun, man wartete. Auf Fortschritte, auf Gesundheit, auf besseres Wetter ... So war es auch mit den Therapien. Da viele Patienten gebracht oder geholt werden mussten, waren auch die Therapeuten immer unterwegs und die Behandlung fing nie pünktlich an oder endete auf die genaue Uhrzeit. Da war es schwer, nicht dauernd zu früh zu kommen. Es war auch schwierig für mich einzuplanen, wie lange ich brauchte. Vor allem verschätzte ich mich mit dem Rollator und meiner Langsamkeit ständig. Außerdem war ich es nicht gewohnt, dass nicht verlangt wurde, dass ich pünktlich und auf die Minute genau da war. Also musste ich oft vor verschlossenen Türen warten, weil ich viel zu früh war. Irgendwann sah ich es auch lockerer, trotzdem bekam ich ein schlechtes Gewissen, wenn ich ein paar

Minuten zu spät war, und entschuldigte mich, auch wenn die Therapeuten das nicht erwarteten.

Auf Station B1 waren auch ein paar Eltern mit ihren kleinen Kindern. Das eine Mädchen, ungefähr vier Jahre alt, war geistig und körperlich behindert, weil sie im Kindergarten einen Anfall gehabt hatte und die Kindergärtnerinnen sie zu spät gefunden hatten. Da fehlte in ihrem Gehirn schon Sauerstoff. Jetzt hatte man das Gefühl, eine Puppe vor sich zu haben, die sich nicht richtig allein bewegen konnte und zu der man kaum durchdringen konnte. Das einzig Schöne war, dass ihre Mutter alles für sie aufgegeben hatte und sie so sehr liebte und herzte. So etwas tat mir richtig weh. Das muss doch echt nicht sein! Nachdem ich so etwas erfahren hatte, dachte ich immer: Ich hätte als Mutter tierische Angst, mein Kind jemand anderem zur Aufsicht zu geben.

In der KG bekam ich zu Beginn irgendwann total die Krise, weil ständig jemand was von Lars wollte. Ich motzte ihn dann an, weil er keine Zeit hatte und ich doch jetzt sofort wieder gesund werden wollte! Er nahm mir das übel und fragte mich gereizt, ob ich nicht auch wollte, dass man sich um mich kümmere und man mir helfe: „Wir sind in einer Reha, hier geht es um Menschen." Ich entschuldigte mich, weil ich es ja nicht böse gemeint hatte, ich wollte doch nur so schnell wie möglich wieder normal werden. Das war mein größter Wunsch.

Man lernte in der Reha immer wieder Fälle kennen, worüber man nur den Kopf schütteln konnte. Entweder vor Entsetzen, weil niemand helfen konnte, auch die Ärzte nicht, oder weil man nicht nachvollziehen konnte, warum solche Unfälle passieren mussten. Das eine Mädchen zum Beispiel hatte ihr Fahrrad bei grüner Ampel über die Straße geschoben, als in dem Moment das an der Ampel stehende Auto bei Rot losfuhr. Im nachfolgenden Rechtsstreit wollte sich die Frau nicht einmal entschuldigen und erkundigte sich nie nach ihr. Das fand ich so die Höhe! Wie konnte man sich nicht einmal dafür entschuldigen, dass man das Leben eines anderen zerstört hatte? Jetzt war das Mädchen einseitig gelähmt, hatte eine Hirnblutung gehabt und die Haare waren ganz kurz, weil sie am Kopf operiert worden war. Mit dem Laufen klappte es mit Rollator und manchmal auch schon ohne, aber die *Hemiparese* machte das natürlich alles schwierig. Beim Essen hatte sie ein Einhänderbrett, schließlich hatte sie auch nur eine Hand zur Verfügung, um sich ein Brötchen zu schmieren oder Essen zu sich zu nehmen. Rutschfeste Unterlagen und Einhänderbretter sind eine gute Erfindung. Einhänderbretter sind Vesperbretter mit einer Art umgedrehter Gabel an der Seite, an der man durch mehrmaliges Aufstechen des Brötchens dieses halbieren kann. In der Mitte befindet sich ein Nagelbett, wo das Brötchen aufgespießt wird, damit es nicht verrutscht beim Bestreichen. Ich war fasziniert, wie sie das so schnell hinbekam und immer so gut gelaunt war und lachte. Manchmal musste die Schwester ihr etwas klein schneiden, aber meistens konnte sie es ganz allein.

Auch wenn man es nicht zugeben mag, ist es schon so, dass es einem wehtut, jeden Tag in den Spiegel zu schauen und die kurzen Haare zu sehen. Klar gibt es Wichtigeres als Haare, aber trotzdem ist es furchtbar,

weil man einem dann erst recht ansieht, dass etwas nicht stimmt. Bei mir war es ja noch einmal anders. Am Hinterkopf waren die Haare bei der ersten Operation abgekommen, aber der Pony und die Haare am Oberkopf nicht. Also hatte man zu Beginn nichts gesehen, weil der rasierte Hinterkopf ja versteckt war. Der Pony war aber dann doch zur Hälfte mit den Haaren oben auf dem Kopf bei der *Shunt*-Implantation abgeschnitten worden. Ich hatte jetzt multiple Haarlängen. Die Haare oben am Kopf waren ganz kurz rasiert und standen die erste Zeit immer senkrecht in die Luft. Daneben hing dann eine Haarsträhne auf meine Stirn: der Rest von meinem Pony. Die Haare am Hinterkopf waren mittlerweile fünf Zentimeter lang, aber viel kürzer als die restlichen Haare auf meinem Kopf. An den Seiten war nichts abgeschnitten und dort waren meine Haare immer noch unglaublich dick. Ich war völlig zerzaust, naja, es waren nun mal Ärzte gewesen und keine Friseure. Meine Mama sagte immer: „Jetzt haben die so viel abgeschnitten und du hast immer noch so viel Haar. Darüber kannst du echt froh sein."
Gegen Thrombose bekam ich jeden Tag seit Februar eine Spritze in den Bauch, wahlweise auch in den Oberschenkel, aber das tat noch mehr weh. Im Krankenhaus hatte ich das gehasst, meine Zimmernachbarin weinte jedes Mal fast und wehrte sich jeden Abend dagegen, sodass ich auch total abgeneigt war. Außerdem gab es Schwestern, bei denen es so wehtat und brannte, dass man schon vorher die Krise kriegte, wenn es nur Abend wurde. Jetzt in der Reha wurde es nicht besser, ich bekam weiterhin Spritzen und mein Bauch war lila, blau, grün und schmerzte. Man kann

die Spritzen auch selber stechen, aber ich war nicht nur zu feig', sondern auch noch extrem empfindlich und brachte es nicht fertig, mich zu spritzen. Ich versuchte es gar nicht erst. Zudem musste ich ATS anziehen – Antithrombosestrümpfe. Die hatte ich auch schon im Krankenhaus bekommen. Eigentlich hatte ich die Größe Drei, aber die waren nicht immer da, weshalb ich zu große anhatte, die rutschten. Jedes Mal musste ich sie hochziehen, wenn ich auf der Toilette war oder ein Stück lief, weil sie schon wieder in den Kniekehlen hingen. Die Strümpfe dann unter der Jogginghose hochzuziehen ist ein genauso schwieriges Unterfangen, wie wenn man rutschende Strumpfhosen unter Jeans anhat. Es ging überhaupt nicht gescheit. In der Reha gab es jedoch eine andere Sorte von Strümpfen, die waren grün und hielten etwas besser am Bein, da sie Gumminoppen am Bund hatten. Trotzdem hasste ich sie und war unendlich froh, wenn ich sie nachts ausziehen durfte. Meine Beine vertrockneten nämlich so langsam. Allgemein war es schlimm, die eigenen Beine anzusehen. Schon damals im Krankenhaus hatte meine Zimmernachbarin gesagt: „So viele Haare hatte ich noch nie am Körper." Genauso war es auch. Ich war nicht nur unfähig, mich zu rasieren, weil der Arm so zitterte (ok, es wäre auch gefährlich gewesen) und ich kaum nach rechts oder links gucken konnte, sondern beim Duschen war ja auch jemand dabei – und ich rasierte mir bestimmt nicht die Beine, wenn mir jemand dabei zuguckte! Also bekam ich fast die Krise, wenn ich meine eigenen Beine sah. Ich zog gar keine kurzen Sachen mehr an und war sogar ein bisschen froh über die ATS, dann sah man es wenigstens nicht so arg. Ja, es gab Wichtigeres als unrasierte Beine, aber es trug dazu bei, dass ich mich unwohl und hässlich fühlte.

Ich konnte noch nicht gut tippen und mir wurde schlecht, wenn ich längere Zeit auf den erleuchteten Bildschirm schaute, aber ich vermisste es, am Computer zu sein. Also ging ich mit meiner Mama an den Elterncomputer, um meine ganzen Nachrichten zu lesen. (Zurück auf Station D wollte ich nicht, weil ich dem Rollifahrer nicht mehr begegnen wollte, der unbedingt mein Freund sein wollte.) Mama hatte mir meinen geheimen Passwortzettel mitbringen müssen, weil ich mich nicht mehr so wirklich an meine Passwörter erinnerte. Zum Glück hatte ich so etwas und wusste ungefähr, wo solche Sachen in meinem Zimmer lagen, und sie musste nicht stundenlang herumsuchen. Selbst war ich ja schon seit Wochen nicht zu Hause gewesen.

Im Bad hatte jede der zwei Zimmerbewohnerinnen eine Ablage, auf der die ganzen Waschsachen standen. Eines Tages stand da ein grünes Duschgel bei mir herum, aber es gehörte mir nicht. Also stellte ich es zu Ursula. Am nächsten Tag stand es wieder bei mir. Gut, ich konnte das auch und schob es wieder auf ihre Seite. Ich hörte sogar, wie sie im Bad zur Schwester sagte, dass es ihr nicht gehöre und die es dann wieder zu mir stellte. Dann kam ich ins Bad und sah es – es war wie ein rotes Tuch für einen Stier. Seit Tagen machte ich dieses Spiel mit und drehte fast durch! Ich sah das dumme grüne Männerduschgel und war auf 180. Am liebsten hätte ich es in eine Ecke im Bad gepfeffert. Aber nein, ich stellte es – mit Nachdruck – auf Ursulas Ablage. Am Abend stand es bereits wieder bei mir! Ich tat es wieder zu ihrem Zeug. Das ging ein paar Tage so weiter, bis ich so zornig war, dass ich der Schwester sagte, dass es niemandem von uns gehörte. Und sie brachte es endlich weg. So ein unnötiges Drama!

In meinem Nachttisch, der wie ein Krankenhaustisch war, waren im unteren, großen Fach nur Getränke, Chips und Schokolade. Wie vermisste ich, einen normalen Tisch neben dem Bett zu haben und nicht immer so sehr ans Krankenhaus erinnert zu werden! Ich konnte ja nur gegen Abend normal essen, wenn die Essenszeiten bereits vorbei waren, also überhäuften mich meine Eltern mit all den Dingen, die ich mir zu essen wünschte, und ich aß glücklich Schokolade. Sie waren doch so froh, wenn ich überhaupt etwas aß und es drinblieb. Das war nämlich immer noch eine Seltenheit. Einmal waren sie am Wochenende da und wir aßen Pfannkuchen. Papa schimpfte irgendwann: „Was hältst du denn die Gabel so komisch?" Dann machte er mit seinem Besteck auf meinem Teller herum. Ich war verletzt: „Ähm Papa, ich kann es halt nicht besser! Motz mich nicht so an!" Er hatte es nicht böse gemeint, sondern wollte mir helfen mit dem Schneiden, aber ich nahm es ihm übel, weil es mir wehtat, dass ich es nicht besser konnte. Deshalb zickte ich ihn auch so an, ich konnte gar nicht anders, alles interpretierte ich als Kritik, es regte mich auf. Abends schaute ich zufrieden Fernseh mit meinen Eltern und kurz vor 22.00 Uhr brachte mich jemand zurück auf Station, weil die Tür dann abgeschlossen wurde. Mein Bauch machte mir oft Kummer, wenn wir rüberliefen oder ich später zusammengekrümmt im Bett lag, da dann der *Shunt* im Bauchraum anstieß und mein Körper sich noch nicht daran gewöhnt hatte, dass ein Fremdkörper in ihm war. Ich fühlte ganz deutlich, wie es in meinem Bauch rieb und komisch piekste.

Es war schlimm in jener Zeit. Entweder übergab ich mich, taumelte durch die Gegend, fiel um oder irgendetwas anderes in der Art. Die *Ataxie* machte es nahezu unmöglich, lange zu schreiben oder zu malen, weil es mit der Zeit noch unleserlicher und kritzeliger wurde. Meistens hielt ich meinen rechten Arm mit der linken Hand fest oder schrieb gleich mit links. Wenn ich doch mit rechts schrieb, dann mit einem schraubstockähnlichen Griff, meine Finger waren ganz weiß, so fest hielt ich den Stift. Trotzdem schrieb ich fast jeden Abend unter enormen Anstrengungen einen Antwortbrief. Sogar mein Theaterlehrer hatte mir geschrieben, meine Freunde, Eltern, Bekannte, Tante, Onkel und Oma Bad D. Sie alle sollten eine Antwort bekommen.

Meine Mama hatte auf einem Seminar eine tolle Geschichte gelernt. Ich weiß nicht, ob ich sie genau wiedergeben kann, aber vom Sinn her auf jeden Fall: Gott hat zwei Säuglinge zu vergeben. Ein gesundes Kind und ein schwerbehindertes. Das gesunde gibt er Frau Meyer und das kranke Frau Müller. Dann kommt ein Engel zu Gott und fragt ihn, wieso Frau Meyer ein gesundes Baby kriege und Frau Müller nicht. Er sagt: „Frau Müller wird ihr Kind nie sprechen hören. Es wird sie nicht erkennen. Es wird nicht laufen können oder alleine essen. Aber ich weiß, dass sie stark ist. Sie kann damit umgehen, dass ihr Kind sie nicht erkennen wird und sie es weder lachen noch weinen sehen wird. Frau Meyer hingegen ist sensibel und schwach. Sie hätte es nicht verkraftet, ein behindertes Kind zu bekommen.

Sie hätte nicht die Kraft gehabt, es zu lieben. Deshalb habe ich so entschieden."

Ich denke, dass es genauso bei uns auch war und ist. Wir hatten schon so viel miteinander durchgemacht und ertragen, dass uns schlechte Erfahrungen nicht mehr so leicht unterkriegen konnten. Sei es Papas Herzinfarkt oder Mamas kaputtes Knie gewesen, oder dass meine eigene Oma sich nur um sich kümmerte und völlig den Kontakt zu uns abgebrochen hatte, als ich im Sterben lag. In unserem Leben gab es schon mehr als genug schlechte Erfahrungen. Doch wir wurden aneinandergeschweißt und schafften und schaffen es. Immer wieder. Wir sind stark. Ein Gehirntumor kriegt uns nicht klein. Man darf nicht aufgeben, so schlimm es auch ist. Es tut verdammt weh, aber man muss die Zähne zusammenbeißen und weiter durchhalten. Das Kämpfen lohnt sich. Zumindest habe ich bisher diese Erfahrung gemacht. Jeder leidet irgendwann einmal, manche mehr und manche weniger, aber nicht das, was uns passiert, macht uns aus, sondern die Art, wie wir mit dem umgehen, was uns passiert. Wahrscheinlich bin ich deshalb genau so, wie ich bin. Es hat nie jemand behauptet, dass ich einfach zu handhaben wäre, aber mein Leben hat mich nun mal so gemacht. Zum Glück hatte und habe ich eine Familie, die mich immer auffing, wenn ich nicht mehr stark sein konnte, und mit mir das Leid ertrug. Wäre das nicht so gewesen, wäre ich an dem allem zerbrochen.

Auf meiner ersten Station gab es auch einen Jungen, der einfach nicht reden wollte. Keine Ahnung warum, aber er hat es einfach nicht gemacht. Er hat den Kopf geschüttelt, genickt oder mit den Schultern gezuckt.

Manchmal hat er auch mit dem Daumen gezeigt, ob gut oder schlecht, aber das war es auch. Das hat ja schließlich auch gereicht. An sich ist er ganz langsam und bedröppelt gelaufen und hat sich auch oft verirrt, aber ansonsten war es ein ganz Lieber und schien recht fit. Es gab jedoch immer endlose Diskussionen beim Frühstück schon: „Alexander, willst du Wurst oder Käse? Wurst oder Käse? Hm? Willst du Wurst oder Käse? Wurst?" Er hat auf einen der Teller gezeigt oder auch bei einem der Wörter genickt. Aber die Schwestern wollten, dass er redete. „Wurst oder Käse, Alex? Wurst oder Käse? Jetzt sag doch. Ich versteh' deine Zeichen nicht. Wurst oder Käse?" Wieder zeigte er mit dem Finger darauf. „Nein! Du kannst es sagen. Du weißt genau, dass du noch länger hierbleiben musst, wenn du nicht redest! Also: Wurst oder Käse?" Und so nahm das Theater seinen Lauf. Ich konnte es nicht mehr hören: „Wurst oder Käse?" Die Schwestern diskutierten jeden Morgen und redeten auf den armen Kerl ein. So lange, bis er entweder ‚Käse' oder ‚Wurst' sagte. Ein Wunder, das Gefrage hatte ein Ende! Dann wollte Alex weder essen noch trinken, und die Diskussionen begannen von vorne. Die Schwestern überlegten sogar, ihm ein Telefon zu geben, damit er mit ihnen sprach, denn mit seiner Mama telefonierte er ab und zu auch. Er aß nicht und er sprach nicht. Manchmal dachte ich: ‚Bestimmt kann er es, aber er hat keine Lust. Wozu auch? Es klappt auch so und es sieht eh schlecht für ihn aus, gleich ob er redet oder nicht.' Zu Beginn vertrug ich diese endlosen Diskussionen gar nicht. Mir wurde schlecht von dem Lärm, ich hielt es nicht aus. Es war zu laut und regte mich auf. Irgendwann jedoch, als es mir besser ging, setzte ich mich nach dem Frühstück auf die Bank am Fenster, hörte zu und wurde zu einer Art Pausenclown. Ich unterhielt die Schwestern und redete auch auf Alexander ein: „Bitte, nur für mich. Iss bitte ein halbes Brötchen. Nur einmal beißen!" Er tat es sogar. Triumph. Aber es war peinlich, dass die Schwestern meinten: „Für so ein hübsches Mädchen machst du das! Ja, ja."

Susi war eine andere Patientin, die ebenfalls im Rollstuhl saß und recht undeutlich sprach. Aber wenigstens sprach sie überhaupt! Sie erzählte uns immer wieder, dass sie von ihrem Papa einen *Porsche* bekäme, wenn sie aufhöre zu rauchen. Sie schien sich so zu freuen und es gab ihr die Hoffnung weiterzukämpfen. Eines Morgens schrie sie durch den Raum: „Ich hasse Doktor Großhans!" Stille. Dann fing sie an zu weinen, das hatte es noch nie gegeben. „Aber Susi, wieso denn? Der will doch nur dein Bestes!" „Nein. Er hat gesagt, ich werde nie wieder fahren können. Nie wieder." Dann sagte keiner etwas, der Schock saß zu tief. So etwas denkt man sich eventuell, aber man sagt es doch nicht! Schließlich weiß niemand, was noch passieren wird. Es tat mir im Herzen weh, sie weinen zu sehen.

So saß ich dann jeden Morgen auf der Bank, die kalte Glasscheibe am Rücken und unterdrückte das Bedürfnis, das Brötchen wieder loszuwerden. Ich aß entweder ein Körnerbrötchen mit Frischkäse oder ich pickte Müsli ohne Milch. Von dem Brötchen aß ich immer nur die Hälfte und die andere Hälfte nahm ich mit, weil man wollte, dass ich noch etwas zwischendurch vor dem Mittagessen aß. Einfach für den Fall, dass ich wieder brach und weil ich nicht mehr so viel auf einmal essen sollte, sondern lieber mehrmals kleinere Portionen. Man probierte es mal aus. Also fuhr ich in meinem Korb am Rollator auch noch ein halbes Brötchen mit mir spazieren. Ich sah krank aus und mit dem Rollator voller Kram (Tempo, Teekanne, Brechschalen, halbes Brötchen, Therapieplan, ein Buch) kam ich mir vor wie ein Vollidiot. Sie hätten mir auch gleich einen Einkaufswagen geben können, dann hätte ich noch mehr Platz gehabt.

Meistens hatte ich weite Jogginghosen an, denn von engen wurde mir schlecht, dazu ein einfaches T-Shirt. Ich hatte abgenommen und war von der ganzen Statur her schmächtiger geworden. Dazu kamen mein schiefer Kopf und die wegen den Doppelbildern abgeklebte Brille. Dann noch die kurzen Haare, die wie elektrisiert in die Luft standen. Ich litt, wenn ich mich im Spiegel sah. Aber meistens schaute ich nicht hin, ich kämpfte morgens eh mit der Übelkeit. Ich putzte die Zähne, machte einen Zopf und zog mich, halb auf der Toilette sitzend, an. Mit *Ataxie* die Zähne zu putzen hieß, dass ich mir entweder die Zahnbürste gegen die Zähne schlug oder unkoordiniert in meinem Mund herumstocherte. Mein Zopf war weder besonders gerade noch fest ... mehr schlecht als recht konnte ich meine Haare nur zusammenbinden. Es war echt eine Tortur, weil ich auch kaum auf einem Bein stehen konnte und somit jedes Mal fast umfiel, wenn ich eine Hose anziehen wollte. Also musste ich mich setzen oder sogar hinlegen. Es ist total umständlich und zeitraubend, wenn man sich nur im Sitzen anziehen kann! Wollte ich mich also anziehen, musste ich zuerst mit dem Rollator zum

Schrank fahren, alles mitnehmen, was ich brauchte, dann mit dem Kleiderstapel wieder zum Bett fahren, mich hinsetzen und danach halb im Sitzen oder Liegen meinen Schlafanzug aus- und die Kleider anziehen. Diese Prozedur dauerte ewig, und zusätzlich war mir auch noch ganz schlecht vom ständigen Hin und Her. Die Augen taten auch weh, wenn ich zu weit runterschaute, also konnte ich nicht mal sagen, ob ich richtig angezogen war. Die *Ataxie* machte es schwer, den BH-Verschluss gescheit zuzumachen, und ich brauchte ziemlich lange für alles. Dann musste ich noch darauf warten, dass mir jemand die ATS anzog. Währenddessen beobachtete mich Ursula wie ein Alligator im Nil, die im Bett lag und ebenfalls darauf wartete, dass ihr jemand beim Waschen und Anziehen behilflich war. Je nachdem, welche Hose ich anzog, musste ich dann in Unterhosen auf dem Bett liegend warten. Dazu kam, dass ich jeden Morgen würgte und ununterbrochen in ein Tempo hineinspuckte, weil mir so elend war und alles so komisch schmeckte. Und Luft kam mir hoch. Oder mein Bauch machte merkwürdige Geräusche, brummte und gluckerte. Der Arzt meinte dazu: „Oh! Aber das freut uns! Wenn dein Bauch Geräusche macht, dann ist das ein Zeichen dafür, dass er arbeitet! Das ist doch gut." Mich freute es nicht, dass mein Bauch so laut war, als hätte ich eine Baustelle verschluckt. Ich konnte nur hoffen, dass das irgendwann besser werden würde, denn es war furchtbar, abends einzuschlafen und zu wissen, dass es am nächsten Morgen wieder so schrecklich sein würde.
Meine Ärztin schaute jeden Tag nach mir und freute sich, wenn es mir einigermaßen gut ging. Natürlich

hatte ich auch Psychologie als Therapie – wobei ich sagen muss, dass ich Herrn Sturm nicht besonders mochte. Wir machten viele Tests und ich versagte kläglich. Einmal sollte ich alle Wörter mit ‚S' sagen, die mir in einer Minute einfielen. Er schrieb sogar für mich, weil ich so langsam war mit der *Ataxie.* Genau 13 fielen mir ein. 13 – in einer ganzen Minute! Und ich weiß genau, dass ich wirklich angestrengt nachdachte. Aber da war nichts. Ich suchte nach Essen, Sportarten, Tieren, Pflanzen … aber es schien nichts mit ‚S' zu geben. Oh Gott, fühlte ich mich schlimm. Wie er mich angesehen hat und ich manchmal sekundenlang NICHTS sagte. Den Rest des Tages suchte ich nach Wörtern, die mit ‚S' beginnen, für den Fall, dass er das noch mal machen wollte. (Es waren so wenige Worte in meinem Gedächtnis, dass ich mich fragte, ob man im Wörterbuch mehr als zwei Seiten daraus zustande brächte.) In einem anderen Test sollte ich mir Informationen aus einem Text merken, was sogar einigermaßen ging. Ich bekam einiges zusammen – und Herr Sturm nickte nur. Toll, wie nett. Dann musste ich, je nachdem, welches Symbol auf dem Computerbildschirm erschien, mit der Maus klicken – ich war soo langsam und grottenschlecht im Vergleich zu normalen, gesunden Gleichaltrigen. Doofe Tests!

Herr Sturm wollte auch einmal, dass ich Wege nachzeichnete, die er mir auf einer Art Spielfeld vorzeigte. Ich schaffte es nach dem fünften Mal ohne Fehler. Anstatt mich zu loben, kam: „Es ist gut, dass du es geschafft hast, aber ich hätte bei deinem Leistungsstand eigentlich mehr erwartet." Klar war ich ehrgeizig und es wurmte mich, was er sagte, aber es ging nun mal nicht besser! Er erklärte mir auch jedes Mal, was bei mir im Gehirn kaputt war: „Das Kleinhirn hat an sich keine bestimmte Funktion wie zum Beispiel das räumliche Sehen, aber es ist Teil der Schaltzentrale. Das bedeutet, dass das Gehirn sich einen neuen Weg suchen muss. Wie in einem Kreis, in dem jetzt ein Stück fehlt. Und das führt dazu, dass vieles länger dauert. Deshalb weist du in manchen Bereichen so gut wie keine Defizite auf und liegst im Normbereich. Andere jedoch sind sehr verlangsamt. Sogar einige, deren Ursprünge gar nicht im Kleinhirn liegen, aber der Weg ist jetzt ein längerer. Es kann sein, dass das irgendwann wieder wird, vielleicht sucht sich dein Gehirn auch einen neuen Weg und wird mit der Zeit wieder schneller." Natürlich erklärte er alles viel ausführlicher. Ich nickte bloß. Innerlich war ich ungeduldig und entnervt, aber ich sagte es nicht. Einmal war meine Mama mit dabei, und er erklärte es zum vierten oder fünften Mal. Nach der Stunde beschwerte ich mich bei ihr: „Mama, ich kann es nicht mehr hören! Jedes Mal erklärt er stundenlang, was nicht geht." „Woher soll er denn wissen, dass du es noch weißt? Kim, er hat so viele Patienten und die meisten haben Gehirnverletzungen. Wahrscheinlich denkt er, du hast es vergessen, wenn du ihm nicht zeigst, dass du dich erinnerst." Aber sie war auch der Meinung, dass er mich gut einschätzen konnte. Das war eigentlich auch der Fall. Er sagte mir, dass ich alles viel lockerer angehen könnte, ich würde wirklich keine Zeit verlieren, hätte gute Noten gehabt und müsste aufhören, alles so verdammt ernst zu nehmen. Einfach mal die anderen reden lassen, ohne sich alles so zu Herzen zu nehmen. Wäre doch egal, ob jemand denkt, ich wäre dumm. Solange ich es nicht wäre und das viele andere wüssten, wäre doch alles okay. Es müssten mich nicht alle toll finden. Und Fortschritte würde ich nur für mich allein machen und für keinen sonst. Ein gebrochenes Bein müsse auch über Wochen heilen. Bis man es wieder richtig belasten könne, würde es auch eine Weile dauern – warum also würde ich jetzt schon Höchstleistungen bringen wollen, nach wenigen Wochen, wo mein Gehirn, die Schaltzentrale, verletzt wäre? Das Krasse ist wirklich, dass Gehirnverletzungen unvorstellbar viele Schäden mit sich führen, an die man gar nicht denkt oder von denen man nicht vermutet, dass vieles danach nicht mehr funktionieren kann. Er hatte durchaus recht. Aber es war schlimm für mich, schwarz auf weiß bei den Tests zu sehen, dass ich schlecht war im Vergleich zu normalen Menschen. Ich, wo ich in den Assessment Centern so gut war, kognitiv bei über 90 % lag ... Es gab damals nur wenige, die überhaupt besser waren. Im kreativen Bereich waren nur 0,7 % besser gewesen. Klar klingt das jetzt arrogant, aber es war das Einzige gewesen, was ich gut gekonnt hatte. Ich weiß nicht, ob man sich das Gefühl überhaupt vorstellen kann. Es ist, wie wenn du die ganze Nacht an etwas arbeitest und morgens wachst du in der Garage auf, den Kopf auf dem Tisch, und bemerkst, dass du einen Teil deines Werks vergessen hast, der Kleber jetzt hart ist und alles umsonst war. Das Gefühl war jetzt ein ähnliches. Schließlich war ich knapp 13 Jahre in die Schule gegangen und jetzt war so viel kaputt. Langsam und fehlerhaft. Ich war ja dankbar, dass noch alles irgendwo in meinem Kopf war, aber ich konnte es nicht richtig abrufen. Ich lernte

Menschen kennen, bei denen nach der Gehirnverletzung die Fremdsprache weg war. Sie denken jetzt bestimmt: „Lieber die Fremdsprache, als die Muttersprache." Aber darum geht es gar nicht! Die Tatsache, dass überhaupt etwas einfach unwiderruflich verloren ist, ist schrecklich genug. Es fühlt sich genauso an, wie wenn man sich an einen Namen erinnern will, er auf der Zunge liegt, man aber nicht darauf kommt. Bei mir wären acht Jahre Französisch umsonst gewesen! Zum Glück nicht. Dann hätte ich mich vielleicht doch im Rhein ertränkt. Zum Beweis las ich ein weiteres französisches Buch, um sicherzugehen, dass ich etwas verstand. Dafür brauchte ich jedoch für andere Sachen ewig, konnte mir kaum etwas merken und litt darunter, dass ich auf einmal nicht mehr der Lern-Überflieger war. Mein Kopf war wie ein kaputtes Sieb – nichts blieb hängen. Mir war es doch immer so leicht gefallen und jetzt musste ich hart arbeiten, damit überhaupt etwas blieb. Ohh, dummer Tumor-Schrott.

In Ergotherapie bekam ich verboten, mit links zu schreiben, da sie der Meinung waren, dass ich die rechte Hand trainieren sollte und mein Gehirn durcheinander bringen würde, wenn ich dauernd die Schreibhand wechselte. Prima. Dabei war ich so stolz darauf gewesen, dass ich überhaupt mit links schreiben konnte. Ich hatte es mir einmal in der Schule beigebracht gehabt, im Unterricht, aus Langeweile, und jetzt half es mir so! Also es war trotzdem nicht sehr ordentlich, aber leserlicher, als mit rechts. Naja, jetzt musste ich wohl oder übel der rechten Hand doch noch eine Chance geben.

Meine Mama meinte irgendwann zu mir: „Du musst endlich lernen, dass dich keiner mehr lobt. Aus dem Alter bist du raus. Du musst anfangen, dich selbst zu loben und zu belohnen. Es ist nicht selbstverständlich, Lob zu bekommen. Du bist erwachsen, auch wenn dir das alles widerfahren ist. Du kannst ein paar Schritte frei gehen? Gut! Dann freu dich und warte nicht darauf, dass dich jemand lobt, bis du weitermachst. Sonst wartest du ewig darauf, Anerkennung zu bekommen, wo du schon längst hättest noch mehr schaffen und glücklich sein können. Du kannst dich über deine Fortschritte auch freuen, ohne dass sie jemand explizit bemerkt hat! Es ist nicht deine Schuld, wenn du die Erwartungen, die andere an dich stellen, nicht mehr erfüllen kannst. Was kannst du denn dafür, dass sie so hohe Ansprüche an dich stellen? Du musst lernen, damit umzugehen, dass du jetzt nicht mehr auf Hochtouren läufst. Kim, du bist krank. Sei stolz auf alles, was du leistest, aber erwarte nicht, dass man dich ständig lobt. Ich bin auch stolz auf dich, aber ich werde dich bestimmt nicht ununterbrochen loben."

Meistens kamen mich meine Eltern ohne meinen kleinen Bruder besuchen, das war auch im Krankenhaus schon so gewesen. Er ertrug es schwer, erst Papas Herzinfarkt, dann Mamas Unfall, jetzt das mit mir. Es tat mir auch leid, aber es war nun mal so gekommen. Mama sagte, dass er weinte, wenn wieder etwas mit mir war, und dass er gesagt hatte: „Ich wünsche mir nichts zum Geburtstag, ich will nur meine Schwester wiederhaben." Da hätte ich am liebsten geweint. Zu allem Elend hatte er sich auf einem Schulausflug den rechten Arm gebrochen. Der Arzt im Krankenhaus sag-

te zu ihm: „Na, jetzt musst du wenigstens nicht mitschreiben in der Schule." Mirco antwortete niedergeschlagen: „Doch. Ich bin Linkshänder." Deshalb antwortete ich auf die Frage nach Geschwistern immer
mit einem Grinsen: „Ja, ich habe einen Bruder. Der ist
13 und hat sich den Arm gebrochen. Rechts. Aber er ist
Linkshänder."

Ich hatte eine neue Panik entwickelt. Mal wieder. Die
Panik davor, etwas zu vergessen. Immer wenn ich
mich an etwas nicht erinnerte, dass ich was machen
oder meinen Eltern etwas sagen wollte, bekam ich so
eine extreme Angst, dass mein Gehirn kaputt sei und
dachte hochkonzentriert nach. Absoluter Panikanfall.
Panik. Panik. Was war es noch mal? Ich hörte erst wieder auf, wenn es mir eingefallen war. Manchmal dauerte das den ganzen Tag und länger. Man konnte dann
nichts mehr mit mir anfangen, weil ich nicht dazu fähig
war, mich auf mehrere Sachen zu konzentrieren. Mir
fiel sogar alles wieder ein, es dauerte nur etwas. Dann
rief ich sofort meine Mama an, egal um welche Uhrzeit, und schrie ins Telefon: „Mama, ich weiß es wieder!" „Was denn?" „Ja, woran ich mich gestern erinnern wollte! Wie der Tänzer aus dem einen Film heißt!"
Das meiste war total unwichtig, aber früher hatte ich
es doch auch gewusst! Der Satz, ‚Das weiß ich nicht
mehr!', war beinahe so schlimm für mich, als hätte mir
jemand attestiert, dass mein Kopf unwiderruflich kaputt sei.

Wissen Sie eigentlich, dass die Leute ihr schlechtes
Gewissen damit beruhigen, dass sie Süßigkeiten verschenken? Gut, vielleicht tun sie das auch nur, weil sie
nicht wissen, was sie sonst mitbringen sollen, oder

weil es lieb ist, zu einer Karte etwas Schokolade zu verschenken. Aber das ist trotzdem meine Theorie, denn viele mir fremde Leute brachten mir Süßigkeiten mit. Sie kannten mich auch nicht wirklich, und ich war ja zu krank für das meiste. Hm, vielleicht muss ich das noch einmal überdenken. Jedenfalls hat es mir gefallen, da ich Schokolade liebe. Nur war es dann wieder traurig, dass ich die nur abends essen konnte, sich somit all die Köstlichkeiten ungegessen in meinem Nachttisch türmten. Mein Bruder aß genügend davon leer, wenn er da war. Aber das war in Ordnung, denn ich sah ihm genau an, dass er sich langweilte. Es war auch langweilig, in einem krankenhausähnlichen Ort, zwischen Kranken und Behinderten den Tag mit Brettspielen zu verbringen. Aber wenn du krank bist, ist es genau richtig für dich. Ich war trotzdem froh, wenn Mirco da war, auch wenn mir leidtat, dass es ihn anödete. Wir spielten viel *Mensch-ärgere-dich-nicht* und *Skippo*, was mein neues Lieblingsspiel wurde. Manchmal spielte noch einer der anderen Patienten mit. Trotzdem war ich das schwächste Glied der Gruppe. Ich war langsam, schlecht im Rechnen und benutzte meistens die linke Hand, weil die besser würfeln und rücken konnte. Dann kam immer: „Kim! Rechts." „Ohh Mann, so geht's aber schneller!" „Das macht nichts. Nimm jetzt die rechte Hand!" Dann spielte ich mit rechts und kam mir so dumm und beobachtet vor, weil mein rechter Arm zitterte und ich die Felder nicht traf oder alle Männchen umstieß. Das magnetische Spiel kam mir zum Glück ein bisschen entgegen.

Kim-Vanessa Mathes

Reportage mit dem SWR

Tagebucheintrag von Kims Mutter
31.03.09

Es kommt ein Anruf aus der Reha, Kim habe starke Kopf-schmerzen und bereits Ibuprofen bekommen. Sie wird erneut zur CT-Kontrolle ins Krankenhaus gefahren. Der linke Seitenventrikel hat sich von 17,5 auf 15,5 verklei-nert. Man schaut erneut vermehrt nach ihr. Sie muss viel trinken.

01.04.09

Der Chefarzt informiert mich telefonisch darüber, dass der SWR / BW eine Reportage über die Klinik drehen wolle, und er Kim als eine mögliche Patientin vorge-schlagen habe. Kim wisse bereits Bescheid. Ich willige unter der Voraussetzung ein, dass Kim dies will. Der Abi-ball wurde von uns abgesagt. Der Redakteur vom SWR telefoniert noch mit mir, danach rede ich mit Kim über die Filmaufnahmen. Für sie ist das alles in Ordnung. Es wird Haldol angesetzt, angeblich gegen die Übelkeit.

Jeden Dienstag war Visite, da kamen die Stationsärzte, der Chefarzt und jeweils eine der Schwestern, um zu fragen, ob der Therapieplan in Ordnung sei oder man irgendwelche Beschwerden habe. Meistens lag ich schon eine Weile bevor sie kamen im Bett und dachte darüber nach, was ich den Ärzten alles sagen wollte.

Bei meinen Problemen mit dem Gedächtnis vergaß ich die Hälfte und es fiel mir erst danach wieder ein. Irgendwann gewöhnte ich mir an, Listen zu schreiben, damit ich nichts zu sagen vergaß. So erwartete ich die Visite wöchentlich mit einem Zettel voller Fragen und Beschwerden. Zu Beginn waren es vor allem Beschwerden: Mir war so schlecht jeden Tag, Schleim kam mir hoch und mein Bauch rumorte extrem laut. Außerdem tat mein Nacken weh, mein Hinterkopf fühlte sich ganz hart an, weil doch die Nerven durchtrennt worden waren, und das Doppeltsehen hatte sich auch noch nicht verändert.

Eines Tages kam dann die Frage auf, ob ich dazu bereit wäre, mich filmen zu lassen. Ein Kamerateam vom SWR würde eine Reportage über meine Reha drehen, doch wäre noch nicht klar, wer gefilmt werden sollte. Alle Patienten, die dafür in Frage kämen, würden sich beim Chefarzt dem Reporter vorstellen können. Ich telefonierte später mit meiner Mama, welche nichts einzuwenden hatte, solange nicht mein voller Namen genannt würde. Also sagte ich, dass ich Lust dazu hätte.

Eine Woche später brachte mich jemand zum Chefarzt. Mit dem Rollator war es ein bisschen eng, aber ich schaffte es auf einen Stuhl. Mein Krankengymnast Lars hatte mich hingebracht und blieb während des Gesprächs mit dem Reporter dabei. Ebenso meine neue Logopädin, die alte war ja gegangen oder hatte gehen müssen. Beide stellten kurz vor, wie es mir in den Therapien erging, damit der Reporter ein Bild davon bekam, was mir passiert war und wie ich mich entwickelte. Dann durfte ich selbst erzählen. Ich redete von meinem Tumor, davon, dass ich notoperiert worden war und seit Kurzem mit dem Rollator lief. Ich erzählte, dass ich wieder besser sprechen könnte, dass mein Gehirn verlangsamt arbeite und in meinem Kopf ein Schlauch und ein Ventil steckten. Der Reporter, nennen wir ihn ,Balthasar', war beeindruckt, schockiert und auch berührt. Ich konnte es nicht wirklich deuten. Er fragte noch ein paar Sachen und wollte auch mit meiner Mama telefonieren, um ihr zu sagen, dass mein Name nicht vollständig genannt werden würde. Auf jeden Fall verstand ich mich gut mit ihm, und er schien ernsthaft interessiert an meiner Geschichte. Klar war es noch nicht, dass ich ausgewählt werden würde, aber ich wünschte es mir ein bisschen, schließlich hatte ich Theatererfahrung und kein Problem mit Kameras und sah eine Herausforderung in dem Ganzen. Außerdem konnte ich reden, zwar nicht sehr gut, eher hoch und piepsig, aber ich konnte immerhin sagen, was ich tat und warum, was viele Patienten meiner Station so noch nicht konnten. Das Filmteam bestand aus drei Leuten, einem Regisseur, dem Kameramann und dem Tonmensch. Ich nenne sie Balthasar, Melchior und Caspar, denn sie waren im wahrsten Sinne des Wortes die drei Weisen aus der Sternenstadt.

Eine Woche waren sie auf dem Gelände und filmten insgesamt drei Patienten und einen Jungen im Rückblick, den sie drei Jahre zuvor schon einmal gefilmt hatten. Kurz vor Ostern waren sie vor Ort. Ein Filmteam in der Reha, das sorgte natürlich für Aufregung! Mich hatte man ausgesucht, weil ich mit einem Gehirntumor relativ selten war, die meisten Patienten waren ,Unfälle'. Mit dem Auto, dem Snowboard oder dem Fahrrad. Also, so sagte man das in der Reha, der eine ist ein Notfall, der nächste ein Unfall oder eine Krankheit. Das eine Mädchen, das gefilmt wurde, war im Snowboardurlaub nur einmal kurz auf ihr Board gestanden und hingefallen. Natürlich ohne Helm. Jetzt musste sie einen Helm tragen, weil ihr die Schädeldecke rausgenommen worden war, denn ihr Gehirn war zu sehr angeschwollen. Außerdem war ihre rechte Seite fast gänzlich gelähmt. Einmal hatte sie keinen Helm aufgehabt, einmal reichte jedoch aus, um ihr Leben zu verändern. Dann wurde noch ein kleiner Junge gefilmt, der auf der Straße mit dem Fahrrad gestürzt und mit dem Kopf auf den Bordstein geknallt war. Er hatte nun wie ich einen Rollator, sprach verlangsamt und schien große Probleme mit der Motorik zu haben. Der Junge, der auch im Rückblick gezeigt wurde, hatte vor Jahren einen lebensgefährlichen Autounfall gehabt und saß seitdem im E-Rollstuhl. Auch er musste wieder lernen, richtig zu atmen und zu sprechen.

Schon beim Frühstück hieß es: „Kim, die drei Männer sind für dich da!" Klasse. Ich ärgerte mich, denn das Frühstück war der schlechteste Augenblick, um mich auf irgendetwas anzusprechen oder überhaupt etwas von mir zu verlangen. Mir war schlecht, ich brauchte alle Kraft, dass das Brötchen drinblieb. Also schob ich mein ‚Auto' zur Couchecke, wo man schon auf mich wartete. Die drei setzten sich mit mir hin, und ich erzählte ein bisschen. Sie waren schon herzig, aber irgendwann wusste ich nicht mehr, was ich sagen sollte. Was tat ich da schon groß? Ich saß jeden Morgen nach dem Frühstück mindestens eine halbe Stunde einfach nur da und machte Pause, damit ich mich nicht übergab, starrte Löcher in die Luft oder beobachtete die

Schwestern. Manchmal klappte es nicht so gut und ich brach alles voll. So begann mein Tag, da gab es nichts Interessantes zum Filmen. Jetzt waren die drei gezwungen, mit mir Pause zu machen und schweigend Löcher in die Luft zu starren. Also waren wir still. Lustig war jedoch, dass sich Caspar und Melchior immer gegenseitig ärgerten. Ton gegen Bild. Melchior musste ein Unding von Kamera mit sich rumschleppen, was ihn nicht nur ins Schwitzen brachte, sondern auch noch witzig aussah, was dann wiederum den Tonmensch dazu anregte, sich lustig zu machen. Caspar hatte seine Mikrofone und die Ansteckmikros dabei, die bei weitem handlicher waren, nur manchmal benutzte er so ein Mikrofon an einer Stange, das so lustig in Stoffwuschel verpackt war. Über das Ding machte sich dann der Kameramann lustig. Jedenfalls bekam ich ein Mikrofon angesteckt, und zusammen gingen wir in meine erste Therapie. Ich will niemanden mit Details langweilen, aber es war ein echt cooles Gefühl, mit einem Kamerateam durch die Gegend zu laufen. Man wird zwar etwas komisch angestarrt, die Leute unterbrechen ihre Unterhaltungen und beginnen, sich die Haare hinter die Ohren zu stecken und breit zu grinsen. Man kommt sich unendlich wichtig vor. Oder die Leute tuscheln und zeigen auf die Kamera. Oder aber sie springen komisch aus dem Weg und ducken sich ungelenk weg, dabei filmt sie ja gar keiner. Alle ändern ihr normales Verhalten. Ich fragte Balthasar einmal, ob sie das nicht störe. Er meinte, es sei eine Gewohnheitssache und dass man das mit der Zeit gar nicht mehr merke. Na gut! Ich fand es trotzdem unendlich witzig und hätte die Leute gerne heimlich aufgenommen, wie sie sich so bescheuert verhielten. Der Fahrstuhl war auch noch kaputt, weshalb wir den anderen, kleineren, nehmen mussten. An sich machte das nichts, ich fragte aber sicherheitshalber noch einmal die Schwestern, was wir im Brandfall machen würden. Ich war nämlich unfähig, die Treppe zu benutzen – und da war ich nicht die Einzige! „Ja … gute Frage. Ich glaube, dann müsst ihr aus dem Fenster springen. Die Feuerwehr spannt dann ein Tuch auf und fängt euch auf." „Und die Rollstuhlfahrer?" „Die werden runtergeworfen, ohne Rollstuhl." „Krass." Hoffentlich würde es niemals brennen!

Das Kamerateam und ich waren also erst einmal zusammen in der Ergo, wo ich mit den *Pois* verschiedene Übungen machte. Ich wirbelte die *Pois* um mich herum und war gar nicht einmal so schlecht darin. An dem anderen Drehtag pflanzte ich in der Ergotherapie draußen Sonnenblumen, weil ich die rechte Hand viel zu selten benutzte. Außerdem war gutes Wetter und draußen war eine schöne Kulisse. Beim Pflanzen musste man viele Dinge gleichzeitig machen: Erde in Töpfe füllen, das Pflänzchen einsetzen, festdrücken und auch gießen, was nicht so leicht war. Ich mühte mich mit der vollen Gießkanne ab, als wäre sie eine Tonne schwer. (War sie auch mindestens, zumindest fiel ich fast mit ihr um, als ich sie hochwuchtete.) Wenn man gefilmt wird, muss man immer wieder Dinge wiederholen, nochmals lauter sagen, anders formulieren oder sich besser zur Kamera drehen. Ich achtete darauf, deutlich zu sprechen, für das Piepsen konnte ich nichts.

Ein anderes Mal war das Filmteam im Schwimmbad dabei. Klar schämte ich mich, im Bikini und mit Rollator gefilmt zu werden. Mein einziger Gedanke galt zu dem Zeitpunkt meinen unrasierten Beinen und dem dicken Bauch. Dass ich auf dem nassen Boden kaum laufen konnte und es mich fast hinschlug, war Nebensache. Dann schwamm ich schön meine Bahnen, lief im Wasser herum, um das Laufen zu üben, und trainierte am Beckenrand meine Beinmuskulatur. Mein Kopf hing schief im Wasser, weshalb das eine Ohr total untergetaucht war, sodass ich nichts mehr hörte, und meine Augenklappe war auch klatschnass. Wie ich es hasste, im Schwimmbad zu sein! Auch mit der Brille später. Es machte einfach keinen Spaß, denn tauchen konnte man nicht damit und immer sah ich nichts mehr, weil Tropfen auf der nicht abgeklebten Seite waren. Klar war es toll, dass ich noch schwimmen konnte, aber es war sehr anstrengend, da die rechte Seite einfach langsamer war und mein Schwimmen nicht sehr synchron verlief. Aber ich konnte tatsächlich im flachen Wasser laufen! Zwar sehr unsicher und in Zeitlupe, aber es fühlte sich schon richtig an. Dann verlor ich mein Haargummi und Caspar und Melchior machten einen Riesenaufstand darum, bis ein kleiner Junge danach tauchte. Ich versuchte es selbst mit dem Fuß, aber wäre ein paar Mal fast umgefallen, was die beiden total panisch machte. Aber dann trieben sie ja den kleinen Jungen auf, der für mich tauchte. Fast abgesoffen wäre ich wegen dem dummen Haargummi und das ganze Drama war mir so endlos peinlich. Das war eigentlich schon lieb von ihnen gewesen, sie waren so bemüht um mich. Ich glaube, einer von beiden wäre sogar reingesprungen, wenn keiner gekommen wäre, dabei war es wirklich nicht so wichtig. Wenn mir das ohne das Filmteam passiert wäre, hätte ich mein Haargummi einfach liegen lassen, denn die 1,60 m Wassertiefe waren einfach zu viel, um etwas vom Boden aufzuheben. Aber es war schön zu sehen, dass jemand so angetan von meinem Schicksal war und mir wirklich helfen wollte. Für mich war es nicht leicht, Hilfe anzunehmen, ich wollte nicht akzeptieren, dass ich unfähig war, irgendetwas allein zu machen, egal ob es darum ging, Flaschen aufzumachen, Schuhe zu binden oder mich schlicht und einfach anzuziehen.

Die Jungs begleiteten mich in die Logopädie, wo ich verschiedene Atemübungen machen musste. Mit dem Rollator musste ich dann in ein anderes Haus zur Logopädie laufen und wieder war es cool, das Kamerateam um mich herum zu haben, auch wenn mir mein Gefährt, das vor sich hinklapperte und mit ganz viel Kram beladen war, unangenehm war. Klar hatte ich eine Mütze auf, schließlich musste der Kopf mit dem *Shunt* drin vor der Sonne geschützt werden! Frau Main und ich verstanden uns wirklich gut und ihr zuliebe machte ich die peinlichsten Sachen mit. Außerdem machte sie die Übungen ja auch – und dann war es halb so schlimm. Ich atmete immer viel zu früh ein, weshalb mir schlecht wurde. Das kam noch von der ersten Operation, nach der ich nicht mehr richtig allein atmen konnte. Danach hatte ich es mir falsch angewöhnt. Die Atemübungen gingen so: „Wuuuhuuuuuu" und „F-ffffffffffffff". Dazu schwang auch der Arm von rechts nach links mit. Meine Logopädin sprach einen Satz vor, und ich musste ihn nachsprechen. Dass ich mich weigerte zu sagen „Kim ist toll", brachte alle zum Lachen, aber warum sollte ich auch so etwas sagen? Danach mussten wir ewig lang Seifenblasen pusten, in jede Richtung, bis ich gar nicht mehr konnte. Logo war immer schön. Was auch daran lag, dass ich Frau Main so gern hatte. Einmal war sogar meine Mama dabei, weil sie zu Besuch kam, und dann spielten wir zu dritt ein Spiel, wo man Watte auf dem Tisch herumpustet. Spiele mochte ich lieber, denn dann kam es mir nicht so sehr wie eine Therapie vor.

Umzug ins Haus C

Tagebucheintrag von Kims Mutter
05.04.09

Wir verbringen unseren Osterurlaub bei Kim. Als wir ankommen, werden wir sofort gefilmt und interviewt.

06.04.09

Wir besprechen uns mit dem Zuständigen des sozialen Dienstes wegen der Antragstellung eines Behindertenausweises beim Versorgungsamt. Es wird mehrere Monate dauern, der Behinderungsgrad ist jedoch noch unklar.

07.04.09

Das Ergebnis der Fallbesprechung zeigt viele Mängel auf. Der Psychologe spricht von Verlangsamung des Denkens, in Logopädie muss an der Sprachstörung, der Atmung und dem teilweise hängenden rechten Mundwinkel gearbeitet werden, in der Krankengymnastik geht es vor allem um die Ataxie im rechten Arm, die Gleichgewichtsstörung und das Gehen mit dem Rollator. Die Ärztin freut sich jedoch, dass endlich ein Medikament gegen die Übelkeit zu wirken scheint. Ich erkläre die Situation mit dem anstehenden Untersuchungstermin durch den Betriebsarzt wegen des BA Studiums, das Kim im Herbst dieses Jahres antreten wollte. Man verschiebt dies auf Anfang Juni. Ich möchte, dass das Haldol abgesetzt wird. Kim soll in nächster Zeit verlegt werden auf Station D oder ins Haus C.

Meine Familie bekam in den Ferien eine Ferienwohnung im Ort und verbrachte Ostern mit mir. Das ließ sich das Team nicht zweimal sagen, und sie filmten unser Wiedersehen und machten eine Art Interview mit Balthasar und meinen Eltern. Caspar wollte wieder jedem ein Mikrofon anstecken und bat meine Mama: „Könnten Sie bitte den obersten Knopf an Ihrer Bluse zumachen?" Meine Mama meinte dann ganz trocken: „Das hat in meinem Leben auch noch kein Mann von mir verlangt, den Knopf zuzumachen." Caspar wurde rot, und mein Papa guckte ein wenig irritiert. Alle anderen lachten natürlich laut.

Meine Mama war in dem Gespräch irgendwann, ganz untypisch, den Tränen nahe gewesen, und mir wurde zum ersten Mal klar, dass das für alle Beteiligten nicht leicht war. Natürlich nicht. Es war so schlagartig gekommen, hatte alle in Anspruch genommen und war schwer zu ertragen. Nicht nur einmal wäre ich fast gestorben, und meine Familie war unglaublichen Ängsten ausgesetzt gewesen. Vor allem – welchen Eltern graut es nicht davor, angerufen zu werden, dass ihr Kind im Sterben liege und operiert werden müsse? Wir waren schon immer stark gewesen, aber manchmal ging es einfach nicht mehr. Dann gab es Momente, in denen auch meine Mama und ich schwach waren und gerne geweint hätten, auch wenn das nichts geändert hätte. Es war sehr taktvoll von Balthasar, dass er im fertigen Film nicht die Momente zeigte, in denen die Eltern vor lauter Kummer und Leid weinten. Der Film war insofern eine gute Idee, als man später sehen würde, was sich verändert hatte und was noch Verbesserung benötigte.

Wir zeigten noch meinen Stein auf dem Steinquadrat. In Kunst konnte man einen Stein gestalten, der auf ein großes Quadrat gelegt wurde. Das war, glaube ich, Vincis Idee gewesen. Eine schöne Idee. So wie die Krankheit verblasste auch die Farbe auf dem Stein. Mein Stein zeigte Engelsflügel auf blauem Grund. Auf der Rückseite stand: *Wer mit Flügeln geboren wird, sollte alles dazu tun, sie zum Fliegen zu benutzen.* Aus dem Buch *Große Frauen – große Worte* von *Florence Nightingale.* Ich fand es einfach passend, denn man muss immer das Beste aus seiner Situation machen. Und ich bin der Meinung, dass man, wenn man es nur zielstrebig genug probiert, mehr erreichen kann, als einem vorbestimmt gewesen ist. Es war schön, die vielen Steine zu sehen, jeder war individuell anders gestaltet, und man konnte sich vorstellen, dass hinter jedem bunten Einzelstück das Schicksal eines Menschen stand. Manche waren bereits ganz blass und mitgenommen von der Witterung, andere jedoch, wie meiner, waren noch glänzend und neu.

In Musik wurde ich auch beim Gitarrelernen gefilmt und bei Vinci in Kunst. Es war schön, endlich Zeit zu finden, Gitarre zu lernen. Seit Jahren wollte ich damit anfangen, doch es ging nie wegen Schule und Nebenjob. Jetzt stellte ich mich trotz *Ataxie* nicht einmal allzu schlecht an. Ich beschloss irgendwann, die Zeit und die Möglichkeiten einfach so gut es ging zu nutzen, wenn ich schon gezwungen war, dort zu bleiben. Das war ein erster Schritt der Akzeptanz. Reha statt Sprachurlaub in Norwegen. Man muss trotzdem immer das Beste aus seiner Situation machen. Deshalb hatte ich auch begonnen, ein Buch zu schreiben, auch wenn es sehr mühsam war mit dem Tippen und dem ‚sich erinnern', aber die ganze Geschichte sollte einen Sinn bekommen.

Ach ja, in der KG wurde natürlich auch gefilmt. Aber das war witzig. Ich wurde immer ganz ausgelassen, wenn etwas gut klappte. Zum Glück war Lars zur Stelle, wenn ich vor lauter Übermut das Gleichgewicht verlor und umfiel.

Mama und ich beantragten einen Schwerbehindertenausweis, der mir in Zukunft ein paar Erleichterungen ermöglichen sollte. Ich wehrte mich dagegen und sagte: „Aber ich bin nicht behindert! Bin ich nicht! Mama, ich bin aber nicht behindert. Nicht wahr?" Der Ausweis würde einfach bestätigen, dass ich es doch war. Allein die offensichtlichen Sachen wie die *Ataxie* (der starke Tremor im rechten Arm), die *Diplopie* (die Doppelbilder), die *Dysarthrie* (die Sprachstörung), dann der *Shunt* (das Ableitungssystem im Kopf, das man so deutlich spüren konnte), die Tumorreste im Kopf und das mangelhafte Gangbild waren genug Gründe dafür. Aber ‚behindert' ist so ein abwertender Ausdruck! Ich wollte doch wieder normal sein.

Tagebucheintrag von Kims Mutter
08.04.09

Das Kamerateam filmt den Chefarzt bei der Visite, er erläutert CT-Bilder, zeigt uns darauf Restflüssigkeiten vom

Liquor *und den leichten Wasserstau im Gehirn. Er erklärt, dass man einen Knochen am Hinterkopf zertrümmern musste, um bei der Operation an das Kleinhirn heranzukommen. Diesen habe Kim jetzt nicht mehr. Es wird in Logopädie, Ergotherapie, Musiktherapie, der KG und beim Schwimmen gefilmt. Haldol wird abgesetzt, Ondansetron bekommt sie jeweils 4 mg um 6.00 Uhr morgens und abends um 20.00 Uhr.*

Man probierte wieder etwas Neues aus und gab mir *Haldol*, bis meine Mama es mitbekam und anrief, um es zu verbieten. *Haldol* fährt das Gehirn herunter, es stellt eine Art Dämmerzustand her. Das bekommen auch Anfallspatienten. Wieso ich das bekam, war mir ein wenig schleierhaft ... ich glaube, es hieß, dann könnte ich besser schlafen. Genauso war es mit dem *Muskelrelaxan* gewesen, das man mir im Krankenhaus gegeben hatte und wovon mir nur noch schwindliger wurde. Letztendlich wusste man nicht, wie man mit mir umgehen sollte, denn ich war ein seltener Fall, und es musste einfach viel ausprobiert werden. Dadurch machte man natürlich Erfahrungen, die später vielleicht anderen Tumorpatienten von Nutzen sein konnten.
Gleich zu Beginn hatte das Filmteam auch eine Visite aufgenommen, der Chefarzt unterhielt sich vorher extra noch einmal mit mir. Er ließ mich vor der Kamera ein paar Schritte ohne Rollator laufen und ich eierte stolz durch den Raum ohne hinzufallen, was er mit dem Satz kommentierte: „Ja, etwas unstabil im Rumpf bist du noch." Etwas? Das war die Untertreibung des Jahres.

Meine Eltern waren auch da, sie waren gerade eben erst angekommen und gemeinsam zeigten wir am Laptop das Video von unserem Kater, das ich gemacht hatte, weil ich es so lustig fand. Ich hatte Muffin das Handy unter den Bauch gelegt und darauf angerufen. Er schaute ganz schockiert seinen Bauch an, was wirklich witzig war. Und ich zeigte Bilder von vor der Operation. Ja, ich war einmal sehr fotogen gewesen. Es tat weh, die Bilder anzusehen. Zu sehen, wie man hübsch vor der Kamera posiert und gleichzeitig zu wissen, dass das nun in unerreichbare Ferne gerückt war. Ich verbot allen Menschen, mich zu fotografieren, weil ich es hasste, dass damit festgehalten wurde, wie schrecklich krank ich aussah. Die abgeklebte Brille, der Rollator, die Brechschalen. Meine Mama ließ sich nie davon abhalten, aber eigentlich ließ ich es erst nach und nach zu, als die Haare nachgewachsen waren und alles nicht mehr so schlimm war.

Mit dem Chefarzt schaute ich auch CT-Bilder an, und er erzählte einiges über den Tumor, was mir gar nicht bewusst gewesen war. Er erklärte auch, warum ich solche Nackenschmerzen hatte: Im Nacken waren die Muskeln zertrennt worden, um an den Tumor heranzukommen, und durch die Schieflage des Kopfes wurde der Nacken falsch belastet und überstrapaziert. Und man hatte einen Knochen entfernt und nicht mehr eingesetzt. Das war mir vorher auch nicht bekannt gewesen. Weil man auch Nerven zerschnitten hatte, fühlte sich mein Hinterkopf ganz hart und taub an. Jede noch so kleine Berührung wurde als Schmerz interpretiert. Es würde dauern, bis das verheilt sein würde. Gegen die Nackenschmerzen sollte ich von nun an Massagen bekommen.

Irgendwann war es doch ein bisschen nervig, das Mikro dauernd anzubekommen und nie allein zu sein. Alles musst du wiederholen, was du erzählst, damit von verschiedenen Seiten aufgenommen werden kann. Ich war froh, als wir dann nach zwei Tagen fertig waren und ein anderer Patient gefilmt wurde. Gefühlt kam es mir viel länger vor, aber man lief sich in der Reha ja auch dauernd über den Weg.

Alles in allem war es sehr lustig mit dem Filmteam, wir verstanden uns auch echt gut und hatten unseren Spaß, doch der eigentliche Anlass der Reportage war mein Tumor gewesen – und das durfte man nicht vergessen. Hätten wir die Wahl gehabt, hätten wir anders entschieden und lieber auf diese Erfahrung verzichtet. Deshalb reagierte ich auch irgendwann aggressiv, wenn jemand sagte „Oh, unser Filmstar!" oder „Der Fernsehstar, gibst du auch Autogramme?" Dann entgegnete ich wütend: „Ich bin nur im Film, weil ich einen Tumor im Kopf hatte. Hätte ich es mir aussuchen können, hätte ich mich anders entschieden."

Meine Eltern waren nicht nur da, weil das Fernsehen da war, sondern eigentlich, weil sie ihren Urlaub bei mir verbrachten. Am Ende der Woche würden auch noch Freunde von uns kommen. Ich war jeden Tag bei meiner Familie in der Ferienwohnung, weil sie mich am Abend zum Essen holten und am Wochenende schlief ich sogar dort. Es war so toll, endlich mal wieder etwas gekocht zu bekommen! Mamas Essen schmeckt doch am allerbesten! Natürlich schmeckte es auch gut, wenn wir im Dorf essen waren. Eines Abends meinte mein Bruder im Auto: „Der Mann, der uns bedient hat, hieß Herr Saldo." Alle lachten im Auto los. „Hey! Das steht auf der Rechnung!", beharrte er. „Mirco, ‚Saldo' ist doch nicht der Name!" So wurde das zu einem weiteren Insider meiner Familie, wie so viele andere.

Einmal war ich in der Badewanne baden, denn in der Reha war ich immer nur duschen gewesen. Zuerst war es eine ziemliche Herausforderung, da es keinen Stöpsel gab und mein Papa am Ende eine Tüte mit Sand von einem Spielplatz füllte und wir diese dann auf den Abfluss legten. Total lustig, mit dem Sandsack in der Wanne! Ich lachte, aber es funktionierte tatsächlich. Einen Schockmoment hatte ich dann doch in der Badewanne. Als ich meinen Kopf einseifte, klebte auf einmal an meiner Hand ein braunes Blatt. Ich schrie und fuchtelte wild mit dem Arm herum, sodass es wegflog. Ich dachte, es wäre ein Insekt oder etwas anderes Ekliges. Meine Mama kam gucken, weil ich so geschrien hatte, und ich sagte es ihr. Sie näherte sich dem braunen Ding. „Wäh! Was ist es?" „Du Huhn. Das ist die Kruste! Von dem Loch in deinem Kopf. Durch das Wasser hat sich das alles abgelöst." Na prima.

Tagebucheintrag von Kims Mutter
10.04.09

Kim soll umziehen, wir besichtigen Station D und Haus C. Ihr Psychologe, Herr Sturm, möchte gern, dass Kim auf D zieht, was ja mehr eine Station ist und sich noch im selben Haus wie ihre jetzige Station B1 befindet. Da ist es ruhiger, und die Patienten brauchen noch ein wenig mehr Hilfe als im Haus C. Sie könnte dann auch einen Teil der Therapeuten behalten. Aber bei der Besichtigung kommt es uns so vor, als wäre es auf Station D eine eingeschworene Gruppe, in die man sich nur schwer integrieren könnte. Außerdem ist die Stimmung wie auf dem Friedhof. Die Betreuer wirken gelangweilt und unmotiviert. Wir gehen danach ins Haus C, wo es im Eingangsbereich nach kaltem Rauch stinkt wegen des Raucherraums. Es wirkt schmuddelig und unsauber wegen der dunklen Teppiche. Dafür werden wir sehr nett empfangen, herzlich und offen von Schwester Bianka. Sie erklärt uns alles: „In Haus C ist man recht selbstständig, denn es ist die letzte Station vor der Rückkehr in die Heimat. Es gibt nur noch zwei Schwestern für das gesamte Haus, denn die Patienten sind fitter, machen viel alleine und verlassen auch hin und wieder die Einrichtung." Wir entscheiden uns für Haus C, auch wenn Kim am Anfang ein bisschen Angst hat, ob sie schon selbstständig genug dafür sei. Sie soll nach Ostern umziehen. Beim Essen spricht eine Schwester Kim mit dem Satz „Da kommt ja unser Fernseh-Superstar!" an. Sie wehrt sich und sagt, dass sie gerne darauf verzichtet hätte. Lieber hätte sie keinen Tumor gehabt. Dies erzählten wir den Leuten vom SWR, denn Kim hat keine Lust mehr auf dieses Gerede. Sie sind entsetzt, dass man das so sieht. Heute ist ihr letzter Tag der Aufnahmen, es gibt eine schöne Verabschiedung von Caspar, Melchior und Balthasar. Dann nehmen wir Kim mit in die Ferienwohnung, fahren noch nach Stein am Rhein und gehen abends essen. Natürlich haben wir jede Menge Brechschalen im Auto.

Mit meiner Familie war ich des Öfteren am Rhein oder in der Schweiz, einmal schauten wir eine Kapelle an oder wir spielten zusammen Karten in der Ferienwohnung. Es war gut für mich rauszukommen, aber ich schämte mich noch sehr, vor allem wegen dem schwankenden Gang und den Haaren, der Brille ... Von den drei Fernsehleuten hatten wir uns freitags verabschiedet, denn sie sollten nicht noch mit zum Rheinfall gehen. Mama sagte noch: „Passt gut auf eure Kinder auf!", und dann fuhren wir davon.

Ich konnte keine Jeans anziehen. Mir wurde schlecht, weil die Hosen so eng waren. Deshalb trug ich Joggingsachen und kam mir vor wie ein Penner, so schwankend an den Händen meiner Eltern. Es tat mir weh, wie die Leute guckten, und ich wollte immer schreien, wenn sie mir nur einen kleinen Gang Platz machten ... wenn sie überhaupt Platz machten. Einmal hätte ich fast gerufen: „Geht's noch? Ich wurde dreimal am Gehirn operiert, ich kann das verdammt noch einmal nicht! Können Sie einem kranken Menschen nicht einmal Platz machen, Sie ignoranter Idiot!" Aber Mama sagte immer: „Sie wissen das doch nicht, Kim. Woher auch?" Also ließ ich es. Aber nur ihr zuliebe. Doch ich würde es tun. Vielleicht. Irgendwann, bald. Irgendeiner würde einmal unter meiner schlechten Laune leiden müssen. Gut, wahrscheinlich werde ich es doch nicht tun, dazu habe ich eine zu gute Erziehung. Okay, das war es vielleicht nicht. Eher eine Mama, die einfach recht hatte. Aber es stimmte ja, woher sollten die Leute es wissen?

Ich wollte eigentlich, dass keine Ausnahme gemacht wurde. Es tat einfach gut, wieder in die Reha zurück-

zukommen, weg aus der gesunden Realität, die einem nur allzu deutlich machte, wie krank man war. In der Reha waren auch andere, denen es schlecht ging. Dort musste ich nicht schreien, denn es wurde von Anfang an mehr Verständnis aufgebracht. Wir waren ja alle krank. Irgendwie musste man einfach sein Leid teilen, denn allein war es unmöglich auszuhalten. Klar ist es ungerecht, dass nur manchen Leuten so etwas zustößt. Wieso musste überhaupt so etwas passieren? Wer hat Schuld an so einem Schicksal? Warum lässt Gott so etwas zu? Tausend Fragen. Das Entscheidende ist, dass es auf diese Fragen keine Antwort gibt. Doch das einzusehen und die Gedanken loszulassen, ist schwer. Genau deshalb gibt es wahrscheinlich so viele Psychologen im Jugendwerk. Robin, der später mein Nachbar werden würde, sagte einmal: „Hör' auf, dich so etwas zu fragen, es gibt keine zufriedenstellende Antwort. Das macht dich nur kaputt. Ich hab' auch immer nach dem Warum gefragt, aber du kommst zu keinem Ergebnis. Frag' dich lieber, was für einen Nutzen du daraus ziehen kannst, was der Sinn von dem ganzen Leid ist. Mach' das Beste daraus und schau' eher nach dem Morgen, als nach dem Gestern!"
Ich hatte freitags noch die Wahl, ob ich in Haus C oder Station D ziehen wollte. Genauer gesagt, war es Viertel vor zwölf – und um zwölf Uhr musste ich Bescheid geben. Also schnappten Mama und ich mein Gefährt und zuerst ging es zur Station D. Alle saßen dort an einem Tisch und schauten mich etwas verwundert an, wie ich da den Rollator durch den Gemeinschaftsraum schob. Es war totenstill. Wir schauten uns eines der Zimmer an, in dem gerade eine Putzfrau zugange war. Es war

schön, viele Bilder hingen an der Wand, aber trotzdem war es sehr steril und ein bisschen spürte man die Krankenhausatmosphäre. Mama und ich machten uns also wenig überzeugt auf zum Haus C.

Dort befand sich im Erdgeschoss ein Raucherraum, weshalb es nach kalter Asche roch, wenn man hineinkam. Es war überall ein dunkler Teppich auf dem Boden und allgemein war es recht düster im Gebäude. Wir gingen zum Aufzug, der in Zeitlupe die Türen schloss und eine Ewigkeit zu brauchen schien. Mit uns war der Zivi im Aufzug. Ein kleiner, hübscher Kerl, vor dem es mir zum ersten Mal richtig peinlich war, dass ich so aussah, wie ich es tat, und dass ich nicht ohne Rollator laufen konnte. Wir stiegen aus und fuhren zum Stationszimmer, wo wir recht herzlich begrüßt wurden. Schwester Bianka rief uns zur Begrüßung zu: „Hier ist es ein bisschen chaotisch, es sind nur zwei Schwestern für das ganze Haus, aber die meisten Leute hier sind auch sehr selbstständig. Wenn du trotzdem etwas brauchen solltest, kannst du hierher kommen oder klingeln. An jedem Bett befindet sich eine Klingel und im Bad ebenso." Wir schauten uns auf dem Stockwerk um und trafen eine Patientin, die ich kannte und die uns ihr Zimmer zeigte. Es war schön groß und gemütlich mit zwei Schreibtischen, großen Schränken und einem Bad. Sie selbst würde leider schon in einer Woche entlassen werden, dann würde keiner mehr da sein, den ich kannte.

Mama und ich wogen auf dem Weg zurück zum Psychologen ab, wo ich hinziehen sollte. Klar wäre auf Station D noch mehr Hilfe für den Fall, dass es mir wieder so schlecht gehen sollte, auf der anderen Seite hieß es, Haus C wäre die Station, bevor man nach Hause käme – und ich wollte schnell gesund werden und daheim sein.

Kurze Erklärung zur Reha: Es gab die Frührehabilitation. Dort waren zum Teil auch Komapatienten, Wachkomapatienten und vor allem Patienten, die beatmet wurden. Einmal war ich dort mit meiner Ärztin, um das EKG-Gerät zu holen, es war schrecklich. Die vielen Gerätschaften und die Stille ... Dann gab es das Haus B, da gab es die Station B1, das war die Frühmobilisation, wo die Patienten selbst meist nicht mobil und noch sehr auf Hilfe angewiesen waren, und B2, wo die Leute zwar teilweise im Rolli saßen, aber selbstständig umherfahren konnten. Dann gab es das Haus C, wo es nur zwei Schwestern für alle gab, die Leute aber eh nur ihre Medikamente holten und ansonsten recht wenig mit dem Pflegepersonal zu tun hatten. Später erst hatte man auf Station B2 einen D-Bereich eingerichtet, wo auch sehr selbstständige Leute hinkamen, die aber noch ein bisschen mehr Hilfe brauchten, als die Leute aus dem Haus C. Sobald man selbstständig genug war, aß man in der Cafeteria, ansonsten auf Station. In den Zimmern war man eigentlich immer zu zweit, einige wenige hatten jedoch ein Einzelzimmer, weil sie es zum Beispiel nicht mit jemand anderem aushielten oder der andere es nicht mit ihnen – je nachdem, wie man das jetzt sehen will.

Ich jedenfalls hatte mich auf Station D gefühlt, als würde ich als Störfaktor in eine intakte Gruppe eindringen. In C stank es zwar ein bisschen, aber der Umgang miteinander war viel herzlicher. Auf dem Weg zurück liefen wir noch einmal dem Kamerateam über den

Weg, das uns begrüßte und gleich ausfragte, was wir denn so machten. „Ich muss mich innerhalb der nächsten fünf Minuten entscheiden, ob ich in D oder C will." „Und? Entscheide dich für das, was dir spontan besser gefällt." „Es war viel netter im Haus C. Und da kenn ich auch schon mehr Leute." „Also." Die Entscheidung fiel für Haus C.

Tagebucheintrag von Kims Mutter
11.04.09

Kim hat gut geschlafen in der Ferienwohnung. Wir fahren an den Bodensee und gehen zum Griechen essen.

12.04.09

Christian und Tine kommen auch. Wir fahren abends nach Schaffhausen zum Essen an den Rheinfall. Rheinfall bei Nacht, wie es Kim sich gewünscht hat.

13.04.09

Gemeinsames Frühstück mit Christian und Tine. Danach fahren wir zur Insel Reichenau. Es ist schönes Wetter, sehr warm. Wir versuchen, uns öfter hinzusetzen, weil Kim nicht so lange laufen kann. In jeder Kirche zünden wir eine Kerze für Kim an. Schon auf der Rückfahrt ist ihr nicht gut im Auto. Sie erbricht heftig, gegen 17.00 Uhr bringe ich sie vorsichtshalber in die Klinik zurück.

14.04.09

Es ist Visite und ich bin auch da. Wir besprechen, dass uns aufgefallen ist, dass es Kim immer sofort nach dem Aufwachen sehr schlecht ist. Es wird für das Auge wieder eine Augenklappe besorgt, denn Kim kommt mit der Brille nicht mehr zurecht. Ich telefoniere noch mit der Schule wegen der mündlichen Abiturprüfung.

15.04.09

Celina und Mara kommen mit dem Zug und wohnen zwei Tage mit uns am Bodensee. Wir fahren zu Kim in die Klinik und danach in die Schweiz. Abends gehen wir alle im Dorf essen.

16.04.09

Wir müssen uns verabschieden von Kim, der Urlaub ist vorbei, es geht nach Hause. Sie ist müde und möchte mit heimfahren. Wie gern würde ich sie mitnehmen! Man hat jetzt eine Folie dauerhaft auf die Brille geklebt, die Augenklappe war keine Lösung. Die Fahrt nach Hause ist anstrengend. Mara fährt bei uns mit und Celina bei Christian und Tine. Es geht mir nicht gut, ich bin total ausgelaugt und habe keine Kraft mehr. Morgen muss ich auch noch in die Nachtschicht.

Eine Woche später konnte ich umziehen. Diese Woche verbrachte ich so gut wie ununterbrochen mit meiner Familie in der Ferienwohnung. Mein Bruder und ich spielten viel *Gameboy* oder mit allen zusammen Karten auf dem Balkon. Ich kam gut zurecht, hatte aber natürlich Medikamente dabei und jede Menge Duschfolien, um das Brillenglas abwechselnd abzukleben. Vor dem Haus war das Laufen schwierig ohne Rollator, da es den Berg runter ging, meistens hielt ich die Hand von jemandem. Die drei Stockwerke musste man die Treppe hoch – das war schon heftig! Oben angekommen, brauchte ich erst einmal eine Verschnaufpause. Runter ging es besser, aber ich wurde immer schneller und in den Kurven schleuderte es mich um die Ecken – zum Glück gab es das Geländer, denn ich konnte nicht wirklich kontrollieren, wie schnell ich wurde.

Wir bekamen zu Ostern Besuch von Freunden, die auch ein paar Tage blieben und mit uns Ausflüge unternahmen, was unglaublich gut tat. Wir waren mit Christian und Tine abends am Rheinfall essen, weil ich mir so gewünscht hatte, den Rheinfall bei Nacht zu sehen. Da wurde er angeleuchtet und war wunderschön. An der Hand lief ich mit, denn der Rollator war mir peinlich und sollte im Auto bleiben. Es war wirklich schön im Restaurant und wir machten Fotos. Nur einmal schenkte ich das Wasser auf die Tischdecke statt in das Glas, aber mit dem Essen funktionierte es eigentlich ohne Sauerei. Ich regte mich zwar auf, weil das Restaurant so teuer war, aber es war eben direkt am Rheinfall. Mama meinte nur: „Jetzt freu' dich und genieß' es, du hast es dir doch so gewünscht!"

Endlich würde ich etwas anderes sehen, über andere Menschen und Dinge sprechen und mich einfach so fühlen, als wäre alles wieder in Ordnung! Natürlich kam auch der Osterhase und brachte Schokolade und Musik.

Ein bisschen Normalität im absoluten Chaos. Ich erinnere mich noch gut an den Tag, als wir am Ostermontag auf der Insel Reichenau waren, Christian und Tine waren auch dabei. Es war warm und voll schön, nur brauchte ich viele Pausen und konnte auch nicht richtig die Atmosphäre genießen, weil mir schlecht wurde, wenn ich mich zu viel umsah. Auf der Rückfahrt schlief ich ein und beim Aufwachen war mir total elend. Ich erbrach das tolle Mittagessen vom See, was mir total leidtat. Zum Glück hatten wir genug Tüten und Brechschalen parat. Woran das gelegen hatte, weiß ich nicht. Vielleicht war es zu viel gewesen. Oder ich vertrug doch noch keine Kohlensäure oder die Kartoffelecken waren zu fettig für meinen malträtierten Magen. Ach, dass es immer so enden musste, wenn es gerade bergauf ging! Mama brachte mich dann vorsichtshalber wieder in die Klinik, weil mir so schlecht war. Dort blieb ich dann allein zurück und hasste mich dafür, dass meine ewige Brecherei dafür gesorgt hatte, dass ich wieder zurückmusste! Ich wollte bei meiner Familie bleiben ...

Mama kam am nächsten Morgen zu mir in die Klinik und verbrachte den ganzen Tag mit mir, sie war auch bei der Visite da. Wir aßen zusammen in der Cafeteria zu Mittag. Ich wollte nicht dort bleiben! Ich hatte niemanden! Erst recht nicht, wenn ich jetzt umziehen würde. Naja, in B1 war ich mit Ursula nicht zurechtgekommen, aber mit den Schwestern. Die Mütter unterhielten sich viel mit mir und ich liebte meine Ärztin. Dort hatte ich das Gefühl, dass man sich wirklich um mich kümmerte.

Schwer fiel mir die Entscheidung also schon mit dem Umziehen, denn ich musste sowohl die Ärzte als auch die Therapeuten wechseln. Wäre ich in D gewechselt, hätte sich nur der Arzt verändert. Naja, ich dachte mir, dass es irgendwann eh so weit gewesen wäre, und dass jeder Schritt nach vorne ein Schritt Richtung Heimat bedeutete. Ich wollte auch weg, weil es vor allem wegen dem Abiball viele Diskussionen und Gespräche gegeben hatte. Das sollte ganz aus meinen Gedanken verschwinden, es tat mir nur weh. Ich hatte noch vor der Sache mit der Reportage die Möglichkeit gehabt, auf meinen Abiball zu gehen. Das war mit der Ärztin und dem Psychologen bis ins Kleinste ausdiskutiert worden. Auf der einen Seite war es ein einmaliges Event, denn ich würde in dieser Konstellation nie mehr alle Leute sehen können, da meine Schulzeit endete. Auf der anderen Seite war es nicht in meinem Sinne, mit Rollator, abgeklebter Brille und abrasierten Haaren dort zu erscheinen. Auch wenn die Leute informiert waren, würden alle fragen und mitleidig schauen und mich vielleicht auf die Bühne bitten oder auch nicht, was mich vielleicht noch mehr kränken würde. Ich wollte nicht, dass auch nur einer von denen sah, wie schlecht es mir ging. Ich wollte vor keinem meiner Mitschüler Schwäche zeigen, denn das ging nicht jeden etwas an. Ich war eben so. Normalerweise machte ich immer etwas, war mit dabei, half, organisierte, saß nicht still. Die Vorstellung, an einem Tisch zu sitzen und zuschauen zu müssen, während die anderen vorne sangen, tanzten oder redeten, brachte mich fast um. Ganz zu schweigen von der langen Autofahrt und dem Risiko, dem mein schwaches Immunsystem in so einer Menschenmenge ausgesetzt sein würde. Am Ende war ich eher dazu bereit, den Ball ganz aufzugeben, als mir mein Schicksal einzugestehen, hinzugehen und es nur als Zuschauer zu genießen. Die Entscheidung fiel mir so schwer, weil wir ja schon die Karten hatten, die meine Mama über eine Freundin extra besorgt hatte – und weil ich einen Fehler wieder gutmachen wollte: An meinem Tanzabschlussball war ich nie bei meinen Eltern gewesen und hatte auch nicht mit meinem Papa getanzt, weil ich nur Augen für meinen ersten Freund gehabt hatte. Immer hatte ich mir geschworen, dass ich es beim Abiball besser machen und mit meinem Papa tanzen würde. Das konnte ich nun vergessen. Mit Rollator erst recht. Also wollte ich nicht hin, auch wenn es mir um das unnötig ausgegebene Geld wieder leidtat. Es war so eine verzwickte Situation, und eigentlich wollte ich so gerne auf meinen Abiball!

Wir hatten uns also entschieden, dass ich nicht hingehen, aber umziehen würde. Ich musste mich an neue Therapeuten gewöhnen, nur meine Logopädin blieb und der Theaterleiter.

Apropos Theater. Das war echt lustig, auch wenn man sich das anders vorstellt. Die Leute spielten im Rollstuhl oder mit Rollator, mit Sprachstörung oder Behinderung einfach drauflos, und ich war jedes Mal fasziniert, wie sie mit ihren elektronischen Rollis rangierten und in noch so kleine Lücken passten. Man bewundert die Menschen für ihre Fähigkeit, mit ihrem Leid umzugehen, und nicht mehr für oberflächliche Eigenschaften. Es war nicht nur befreiend, sondern richtig schön, in einem kleinen Kreis von Menschen zu sein, in dem es völlig egal war, wie man sprach oder aussah. Außerdem waren die Improvisationsspiele stets neu und es machte großen Spaß. Manche Sachen klappten natürlich nicht immer gut, gerade wenn es um Merkspiele ging. Aber das erwartete auch keiner, schließlich waren wir alle krank. Die Leute waren dennoch total gelöst und konnten fast mit ein bisschen Ironie über ihr Schicksal lachen, was guttat. Man konnte einfach jemand anderes sein, in eine andere Rolle schlüpfen und sei es auch nur für eine Stunde.

Eine Schwester half mir beim Umziehen. Ich hatte mit Mühe meine Sachen gepackt. Mein Koffer reichte natürlich nicht! Ich hatte zwei Plastiksäcke voller Süßigkeiten, den Laptop, die Gitarre, dann einen Sack voller Kissen und Kuscheltiere, meine Briefkiste und gefühlte tausend Fotos, die ich an die Wand gepinnt hatte, den Koffer mit Kleidern und noch zwei weitere Tüten mit Kleidern und Schuhen. Das war alles so abartig viel, und ich hatte keine Ahnung gehabt, dass das Packen kein Ende nehmen würde! Mein Kulturbeutel hatte auch riesige Ausmaße, dabei hatte ich ja zum Beispiel gar keine Schminksachen dabei. Naja, wir beluden meinen Rollator, stapelten den Rest auf einen Schiebewagen und machten uns auf den Weg ins Haus C. Dort begrüßten uns der Geruch von Rauch und dunkle Teppiche. Eigentlich wollte ich doch nicht umziehen. Auf Station B1 war es so freundlich und hell gewesen! Ich war auch darauf angewiesen, dass mir jemand half! Aber mein Bett wurde gebraucht für jemanden, der hilfebedürftiger war als ich jetzt. Der so war wie ich noch vor wenigen Wochen. Also, stellte ich mich nicht quer.

Am Schwesternzimmer wurde uns gesagt, dass ich im 2. Stock ein Zimmer hätte. Also brachten wir gemeinsam meine ganzen Sachen nach oben. Die Schwester fragte noch, ob ich Hilfe bräuchte, aber ich lehnte dankend ab, umarmte sie und setzte mich erst einmal. Ohh. Ich war so zornig und wollte am liebsten heim. Dann kam auch noch meine Zimmernachbarin rein. Nennen wir sie Darla, wie das schreiende Mädchen aus *Findet Nemo*. Sie schüttelte mir die Hand und laberte gleich drauflos. Ohh Gott, kann die nicht mal ihren Mund halten? „Wenn du nachts aufwachst wegen mir, weil ich pupse, mach dir keine Sorgen, ich habe *Flatulenz*." Na toll. Das war zu viel Information gewesen. Wollte ich das wissen? „Guck, die Jeans hab' ich mir in der Stadt gekauft – warte, ich zieh' sie mal an." Dann zog sie sich einfach aus und erwartete, dass ich ihren Kauf beurteilte. „Soll ich dir eigentlich was helfen? Warte, ich nehm' dir das mal ab!" Ohne eine Antwort abzuwarten, nahm sie mir die Tasche ab, die ich in den Armen hielt. Das war der Moment, in dem ich beschloss, dass ich schnellstmöglich aus diesem Zimmer ausziehen müsste. Deshalb stopfte ich meine Tüten so wie sie waren in den Schrank und packte gar nicht erst aus. Leider war ich nicht in der Lage, ohne Rollator zu laufen, und musste dann jedes Mal mit dem Fahrstuhl fahren, wenn ich nach unten oder draußen wollte – mein lieber Mann, war das Ding langsam! Also fuhr ich in den ersten Stock zum Schwesternzimmer, meldete mich und sagte sofort, dass ich rausmüsste aus dem Zimmer, weil ich sonst einen Nervenzusammenbruch kriegen würde. Gern wollte ich auch in den Neubau ziehen, denn dort waren die Zimmer größer und kühler – und ich vertrug keine Hitze. Beides war leider nicht möglich, aber ich bekam die Möglichkeit, am Ende der Woche in ein anderes Zimmer im Altbau umzuziehen. Gut, fünf Tage sollten zu schaffen sein. Da ich nicht mit

Darla in einem Raum sein wollte, setzte ich mich auf die Couch. In beiden Stockwerken gab es eine Sofaecke, die mehr oder weniger Treffpunkt der Patienten war. Man setzte sich dahin, wenn man zwischen den Therapien ein bisschen Zeit hatte. Ich floh ständig vor Darla und wollte eindeutig nicht ihre Freundin sein. Ohh, das tat mir so leid, schließlich konnte es gut sein, dass es an ihrer Krankheit lag, dass sie ununterbrochen redete, aber ich war genauso krank und ich musste ja auch nicht aus Mitleid mit jedem befreundet sein, oder? Es war einfach nicht auszuhalten! Ich erfuhr auch, dass ich bereits die fünfte Zimmerpartnerin von Darla innerhalb eines Monats war, aber ich hatte nicht vor zu bleiben.

Was total cool war, war, dass Alena, Janine und Milena ihren Urlaub am Bodensee verbrachten und extra wegen mir eine Ferienwohnung im Ort hatten. Das war so süß. Sie nahmen mich mit und wir kochten gemeinsam, oder sie waren bei mir in der Reha und wir erzählten oder spielten etwas. Jeden Tag freute ich mich auf den Abend, wenn sie vorbeikamen und ganz viel zu erzählen hatten! Am letzten Tag waren wir sogar zusammen im Ort essen, und ich bekam ein frühzeitiges Geburtstagsgeschenk. Ich wollte sie gar nicht gehen lassen …

Tagebucheintrag von Kims Mutter
21.04.09

Kim wohnt nun in Haus C, ist aber mit ihrer Zimmernachbarin nicht zufrieden. Sie möchte in ein anderes

Zimmer umziehen. Kim erbricht sich immer noch und hat oft Kopfschmerzen. Sie braucht vom Morgen bis zum Mittag, bis sie mit der Übelkeit zurechtkommt. Therapien am Morgen muss sie oft ausfallen lassen. Wir telefonieren täglich und schreiben SMS. Wenn sie mir schreibt, dass es ihr schlecht geht, dann bin ich total nervös. Ich würde am liebsten sofort hinfahren, kann nichts essen und habe täglich höllische Bauchschmerzen.

23.04.09

Kim hat einen Termin beim Augenarzt in der Nähe der Klinik. In fünf bis sechs Monaten ist wieder eine Kontrolle angesetzt, danach folgt eventuell eine Vorstellung in der Uniklinik wegen der Doppelbilder.

Wir hatten zu dem Zeitpunkt zwei Zivis im Haus C, Philipp und Patrick. Ich will ja nichts sagen, aber die zwei waren schon zwei Hübsche und verdammt nett. Ich hatte nach den vielen Wochen total das Bedürfnis, dass jemand mit mir redete und mir richtige, lange Antworten gab. Am besten mit jemand Gleichaltrigem, und – so böse es vielleicht klingen mag – ich wünschte mir einen Gesprächspartner, der die gleiche Schullaufbahn wie ich hinter sich hatte. Sonst hat man kaum Gesprächsthemen. Ich musste mich manchmal zusammenreißen, nicht schockiert zu reagieren oder zu lachen, wenn andere manche Sachen nicht wussten. Wie zum Beispiel, dass in Deutschland keine Anarchie herrscht, und dass es einen Unterschied zwischen Schwellenland und Entwicklungsland gibt, und dass man Französisch sehr wohl in der Schule lernt ... Viele Patienten hatten einen schweren Unfall gehabt und waren auf den Kopf gefallen, sie hatten viel vergessen, hatten Gedächtnisprobleme und verstanden auch keine Ironie mehr. Für mich war das schwer, denn ich begann gerade wieder, schneller zu werden im Denken und Reden.

Also schnappte ich mir, immer wenn er Zeit hatte, Philipp und redete mit ihm. Ich hätte vielleicht nicht sagen sollen, dass ich ein Abi von 2,5 als nichts Besonderes empfand, denn das kränkte ihn ungemein. Danach sagte er laufend „Streber!" und ärgerte mich. Ich ihn aber auch, schließlich hatte ich nichts zu tun und ich mochte ihn wirklich gern. Er war mein Gesprächspartner.

An dem Tag, als ich ins Haus C einzog, war abends Patientenversammlung, kurz PV. Im Gemeinschaftsraum, in dem auch diejenigen aßen, die nicht mobil genug waren, um in der Cafeteria zu essen, versammelten sich immer montags alle Patienten und stimmten gemeinsam mit den PV-Sprechern über das Wochenendprogramm ab. Dienstags gab es eine Sportgruppe, donnerstags einen Stadtbummel, Freitag und Samstag waren für Aktionen mit den Sozialpädagogen da. Ansonsten gab es einen Freizeitkeller mit Billard, Internet, Musik, Kegelbahnen und einem Kiosk, der an mehreren Abenden der Woche geöffnet hatte. Eröffnet wurde die Sitzung mit der Vorstellung der neuen Patienten, die sagten, wer sie waren, woher, wie alt – und, wenn sie mochten („Aber nur, wenn Sie möchten!"), warum sie da waren. Mit mir waren noch ein Mädchen und ein Junge neu gekommen. Der Junge hatte ebenfalls einen Kleinhirntumor gehabt, jedoch schon vor 1,5 Jahren. Er lief noch an Krücken, schwankte oft und seine rechte Gesichtshälfte war gelähmt. Das Mädchen, Lara, war extrem dünn und genau wusste man nicht, was sie hatte. Sie sollte wieder zu Kräften kommen. Ich genierte mich ein bisschen, als ich sagte: „Mein Name ist Kim Mathes, ich bin 18 und hatte auch einen Tumor. Im Kleinhirn." Ich hatte Angst, dass mich keiner verstand, weil die Stimme so hoch und kindlich war.

Neue Menschen, neue Perspektiven

An diesem Abend machte ich die Bekanntschaft mit den Leuten, die meine Freunde werden sollten, und denen, die mir auch die nächsten Wochen und Monate auf die Nerven gehen würden. Klar, dass man nicht mit allen auskommen kann. PV-Sprecher war Jacques. Ein Chaot, aber einer der tollsten Menschen, die mir jemals begegnet sind. Er stellte sich vor und meinte: „Ich hab 'ne Verhaltensstörung. Ist aber ganz cool." Er war auch mit mir in der Cafeteria gewesen, wo wir zu Abend gegessen hatten. Ich erwiderte: „Ich versteh' nicht, warum du hier bist. Du kommst mir total normal vor." Später musste ich darüber nur lachen, denn wenn jemand verrückt war, dann er. Verrückt war nicht das richtige Wort, eher überaus einfallsreich und kreativ. Aber das kommt alles noch. Von ihm stammt auch das „Aber nur, wenn Sie möchten!" aus der PV, das so zum Running Gag wurde, dass er jedes Mal eine Pause einlegte und die versammelte Mannschaft mitgrölte: „Wer Sie sind, woher, wie alt und wenn Sie möchten – aber nur, wenn Sie möchten! …" Außerdem kritzelte er sich während der PV immer mit Edding an und malte ‚Eunuchen-Zyklope' auf seinen Arm. Oder er schrieb ‚stupid' drauf mit einem Pfeil, dann streckte er den Arm aus, sodass der Pfeil auf jemanden wies und machte: „Piep, piep, piep, piep." Gut, der Mensch war stupid. Ann-Sophie, die mit ihm die PV leitete, ermahnte ihn, aber ließ ihn gewähren, selbst wenn er ihren Arm auch vollmalte. Entweder man hatte ihn lieb oder man ging ihm besser ganz aus dem Weg.

Den Nächsten, den ich erwähnen möchte, ist Schoko-
bär. Ich gewöhnte mir an, nur Schoko zu ihm zu sagen,
das ‚bär' ließ ich weg. Er ist hellbraun, wie Schokolade,
aber von Jacques wird er trotzdem spaßhaft getriezt
und als ‚der Schwarze' oder ‚Feldsklave' bezeichnet.
Das gab, je nachdem, wer gerade Dienst hatte, Ärger
und Diskussionen. Klar klang es rassistisch und diskri-
minierend, aber so war es ja nicht gemeint! Schoko jedenfalls hatte ein *Angiom* im Kopf. Das bedeutet, dass
da zu viele Adern sind, die auch aufplatzen können,
was bei ihm schon passiert war. Dann gibt es eine Blu-
tung im Gehirn, die entweder von allein versiegt oder
viel zerstören kann und operiert werden muss. Ein *An-*
giom kann sich zu einer großen Ansammlung von Ge-
fäßfehlbildungen entwickeln und zu einer Art Blut-
schwamm werden, was dann gefährlich wird, wenn
sich das Blut von Arterien und Venen vermischt. Aber
ich bin kein Arzt und so genau weiß ich das auch nicht.
Schoko war schon 1,5 Jahre hier. Jetzt machte er eine
Berufsvorbereitung, kurz BVB, davor war er nur Patient gewesen.
Es waren so viele Leute da, aber ich werde nicht alle
einzeln vorstellen, nur die wichtigsten.
Ebenfalls über ein Jahr im neurologischen Rehabilitationszentrum waren Moe und Till. Moe hatte wunderschöne Kringellocken, die ihm um den ganzen Kopf
standen, weshalb er von uns liebevoll *Tingel-Tangel-*
Moe genannt wurde. Er war wegen einem Schlaganfall
in der Reha. Jetzt hatte er, genauso wie ich, *Ataxie* im
rechten Arm und konnte kaum schreiben, da der Tremor so stark war. Till hatte eine seltene Krankheit und
war nicht mehr in der Lage, seine Beine richtig zu be-

wegen oder auch nur zu beugen. Deshalb hatte er Krücken und seine ganz eigene Art und Weise, sich fortzubewegen. Ein bisschen sah es so aus, als hätte er nur ein Bein und würde hüpfen, da er seine Beine immer zeitgleich nach vorne schwang. Er kam aus dem Norden und musste über sechs Stunden fahren, um heimzukommen, weshalb er fast immer dablieb.

Ich fühlte mich schon wohl, aber es war schwer mitzukommen mit dem Rollator, und ich war darauf angewiesen, dass man auf mich wartete und wegen mir mit dem Fahrstuhl fuhr. Genauso brauchte ich jemanden, der mein Tablett in der Cafeteria trug, denn allein hätte ich das niemals gekonnt. Das war ein Grund, wieso ich ab dem zweiten Tag auf Station aß. Der zweite Grund war ganz einfach der, dass mir bis mittags so schlecht war, dass ich kaum essen konnte und meist brechen musste und, nachdem ich mich in der Cafeteria übergeben hatte, wollte ich nicht mehr vor so vielen Menschen essen. Auf der Station waren nur wenige Leute zum Essen, und im Notfall war sofort eine Schwester vor Ort.

Man probierte wieder etwas aus. Die Ernährungsberaterin kam eigens, um meine Ernährung umzustellen. Ich bekam danach jeden Morgen eine Brezel oder ein Körnerbrötchen, an dem ich herumpickte, denn Aufstrich ging gar nicht. Oder Obst – aber das kam sofort wieder raus. Mit dem Trinken war es genauso ein Problem, denn ich musste fast ununterbrochen aufstoßen ... Kohlensäure verschlimmerte das Ganze, und ich brach. Saft kam auch wieder. Deshalb trank ich dann Tee, wenn dies möglich war.

Das Medikament, das ich jeden Morgen bereits um 6.00 Uhr bekam, sodass ich einigermaßen um 8.00 Uhr aufstehen konnte, konnte in der Dosis leider nicht erhöht werden, weil mein Herz dann nicht mehr richtig schlug. Deshalb musste ich weiterhin jeden Morgen damit kämpfen, dass mein Körper am liebsten brechen wollte. Ich konnte mich auch nicht gescheit waschen, mir Zähne putzen und die Haare machen – alles nur so schnell wie möglich, damit ich auf keinen Fall überanstrengt wurde. Dann quälte ich mir das Frühstück rein und musste erst einmal mindestens eine halbe Stunde auf der Couch sitzen und Pause machen, bis ich einigermaßen stabil war, wie zuvor auf B1 auch.

Am heftigsten fand ich die Geschichte eines Mädchens: Sie war an ihrem 18. Geburtstag völlig betrunken gewesen und hatte gedacht, sie könne fliegen. Konnte sie auch, fünf Meter den Balkon runter auf Asphalt. Sie hatte großes Glück gehabt und ‚nur' ein Schädel-Hirn-Trauma davongetragen. Das war auch so etwas. Man ist anfangs immer echt schockiert, aber irgendwann härten einen die Schicksale ab. „Was, nur leichtes Schädel-Hirn-Trauma? Das wird, das ist gar nichts." „Was, gebrochene Knochen? Das heilt, mach' dir nichts draus." „Du lagst im Sterben? Ja, das ist hier nichts Neues. Lag fast jeder schon." „Nur drei Wochen Koma? Ja, da hattest du ja echt Glück." Je nach Prognose war man nicht mehr schockiert, auch wenn das ganz schön makaber klingt.

In der Krankengymnastik bettelte ich, ohne den Rollator laufen zu dürfen, aber das war noch zu gefährlich, weil ich schwankte wie auf hoher See. Wenn ich den Kopf drehte, drehte sich der ganze Körper mit und ich kippte um. Aber es gab einen Kompromiss: Ich durfte im Haus den Rollator im Erdgeschoss stehen lassen und mich am Geländer die Treppe hochquälen. Es war noch unvorstellbar, ganz ohne Rollator zu laufen, also schob ich ‚mein Auto' weiterhin ratternd durch die Gegend, so wie kleine Kinder ihre Spielzeugkinderwagen.

Tagebucheintrag von Kims Mutter
25. und 26.04.09

Wir verbringen das Wochenende bei Kim. Sie ist jetzt mit Lara zusammen im Zimmer. Sie verstehen sich gut. Zum Glück – das beruhigt ein wenig.

Die Woche bei Darla war grausam für mich, und ich lebte mehr oder weniger aus dem Koffer, aber endlich kam der Freitag, und ich durfte zu Lara ziehen! Oh Gott, war ich froh! Das neue Zimmer war im ersten Stock, genau hinter der Sofaecke beim Stationszimmer, neben dem Telefon, aber es war erträglich. Manchmal klingelte es jedoch stundenlang, bis ich genug hatte und hinausstolperte. Dann riss ich den Hörer runter und sagte: „Neurologisches Rehabilitationszentrum, Haus C, Kim Mathes – hallo?" Danach musste man meistens irgendwen suchen oder rufen, was für mich sehr schwierig war, weil ich einfach nicht laut rufen konnte. Meist dauerte es auch lange, bis ich es die Treppen hoch und in irgendein Zimmer geschafft hatte. Das Telefon lag in der Zwischenzeit auf dem Stuhl, der Anrufer musste warten. Ich war eben kein Marathonläufer.

In der Patientenversammlung sprach ich immer wieder an, dass die Leute doch am Telefon auf ihre Anrufe warten oder sich am Wochenende nicht vor neun Uhr anrufen lassen sollten. Ich konnte zwar nicht lange liegen bleiben, weil mir schlecht war, aber es nervte doch, wenn es stundenlang klingelte.

Lara war so ein guter Mensch, so verständnisvoll, ich hatte wirklich Glück, mit ihr in ein Zimmer gekommen zu sein. Wir redeten viel, erzählten uns alles – endlich hatte ich eine Freundin gefunden. Jemand, der immer bei mir war und nicht nach zwei Tagen heimfahren musste. Wir halfen uns und waren füreinander da, so, wie sich das gehört, wenn man zusammenwohnt. Endlich konnte ich mein Zimmer richtig einrichten und auch meine Fotos wieder an die Wand hängen. Weil ich Collagen so liebe, war innerhalb von einem Tag die komplette Pinnwand voll mit Bildern. Das war zwar ein bisschen gefährlich, aber ich wollte es trotzdem allein machen. Also, stellte ich mich aufs Bett, um an die Wand zu kommen. Dabei schwankte ich auf der Matratze herum und fiel zweimal fast rückwärts runter. Außerdem hatte ich nicht genug Kraft, die Reißzwecke in die Wand zu drücken, und es strengte mich so sehr an, dass ich ganz außer Atem war.

Lara ging es leider noch schlechter – sie war so dünn und kraftlos, dass ich ihre Flaschen öffnete, soweit ich das konnte, oder die Schuhe band. Außer Rohkost vertrug sie fast nichts mehr, weshalb sie jeden Tag eine ganze Ladung Obst und Gemüse bekam. Lara hatte ebenfalls einen Rollator und, wenn sie nicht mehr konnte, einen Rollstuhl. Darin fuhr ich sie manchmal irgendwohin, denn dann konnte ich mich festhalten und brauchte meinen Rollator nicht mitnehmen. Am lustigsten war es eigentlich abends, wenn wir beide uns im Schlafanzug noch ewig unterhielten. Manchmal setzte Lara sich zu mir aufs Bett, und wir tratschten ein bisschen über die anderen Bewohner. Die Lichtschalter befanden sich am Kopfende der Betten neben der Schwesternklingel. Ich haute immer darauf, um die kleine Lampe anzuschalten, aber da ich nur schlecht zielen konnte, kam es vor, dass ich auf die Klingel schlug. Dann leuchtete sie auch auf Laras Seite rot, es piepste und ich bekam Panik. „AHH! Ich hab' draufgedrückt! Lara!" „Schnell! Drück' auf das grüne Licht, dann geht es aus!" Der grüne Schalter befand sich neben der Zimmertür. Wenn man ihn drückte, dann ging ein grünes Licht draußen an und das hieß im Normalfall, dass eine Schwester im Zimmer war. Drückte man trotz des grünen Lichts erneut auf die Klingel, dann ging der Alarm los. In totaler Hektik stürzte ich vom Bett, stützte mich an der Wand ab und stolperte zur Tür. Dort drückte ich den grünen Knopf, damit das Piepsen aufhörte. Dann ein zweites Mal, damit auch das grüne Licht wieder ausging, es war ja keine Schwester im Zimmer. Puh, das war immer so anstrengend. Ich bekam total den Adrenalinstoß, wenn ich in Panik durch unser Zimmer stolperte. Lara beobachtete meine Hektik, rief: „Mach' langsam! Kim, pass' auf!", und lachte, wenn ich es dann geschafft hatte und erschöpft auf das Bett fiel. Es kam auch schon vor, dass ich an einem Abend mehrmals aus Versehen auf die Klingel schlug und jedes Mal wieder losrennen musste.

Naja, zum Glück hatte nie eine Schwester wegen dem falschen Alarm kommen müssen – ich schaffte es immer schnell genug. Vielleicht manchmal zu schnell, wenn ich so aus dem Bett hastete und fast hinfiel. Es war total unnötig gewesen, so zu hetzen, denn die Schwestern hätten es bestimmt verstanden, dass es keine Absicht mit dem Alarm gewesen war.

In Ergotherapie schrieb ich mit der rechten Hand wie ein Erstklässler. Schlimmer noch, da das Zittern dauernd alles unleserlich machte und ich mir in den letzten Wochen eine total verkrampfte Stifthaltung angewöhnt hatte, um die *Ataxie* in den Griff zu bekommen. Ganz banale Dinge gingen nicht mehr: Ich musste manchmal fünf Mal unsere Telefonnummer eingeben, weil ich mich jedes Mal wegen dem Zittern vertippte. Naja, jetzt hatte das Verkrampfen beim Schreiben zur Folge, dass ich das Schreiben noch einmal mit einer unverkrampften Haltung lernen musste. Sonst würde ich es nie erreichen, normal zu schreiben. Sollte dies nicht innerhalb von wenigen Wochen klappen, würden wir auf links umlernen. Erst war ich kurz vorm Durchdrehen, denn mit meinem Schraubstock-Schreiben klappte es eigentlich ganz gut, dann jedoch gab ich der Therapeutin recht. Es war lahm und wenig leserlich. Ich machte nur Bewegungen aus dem Arm und dem Handgelenk, was völlig falsch war, da die Finger das Schreiben machen sollten. Ich gab also mein Bestes, aber es war so schwer. Trotz allem schrieb ich weiterhin viele Briefe – manchmal konnte ich zwar immer noch nicht lesen, was ich geschrieben hatte, aber wenigstens machte ich weiter.

Um die Handkraft zu steigern, bekam ich einen Handtrainer, den man mit der ganzen Hand zusammendrücken konnte oder jeweils mit den einzelnen Fingern. Beginnen konnte ich schon mit der zweiten Stufe. Naja, schon ist relativ, denn der grüne Handtrainer hatte gerade mal zwei Kilogramm. Trotzdem bekam ich Muskelkater in den Fingern davon. Wenn ich mich richtig erinnere, begann ich links und rechts mit jeweils um die 20 Kilogramm Handkraft. Zuvor waren es rechts nur 11 gewesen. Ein normaler Mensch hat um die 35 Kilogramm. Wenn ich also zum Beispiel Jacques ärgerte, ihn schlug oder ihn am Arm packte, lachte er nur und schob mich ohne Probleme weg. Ich war total schwach. Da ich auch kein oder nur ein sehr schlechtes Gleichgewicht hatte, fiel ich eh total schnell um, wenn mich einer rempelte oder auf die Couch schubste.

Jeden Samstag waren die neuen Therapiepläne in einem Karteikasten im Schwesternzimmer abholbereit. Darauf standen dann für jeden Tag der nächsten Woche jeweils die Therapie, die Uhrzeit, der Therapeut und der Raum, wo sie stattfinden würde. Ich hatte eine Therapiesperre bis 9.00 Uhr, da es mir vorher auf gar keinen Fall möglich war, irgendwo hinzugehen. Danach auch nur schwer, Sport war auf keinen Fall morgens möglich. So wurde das auch den Terminkoordinatoren weitergegeben. Jeden Samstag jedoch, wenn der Plan fertig war, stand wieder etwas Falsches drauf, was mich fuchsteufelswild machte. Ich konnte doch morgens keinen Sport machen! Und zum Schwimmen ging ich schon ewig nicht mehr! Und ich hatte dienstags Kochen! Dann brachte mir die Therapie auch nichts, wenn ich nicht wollte oder konnte, weil ich mich eh nur übergab. Also wackelte ich genervt zu den Terminkoordinatoren und ließ alles ändern. Ahh. Total unnötig, der Stress.

Was weiterhin aufregte, war, dass die Leute nie da waren, wenn sie angerufen wurden und sich keiner angesprochen fühlte. So saßen wir manchmal zu zwölft auf der Couch und das Telefon klingelte und klingelte. Keiner ging dran. Bis man dann fast die Krise kriegte und selbst loswatschelte. „Neurologisches Rehabilitationszentrum, Haus C, Kim Mathes am Apparat?" Irgendwann hatte ich meinen kleinen Spruch so intus, dass ich ihn ganz schnell und ohne Stottern herausbrachte. Aber es verriss mich fast, wenn Jacques ans Telefon rannte: „Krematorium am Telefon, sie killen – wir grillen. Was kann ich für Sie tun?", oder er sagte mit tiefer Stimme: „Präparator am Telefon, sie klopfen – wir stopfen. Was ist Ihr Anliegen?" Meistens legten die anrufenden Eltern geschockt auf. Oder es stotterte jemand am Telefon herum, und Jacques lachte sich halbtot. Die Schwestern bekamen das manchmal mit und schimpften mit ihm, aber wenigstens hatten wir ein bisschen Spaß. Eine Schwester, Petra, hatte so ein Organ, dass ich mich zum Beispiel nie getraut hätte, Widerworte zu geben. Jacques jedoch liebte es, sie zu ärgern. Also ließ er in seinem Zimmer Luftballons platzen, bis sie fast ausflippte und durchs Haus plärrte: „JACQUES, ES REICHT!" Irgendwann erzählte mir einer, dass sie früher beim Militär gearbeitet hätte. Da wunderte mich nichts mehr. Da ich meistens auf der Couch saß, war ich topinformiert und bekam immer alles mit. Aber ich war auch nicht fit genug, etwas anderes zu machen.

Jeden Dienstagmittag war auch hier Visite, jedoch wechselten sich die zwei Stockwerke ab. Wie auch schon zuvor, schrieb ich fleißig Listen, weil ich immer noch Probleme mit dem Merken hatte. Es fiel mir zwar irgendwann wieder ein, aber dann war es oft zu spät. So wartete ich also mit meinem Block oder dem Handy in der Hand auf die Ärzte und fragte nach oder ließ sie den *Shunt* abtasten. Das war auch ein ganz komisches Gefühl. Da ist so ein Bereich des *Shunts*, kurz nach dem Ventil, den man anpumpen kann – dann macht es ein merkwürdiges Geräusch im Kopf. So ‚pffft pffft pffft'. Damit kann man jedoch kontrollieren, ob sich der *Shunt* füllt und richtig arbeitet.

Mir ging es trotz meiner netten Zimmernachbarin und Jacques' Blödeleien immer schlechter. Manchmal konnte ich nicht einmal zu den Therapien, weil ich solche Kopfschmerzen hatte. Es war irgendwann normal, dass ich am Tag bis zu drei Kopfschmerztabletten bekam, mittlerweile *Ibuhexal 600 mg*. Manchmal auch 800 mg, wenn es zu heftig war. Am besten half jedoch ein Kühlbeutel auf dem Kopf. Manchmal saß ich dann auf der Couch und hatte den Eispack wie eine Krone auf den Kopf drapiert. Ging es mir noch schlechter, lag ich mit Brechschale und ‚Schädelkühli' im Bett. Die Brechschalen begleiteten mich weiterhin, überall stapelten sie sich und ständig war eine in Reichweite. Im Rollator war ebenfalls eine vorne drin und in jeder Hosentasche eine Tüte zur Sicherheit.

Wenn ich zur Ergotherapie oder zur Krankengymnastik ging, musste ich ins Ausbildungsgebäude. Der Weg war nicht weit, führte aber an einer Grünfläche mit Grashügel vorbei. Jedes Mal, wenn ich vorbeiging, wünschte ich mir, auf dem Gras zu laufen und über den Hügel zu gehen. Mit dem Rollator war das jedoch ein Ding der Unmöglichkeit.

In den Ausbildungsbau kam man über eine Rampe, aber es gab auch Treppenstufen. Die Rampe war aus Metall, und wenn die Sonne draufknallte, wurde das Geländer total heiß. Da hatte der Architekt sich nichts dabei gedacht gehabt! Ich war immer total baff, wenn die Rollstuhlfahrer die Rampe hinunterrasten und um die Ecke schlitterten. Das war ein Traum, dass ich mich irgendwann einmal wieder so schnell fortbewegen können würde! Manchmal hüpfte ich hinter meinem Rollator herum und versuchte, mit ihm loszurennen. Dabei lachte ich und freute mich, aber ich kam kaum fünf Zentimeter hoch und auch das Rennen war nicht sonderlich schnell. Naja, ich hatte meinen Spaß und war froh, wenn mich keiner beobachtete.

Im Ausbildungsgebäude gab es auch einen Fahrstuhl, aber der war noch langsamer als im Haus C. Oh Gott, hat das immer gedauert! Gefühlte Stunden stand ich in dem Ding und schaute auf die Uhr. Dann verdrückte ich mich auch noch manchmal, weil ich die Beschriftung nicht verstand, und kam im falschen Stock raus. Das machte mich so wütend! Genauso wie es mich wütend machte, wenn mir irgendetwas nicht mehr einfiel. Es lag an meinem Kopf, und es ging mir eindeutig nicht schnell genug. Ich lernte jedoch einen Jungen kennen, der auf die Frage „Wo wohnst du?" einfach keine Antwort geben konnte. Ich konnte nicht verstehen, wie man das nicht wissen konnte, aber jeder hatte nun mal andere Probleme.

Die beste Ablenkung war Jacques für mich. Er war laut, rutschte auf dem Geländer durchs Haus und bekam Ärger. Petra rannte ihm hinterher: „HERR VON UND ZU ...! ES REICHT!" – und er lachte. Oder er schleuderte seine Zunge durch die Gegend und machte: „Wääääh wääääähhhähähähäh!" Einmal meinte er zu mir: „Verhaltensgestört sein, ist geil!" Die Erklärung folgte prompt: Er hatte einfach den Vorteil, dass er zu schlau war. Das heißt, er wusste, dass er verhaltensgestört war, und nutzte das einfach positiv aus, schließlich würde er nie für sein Verhalten ins Gefängnis kommen können. Höchstens eine Geldstrafe konnte er bekommen. Er tat ja nie etwas Bösartiges. Zu Beginn fand ich das sehr lustig mit dem Verhaltensgestört-Sein und dachte mir nichts dabei, bis er mir erzählte, wie es überhaupt so weit gekommen war. Dann tat er mir doch leid. Seine Geschichte ist die Folgende: Er war im Kindergarten mit fünf Jahren mit dem Kopf zwischen Tür und Rahmen gekommen. Die Folge war ein Schlaganfall und ein ganzes Jahr Krankenhaus. Nun war seine rechte Seite beeinträchtigt und sehr schwach und er verhaltensgestört. Jacques machte alles mit links, seine linke Seite war mittlerweile stark genug, um die andere auszugleichen. Man merkte ihm kaum etwas an, nur wenn er wieder komische Ideen hatte oder sich länger mit einem unterhielt. Dann hörte man raus, wie erfahren mit Leid er war und wie viel er schon hatte ertragen müssen.

Jacques und Schoko teilten sich ein Zimmer und waren echt ein Herz und eine Seele. Schoko hatte nach dem letzten Platzen seines *Angioms* rechts eine *Spastik* zurückbehalten und hatte ebenfalls auf links umlernen müssen. Mit den beiden konnte man dennoch sehr lustige Momente verbringen.

Eine Woche nach meiner Ankunft im Haus C kamen wieder Neue. Unter anderem ein tussiges Mädchen mit einem komplett roten Auge, wie ein Zombie. Ich grinste ihr trotzdem immer zu, aber sie kam mir komisch vor. Ihr Name war Lola. An ihrem ersten Tag erzählte sie: „Mhm, ich mag keinen Kaffee. Höchstens ab und zu Latte Macchiato." Jacques meinte dann zu ihr: „Die Latte kannst du auch von mir haben." Gut. Kein Kommentar. So war er halt. Entweder man mochte ihn oder man ging ihm wirklich besser aus dem Weg.

Ich litt immer wieder unter starken Kopfschmerzen und fast wöchentlich musste ich ins CT gefahren werden. Entweder der Fahrer fuhr mich hin oder der Krankenwagen holte mich ab. Egal, wohin ich gefahren wurde, kümmerten sich entweder der Fahrer oder die Sanitäter um die Aufnahme und meine Papiere, sodass ich das eigentlich nie selbst machen musste. Naja, mein Kopf war dazu eh zu kaputt. Einmal jedenfalls fuhr Patrick, der andere Zivi, mit mir ins CT. Es regnete und wir mussten nach dem CT bestimmt zwei Stunden auf den Krankenwagen, der uns zurückbringen sollte, warten. In der Zwischenzeit unterhielten wir uns, und ich erzählte ihm meine ganze Geschichte, sogar von dem *Shunt* in meinem Kopf. Er fragte: „Kann man das wirklich fühlen?" Ich antwortete: „Ja. Wenn du magst, kannst du mal hinfassen." Dann nahm ich seine Hand und legte sie auf meinen Kopf: „Fühl mal!" Und er zuckte zurück: „Wäh!" Mit großen Augen und total verunsichert schaute ich ihn an. Noch nie hatte ich eine normale Person dahinfassen lassen – und ihm hatte ich so vertraut. Dann das ‚Wäh!'.

Am nächsten Tag erzählte ich meiner Psychologin, Frau Luft (zum Glück hatte ich nicht mehr Herrn Sturm), davon. Sie fand es toll, dass ich mich getraut hatte, wenn auch nur, weil ich ihn hübsch und nett fand. Sie meinte, dass er nur überrascht gewesen war und mich bestimmt nicht widerlich fand. Ich für meinen Teil sagte ihm, dass ich es meiner Psychologin erzählt hätte und ich enttäuscht von ihm sei. Da war er ganz schockiert und entschuldigte sich mehrfach: „Aber so hatte ich das doch nicht gemeint! Es war nur so ungewohnt! Ach Kim, das war doch nicht böse gemeint!" Dann war es wieder gut. Trotzdem war das die erste Erfahrung, die ich mit dem *Shunt* und anderen Menschen gemacht hatte. Ich erzählte es dann auf der Couch den anderen, also Lola und so. Sie wollten alle hinfassen. Lola meinte sogar: „Also, ich find' das gar nicht schlimm. Das fühlt sich cool an." Danach war es ein bisschen leichter zu akzeptieren, dass ein Schlauch im eigenen Kopf steckte.

Nachts wurde ich alle paar Stunden geweckt, und die Nachtwache leuchtete mit einer kleinen Lampe in meine Augen. Sie machten das, um zu kontrollieren, ob sich die Pupillen noch verengten oder ob ich schon ins Koma gefallen war. Ich hatte mich mittlerweile so sehr daran gewöhnt, dass ich auch nachts gar nicht mehr wach wurde, und wenn, sofort weiterschlief. Aber es war doch sehr nervig, ständig ins Gesicht geleuchtet zu bekommen.

Unsere PV-Sprecherin, Ann-Sophie, kam mit Jacques zusammen. Von dem Zeitpunkt an war er sowohl ruhiger als auch ein bisschen vernünftiger. Sie konnte nicht mehr laufen, seit sie *Pfeiffersches Drüsenfieber* gehabt hatte. Aber die Ursache sah man im psychosomatischen Bereich, also konnte man ihr nicht wirklich helfen. Jedenfalls war sie ein echt hübsches Mädchen und trotz Rollstuhl immer top angezogen und geschminkt. Von wegen ein Rollstuhl macht unattraktiv. Wohl eher die blöde halbmatte Brille.

Ich hatte ja jetzt eine Dusche im Bad. Das allererste Mal duschte ich ohne Schwestern. Nach wochenlanger Begleitung. Wegen den Doppelbildern musste ich ein Auge zukneifen beim Duschen, und ich brauchte den Duschstuhl, der an der Wand angebracht war, aber es war so toll! Allein duschen und sich waschen und alles. Ganz in Ruhe. Ich konnte nun auch endlich meine Beine rasieren. Am Anfang schnitt ich mich ständig, weil die Hand wegen der *Ataxie* so zitterte, aber das nahm ich in Kauf. Es blutet jedes Mal abartig, wenn ich mich mit dem Rasierer schnitt. Hilfe, das halbe Bad war voll mit Blut, und ich hüpfte einäugig darin herum. Dann verband ich meinen Fuß notdürftig mit Klopapier, ich wollte schließlich nicht klingeln und in einer Blutlache stehend sagen: „Ähh, ich habe mich beim Rasieren geschnitten. Kann ich ein Pflaster haben?" Zum Glück konnte man das Bad einfach mit abduschen und alles lief in den Abfluss. Naja, so erfreulich es war, allein zu duschen, so traurig war es auch. Wie in aller Welt sollte ich jemals nach Hause dürfen, wenn ich nicht einmal im Stehen duschen konnte und ein Massaker beim Rasieren veranstaltete?!

Es gab im Haus C auch eine Badewanne, die man benutzen konnte, wenn man Bescheid gab. Man wurde dann im Stationsbad eingeschlossen und wenn man klingelte, wieder herausgelassen. Es war so ein tolles Gefühl, in der Badewanne zu liegen! Einfach göttlich, seinen Kopf unter Wasser zu tauchen und überall Schaum hinzublasen. Ich blieb immer im Wasser liegen, bis es kalt wurde und meine Haut schon ganz verschrumpelt war. Neben jeder Toilette, neben der Wanne und in jeder Dusche hing eine Schnur zum Klingeln im Notfall, aber daran gewöhnte man sich.

Ich klingelte oft. Leider waren im Haus C nur zwei Schwestern für alle zuständig und dann konnte es sein, dass es etwas länger dauerte, bis jemand kam. Manchmal hatte ich dann schon vier oder fünf Schalen vollgebrochen und neben mir aufgereiht. Ich war ja zum Glück nahe am Stationszimmer, sodass recht schnell jemand bei mir war. Auch zum Essensraum hatte ich es nicht weit, wenn ich mich in morgendlichem Elend hinschleppen musste.

Es stellt sich Ihnen vielleicht die Frage, wie man am besten mit einem Kranken umgehen sollte. Es gibt darauf keine Universalantwort. Ich kann nur sagen, dass es mir immer geholfen hat, dass die Leute mich ermutigt haben, mir schrieben und mich besuchten. Ich war zwar aus den Augen, aber nicht aus dem Sinn. Man hatte mich nicht vergessen. Alle standen hinter mir. Dieses Gefühl sollte man einfach vermitteln und so gut es geht für den Kranken da sein.

Naja, das können leider nicht alle. Die größte Enttäuschung meines Lebens war mein bester Freund Finn. Er war zwar damals im Krankenhaus gewesen, danach jedoch meldete er sich nicht mehr. Ich schrieb ihm Briefe und Nachrichten im Internet, als ich wieder tippen konnte, er jedoch antwortete nicht. Dabei hingen an meiner Wand die Fotos von uns beiden, und er war mir so wichtig. Dann bekam ich irgendwann nach Wochen einen reuevollen Brief mit dem Versprechen, sich zu bessern. Doch leider geschah nichts. Ich hätte ihm alles verziehen, schließlich war er mein bester Freund. Doch: Wie viele Chancen verdient ein Mensch? Nur weil ich krank und behindert war, musste ich mich nicht unter Wert verkaufen. Es tat mir sehr weh, und ich wollte nicht wahrhaben, dass er mich so hängen ließ. Es war schlimmer für mich als die Tatsache, dass ich nicht mehr laufen konnte. Ich vermisste ihn so sehr. Dann kam die Wut darüber, alleingelassen worden zu sein. Zornig schrieb ich ihm, wie weh er mir getan hatte, aber auch das änderte nichts. Anscheinend konnte er nicht damit umgehen und zu mir halten. Es brach mir fast das Herz, aber ich musste mich damit abfinden und loslassen.

Es gibt in solchen Situationen immer Menschen, die stark sind und bedingungslos zu einem halten, und diejenigen, die nicht damit umgehen können. Freunde zu haben, die das können, ist ein wahnsinniges Glück, und ich bin froh, dass vor allem Annabelle, Elm und Liz immer für mich da waren und mich nie aufgaben.

Es gab Tage, an denen ich mich köstlich mit Jacques und Schoko amüsierte. Die zwei hatten ein besonderes Zimmer, eigentlich zwei Einzelzimmer, die über das zweitürige Bad miteinander verbunden waren. So hörten sie sich zwar, aber hatten jeder doch einen Raum für sich. Eines Tages hörte Schoko, wie Jacques mit sich selbst redete und fröhlich vor sich hinplauderte. Das war so gesehen keine Seltenheit, deshalb wunderte er sich nicht weiter. Er machte sich Musik an und sang ein bisschen mit, um Jacques nicht mehr zu hören. Auf einmal stürzte der in sein Zimmer und fragte völlig entsetzt: „Mit wem sprichst du?" Schoko antwortete: „Ich singe!" „Gut. Ich dachte schon, du würdest mit dir selbst reden!" Dann ging Jacques erleichtert wieder in sein Zimmer. Ich musste so lachen. Da sprach er ständig mit sich selbst, aber wenn Schoko einmal laut sang, war er völlig entsetzt und dachte, Schoko wäre verrückt geworden.

Über das Gras laufen, ist wunderschön

Ich machte im Haus C trotz der andauernden Übelkeit gute Fortschritte, weil ich einfach mehr oder weniger dazu gezwungen war, selbstständiger zu sein. Mit Frau Luft redete ich oft darüber, dass es schwer war, mich so zu akzeptieren, wie ich jetzt war. Ich wollte das nicht, weil ich nicht wollte, dass es so blieb. Deshalb konnte ich mich nicht im Spiegel ansehen und wurde fast klaustrophobisch in Menschenmengen, aus Angst, angestarrt zu werden. Mein Selbstbewusstsein passte locker in meine Hosentasche. Oder in eine Streichholz-schachtel. Aber zumindest hatten wir in der KG viel er-reicht. Auch im Freien hatten wir getestet, ob ich um-fiel, wenn mich einer rief und ich den Kopf drehte. Es klappte gut und ich durfte endlich ohne Rollator lau-fen! Ich konnte Treppen laufen! Natürlich sollte ich mich immer festhalten und nichts übertreiben. So wirk-lich halten konnte ich mich nicht daran, denn ich war viel zu euphorisch. Ich lief sogar freihändig die Treppe runter, was mir ein Gefühl verlieh, wie ein Akrobat hoch oben in der Luft zu stehen. Also, ich glaubte je-denfalls, dass er sich so fühlen müsste. Ich durfte in der KG auch mit dem Roller im Gebäude herumsausen, was mir viel Spaß machte. Nur manchmal war es noch ein wenig wackelig wegen dem Gleichgewicht und ich fuhr fast jemanden um. So langsam war es mir auch zu blöd geworden mit dem Rollator, sodass es echt Zeit wurde, dass ich ohne ihn laufen durfte. Vor lauter Freude und Übermut stellte ich mich abends auf Laras Rollator und rutschte danach wie Jacques das Geländer herunter. Beides war total knapp und gefährlich, aber ich musste unbedingt etwas Dummes tun. Klar wurde ich gesehen und bekam sowohl von den Schwestern als auch am nächsten Tag von meiner KG einen riesigen Anschiss. Wenn sie gewusst hätte, dass ich so unvernünftig wäre, dann hätte sie das nicht erlaubt, schimpfte sie. Ich gelobte Besserung und war froh, dass nichts passiert war. Sonst hätte sie mir zusätzlich bestimmt den Hintern versohlt.

Es war für mich ein total komisches Gefühl, frei zu laufen. Erst musste ich mir abgewöhnen, die Arme so merkwürdig abgeknickt vor dem Körper zu halten, als würde ich einen imaginären Wagen vor mir herschieben. Dann musste ich lernen, nicht jedes Mal einen großen Bogen zu schlagen, wenn ich um eine Ecke ging. Außerdem fühlte es sich in den kurzen Hosen ganz merkwürdig an den Knien an, wenn ich über Asphalt lief. Als würde ich jeden Moment hinfallen und mir die Haut aufreißen. Ich spürte genau, wie es sich anfühlen würde, wenn ich mir die Knie auf dem harten Boden aufschürfen würde. Das machte mir richtig Gänsehaut.

Weil ich seit Wochen solch eine Sehnsucht danach gehabt hatte, lief ich so oft es ging über den Rasen und über den Grashügel. Einfach weil es so schön war. Ich erzählte auch im Theater davon und das eine Mädchen im Rollstuhl rief gleich: „Oh ja! Das wünsche ich mir auch jeden Tag, wenn ich aus dem Fenster gucke! Über das Gras zu laufen, ist bestimmt wunderschön!"

Es müssen manchmal gar nicht große, teure Geschenke sein. Es gibt Momente, in denen ist man glücklich, wenn einen jemand bei der Hand nimmt und mit einem einfach nur über ungemähtes Gras läuft. Manchmal reicht das aus, um glücklich zu sein. Doch wenn man wieder laufen kann, dann wird so etwas ganz schnell wieder unbedeutend. Dabei darf man nie vergessen, wie wichtig die kleinen Sachen im Leben sein können.

Bei meiner zweiten *case* bekam ich viel Lob, da ich mich anstrengte und gut vorankam. Ich durfte Rechtshänder bleiben, da ich mich im Feinmotoriktest gesteigert hatte und mit der *Ataxie* immer besser klarkam. Ich durfte jetzt auch in Hauswirtschaft und ins Kochen gehen. Es wurde besprochen, dass ich stärker zitterte, wenn ich mich beobachtet fühlte, und ich auch stärker schwankte, sobald ich bemerkte, dass mir jemand zuguckte. Das war ja keine Absicht, aber die Psychologin nahm es dankend zur Kenntnis, denn sie verarbeitete mit mir solche Sachen. Relativ beiläufig erklärte mir der Chefarzt, dass man meinen Kopf noch öfter mit CTs kontrollieren müsste, weil ich immer noch so oft brach und Kopfschmerzen hatte. Ebenso würde ich keine Ballsportarten mehr machen dürfen, weil das Ventil vom *Shunt* zerstört werden könnte. Dann schloss er: „So, das war's. Bis zur nächsten *case*." Schock. Zorn. Aber meine Volleyballmannschaft? Ich war Steller, meine Mannschaft brauchte mich, ich spielte gut und wollte nächste Saison wieder einsteigen! Geknickt ging ich in die Cafeteria. Mittlerweile hatte ich es geschafft, dass es mir mittags so weit gut ging, dass ich in der Cafeteria essen konnte. Ich konnte auch ohne Rollator laufen und mein Tablett tragen. An dem Tag saß ich mit Schoko, Lola und einem Neuen am Tisch, der munter erzählte: „Ja, ich hab' auch meinen Volleyball dabei. Dann können wir ein bisschen auf der

Wiese spielen! Wie sieht's mit euch aus? Nach Therapieschluss?" Ich schaute ihn an, knallte mein Besteck aufs Tablett, stand auf und fauchte: „Ich werde nie wieder spielen dürfen. Verdammt taktvoll von dir!", und ging.

Meiner neuen Ärztin zuliebe ließ ich mich dazu überreden, wieder in den Matheunterricht zu gehen. Schließlich musste ich mich ja auf das mündliche Abitur vorbereiten. An sich lernte ich zwar lieber allein, aber schaden konnte es ja nicht. Ansonsten hatte ich Englisch und Französisch in einer Oberstufengruppe in der Schule. Ich las fremdsprachige Bücher in meiner Freizeit und kam gut mit dem Unterrichtsstoff zurecht.

Etwas anderes, worüber ich mir Gedanken machte, war, dass man, wenn man einmal krank wurde, aus der Gesellschaft herausfiel. Wenn man keine Familie oder Freunde hatte, die einen unterstützen, konnte man sich, krass ausgedrückt, die Kugel geben, denn plötzlich war man völlig allein. Dazu kam noch, dass die Leute von einem dachten, dass man, weil man krank war, plötzlich eine Mordsgeduld hätte. Dem war aber nicht so! Klar konnte man vielleicht andere Schicksale besser verstehen, aber deshalb musste man sich doch nicht mit anderen Kranken umgeben wollen! Auch wenn es vielleicht unsozial klingt: Man hat genug mit sich selbst zu tun. Man war nett, weil man mochte, dass die anderen ebenfalls nett waren, aber schließlich war man selbst in erster Linie ebenfalls Patient und nicht Therapeut. Man war nicht aus purer Nettigkeit dort und durfte auch einmal böse sein. Nicht vergessen durfte man jedoch, dass die anderen nichts dafür konnten, was einem passiert war.

Es waren trotzdem nicht alle nett, nur weil ich einen Hirntumor gehabt hatte, der wiederkommen konnte, und ich im Sterben gelegen war. Es gibt zwar solche, die nur deshalb nett zu einem waren, aber viel mehr von denen, denen völlig egal war, was man durchgemacht hatte. Dies musste ich erst lernen zu akzeptieren. Lange Zeit dauerte es, ich führte viele Gespräche mit Frau Luft. Nur zu gern wollte ich in Selbstmitleid versinken, nie mehr aufstehen und fragen: „Wieso darf ich das jetzt nicht mehr?! Wenn ich das nicht mehr kann, dann mache ich eben gar nichts mehr." Alles, was ich je schön an mir gefunden hatte, waren meine hellblauen Augen gewesen. Hellblaue Augen, die jetzt hinter einer einseitig matten Brille verborgen lagen. Hellblaue Augen, die doppelt sahen. Es war weder klar, ob ich jemals wieder normal sehen können würde, noch wie lange der *Shunt* halten oder ob der Tumor wieder zurückkommen würde. Mit dem *Shunt* war es so, dass man nicht sagen konnte, wann der Körper wieder allein fähig sein würde, das Hirnwasser abzuleiten. Dazu hätte man entweder probeweise den *Shunt* entfernen müssen oder viele CT-Bilder machen, um zu schauen, ob das *Liquor* durch den Schlauch lief oder den natürlichen Weg nahm. Also konnte es durchaus sein, dass der Körper das allein konnte, es aber niemand bemerkte und man trotzdem noch aufpasste. Wobei ich sagen muss, dass da jeder Arzt etwas anderes sagt und selbst jedem Patienten mit *Shunt* andere Dinge erzählt wurden. Wenn man so manchen Glauben schenken darf, dann bleibt irgendwann ein bisschen Plastik in der Erde und das war's. Von einem Arzt hingegen wurde mir prophezeit, dass so ein ‚Ding' in der

Regel alle 3-10 Jahre kaputtgeht. Naja, aber lieber bin ich einmal zu oft vorsichtig als einmal zu wenig. Sollte der Tumor noch einmal so groß werden, würde man nichts mehr tun können, ohne zu viel zu zerstören. Die Ungewissheit konnte mir leider keiner nehmen – vielleicht würde ich schon bald wieder ins Krankenhaus kommen! Vielleicht, wer weiß das schon? Vielleicht würde es nie wieder gut werden! Vielleicht würde sich nie wieder jemand in mich verlieben! Ich wollte das alles nicht!

Tagebucheintrag von Kims Mutter
30.04.09

Es ist Kims 19. Geburtstag, ich fahre mit Christian in die Reha, um sie nach Hause zu holen. Morgens wurde im Krankenhaus noch ein CT gemacht, da es ihr in den letzten Tagen nicht so gut ging. Aufgrund des Ergebnisses der Computertomografie dürfen wir fahren. Es ist schön, sie zu Hause zu haben, auch wenn ich große Angst habe, dass etwas passiert. Muffin ist ganz von der Rolle, als er endlich kapiert, dass das wirklich Kim ist, ihre Stimme ist ja noch ganz verändert.

02.05.09

Wir veranstalten ein großes Fest zu ihrem Geburtstag. Kim hat sogar Einladungen geschrieben und verschickt. Das Wetter ist klasse! Wir feiern im Freien, es sind alle Freunde da und alle Verwandten und Bekannten von

uns. Es ist ein sehr schönes Fest, es ist toll, Kim so zu se-
hen. Wir feiern bis spät nachts.

03.05.09

Wir müssen sie wieder zurück zur Reha fahren, doch sie
möchte gern daheim bleiben. Es bricht mir fast das Herz,
ich will ja auch, dass sie hier bleibt, aber sie braucht nun
mal noch viel Therapie.

Weil ich ständig Kopfschmerzen hatte, wurde ich an
meinem Geburtstag auch noch ins CT gefahren. Das
Ergebnis würde darüber entscheiden, ob ich nach Hause fahren dürfte oder nicht. Meine Mama würde auf
jeden Fall kommen. Klar hatte ich riesige Angst, dass
etwas mit meinem Kopf nicht stimmte. Aber ich hatte
Glück, es war unverändert zur letzten Bildgebung.
Glücklich packte ich meine Tasche und meinen Laptop
und setzte mich auf die Couch, um auf Mama und
Christian zu warten. Zum ersten Mal seit fast drei Monaten würde ich nach Hause kommen! In mein Zimmer
und zu meiner Katze! Ich hatte Einladungen geschrieben und mit der Post verschickt, weil wir am nächsten
Tag ein großes Fest feiern wollten mit all meinen
Freunden. Mama und Christian kamen an und begrüßten mich herzlich. Ganz aufgeregt war ich, als wir losfuhren, und ich hatte natürlich Brechschalen auf dem
Schoß, falls es mir schlecht werden sollte. Ich schlief
ein, es war sehr erschöpfend für mich.
Nach knapp drei Stunden kamen wir daheim an, und
ich konnte es gar nicht fassen! Es war so schön heim-

zukommen. Das Erste, was mir auffiel, war unser neu angestrichenes Hoftor, das rot in der Sonne leuchtete. Papa stand schon in der Tür und grinste breit. Mama hatte ein großes Schild gemalt, auf dem stand: „Willkommen daheim, Kim!" Schnell eilte ich aus dem Auto, meinem Papa entgegen. Dann zerdrückte ich fast die Katze und freute mich so, meine ganze Familie um mich zu haben. Alles war so toll! Da war ein Kühlschrank, und ich konnte trinken, wann ich wollte und aus welchem Glas ich wollte! Da waren Obst und Süßigkeiten und so viel Auswahl auf einmal. Die Treppe war ein bisschen anstrengend, Mama ermahnte mich, langsam zu machen, aber ich eilte hoch. Ohh, ich hatte mein Zimmer so sehr vermisst! Wie es roch, und mein großes Bett und meine Schals und meine Kleider und meine Schminksachen und meine Bücher ... Ich konnte mich gar nicht mehr einkriegen, so sehr freute ich mich. Es war, als hätte ich bereits vergessen, was ich alles besaß, und würde jetzt alles neu entdecken. Meine Eltern schienen glücklich, dass es mir so gut ging, und ich wurde von meiner Mama bekocht. Erst zu Hause wurde mir bewusst, wie schmerzlich ich das alles vermisst hatte.

Am nächsten Tag war mir erst einmal trotz Medikament sehr schlecht, und ich machte Pause in der Küche. Muffin setzte sich auf meinen Schoß und begann, extrem laut zu schnurren. Er hatte vorher nicht kapiert, dass es wirklich ich war. Danach durfte ich meiner Mama mit den Salaten für das Grillfest helfen und Radieschen schneiden. Es machte so viel Spaß, in unserer Küche zu sein und helfen zu können. Dann schnitt mir die Mama die Haare schulterlang, weil ich so sehr bettelte und die Haare mich nervten. Danach sah ich schon weniger zerzaust aus. Papa baute derweil draußen Sonnenschirme und Bierbänke auf. Hunger hatte ich natürlich jetzt schon, schließlich hätte ich um 12.00 Uhr eigentlich längst etwas zu essen bekommen ... Es ist wirklich verrückt, wie schnell sich der Körper Hunger angewöhnt.

Ich fass' es jetzt einfach kurz: Es war wunderschön, alle wiederzusehen! Meine ganze Verwandtschaft war da, meine Freunde und alle Bekannten der Familie. Es waren ALLE, die mir wichtig waren: Christian, Tine, Celina, Mara, Elm, Annabelle, Liz, Amelie, Janine, Milena ... So viele waren extra für mich gekommen! Die meisten hatte ich seit Monaten nicht gesehen, und die Mädchen aus meiner Schule würde ich auch nicht so schnell wiedersehen können, da die Schule ja beendet war. Wir grillten, es gab Kaffee und Kuchen und jede Menge Getränke. Ich war völlig gelöst, lachte viel und fühlte mich ganz so, als wäre wieder alles gut. Lief ich ins Haus oder über den Hof, machten alle Platz und Mama rief: „Mach langsam!", aber das war okay so. Meine kleinen Cousinen waren so goldig und alle total herzig zu mir. Ich bekam viele tolle Geschenke und vor allem auch Sachen, die ich mir gewünscht hatte wie *Qi Gong*-Kugeln, Pinsel, Leinwände, Hörbücher, DVDs ... Es war perfekt, und wir saßen bis in die Nacht draußen. Leider war es irgendwann zu Ende, und ich ging schlafen in meinem weichen Bett. Am nächsten Tag grillten wir als Familie und spielten *Skippo*. Ich drückte Muffin so oft und fest, wie ich konnte, und wollte nicht mehr zurück. Trotzdem fuhren wir wieder in die Reha, schließlich war ich noch nicht in der Lage, die Realität

länger als drei Tage mitzumachen. Es strengte mich zu
sehr an. Also ging es zurück.

Sich mit dem Sein arrangieren

Ich war so traurig, weil ich all das immer noch nicht konnte, was ich gerne machte: Malen, Basteln, Singen, Theater spielen. Und zudem würde ich meine Freunde jetzt erst einmal eine Weile nicht sehen. Also, es ging schon mit dem Malen und Schreiben, aber nur langsam und viel schlechter als zuvor. Volleyball spielen durfte ich auch nie mehr. Meine Kondition war eh hinüber. Alles, was mich als Mensch ausmachte, war mir genommen worden. Und ich wollte mich einfach nicht mit Alternativen zufriedengeben! Ich wollte wieder können, was mir wichtig war!

Lola wurde immer mehr zu meiner Bezugsperson im Haus C. Sie war zwar jünger als ich und allein von ihrer Art war sie mir eigentlich zu dominant, aber der Aufenthalt dort machte einen weniger wählerisch – und wir brauchten einfach einander. Vor allem waren wir uns oft sehr ähnlich: Wir stellten uns alles bildlich vor, was uns ständig zum Lachen brachte, waren manchmal echt versaut, verstanden uns ohne Worte, konnten miteinander über alles reden, gaben uns gegenseitig Kraft und hatten denselben Optimismus. Je mehr ich mit ihr zu tun hatte und sie besser kennenlernte, desto mehr wuchs sie mir ans Herz.

Im Haus C ging es meistens zu wie in einer Soap. Zumindest sagten das Annabelle und Elm, als sie zu Besuch waren. Sie saßen mit Lola, Schoko und mir auf der Couch, und wir redeten viel und klärten sie auf, wer welche Krankheit hatte und wer mit wem anbandelte. Es gab immer genügend Geschichten zu erzählen und es kursierten täglich andere Gerüchte. Dann kam von hinten Jacques angerannt, sprang über die Couch und ließ sich neben Annabelle fallen. Schock. Mit riesigen Augen sah sie ihn an: „Ok. Und wer bist jetzt du?" Ungestüm und frech, aber so war er nun einmal. Wir bestellten uns etwas zu essen beim Italiener (wie so oft, weil uns das Essen aus der Cafeteria einfach nicht mehr schmeckte und man nicht jeden Abend Fertigpizza im Freizeitkeller essen konnte) und saßen noch ein bisschen im Gemeinschaftsraum, bis Elm und Annabelle wieder heimfahren mussten. Ich hasste es, wenn meine Freunde gingen und ich zurückblieb. Wären Lola, Schoko, Lara und Jacques nicht gewesen, wäre ich in Tränen ausgebrochen.

Ich aß so viel Pizza, wie noch nie zuvor in meinem Leben – und sie blieb drin! Manchmal gingen wir auch Döner essen oder kochten uns etwas in der Patientenküche. Irgendwie musste man ja für Abwechslung sorgen.

Lola meinte irgendwann ganz philosophisch: „Eigentlich ist die gesamte Klinik wie eine Seifenblase. Du bist völlig abgeschottet von draußen und es zählt nur noch, was hier drin passiert. Deshalb geht es dir auch so nahe, wenn dich hier einer dumm anmacht. Draußen wäre dir das so egal, aber hier, in der Seifenblase, ist es wichtig." Damit hatte sie es genau richtig beschrieben. Draußen interessierte sich kein Mensch groß für dein Schicksal, hier machte man eine Riesensache aus jedem Vorfall. Wie immer war es so, dass Leute entlassen wurden und jede Woche Neue kamen. Ein ständiges Kommen und Gehen, vor allem über die Sommerzeit, wo viele nur zur Kur da waren. Ständig musste man sich neue Gesichter und Namen merken und hörte neue Geschichten von Krankenhäusern, Operationen und Unfällen.

Klar kamen oft Momente, in denen andere sagten: „Wenn ich gestorben wäre, dann wäre es für alle einfacher gewesen. Dann hätten die Qualen ein Ende gehabt." Das dachte ich selbst oft genug und schrieb Annabelle per SMS, dass ich keine Lust mehr hatte und mein Leben zurückwollte. Immer wieder kam als Antwort: „Ach Quatsch, halte durch. Du schaffst das schon. Ich bin froh, dass es dich gibt." Also kämpfte ich weiter. Für meine Freunde. Für meine Familie. Jeden Tag – beginnend mit der ewigen Übelkeit.

Und immer wieder ging es ins CT, weil ich das Gefühl hatte, mein Kopf würde platzen. Wenn ich darüber nachdenke, war ich unnormal oft im Krankenhaus, um ein Bild von meinem Kopf zu machen. Ständig kam der Krankenwagen ins Haus C, um mich abzuholen. Früher, als ich klein war, hatte ich immer einmal mit einem mitfahren wollen, mit der Zeit war es jedoch nichts Besonderes mehr. Im Gegenteil, es war eher beunruhigend und auch nicht besonders angenehm. Viele Krankenwägen waren recht eng und voller Gerätschaften. Beim Aussteigen musste man aufpassen, dass man sich den Kopf nicht anstieß.

Einmal war Philipp mit dabei beim CT. Wir saßen ewig im Wartezimmer herum. An sich fand ich es gut, weil er mir so gefiel, aber irgendwann tat er mir leid, und weil wir beide Hunger hatten, er zudem längst Feierabend gehabt hätte. Wir unterhielten uns lange. Ich fand in ihm einen Freund, der zuhörte und mich verstand.

Das Tolle am Leben in der Reha war, dass man mit der Zeit lernte, wer vom Pflegepersonal wie zu behandeln war. Das kam ganz von selbst, da man ja alle gut genug kennenlernte. Wenn ich es mir überlege, habe ich in der ganzen Zeit mindestens dreißig Ärzte kennengelernt und bestimmt fünfzig Schwestern. Je nachdem, wer Nachtwache hatte, konnten wir lange aufbleiben oder machten besser das Licht aus. Man hatte irgendwann den Dreh raus, bei wem man sich was erlauben konnte und bei wem man besser nicht um die Erlaubnis für irgendetwas fragte, weil er eh nein sagen würde. Unser Insiderwissen gaben wir großzügig hinter vorgehaltener Hand an die Neuen weiter. Meist fragten wir bereits freitags nach, wer am Wochenende Dienst haben würde, und planten dann, was wir vorhatten und ob wir im Haus blieben oder besser das Weite suchten. Es gab eine Schwester im Haus C, mit der ich absolut nicht auskam. Eigentlich war nie etwas vorgefallen, aber wir kamen einfach nicht miteinander zurecht. Sie schien auch immer Dienst zu haben, wenn es mir richtig schlecht ging und ich auf Hilfe angewiesen war. Dabei wollte ich ihre Hilfe gar nicht! Aber wenn man brechend im Bett liegt, hat man keine Ansprüche mehr. Dann ist man froh, wenn jemand da ist, der einem hilft. Wenn sie mit mir sprach, konnte ich mich jedoch nie zusammenreißen, war frech und unverschämt und kochte innerlich vor Zorn. Aber es ging echt nicht anders, sie war so kleinkariert und unsympathisch!

Es gab aber auch Leute vom Pflegepersonal, die ich sehr mochte. Meine liebste Nachtwache war Paskal. Er ließ uns am Wochenende bis halb zwei fernsehen und war bei Weitem nicht so streng, wenn wir dumme Sachen machten. Martha zum Beispiel war für mich zuständig. Und obwohl sie recht streng sein konnte, verstand ich mich total gut mit ihr. Sie nahm mich in den Arm und interessierte sich für das, was ich zu erzählen hatte. Sie war ein wenig eigen, wenn Jungs Mädchenzimmer besuchten oder andersherum, aber das musste man eben akzeptieren.

Lara ging es nur ein wenig besser, sie konnte allerdings immer schlechter laufen. Sie saß fast nur noch im Rollstuhl, und wir mussten sie schieben und die Bremsen für sie auf- und zumachen, weil sie einfach zu schwach dafür war. Die Ärzte fanden nicht heraus, was ihr fehlte. Sie vertrug fast kein Essen mehr und bekam hochkalorische Drinks, damit sie nicht völlig abmagerte. Dauernd war ihr schlecht. Auch eine Sonde konnte ihr nicht gelegt werden, weil ihr ja vom Magen her schlecht war und der Eingriff nichts geändert hätte. Dann kam der Schock: Weil man nichts mehr für sie tun konnte, war sie nur noch zur Kur da und man würde sie in wenigen Wochen entlassen müssen. Was sollte ich denn dann tun? Bestimmt bekam ich wieder jemand wie Ursula oder Darla ins Zimmer, es würde ganz furchtbar werden!

Von da an saß ich oft bei Lola im Zimmer herum und wir spielten irgendein Brettspiel. Wir wurden zu richtigen *Mensch-ärgere-dich-nicht*-Junkies und spielten es in einem extremen Tempo und am liebsten zu zweit. Während die eine rückte, würfelte die andere bereits, wir machten keine Pause. Manchmal zwangen wir uns beide als Übung, die rechte Hand zu benutzen, die Hand mit der *Ataxie*. Dann dauerte es ewig, und wir zit-

terten herum und trafen die Felder nicht mehr. Meistens hörten wir recht schnell wieder damit auf, weil es uns nervte – aber wenigstens versuchten wir es. Oder wir spielten stundenlang *Skippo*. Lola brachte mir bei, wie ein Kartendealer zu mischen, was sie in der Psychiatrie gelernt hatte: „Wenigstens ETWAS Nützliches."
Ich konnte immer noch nicht richtig rennen und traute mich auch nicht, doch eines Abends packte mich der Übermut und ich rannte zu meinem Zimmer zurück. Ich raste den Flur hinunter und lachte hysterisch, flog um die Ecke und – ahh ... Schock. Abrupt musste ich abbremsen. Fast hätte ich Martha umgerannt, die mich anstarrte, als wäre ich lebensmüde. Ich wurde rot und lachte: „Oh sorry! Aber – ich kann rennen!"

Tagebucheintrag von Kims Mutter
05.05.09

Kim ist es häufig schlecht. Sie ist oft sehr müde und kaputt und erbricht auch wieder häufiger. Sie wird erneut im Krankenhaus vorgestellt. Der Neurochirurge ist der Meinung, dass man das Ventil verstellen müsse. Sollte es dann nicht besser werden, würde vielleicht ein zweites Ventil eingebaut werden. Er schreibt einen Brief mit dieser Diagnose an den Oberarzt der Klinik.

Meine Eltern kamen schon länger nicht mehr jedes Wochenende zu Besuch, weil das viel zu teuer und anstrengend für ein Wochenende war. Aber sie kamen so oft, wie es eben ging, und bei Weitem öfter als die Familien der anderen. Außerdem war ich nun mal nicht das einzige Kind in unserer Familie. Mir ging es besser, wenn die Kopfschmerzen nachließen, sodass es mir wieder wichtiger wurde, wie ich aussah. Da Lola und ich donnerstags immer mit in die Stadt fuhren, gingen wir einkaufen und kauften auch wieder Schminkzeug (und Kleider und Süßigkeiten und Saft und Fertigessen). Man fuhr jedes Mal eine Dreiviertelstunde, aber es war wie ein Ausflug in die Normalität. Eine willkommene Abwechslung. Zu Beginn konnte Lola den Verkehr nicht ertragen, sie fing an, panisch zu werden, wenn sie einen Roller sah und bekam Angst. Bei ihrer ersten Busfahrt machte sie ständig große Augen und fing an zu weinen, wenn draußen ein Roller vorbeifuhr. Sie packte dann Schoko am Arm, schloss die Augen und verzog das Gesicht schmerzverzerrt. Ich wusste gar nicht, was ich tun sollte, ich kam mir so hilflos vor. Mir fiel es auch schwer am Anfang, doch im Straßenverkehr ging es eigentlich, solange der Bordstein nicht zu hoch war und der Gehweg breit genug, damit ich hin- und herschwanken konnte. Ich brauchte genug Platz, wenn es eng wurde, sah ich mich immer schon unter dem Auto liegen. Große Menschenmengen verunsicherten mich jedoch. Einmal wäre ich fast die Rolltreppe im Kaufhaus runtergestürzt, weil ich den Kopf zu schnell gedreht hatte und das Gleichgewicht verlor. Auf jeden Fall wurde es irgendwann zu unserer liebsten Beschäftigung, wir freuten uns auf jeden Donnerstag. Anfangs war das Schminken eine Tortur, weil ich doch doppelt sah. Entweder musste ich ein Auge zukneifen, dann war ich wie ein Waschbär verschmiert mit Mascara, oder ich sah die ganze Zeit vier Augen.

Ich schminkte dann eben zwei von den vieren so gut ich mit meiner zittrigen Hand konnte. Aber es wurde ganz gut mit der Zeit. Das eine Auge sah man eh nicht hinter der matten Scheibe, das konnte ruhig ein bisschen verschmiert sein. Not macht erfinderisch. Es tat nur höllisch weh, wenn ich mir den Mascara ins Auge stach, was leider sehr häufig vorkam. Aus Reflex kneift man dann die Augen zusammen, dann tränen sie, sodass man erst recht total verschmiert ist! Lola schaute mir einmal dabei zu und lobte mich, weil es immer besser klappte und ich mir an dem Tag nur zweimal mit dem Mascara ins Auge stach. Sie war wirklich lieb zu mir und meinte: „Wenn du magst, kann ich dir helfen, deine Augenbrauen zu zupfen!" Aber das wollte ich nicht und antwortete: „Nee, danke. Das geht schon irgendwie." Ich konnte es nämlich mittlerweile selbst. Es dauerte zwar zwanzig Minuten und ich musste jeweils ein Auge zumachen, aber ich hatte abends eh nichts zu tun.

Trotz dieser kleinen Fortschritte haute mich an manchen Tagen der Schmerz um. Nicht darüber, dass ich mein Zuhause vermisste und trotz Schminke noch nicht wieder hübsch aussah, sondern rein physischer Kopfschmerz. Ich versuchte, mein Hirn tiefzukühlen, aber es half nichts. Der Schmerz war so stark, dass ich nichts machen konnte, außer im Bett liegen und leiden.

Immer wieder kamen Momente, in denen man sich fragte, für wen man kämpfte und für was man das Leid überlebt hatte. Es machte einen stark, dass Freunde und Familie zu einem hielten, leider konnte man aber nicht von Luft und Liebe leben. Und gesund wurde man davon auch nicht.

Tagebucheintrag von Kims Mutter
10.05.09

Wir telefonieren täglich und schreiben SMS. Es ist bescheuert, dass ich nicht bei ihr sein kann. Man lebt in ständiger Angst, nicht rechtzeitig da zu sein, falls etwas sein sollte. Es ist der pure Stress, ständig auf Abruf zu stehen, dann noch arbeiten zu gehen, den Haushalt zu führen und Mirco zu betreuen. Manchmal würde ich am liebsten weglaufen und nichts mehr mitbekommen von all diesem Elend. Aber ich bin die Mama, und das ist unser Schicksal. Irgendwie geht es immer weiter.

11.05.09

Kim wird ins Krankenhaus gebracht, der Neurochirurge verstellt das Ventil von 140 auf 180 ml. Man hofft, dass jetzt weniger rausläuft und somit eine Überdrainage verhindert werden kann. Ich bin froh, dass Lara bei ihr im Zimmer ist. Sie kümmert sich und tröstet Kim.

12.05.09

Kims Zustand hat sich nicht verbessert. Im Gegenteil, sie hat starke Kopfschmerzen. Um 18.00 Uhr fahren sie schon wieder mit ihr ins Krankenhaus, um ein CT zu machen. Es ist immer noch unverändert, trotz Umstellung des Ventils.

13.05.09

Es entsteht wohl der Eindruck, Kim würde die Übelkeit erfinden. Denn solange sie liegen bleibt, geht es ihr gut, und sobald sie aufstehen muss, kommt die Übelkeit und oft das Erbrechen. Das findet man unsinnig. Sie muss morgens nach dem Aufstehen circa eine Stunde einfach nur dasitzen und kann zu keiner Therapie. Wieder wird über ein zweites Ventil diskutiert.

22.05.09

Es ist case mit allen Therapeuten: Ergo, KG, Ärzten, Logo, Psychologin und Kunsttherapeut. Hauptsächlich wird die Übelkeit besprochen, und dass Kim in eines der Zimmer im Neubau von Haus C soll. Im jetzigen Zimmer gibt es keine Rollläden und es ist zu heiß für sie. Sie verträgt die Hitze nicht. Thema ist auch wieder das mündliche Abitur. Ansonsten macht sie gute Fortschritte, nur fallen viele KG-Stunden aus, weil es ihr morgens so übel ist.

23.05.09

Wir versuchen gegen die Übelkeit ein homöopathisches Mittel, von dem Kim gelesen hat. Ich besorge Nux vomica. Die Ärztin klärt ab, ob es sich mit den anderen Medikamenten verträgt. Mary Poppins spricht erneut mit mir und ist ebenfalls davon überzeugt, dass man nichts unversucht lassen sollte. Wir entscheiden uns auch erstmal dafür, die Pille abzusetzen.

25.05.09

Kim geht es schlecht, ihr Puls rast den ganzen Tag. Sie hat starke Kopfschmerzen, liegt nur im Bett und bekommt Paracetamol. Alle Informationen tauschen wir über SMS und Telefon aus. Es ist zum Verrücktwerden, dass ich nicht bei ihr sein kann.

26.05.09

Kim hat morgens wieder einen sehr hohen Puls von 135 im Ruhezustand. Sie machen ein EKG und beantragen ein Langzeit-EKG im Krankenhaus.

27.05.09

Ich treffe mich mit einem Herrn von der Krebsgesellschaft Rheinland-Pfalz. Wir reden darüber, welche Möglichkeiten es gibt, um uns beziehungsweise Kim auf ihrem kommenden Weg finanziell zu unterstützen. Wir reden sehr lange, und er fragt, was ich eigentlich machen würde, um Kraft zu tanken: „Wie können Sie das jeden Tag durchstehen? Nehmen Sie sich auch einmal eine Auszeit?" Ich weiß oft nicht, woher ich die Kraft nehme, ich glaube einfach, dass es geht, weil es muss. Ich bin ihre Mama und sie ist mein Kind. Wenn nicht ich – wer dann? Es ist wie ein Kreis, aus dem man nicht hinauskommt. Manchmal habe ich das Bedürfnis, nur zu schreien, aber ich kann oft noch nicht einmal weinen. Es ist wie ein Schockzustand. Ich bin eine Maschine, die einfach funktioniert. Ich bete oft und bitte um Beistand, Schutz und Kraft.

Es war extrem heiß und der Sommer hatte richtig angefangen. Lola und ich vertrugen keine Hitze und waren froh, wenn es nicht so heiß war. Meistens saß ich auf der Couch und las, wenn es mir einigermaßen gut ging. Zu dem Zeitpunkt war es die Biografie eines Sektenführers. Ich war fasziniert davon, wie naiv die Menschen sein können. Zu Lola meinte ich dann: „Also, wenn ich keinen Beruf finde, dann werde ich Sektenführer. So was Tolles. Da bist du der Held und alle machen, was du sagst." Lola war weniger begeistert davon und regte sich dauernd auf: „Spinnst du? Wenn du weiter so einen Stuss redest, nehme ich dir das weg! Du wirst ja ganz verrückt!"

Ich brauchte die Bücher, um zu entfliehen. Dann hatte ich ein anderes Thema, über das ich reden und nachdenken konnte. Selbst wenn es irre amerikanische Sektenführer waren.

Einmal wollte ich die Glasflasche greifen, die vor mir auf dem Tisch stand, packte sie aber nur oben am Hals, weil ich nicht richtig drankam im Sitzen. Sie schwenkte vor und zurück, mir volle Kanne an den Kopf. Im ersten Moment dachte ich, dass es bluten würde oder mir würden weiße Täubchen um den Kopf schwirren wie in einem Cartoon. Mein lieber Mann, war das fest gewesen! Ich sagte es der nächsten Schwester, die vorbeilief. Sie regte sich tierisch auf und holte mir sofort einen Eisbeutel: „Kim! Was soll denn das? Musste das sein? Jetzt darfst du schon extra keine gefährlichen Sachen machen, dann haust du dir die Glasflasche an den Kopf!" Es war auch sicher mit Absicht gewesen, ich mochte Schmerzen ja so gerne! Nicht. Eine dicke blaue Beule wuchs auf meiner Stirn, aber ansonsten ging es mir nicht schlechter als sonst auch. Ich weiß, dass es unnötig gewesen war. Die Mama regte sich ebenfalls auf, sagte dann aber lachend ins Telefon: „Schade, dass sie das Tollpatschigkeits-Gen nicht weggeschnitten haben." Mhm ja, und das Zickig-Gen auch nicht. Das sagte sie oft genug. Was soll's, ich war froh, dieselbe geblieben zu sein. Außer dass ich einfach härter geworden war, fiel mir selbst nicht sonderlich viel auf, das sich an meiner Art geändert hatte, trotz der Aussage des Arztes: „Ihre Tochter wird nach der Operation nie mehr dieselbe sein. Eingriffe am Gehirn verändern die Persönlichkeit."

Lola verbot mir, auf der Couch rumzuhocken, weil sie der Meinung war, ich würde Philipp hinterherrennen, ich sollte mich eher rarmachen. Dabei saß ich da ja nur, weil ich Pause machte – aber gut. Das Ganze war eigentlich echt witzig, denn es war eh total unvorstellbar, dass sich ein normaler Junge für mich interessierte. Erst recht, wenn ich wie ein Mutant Ventile im Kopf hatte. Zum Glück lenkte mich Lola ab, sonst wäre ich total in Selbstmitleid versunken.

Einmal hatte sie jedoch einen schweren Rückfall. Von heute auf morgen konnte sie nicht mehr laufen und saß im Rollstuhl. Die Ärzte wussten sich nicht zu helfen, so wurde sie mit dem Krankenwagen in die Uniklinik in ihrem Heimatort gebracht. Sie war eine Woche weg, aber per SMS hielten wir den Kontakt. Lola bekam eine Lumbalpunktion und jede Menge Untersuchungen. Sie kam nach einer Woche wieder – laufend, aber sehr wackelig auf den Beinen. Das Loch in ihrem Rücken heilte nicht richtig, zudem hatte sie von der Punktion starke Kopfschmerzen. Von nun an sollte sie jeden Tag einen Espresso trinken oder Koffeintabletten nehmen, damit sich die Gefäße verengten. Herausgefunden hatte man nichts. Aber wenigstens war sie zurück bei mir in der Seifenblase!

Ann-Sophie konnte immer noch nicht laufen. Auch bei ihr wusste keiner warum. Das ging sogar so weit, dass der Chefarzt zu ihr sagte: „Ich denke, du bist hier falsch. Du wärst in einer psychosomatischen Klinik besser aufgehoben. Ich glaube nicht, dass du je wieder laufen wirst, wenn du hier bleibst." Deshalb sollte sie auch in ein paar Wochen entlassen werden. Zu allem Elend wurde Lara auch entlassen, und zum ersten Mal hatte ich das Gefühl, weinen zu müssen und innerlich zu zerbrechen. Zum Abschied schenkte sie mir eine Marienkäferfigur. Wir schworen uns, den Kontakt zu halten, stark zu bleiben und weiterzukämpfen.

Am Wochenende waren zum Glück Elm und Annabelle da. Zuvor waren Elm und ich gar nicht so arg miteinander befreundet gewesen, doch mittlerweile war er nicht nur zu meinem besten Freund geworden, sondern auch zu einer meiner wichtigsten Bezugspersonen. Ich sah ihn zwar nicht oft, aber wir schrieben SMS und er war immer für mich da, wie so viele andere auch. Es tat so unendlich gut, wenn jemand so sehr für einen da war, dass man das Gefühl hatte, dass man zwar fiel, aber niemals hart aufschlagen würde, denn da war immer jemand, der einen auffing. Solche Menschen werteten alles Schlechte wieder auf.

Die Wochenenden, an denen ich allein war, waren furchtbar. Es waren einfach viel zu viele. Zwar war Lola da und wir gingen mit auf Ausflüge, aber die Zeit verging einfach nicht. Meistens hatten wir nichts zu tun und schauten bloß DVDs. Annabelle und Elm hatten mir bei ihrem letzten Besuch meinen neuen Laptop mitgebracht, den ich mir von meinem Geburtstagsgeld nach Hause bestellt hatte. Außerdem eine ganze Tasche voll Kleider von Mama und frische Unterwäsche. Sie nahmen eine Tasche mit Dreckwäsche als Tausch wieder mit nach Hause. Zum Glück wusch meine Mama immer meine Sachen! Dann blieb mir erspart, dass jedes Kleidungsstück gezeichnet und mit meinem Namen versehen wurde, sich wegen dem dortigen Waschmittel auch so merkwürdig hart anfühlte. Ich musste mich nicht fürs Waschen eintragen und meine Sachen auch nicht selbst bügeln. Das tat meine Mama für mich. Meine Kleider rochen immer nach meinem Zuhause und waren ganz weich. Bettwäsche und Handtücher hatten wir von dort, wobei mein Kopfkissen von meiner Mama jedes Mal einen frisch gewaschenen Bezug bekam. Die Handtücher und Waschlappen wurden sogar alle zwei Tage gewechselt. Trotzdem war es schön, daheim wieder ein großes, nicht grünes Handtuch in der Hand zu halten, das so weich war und so gut roch! Oder in einem Bett zu schlafen, das nicht hellblau bezogen war.

In Hauswirtschaft gefiel es mir gut. Ich hatte mir eine Vorlage gebastelt und einen *Keinohrhasen* genäht. Der war zwar nicht perfekt, aber goldig. Ich machte ihn extra in meinem Zimmer fertig, steckte ihn unter mein T-Shirt und rannte ins Stationszimmer. Dort saß Philipp am Schreibtisch und guckte mich fragend an: „Was brauchst du?" Ich rief freudestrahlend: „Nix! Guck mal, was ich für dich gemacht hab'!" Und dann ließ ich den *Keinohrhasen* den Schreibtisch hochtanzen. Ein bisschen so wie im Film, wenn der Hase vor dem Guckloch tanzt. Er grinste und freute sich total: „Der ist echt süß! So was hat noch keiner für mich gemacht! Danke."

Am nächsten Tag kam er trotz Frühschicht auf einmal abends noch einmal und sagte zu mir: „Komm mal mit an's Auto." Ich ging mit und war total nervös. Er raunte mir zu: „Hier, für dich. Aber posaun' nicht rum, dass die von mir sind. Tu sie weg, ja? Weiß gar net, ob ich das darf." Ich war ganz baff und freute mich: „Oh danke! Ich liebe Erdbeeren!" „Ich weiß!", grinste er. Dann fuhr er heim. Ich lief wie auf Wolken wieder zurück und stopfte glücklich alle Erdbeeren allein in mich hinein.

An einem Montag beschlossen Lola und ich, ein bisschen ins Dorf zu gehen und uns abzulenken. Da ich wieder begonnen hatte, mich zu schminken, wollten wir in den dm. Ich finde, dass man da immer so glücklich ist, weil es so gut riecht, die Produkte so toll sind und man vieles testen kann. Also verbrachten wir unsere Zeit damit, an Shampoos und Cremes zu riechen und Kajal und Nagellack auszusuchen. Wir waren total aufgedreht. An der Kasse meinte Lola: „Na toll, jetzt müssen wir zurück ins Irrenhaus." Die Kassiererin war ganz verunsichert: „Wie? IHR seid hier in der Reha?! Wieso das denn?" Lola antwortete dann: „Ich hab 'nen Schädelbruch, mir kann man da ins Hirn fassen!" Sie piekste mit ihrem Finger bei diesen Worten an die Schläfe. Dann schaute die Kassiererin mich entsetzt an. Ich meinte kleinlaut: „Ja ... ich hatte einen Hirntumor." Irgendwie war sie schon schockiert und sagte ganz mitgenommen: „Oh Gott, also bei euch hätte ich das jetzt nicht gedacht. Bös krass." Wir gingen und lachten uns draußen schlapp. Wegen dem Dialekt dort sagten die Leute ständig ‚bös', aber das war es nicht allein. Die Kassiererin war echt baff gewesen. Ich glaube kaum, dass sie so etwas schon einmal erlebt hatte. Gut, man erwartet auch nicht, dass jemand einem sagt, dass man ihm ins Hirn fassen kann.

Zum Dialekt will ich noch etwas sagen: Ich hatte ja das Artikulieren neu gelernt und sprach nur noch selten Pfälzisch. Manche Sachen jedoch waren immer noch selbstverständlich: „Lola, mein Kopf macht so weh!" „Das klingt wie von einem Kleinkind." „Geht's noch?" „Nein, wegen dem ‚macht'. Das heißt: Es ‚tut' weh." Ich sagte trotzdem ‚machen'. Einmal warf ich einen Dopsball herum und rief: „Guck mal, Schoko, mein Dopsball!" „Dein was?" „Dopsball! Der dopst!" „Das heißt Springball. Oder Dotzball!" „Nein? Ein Ei kann man wo andotzen, aber dann ist es kaputt. Der dotzt doch nicht!" „Also ‚dopsen' ist kein Wort. Das gibt es nicht." So machten wir alle unsere Erfahrungen mit den unterschiedlichen Dialekten. Wir kamen nun mal aus ganz Deutschland. Es war auch ein Mädchen aus Österreich dort, Patienten aus der Schweiz und ein Junge aus Aserbaidschan.

Ebenso oft sagte ich: „Geht's noch?" oder „Ähm – nee!" Ich gewöhne mir total schnell Sachen an. Wie das „Aber lassen wir das!" von Jacques. Das „Ähm – nee!" und „Ähm, lass mich überlegen ... nein!" waren von Lola. Anscheinend typisch Pfälzisch war auch ‚pienzen' und ‚Oh hopp', jedenfalls kannte es keiner außer mir. Wenn ich sagte: „Jetzt pienz halt nicht!", kam immer: „Ich soll was nicht?" ‚Pienzen', nur zur Erklärung, ist, wenn einer quengelt, jammert und sich ziert, irgendwas zu tun.

Lola und ich machten uns einen Riesenspaß daraus zu hoffen, dass jemand Gutaussehendes zu uns ins Haus C käme. So ein *Vin Diesel*-Typ oder *Johnny Depp*. Egal, so anspruchsvoll waren wir gar nicht. Es gefiel uns halt keiner, der dort war. Jede Woche hofften wir also – und irgendwann war es mir zu blöd. Ich rief quer durch den Flur meiner Ärztin zu: „Boah, können nicht auch mal hübsche Jungs hier einziehen?" Sie drehte sich zu dem Neuen um, der hinter ihr stand, und meinte: „Ich find' ihn eigentlich ganz hübsch!" Ich motzte: „Naja, aber er ist erst 18." Er war sichtlich eingeschüchtert. Dann lachte ich mit Lola rum. Klar war es gemein, aber auch er entsprach nicht unseren Erwartungen, die vielleicht etwas hoch waren – aber lassen wir das. So machte ich die Bekanntschaft mit Robin, der später mein bester Freund in der Reha werden sollte.

Wir wurden wirklich jede Woche enttäuscht, was die Männerauswahl anging, und waren echt fies. Aber so gemein es klingt: Es verstand zum Glück niemand dort, wie auch keiner Ironie verstand. So rutschte mir auch etwas Gemeines heraus, als wieder ein Neuer kam. Er platzte einfach in Jacques' Zimmer rein, ich war genervt von seiner Unverschämtheit. Jacques fragte: „Ja, und wer bist jetzt du?" Er antwortete: „Ich bin der Neue!" … und ich fügte leiser hinzu: „Und die große Enttäuschung." Zuvor wollte ich ihn auf Französisch ‚Enttäuschung' nennen, damit es nur Robin verstand, aber das war so lang. Der guckte mich entsetzt an und fand mich gemein – der Neue raffte es zum Glück nicht. Ich sollte

öfter meinen vorlauten Mund halten, irgendwann würde ich noch dafür büßen müssen, dass ich so fies war ...
Eine weitere meiner Eigenarten ist, dass ich in jeder Lebenslage neue Begriffe erfinde. So auch für die neue Situation: Ich unterschied mittlerweile zwischen ‚Wetter-Kopfweh’, ‚*Shunt*-Kopfweh’ und ‚Trink-Kopfweh’. Die Ärzte guckten zwar immer irritiert, aber es war gut, dass ich ungefähr sagen konnte, was mit meinem Kopf los war.

Tagebucheintrag von Kims Mutter
29.05.09

In der Nähe der Klinik wird Kims Herz im Krankenhaus untersucht und sie bekommt ein Langzeit-EKG angehängt, das bis zum 30.05. angehängt bleiben muss. Man hofft herauszufinden, woher der viel zu hohe Puls kommt.

Von dem Medikament gegen die Übelkeit bekam ich Herzprobleme, jeden Morgen raste mein Puls. Er war meist über 130 Schläge hoch und mir wurde schwindlig davon. Ich klingelte sofort, die Schwestern zählten schockiert die Schläge mit. Irgendwann fuhr man mich ins Krankenhaus, um das Herz durchchecken zu lassen. Der Arzt dort war echt nett und zeigte mir auf dem Schirm, dass mein Herz eine gute Größe hatte und auch gesund war. Trotzdem war der hohe Puls nicht gut, auch wenn er in jungen Jahren noch nicht schädigend war. Ich bekam ein 24h-EKG angehängt, das nur den Puls maß. Am nächsten Morgen machte die Schwester (natürlich die, die ich nicht mochte) jedoch Terror und weckte mich. Sie wollte mir das Gerät abnehmen, dabei versuchte ich ihr klarzumachen, dass es doch erst nach dem Aufwachen so schlimm würde. Auch als sie mich dann noch zehn Minuten schlafen ließ und wiederkam, änderte das nichts daran, dass es jetzt unnötig gewesen war. Sie motzte mit mir rum, am Ende gab ich ihr das Gerät mit. Ich war wütend und mir war so früh am Morgen natürlich schlecht. Ich litt jeden Morgen furchtbar und ... ohh, wie ich die dumme Tilla hasste! Immer nur zickte sie rum, dabei wäre es wohl kein Beinbruch gewesen, das Ding eine Stunde später mitzunehmen ... Solche Leute muss es wohl immer geben, die einem das Leben unnötig schwer machen.

Was mir noch total gut im Gedächtnis blieb, war das Drama mit Marine. Sie war nach einem Unfall aus Österreich in unsere Reha gekommen, war ein bisschen kräftiger und hatte Probleme mit dem Atmen. Zwar war es schwierig, sie zu verstehen und nicht genervt zu sein von ihrem Röcheln, aber wir gaben uns ernsthaft Mühe mit ihr. Marine war echt anstrengend, hatte ständig Anfälle von schlechter Laune und war total mies zu ihrer Zimmerkollegin Caro. Caro saß im Rollstuhl, doch Marine ging darauf nicht weiter ein. Nachts schloss sie einfach das Fenster, obwohl Caro darum gebeten hatte, es offen zu lassen. Da diese es jedoch allein nicht öffnen konnte, machte Marine, was sie wollte. Ständig schrie sie, schlug die Türen zu und versuchte, die Schwestern zu erpressen. Das ging so weit, dass sie zweimal ihren Koffer packte und wegrennen wollte. Jedes Mal erwischte sie Petra jedoch, rannte ihr schreiend hinterher und brachte sie zurück. Dann wurde ihr das Geld weggenommen, damit sie kein Busticket kaufen konnte. Auf der Couch beschwerte sie sich bei uns: „Jetzt kann ich nicht einmal Zigaretten kaufen. Die spinnen hier!" Da reichte es mir. Ich sagte: „Da brauchst du dich echt nicht wundern, wenn du so ein Drama abziehst. Dir will niemand etwas Schlechtes." „Ich will aber nicht hierbleiben, ihr seid doch alle behindert." Das hätte sie nicht sagen sollen, denn Lola wurde laut: „Wenn hier jemand behindert ist, dann du! Ich glaub', du spinnst echt mit deiner Heulerei!" Dann sprang Marine auf, rannte in ihr Zimmer und knallte dermaßen die Tür, dass die Sozialpädagogin aus dem Schwesternzimmer kam. „Was ist denn hier los?" „Marine dreht wieder ab und meint jetzt, sie kann die Türen knallen." Theresa ging zu ihr und man hörte Marine bereits kreischen. Dann jedoch legte Theresa los und es gab einen gewaltigen Anschiss: „Fräulein, es ist mir egal, wieso du das tust, aber du hörst mir jetzt zu: Dieses Zimmer gehört dir nicht, und es werden keine Türen geknallt! Du kannst die Tür noch einmal so zuknallen, aber dann wird hier was ganz anderes von mir geknallt." Das war echt einmal nötig, schließlich konnten wir auch nichts dafür, dass ihre Mutter wollte, dass sie hierher kam. Wir verstanden das ganze Theater nicht und waren dann genauso gemein zu ihr wie sie zu uns. Wenn sie mal wieder bei uns saß und *Mensch-ärgere-dich-nicht* spielen wollte, verneinten wir, denn wir hatten keinen Bock, mit jemand zu spielen, der heulend aufsprang, wenn er verlor. Daraufhin drehte sie natürlich durch, schrie: „Ihr seid so doof und gemein! Deswegen will ich erst recht nicht bleiben!", und lief weg. Das tat mir dann doch leid, aber wenn sie immer total dumm zu uns war? Täglich mussten wir ihre Eskapaden ertragen, und wegen ihr waren die Schwestern ganz ungeduldig und schlecht drauf. Irgendwann erklärte uns jedoch Theresa, dass ihre Gefühlsausbrüche in ihrer Krankheit begründet lägen. Sie könne es nicht mehr steuern, und wie fies sie auch wäre, sollten wir es entschuldigen, da ihr Gehirn verletzt wäre. Das war verdammt schwer, denn wir brauchten uns auch nicht alles gefallen zu lassen, so würde sie ja auch nichts lernen. Mir tat vor allem ihre Mutter leid, denn die musste damit umgehen lernen, dass ihre Tochter völlig abdrehte. Und natürlich Caro, die mit ihr im Zimmer war ... Sie fragte einmal ganz niedergeschlagen: „Was soll ich denn tun? Sie weiß, dass ich zum Abnehmen hier bin und frisst ununterbrochen wie ein Schwein: Schokolade, Chips, Kekse ... So ist es noch schwerer für mich. Dann macht sie dauernd das Fenster zu, pöbelt rum und schreit und heult die ganze Nacht. Klar, kann ich etwas sagen, mehr aber auch nicht." So leid sie mir tat, musste ich doch über meinen Einfall lachen: „Du kannst ja mal mit dem Rollstuhl vor sie fahren, sie ans Schienbein treten und wegfahren! Nee, ach was. Am besten verbringst du den Tag mit uns, damit du nicht so oft mit ihr im Zimmer sein musst. Du tust mir echt leid. Ich weiß, wie das ist, wenn man mit seinem Zimmernachbarn nicht auskommt ..." Naja, es steigerte sich noch um Einiges. Marine drohte, sich umzubringen, und heulte eigentlich ununterbrochen, bis ihre Mutter sie doch mit nach Hause nahm, weil es keinen Sinn hatte und selbst die

Schwestern nervlich am Ende waren. Es konnte auch keiner verlangen, dass sie sich ausschließlich nur um Marine kümmerten und aufpassten, dass sie sich nicht doch die Pulsadern aufschnitt oder das Weite suchte.

Lola sagte immer, wenn jemand nach ihrem Grund für die Reha fragte: „Mein Ex hat mich zu Schrott gefahren." Zu Beginn, als sie zu uns kam, waren sie sogar noch zusammen gewesen, aber mit der Zeit eskalierte die Sache und landete sogar vor Gericht. Es gab einen riesigen Streit, auf einmal verschwand der Helm, der Roller war in der Werkstatt und erst anschließend beim Gutachter. Die Eltern des Jungen verleugneten ihn am Telefon, dann folgte eine Kontaktsperre ... das reinste Chaos. Also, der eigentliche Unfall hatte sich in etwa so abgespielt: Lola war hinter ihrem Freund auf dem Roller gesessen, er war gefahren. Das Band an Lolas Helm war zu weit gewesen, denn es war der Helm vom Cousin des Fahrers. Er baute einen Unfall. Beim Sturz flog ihr der Helm herunter und sie knallte mit dem Kopf auf den Bordstein. Lola hatte Schürfungen, Prellungen, eine Hirnblutung, die ins Auge lief, und drei Schädelbrüche. Das eine war ein Schädelbasisbruch, die anderen trennten ihre Gesichtsknochen von denen des Schädels ab. Dazu kam noch die *Ataxie* und dass sie mit dem Gedächtnis, mit Fremdsprachen, Mathematik und dem Wörterfinden Schwierigkeiten hatte. Das Schlimmste war, dass man ihr über Wochen keine Ergotherapie gegeben hatte, da man dachte, dass mit ihrer Motorik alles in Ordnung wäre. Erst als man ihr Zittern und die Kraftlosigkeit bemerkte, wurde klar, dass sie *Ataxie* hatte und bei Weitem mehr kaputt war, als man zuvor angenommen hatte. Irgendwann hatte sie sich angewöhnt

zu sagen: „Ich bin auf den Kopf gefallen – ich darf das!"
Auch ich gewöhnte mir diesen Spruch an, bis Annabelle
eines Tages genervt erwiderte: „Nein, bist du nicht!" Da
war ich ganz sprachlos und murmelte nur: „Oh. Stimmt!"
Oder ich sagte: „Ja, seit dem Unfall ..." Und dann fiel mir
ein: ‚Äh – ich hatte gar keinen Unfall.' Bei Lola stimmte
es ja wenigstens. Oft sagten wir auch einfach ganz
frech: „Hey, ich bin behindert! Ich darf das!" Also dem
Zivi gegenüber oder zu Jacques und Schoko. Als ich das
einmal in Annabelles Anwesenheit sagte, guckte sie
mich nur skeptisch an. Da wurde mir bewusst, dass das
vielleicht in der Reha ganz lustig war, in der Normalität
jedoch ist es nichts, was man laut sagen sollte.
Auch so eine witzige Aktion war, als Lola und ich mit
zehn anderen auf der Couch saßen, uns jedoch lieber
privat unterhalten wollten, weil uns alle gerade zu
dumm waren. Wir wollten anfangen, Französisch zu
sprechen, damit uns keiner mehr verstand, aber leider
hatte Lola zu viel vergessen. Es kam bestimmt arrogant
rüber, aber außer Robin hatte eh keiner bemerkt, dass
wir sie eigentlich total gedisst hatten. Nicht böswillig,
sondern mehr aus dem Grund heraus, dass wir uns vom
Intellekt absolut unterfordert fühlten. Ich brauchte es
einfach manchmal, böse zu sein. Wir verpackten unsere
Kommentare ja so, dass es nicht gemein rüberkam und
es kaum einer bemerkte.
Ein weiteres Beispiel: Sandra hatte ein T-Shirt an, auf
dem ein Pferdekopf rot durchgestrichen war. Der Sinn
war: Das Leben ist kein Ponyhof. Am Raucherpoint, wo
wir immer rumsaßen, wurde sie von einem Patienten
gefragt: „Hä? Was soll das heißen? Das Leben ist Pferd?"
Da fiel mir nichts mehr ein. Klar, das klingt jetzt gemein,

aber wir mussten dort leben, und wenn man jeden Tag solche Kommentare zu hören bekommt, dreht man irgendwann durch! Ich bitte Sie einfach, unser Verhalten zu entschuldigen, ebenso wie alle anderen, zu denen wir patzig und unfair gewesen waren. Doch auch uns war Schlimmes widerfahren – und irgendwie muss man sich abreagieren, so leid es mir tut. Dann sagt man oft Dinge, die einem später leidtun.

So war es jedoch auch einmal der Fall, als Robin und ich nach dem Essen zum Raucherpoint kamen, wo Lola und die anderen Raucher immer anzutreffen waren. Lola entschuldigte sich: „Kim, es tut mir leid, dass ich immer so schnell ess' und dann schon rausrenn'! Aber ich halte es da drin nicht aus!" Ich entgegnete: „Ich hatte eigentlich nichts anderes erwartet." Robin guckte mich schockiert an, doch Lola freute sich nach einem kurzen Zögern: „Oh, danke!" Dann ging sie hinein in den Raucherraum, wo auch Jacques saß. Robin fragte mich: „Ist dir klar, dass das total bös' war grad? Du hast es gar nicht nett gemeint, gell? Das war so gemeint, dass du nichts anderes erwartet hast, weil sie es immer so macht!" Ich lachte und meinte nur keck: „Tja, ich bin eben sehr geistreich. Nee, hast recht. Diesmal war es keine Absicht."

Tagebucheintrag von Kims Mutter
30.05.09

Wir holen Kim über Pfingsten heim. Sie feiert mit ihren Volleyballmädchen den Aufstieg ihrer Mannschaft bei einem Grillabend. Wir lassen sie drei Stunden dort und holen sie wieder ab. Sonntags geht es wieder zurück an die Schweizer Grenze. Die Zeit vergeht so schnell.

Die Zeit ging unglaublich schnell rum und jetzt, einen Monat nach dem letzten Aufenthalt zu Hause, holten mich meine Eltern wieder für das Wochenende ab. Ich ruhte mich aus und genoss die Auszeit zu Hause. Samstagabends war ich mit Annabelle auf der Grillfeier unserer Mannschaft. Wir waren im Volleyball in eine höhere Liga aufgestiegen und feierten das Ende der Saison. Es war total schön, alle wiederzusehen, auch wenn es ein wenig schwierig war mit dem Laufen auf dem schrägen, hügeligen Boden. Die Neue in der Mannschaft fragte mich irgendwann ein bisschen daneben: „Also, ich will dich mal was fragen, also – was hattest du eigentlich?" Zwar war das echt indiskret, aber ich hatte mich schon an solche Fragen gewöhnt und konnte ganz locker antworten: „Ich hatte einen Gehirntumor. Ich musste sowohl Laufen, Schreiben als auch Sprechen wieder neu lernen. Derzeit bin ich noch in Reha am Bodensee, weil ich vieles noch nicht kann." Ich genoss die Zeit total, war aber froh, nach einigen Stunden wieder heimzukommen. Da ich bald wieder zurückmusste, wollte ich nah bei meiner Familie und meinem Zuhause sein. Wir spielten Karten, schauten zusammen Fernsehen und verbrachten einfach Zeit zu viert, was total angenehm war. Leider musste ich danach wieder zurück in die Reha, aber es waren drei wunderschöne Tage gewesen, nur getrübt davon, dass Finn gerade mal zehn Minuten mit dem Rad von mir wegwohnt und trotzdem nicht vorbeikam, obwohl er wusste, dass ich da war.

Die Auswertung des EKGs hat ergeben, dass das Herz von Kim anscheinend immer noch eine Systole doppelt-schlägt, nur seltener und unregelmäßiger. Man versucht, gegen den hohen Puls abends das Medikament Ondan-setron abzusetzen und nur noch morgens bei Bedarf 4 mg zu geben. Ihre Schilddrüsenwerte sind ebenfalls er-höht. Sie bekommt versuchshalber Lutschtabletten ge-gen den Schleim im Hals.

Da es ein bisschen besser ging mit der Übelkeit, waren die Ärzte der Meinung, dass wir es einmal ohne *Ondansetron* probieren sollten, dann würde es eventuell auch mit dem Puls besser werden. Schließlich waren Herzprobleme als Nebenwirkungen davon durchaus bekannt – als wir das *Ondansetron* erhöht hatten, war es ja auch schlimmer geworden. Wir probierten zusätz-lich ein anderes Medikament, da ich immer noch über den Schleim in meinem Hals klagte, den ich jeden Tag ausspucken musste. Es waren eine Art Lutschtablet-ten, die ich am Abend vor dem Einschlafen bekam.
Am nächsten Morgen wachte ich auf und konnte kaum reden, denn das Medikament hatte so krass meinen Hals ausgetrocknet, dass da kein Tropfen Speichel mehr war. Gut, da war auch kein Schleim mehr, dafür

war mir noch schlechter und ich erstickte fast. Nein, der Versuch war nach hinten losgegangen. Das *Ondansetron* ließ ich ganz weg, steckte aber zur Sicherheit eine Tüte in die Handtasche, die ich eh immer umgehängt hatte. Ich hatte auch noch Krankengymnastik um halb zehn. Bis dahin war es gut gegangen. Dann stand ich wieder mit jedem Fuß auf einem anderen Wackelbrett und übte für mein Gleichgewicht. Plötzlich spürte ich es. Mir wurde schlecht. Ich versuchte, mich zusammenzureißen, aber ich musste schon würgen. Also rannte ich zu meiner Tasche, schnappte die Tüte, rief: „Mir ist schlecht, schnell, schnell, ich muss raus!" Auf dem Gang ging es schon los. Ich erbrach mehrmals gequält in die Tüte, zitterte am ganzen Leib und war klatschnass geschwitzt. Auf einem Stuhl auf dem Flur sank ich erschöpft nieder. Meine Therapeutin kam mir hinterher, stützte mich und legte mir den Arm um die Schultern. Ich hatte aufgehört, mich zu übergeben, zitterte aber immer noch heftig und stotterte schuldbewusst: „Ich wusste, dass es ein schlechter Plan ist, das Medikament abzusetzen! Ich will nicht brechen! Ich will doch üben! Jetzt hat es schon wieder nicht ohne geklappt. Es tut mir so leid!" Sie beruhigte mich und rief die Schwestern an, die mich im Rollstuhl abholten und sofort ins Bett brachten. Natürlich bekam ich mein Medikament, genügend Brechschalen, einen Eisbeutel und die Ärztin schaute nach mir. Ach, wie ich Rückschläge hasste! Nun bekam ich doch wieder mein Hammermedikament, und mir würden weiterhin die Haare büschelweise ausfallen. Mir war echt elend zumute.

Ein zweites Ventil muss in den Kopf

Tagebucheintrag von Kims Mutter
09.06.09

Der Mann von Kims Ausbildungsstelle ruft mich an. Ich sollte ihm schriftlich zukommen lassen, dass Kim aus gesundheitlichen Gründen ihr BA-Studium zum September 2009 nicht beginnen können würde. Sie würden den Beginn auf September 2010 verschieben. Ich teile diese Entscheidung auch Kims Ärztin mit. Mittags ruft Kim an und berichtet aufgelöst, dass ihr Shunt an der weichen Stelle am Kopf eingedellt bleiben würde, was bedeutet, dass er sich nicht schnell genug wieder füllte. Man hat bereits den Oberarzt informiert. Kim soll liegen, viel trinken, die Füße hochlegen und sie bekam sofort zwei Ibuprofen. Die Ärzte wollen am nächsten Tag eine Entscheidung fällen.

10.06.09

Morgens ist der Orthopäde in der Krankengymnastik gewesen, um einen Abdruck für Einlagen zu machen. Kim ist nur wegen der Schuhe aufgestanden und in die KG gegangen. Es geht ihr gar nicht gut. Es folgt ein ewiges Hin und Her wegen ihrem Kopf und um 15.30 Uhr fährt man sie doch ins Krankenhaus zum CT.
Ich mache ab sofort meinen Motorradführerschein und gehe zur Fahrschule. Nach etlichen Magen- und Blutuntersuchungen und vielen Schmerzen in den vergangenen

Wochen und der Diagnose Zöliakie reicht es auch mir. Ich muss mich mit etwas anderem ablenken.

11.06.09

Celina fährt mit mir ins Neurologische Rehabilitationszentrum. Kim ist sehr schlapp und schläft viel. Gegen die Kopfschmerzen bekommt sie wieder Ibuprofen. Wir haben ein Elternzimmer im Haus B und sind somit vor Ort. Abends schauen wir mit Kim fern. Ich bringe sie um 23.00 Uhr bei Gewitter ins Haus C zurück.

12.06.09

Der Chefarzt lässt aus dem Krankenhaus den Koffer zum Verstellen des Shunt-Ventils kommen. Das geht von außen ohne Eingriff. Ich kann dabei sein, es wird auf 200 ml gestellt. Das ist die höchste Einstellung, die es gibt. Es bedeutet, dass so viel Hirnwasser wie möglich in ihrem Kopf behalten wird und erst bei mehr als 200 ml abfließt. Das CT-Bild hat ergeben, dass ihre Ventrikel nur noch schmale Schlitze seien. Das ist das Zeichen einer Überdrainage. Zu wenig Hirnwasser ist in ihrem Kopf.
Es ist ein Auf und Ab der Gefühle, am liebsten würde ich schreien: „Warum kann nichts gut laufen?! Es reicht doch jetzt! Sie hat genug gelitten." Man fühlt sich als Mutter so hilflos.

Ich pumpte manchmal wie die Ärzte den *Shunt* an, um zu testen, ob er noch funktionierte. Eines Tages drückte ich die Kammer ein – und sie stülpte sich nicht mehr aus. Über Stunden nicht. Völlig aufgelöst rannte ich in den zweiten Stock, wo die Visite gerade war und setzte mich auf den Flur, bis die Ärzte aus einem Zimmer kamen. Laut heulte ich los: „Mein *Shunt*! Er stülpt sich nicht mehr aus und mein Kopf tut so weh! Er ist kaputt! Jetzt schon!" Der Chefarzt fühlte nach und ich bekam die Anweisung, mich ins Bett zu legen. Ich bekam jede Menge Kopfschmerztabletten (dabei hatte ich bereits welche morgens und mittags bekommen) und abends fuhr man mich wieder zum CT. Panisch schrieb ich meiner Mama SMS, um sie auf dem Laufenden zu halten. Mir ging es echt miserabel. Am nächsten Tag zeigte mir meine Ärztin die CT-Bilder auf dem PC. Sie erklärte: „Du hast Schlitzventrikel, das heißt, dass in deinem Kopf so gut wie kein Hirnwasser mehr ist, weil der *Shunt* anscheinend viel zu viel abgeleitet hat. Hier, schau dir das genauer an! Da kannst du sehen, wo dir der Knochen fehlt." Dann hob sie ihre Haare hoch und forderte mich auf, ihre Knochen zu fühlen und dann bei mir zu tasten. Zögerlich berührte ich ihren Hinterkopf und danach meinen. Tatsächlich. Da fehlte ganz deutlich ein Stück. ‚Gut zu wissen', dachte ich nur.

Man überlegte sich, mein Ventil wegen der Schlitzventrikel hochzustellen, damit mehr Hirnwasser im Kopf blieb. Also wurde der Koffer zum Verstellen geordert. Bis der da war, musste ich viel liegen und die Beine hochlegen. Bis sie einen Schaumstoffklotz aufgetrieben hatten, legten Schwester Bianka und die Ärztin kurzerhand einen Stuhl in mein Bett. Man muss sich nur zu helfen wissen.

Als der Koffer zum Verstellen da war, versammelte der Chefarzt drei andere Ärzte und die anwesenden Schwestern um sich, da alle zuschauen wollten, wie das funktionierte. Ich selbst hatte es ja schon zwei Mal beim Neurochirurgen mitgemacht, aber wer es nicht kannte, war natürlich total gespannt. Der Koffer war metallen und sah von außen sehr wertvoll aus, was er auch war. Er verbreitete wirklich die Atmosphäre eines Geldkoffers. Der Chefarzt meinte zu mir: „Ich trage gerade einen sechsstelligen Betrag mit mir herum." Ehrfürchtig starrte ich ihn an. Cool. Kein Wunder, dass es davon nur so wenige gab und wir den Koffer hatten extra ausleihen müssen. Innen befanden sich, in Schaumstoff verpackt, das Verstellgerät, ein Kasten mit einer Art Wählscheibe und das Verstellteil, das aussah wie eine Computermaus. An der Unterseite davon war ein kleines Stück Plastik, das vor dem Verstellen mit Gel eingerieben wurde. Dieses Ding drückte der Arzt dann auf das Ventil in meinem Kopf und wählte die Verstellhöhe auf dem Kasten aus. Das Ganze funktionierte anschließend magnetisch. Dann fühlte es sich kalt und glitschig im Kopf an, es vibrierte und summte leicht innen. Nach wenigen Sekunden war es vorbei. Der Chefarzt erklärte natürlich noch viel und tat so, wie wenn er total erfahren wäre, was die Assistenzärzte natürlich begeisterte. Ich kam mir mal wieder vor wie ein Affe im Zoo, wie alle glotzten und jeder an dem Ventil und dem Schlauch herumdrücken wollte. Naja, so etwas sah man nicht alle Tage, und sie fragten jedes Mal extra: „Kim, darf ich das Ventil auch einmal anfassen?" Ich hatte vorher ja auch nicht gewusst, dass es so etwas gab. Es war schockierend, wie klar sich der Schlauch unter der Haut abzeichnete und zu spüren war, wenn man an meinen Kopf fasste. Ich hatte einfach Angst, wenn jemand anderes als ein

Arzt meinen Kopf berührte. Angst davor, dass mich jemand abstoßend finden könnte ... Nach dem Verstellen musste in den Implantatepass die neue Einstellungshöhe eingetragen werden. Diesen Pass musste ich immer bei mir tragen, denn sollte mir etwas zustoßen, müssen die Ärzte wissen, dass ich einen *Shunt* habe. Man darf beispielsweise kein Gas in meinen Bauchraum einlassen, denn das könnte über den Schlauch direkt ins Hirn strömen. Ich darf auch nicht abgepiepst werden mit dem Suchgerät der Polizei oder am Flughafen durch die Magnetschranke, denn das verstellt unkontrolliert mein Ventil. Die Maximalhöhe war nun eingestellt, aber mein Zustand veränderte sich nicht sonderlich in den nächsten Tagen. Ich brach weiterhin viel und hatte starke Kopfschmerzen. Man war das zwar gewohnt von mir, und bei Kleinhirnverletzungen war Übelkeit auch normal, aber es hätte sich eine Besserung einstellen müssen. Da dem nicht so war, telefonierte der Chefarzt mit den Neurochirurgen im Krankenhaus, die meinen *Shunt* implantiert und mich immer wieder untersucht hatten. Gemeinsam berieten sie über meine letzten CT-Bilder. Die vorherigen Nächte hatte man mir wieder alle paar Stunden in die Augen geleuchtet, um zu kontrollieren, ob ich noch bei Bewusstsein war. Man schien jetzt doch verunsichert zu sein.

Tagebucheintrag von Kims Mutter
13.06.09

Wir machen mit Celina einen kleinen Ausflug an den Bodensee, gehen essen und shoppen ein wenig. Es ist ein schöner Tag. Leider müssen wir schon bald wieder zurück. Der Regisseur vom SWR ruft an und sagt, dass die Reportage über die Klinik schon am 15.06. um 18.15 Uhr ausgestrahlt wird.

Am Wochenende waren meine Mama und ihre Freundin Celina da und wir gingen zusammen ein bisschen einkaufen. Nachmittags war ich bereits total erschöpft und konnte nicht mehr. Es war schön, wenn ich auch ein bisschen überfordert war mit den vielen Leuten und dem Verkehr. Im Auto übergab ich mich, erst das Mittagessen, dann orangefarbene Magensäure, weshalb sie mich schnell wieder in mein Zimmer brachten, wo ich ausruhen konnte. Abends war ich mit ihnen im Elternzimmer, um fernzusehen. Am Tag darauf machten wir einen Ausflug an den Bodensee, wo wir in Überlingen Baby-Schwäne sahen, total süß waren die. Auf der Heimfahrt kauften wir extra Erdbeeren, denn die liebte ich noch immer. Sie brachten mich zurück, danach fuhren die beiden auch schon wieder heim. Leider ging die Zeit immer viel zu schnell vorbei, wenn es schön war.

Drei von meinen Erdbeeren schenkte ich Philipp, weil er so lieb gewesen war und auf meinen Brief mit einem Brief seinerseits geantwortet hatte. Aber er wisperte: „Aber pack' ihn weg. Ich weiß nicht, ob ich das überhaupt darf!" Mich machte es total glücklich und ich freute mich den ganzen Abend. Die restlichen Erdbeeren schnitt ich klein, zuckerte sie, gab Lola eine Gabel und wir futterten zusammen fast ein Kilo rote Früchte.

Tagebucheintrag von Kims Mutter
15.06.09

Kim wird die Fernsehreportage im Haus C mit Mitpatienten schauen. Ich sitze schon um 18.00 Uhr vor dem Fernseher. Kim kommt bereits in der Vorschau. Ich bin aufgeregt. Dann beginnt die Sendung. Der Redakteur fragt Kim etwas und bereits am Anfang der Reportage hört man ihre Antwort: „Der Tumor hat mein Leben verändert." Ihre Stimme ist abgehackt, hoch und sehr dünn – es ist ein einschneidendes Erlebnis für mich. Ich fange an zu weinen. Das erste Mal habe ich das Gefühl, mein Innerstes wolle nach außen. Ich muss so weinen, dass ich fast keine Luft mehr bekomme. Ja, der scheiß Tumor hat unser aller Leben verändert. Das erste Mal seit fast fünf Monaten empfinde ich Hass, Trauer, Leid und große Wut über dieses elende Schicksal. Ich will mein Kind zurück!
Nach der Aufzeichnung ruft Kim an, sie ist entsetzt, dass der Chefarzt in dem Bericht sagte, dass der Tumor wieder wachsen könne und man nicht in der Lage wäre zu sagen, ob und wie lange Kim leben würde. Ich rede mit ihr und erkläre, dass wir das doch bereits seit der OP wüssten. Aber ich glaube, dass für sie am schlimmsten ist, dass das jetzt alle gehört hatten: Sie kann nie ganz geheilt werden.

16.06.09

Kim hat ein Gespräch mit dem Oberarzt. Anscheinend war ihm gar nicht so bewusst, was er mit so einer Aussage anrichten konnte.

Ich bekam einen OP-Termin für die darauffolgende Woche. In der PV kündigte ich an, dass an diesem Abend der Film vom *SWR* lief. Alle versammelten sich im zweiten Stock im Fernsehraum und blickten gespannt auf den Bildschirm. Die Reportage zeigte drei andere Patienten und mich. Im Mittelpunkt standen die Fortschritte, die wir gemacht hatten, und die Arbeit der Therapeuten. Ich musste ein paar Mal schlucken und die Tränen unterdrücken. Ich war auch versucht rauszugehen, weil es mir so weh tat zu sehen, wie blass und krank ich gewesen war. Es war furchtbar, wie ich da am Rollator herumtaumelte und dass meine Mama Tränen in den Augen hatte. Ich sah total teigig und krank aus und hatte große Angst, dass es immer noch so war. Deshalb fragte ich Schoko und Lola bestimmt fünf Mal: „Gell, so blass bin ich nicht mehr? Ich seh' jetzt wieder besser aus, nicht wahr?"

Nach dem Film war ich schockiert, da der Chefarzt ganz deutlich gesagt hatte, dass die Tumorhaut nicht entfernt werden konnte, da sie am Kleinhirn klebe und man sonst zu viel zerstört hätte. Das bedeutete ganz klar, dass der Tumor wieder wachsen konnte und man nichts mehr würde für mich tun können, sollte er noch einmal so groß werden, wie er gewesen war. So hatte man mir das nie gesagt. Deshalb schaute ich im Internet nach, wo dann zu lesen war, dass trotz des Grades I nur eine Lebenserwartung von 5-50 Jahren bestand. Wie jetzt? Sollte ich in fünf Jahren sterben? Für was hatte ich mich dann so abgemüht und alles neu gelernt? Ich war so verunsichert, dass ich den Schwestern sagte, dass ich bald sterben würde und den Chefarzt sprechen möchte. Und zwar sofort. Ich hatte keine

Zeit zu verlieren. Der kam dann auch recht schnell und setzte sich mit mir zusammen in die Küche. Er erklärte: „Das ist Quatsch, was da im Internet steht. Niemand kann wissen, ob der Tumor wieder wächst und wie groß er dann wird, schließlich hast du ja ab sofort jedes Jahr eine CT-Kontrolle. Bedenklich ist der *Shunt*, denn jedes Material verschleißt, und so ein *Shunt* hält nicht ewig. Er kann in drei Jahren bereits kaputtgehen oder in zehn. Aber er wird immer wieder erneuert werden müssen, das muss dir klar sein." Na toll, diese Prognose war ja jetzt nicht gerade aufheiternd! Ob Unwissenheit nicht doch besser gewesen wäre? Keiner wusste, was werden würde, wie lange ich zu leben hätte, ob es besser oder schlechter werden würde ... Nichts. Ich würde weiterhin in einer absoluten Unsicherheit leben, auch wenn ich jetzt ein bisschen schlauer war.

Ich bin nur mittlerweile der Meinung, dass Unwissenheit einen vor nichts schützt. Wenn etwas passiert, dann muss man versuchen, das Beste daraus zu machen, egal, welche Lebenserwartung man gestellt bekommt. Das Schlimme ist nur, dass andere einen immer nach einer Prognose fragen, man aber keine zufriedenstellende Antwort geben kann. Man weiß es nun mal nicht. Uns stört das gewiss am meisten, und mitleidige Blicke oder Unverständnis vonseiten der anderen machen es nicht einfacher. Im Gegenteil, denn dann wird es erst real und richtig schlimm zu ertragen.

Ein zweiter Versuch, das Ondansetron *abzusetzen, geht schief, und sie behalten die Dosierung bei. Gegen den Schleim probieren sie jetzt Gastrozepintropfen. Am Abend fällt die Entscheidung: Ein zweites Ventil muss in ihren Kopf. Eingewiesen soll sie am 23.06. werden, die OP wird am 24.06. stattfinden.*

Ich hatte gerade Kochen, als der Chefarzt vorbeischaute und mich kurz hinausbat: „Wie du ja weißt, hast du Schlitzventrikel, auch die Verstellung des Ventils hat keine Besserung gebracht. Ich habe mit den zuständigen Neurochirurgen geredet, und man ist zu dem Entschluss gekommen, dir ein zweites Ventil zu operieren." „Wie? Warum das denn?" „Das jetzige Ventil reguliert das Hirnwasser im Laufen, im Liegen kann es jedoch ungehindert abfließen, was es bei dir in zu großen Mengen gemacht hat. Nur einer von hundert Patienten braucht ein zweites Ventil, bei dir ist das wohl der Fall. Der *Shuntassistent* reguliert dann im Liegen den *Liquor*abfluss, ein bisschen wie ein Schwimmerventil. Das Ganze ist nur eine kleinere OP, man setzt einen Schnitt hinter dem Ohr und fügt in den Schlauch das zweite Ventil ein. Die Risiken sind die üblichen der Narkose und es besteht die Gefahr der *Shunt*-Infektion, aber an sich ist es ein harmloser Eingriff, der jedoch maßgeblich deinen Zustand verbessern sollte. Wäre dies in deinem Sinne?" „Ja. Also wenn ich das Ventil brauche, schon. Aber ich rede noch mit meiner

Mama!" „Ja, keine Hektik, frühestens nächste Woche wäre die stationäre Aufnahme."

Ich nutzte die Zeit, um in der *Shunt*-Selbsthilfegruppe nachzufragen. Ich hatte mich Wochen zuvor in der Gruppe angemeldet, da ich keine passende wegen des Tumors gefunden hatte. Jetzt war ich Teil einer Mailingliste, und ein bisschen wie in einem Forum konnten Themen diskutiert und sich ausgetauscht werden. Aber leider hatte keiner ein zweites Ventil und konnte mir bei der Frage weiterhelfen. Alle wünschten mir jedoch ein gutes Gelingen der Operation und hofften, dass es danach besser werden würde mit den Schmerzen. Damit Sie sich das ein bisschen besser vorstellen können, ist hier ein kurzes Beispiel. Ich schrieb per E-Mail an die *Shunt*-Selbsthilfegruppe, dass ich mit dem Kopf nicht in die Sonne gehen dürfe, und fragte nach, ob sich wirklich das Ventil verstellen könne, wenn man zu nahe an Musikboxen herantritt. Als Antwort kam:

Liebe Kim,
also mir wurde nie gesagt, dass sich der *Shunt*, egal ob VP oder VA, in der Nähe von Boxen verstellen kann. Ich habe hier sehr viel Technik und hatte nie Probleme. Ich habe ein verstellbares *Codman Hakim*-Ventil. Ich denke, dass es davon abhängt, welchen Ventiltypen Du hast.
Wenn Du einen Erfahrungsbericht auf unsere Seite stellen möchtest, schicke ihn mir per Mail.
Liebe Grüße S.

So war das wirklich eine gute Sache, und ich vertraute den Leuten mehr als den Ärzten, schließlich hatten die auch einen *Shunt* im Kopf. Trotz allem blieb ich vorsichtig, mied die Sonne, spielte weiterhin nicht Ball und gab Obacht bei Musikanlagen. Schließlich war es mir so gesagt worden, und ich riskierte lieber nichts.

Na toll, schon wieder war ich eine absolute Ausnahme. Schon wieder eine Operation. Nur einer von hundert brauchte das Ventil – ich. Jackpot. Was ging einem da durch den Kopf? Ich war auf jeden Fall wütend und konnte es nicht fassen. Um nicht durchzudrehen, war ich weiterhin sarkastisch und sagte zu Lola: „Hey, ich bin die Eine von Hundert, die ein zweites Ventil braucht. Nächste Woche werde ich operiert." Lola nahm mich wortlos in den Arm. Dann telefonierte ich mit meiner Mama, und es war beschlossene Sache: Ein zweites Ventil musste her.

Über eines war ich trotz allem sehr froh: Nur eine der vielen Nebenwirkungen war nach der Tumor-Operation eingetreten, dabei hätte viel mehr passieren können: Ganz oben auf der Liste standen Persönlichkeitsveränderungen. Mir waren bis dahin nur die Doppelbilder geblieben. Die Sprachstörung, die *Ataxie* und das Gleichgewicht waren Dinge, die man mit viel Geduld und Übung wieder hinkriegen konnte. Die Doppelbilder blieben. Aber ich war ich selbst geblieben, was auch meine Freunde bestätigten. Annabelle und Elm waren natürlich schockiert, dass ich schon wieder operiert werden würde, schließlich war es bereits die dritte Operation innerhalb von einem halben Jahr. Es war für alle ein Schock, jeder hatte Angst vor einem Rückfall, vor allem ich.

Tagebucheintrag von Kims Mutter
22.06.09

Mir selbst geht es nicht gut, ich habe erneut ein MRT, es werden Bilder vom Magen gemacht. Gleich im Anschluss bekomme ich eine allergische Reaktion auf das Kontrastmittel. Alarm. Der Arzt spritzt zweimal Gegenmittel, ich habe Atemnot und muss zwei Stunden liegen bleiben. Erst als ich eine Unterschrift leiste, darf ich allein gehen. Drama. Es kann auch nichts normal laufen. Körperlich bin ich am Ende, habe viel abgenommen, kann kaum essen oder schlafen.

23.06.09

Ich führe ein Telefonat mit Kim, sie ist eingewiesen worden und nun wieder im Krankenhaus. Wir besprechen noch kurz, was sie alles vor der OP fragen soll, und verbleiben dabei, dass ich am nächsten Morgen da sein werde, wenn sie aus dem OP kommt. Ich habe vorsorglich bis zum nächsten Sonntag ein Elternzimmer in ihrer Klinik gebucht.

24.06.09

Zu Hause ist alles organisiert, Ralf muss sich um Mirco und die Schule usw. kümmern. Um 7.30 Uhr fahre ich allein mit dem Auto los. Die Fahrt ist fürchterlich, es quälen mich tausend Gedanken: Wird die OP gut gehen? Hätte ich nicht schon früher fahren sollen, um da zu sein, falls doch etwas sein sollte? So viele Fragen, dann noch Bauchschmerzen, Herzrasen, Übelkeit ... Ich komme um

11.00 Uhr im Krankenhaus an. Dann folgt immer dieselbe Prozedur: Man muss sich durchfragen, immer nett und höflich wiederholen: „Wo ist mein Kind? Wie geht es ihr? Wann kann ich zu ihr?" Es ist immer das gleiche Spiel, und man ist den Schwestern ausgeliefert, die einzig darüber entscheiden, was man wann erfährt und auf welche Art und Weise. Meistens nämlich unvollständig, gar nicht oder sehr pampig. Was da in einem vorgeht als Mutter und dass die Nerven bereits am seidenen Faden hängen, interessiert sie gar nicht. Wirklich schade. Um 11.20 Uhr teilt man mir mit, dass Kim noch im OP sei und es noch ein bis zwei Stunden dauere, bis sie zurück wäre. Also fahre ich schnell in die Reha und beziehe mein Zimmer, damit ich um 13.00 Uhr wieder im Krankenhaus sein kann. Um 13.45 Uhr kommt Kim endlich hoch aufs Zimmer, sie ist noch sehr schläfrig. So gegen 16.00 Uhr versuche ich, mit einem Arzt zu sprechen, was sich jedoch als sehr schwierig gestaltet. Endlich finde ich die Stationsärztin, die noch eine Assistenzärztin zu sein scheint. Ich frage sie, wie die Operation verlaufen und ob alles gut gegangen sei mit dem Einbau des 2. Ventils. Dann bekomme ich eine so dermaßen bescheuerte Antwort, so einen Schwachsinn hatte ich in den letzten fünf Monaten seit unserem furchtbaren Schicksal noch nicht gehört, dabei hatte ich in dieser Zeit bestimmt 30-40 verschiedene Ärzte und 50-100 unterschiedliche Pflegekräfte gesprochen. Aber diese Ärztin übertrifft echt alle mit ihrer patzigen Antwort: „Fragen Sie doch Ihre Tochter, die war schließlich bei der OP dabei."

Mein Kind lag zweimal im Sterben, keiner wusste, wie es weitergehen würde, unser Leben war wie eine nicht endende Achterbahnfahrt und die letzten Monate waren

grausam gewesen, aber so eine Unverschämtheit zu hören, bringt mich fast zum Platzen. „Ich muss Sie jetzt
einfach etwas fragen: Haben Sie mein Kind ohne Narkose
am Kopf operiert?" Sie schaut mich entsetzt an, und
noch bevor sie weitere Dummheiten von sich geben
kann, drehe ich mich um und gehe. Wo ist nur die Bildzeitung, wenn man sie braucht? Kim kann am Abend eine Kleinigkeit essen. Man hat ihr hinter dem rechten Ohr
die Haare entfernt. Im Zimmer liegen zwei nette ältere
Damen.

Dienstags fuhr mich der Fahrer ins Krankenhaus zur
stationären Aufnahme, davor ereignete sich noch Folgendes: Seit Tagen hatte ich allen erzählt, dass ich
wieder operiert werden würde und ins Krankenhaus
gehen müsste. Ich saß also mit meiner gepackten
Sporttasche auf der Couch. Dann setzte sich Anna dazu und fragte: „Welche Therapie hast du jetzt, Kim?"
Sie war wirklich nett, aber manchmal einfach dumm.
Oder naiv. Oder beides. Ich verdrehte die Augen,
schaute sie an und meinte: „Siehst du, dass ich eine
gepackte Tasche auf dem Schoß habe? Welche Therapie hab' ich wohl jetzt? Ach, Anna, wo ist dein Schild?"
Dazu muss ich kurz erklären, dass es so eine Geschichte gibt, wo es darum geht, dass Leute, die keine Ironie
verstehen, ein Schild umbekommen sollten, damit zum
Beispiel, wenn du umziehst und überall Kartons stehen
und dein Nachbar fragt „Oh, was macht ihr da?", du
nicht sagst „Och, wir packen nur zweimal die Woche
all' unsere Sachen in Kartons, um zu sehen, wie viele
wir brauchen", sondern sein Schild siehst und ihm ge-

duldig erklärst, was eigentlich schon offensichtlich ist. Das Lustige an der Sache oder vielleicht auch Traurige ist, dass es tatsächlich Menschen gibt, die keine Ironie verstehen. Da kannst du noch so den Ton deiner Stimme verändern, Anführungszeichen andeuten, zwinkern oder die Augen verdrehen. Anna jedenfalls guckte an sich herunter und fragte mit großen Augen: „Welches Schild?" Nicht aufregen, Kim. „Oh hopp." Genervt stand ich auf und lief dem Fahrer entgegen, der zum Glück die Treppe hochkam. Ich war echt gereizt. Gut, in der Reha hatten viele Probleme aufgrund ihres Unfalls, aber manchmal wünschte ich mir nichts mehr, als einen Gesprächspartner, der meine Andeutungen in Subtext, Ironie oder Sarkasmus verstand. Sie konnten nichts dafür, ich selbst war noch vor wenigen Wochen genauso gewesen, aber jetzt wollte ich nach Hause, zu normalen Menschen. Oder zumindest zu Leuten, die verstanden, was ich meinte mit dem ‚Schild'.

Ich mochte das Krankenhaus, wo die Operation stattfinden sollte, denn das Essen war gut, die Schwestern waren nett, die Ärzte bemüht und jeder hatte einen kleinen Fernseher am Nachttisch. Mit mir im Zimmer waren zwei Frauen, beide älter, eine um die fünfzig und die andere wohl Ende sechzig. Aber sie waren nett und hörten sich gebannt meine Geschichte an. Sie waren total gerührt, was ich mit neunzehn schon mitmachen musste. Man hatte mir zwar gesagt, dass der Narkosearzt zu mir kommen würde, aber das war nicht der Fall. Die Schwester bat mich, ins Erdgeschoss zu seinem Büro zu gehen. Ich musste wieder ewig durch die Gegend laufen, wie eine Stunde zuvor auch schon zum EKG. Das machte mich total zornig, und ich schnauzte die Schwester an: „Ich kann gerade seit 12 Wochen laufen und ständig schicken Sie mich durch die Gegend! Ich schwanke wie ein Seemann und kann nicht mehr!" Sie war ganz verdutzt und sagte: „Ja, wenn Sie möchten, können Sie einen Rollstuhl haben." „Nee, ich probier's jetzt so", maulte ich genervt. Einen Rollstuhl, dass ich nicht lache! Mit meinen schwachen Ärmchen würde ich Jahre brauchen. Dann marschierte ich taumelnd den Gang hinunter und suchte einen Stock tiefer nach dem Arzt. Vor der Tür musste ich noch warten und plauderte kurz mit einem jungen Mann, der neben mir saß und hübsch aussah. Er war auch wirklich nett. So gesehen hat er kaum etwas gesagt, da ich ihn pausenlos darüber zulaberte, dass ich armer Mensch kilometerweit laufen musste, wo ich doch erst seit einem Vierteljahr ohne Rollator gehen konnte. Aber er war ein guter Zuhörer.

Der Arzt war ein lieber Kerl, aber ich war immer noch auf 180 und machte auch ihm erst einmal klar, dass ich frisch laufen gelernt hatte und hier wie ein Marathonläufer durch die Gegend wandern musste. Er fand das Ganze eher amüsant und lobte mich dafür, dass ich heil bei ihm angekommen war. Er nahm mir komplett den Wind aus den Segeln, als er sich auch noch für meine Mühen bedankte. Hmpf.

Meinen ausgefüllten Bogen fand er jedoch nicht so amüsant, denn mittlerweile hatte sich so einiges an Unverträglichkeiten, Eingriffen und Krankheiten angesammelt, und ich hatte alles – so gut ich konnte – über die Zeilen hinaus vollgeschrieben. Zur Erklärung: Vor jeder Operation füllt man für den Narkosearzt ein Formular aus, das diesen über eventuelle Vorerkrankungen in der Familie, Allergien und Sonstiges aufklärt, damit er sich für ein Narkosemittel und die Dosierung entscheiden kann. Ich sah seinen Gesichtsausdruck und dachte nur so: ,Ja, besonders lustig find' ich das auch nicht. Wär' mir auch lieber, wenn ich nicht so viel hätte ausfüllen müssen.' Den Gefallen konnte ich ihm aber leider nicht tun. Schließlich nahm ich immer noch Medikamente, von denen mir zwar täglich die Haare ausfielen, aber sie halfen mir dabei, den Tag ohne Brechen zu überstehen.

Zurück im Zimmer, hatten alle beiden Damen Besuch, es war so laut wie in einer Bahnhofshalle. Das Gekicher nervte mich, so nahm ich meine Kopfhörer und drehte den Fernseher auf, damit ich die anderen nicht mehr hören musste. Ich liebte die ganzen Nachmittagsshows, *We are family* und *U 20* oder wenn die Leute auswanderten oder das Haus gemacht wurde oder die Kochsendungen, *das perfekte Dinner, Unter Volldampf* ... Nichts Interessanteres! Außerdem hat man dann sowohl etwas zu lachen als auch etwas zu erzählen. Naja, meine Freunde schüttelten nur den Kopf: „Kim, guck doch nicht dauernd so Unterschichten-TV!" oder „Ah, und wo war das? Das kam doch bestimmt wieder in dem Schund, den du den ganzen Tag guckst." Ohh Mann, unfair. Ich guckte das echt gern, so vergaß ich, wo ich war. Außerdem konnte ich das komplette Programm auswendig – alle Sender, alle Uhrzeiten.

Der Neurochirurge kam noch einmal und tippte mich an, um mit mir zu sprechen. Ich kannte ihn ja bereits von der letzten OP und den vielen CTs und Kontrollen. Er erklärte mir noch einmal das neue Ventil, das eingebaut werden sollte. Dann bedankte er sich für mein

Bild und ging. Damit Sie es verstehen: Das letzte Mal, als ich bei ihm in der Praxis gewesen war, hatte ich ein gemaltes Bild dabei, auf das ich geschrieben hatte: „Danke, dass Sie mir das Leben gerettet haben!" Aber er war nicht da gewesen, sondern nur sein Kollege. Während des Wartens hatte ich mein Bild einfach heimlich auf seinen Schreibtisch gestellt in der Hoffnung, dass er es schon finden würde, was ja auch geklappt hatte. Ich fragte auch noch nach, wie sie das überhaupt geschafft hatten, einen Schlauch durch meinen ganzen Körper zu ziehen, wo sie im Bauch doch nur so zwei kleine Löcher gemacht hatten und ansonsten die Narbe am Kopf war. Fast schon stolz erklärte er: „Also, wir haben da so eine Art Vorrichtung, mit der der *Shunt* einfach am Schädel hinabgeführt wird und durch das Loch im Bauch und Bauchnabel zieht man den Katheter zurecht." „Wie? Ein Katheter? Was? In mir?" „Ja klar. Was hast du denn gedacht? Der Schlauch endet in einem Katheter in deinem Bauchraum." „Oh. Krass." „Das hast du doch gewusst?" „Nein! Woher denn?" „Was hast du denn gedacht?" „Äh, nichts! Keine Ahnung, der Schlauch endet irgendwie!" „Nein, da ist auf jeden Fall ein Katheter. Es kann dadurch auch zu einer Bauchfellentzündung kommen, sollte sich der Katheter infizieren." „Ohh. Und wie lange dauert so eine *Shunt*-OP?" Wieder stolz sagte er: „Also manche Ärzte brauchen zwei Stunden, wir kriegen das jedoch in einer halben Stunde hin." „Wow." Dann ging er und ich war immer noch ein bisschen ratlos, wie sie es geschafft hatten, den Schlauch durch mich durchzuführen. Die hatten ja wohl kaum einfach immer mehr reingeschoben und gedrückt und dann gehofft, dass er schon den richtigen Weg durch den Körper findet. Naja, es wird ein Rätsel bleiben. Aber – gut zu wissen, dass ich einen Katheter im Bauch hatte, der sich entzünden konnte. Irgendwie hatte ich mir nie Gedanken gemacht, in meiner Vorstellung endete der Schlauch halt. Ich hatte wirklich das Gefühl, dumm zu sein oder eben absolut unwissend darüber, was da in mir steckte. Wie die Menschen im Mittelalter, die dachten, dass sie einfach mit stinkendem Schleim gefüllt waren. Ich war zwar ein bisschen weiter als das, aber da waren doch Knochen im Weg! Und Organe, oder nicht? Vor allem: War das jetzt für immer so?

Wieder hatte ich Kopfschmerzen und versuchte, ein bisschen zu schlafen. Ich bekam viele SMS, denn meine Freunde wünschten mir viel Glück bei der OP. Leider hatte man mein Medikament, *Ondansetron*, nicht als Tablette vorrätig, und es musste mir intravenös gegeben werden. Das Problem war nur, dass der Stationsarzt keinen Zugang legen konnte, weil nichts kam und er mit meinen kleinen Venen nicht zurechtkam. Das Medikament gab es dann mit der ‚Butterfly' über die Vene, denn das mit dem Zugang wurde nichts. Er und die Schwestern der Station erkannten mich wieder, ich war im März ja schon einmal da gewesen, und sie freuten sich tierisch: „Das ist ja gar kein Vergleich! Wie gut du dich gemacht hast! Das letzte Mal konntest du nicht einmal aufstehen!" Wie wahr, wie wahr. Ich bekam noch mein Operations-Outfit für den nächsten Tag, es sollte schon früh losgehen. Den Rest des Tages schaute ich fern, schließlich tat ich das selten in der Reha, weil man sich entweder den Fernsehraum aufschließen lassen, um 22.00 Uhr wieder gehen (höchstens man verhandelte mit den Sozialpädagogen) oder sich mit anderen Patienten absprechen musste, was geguckt wurde. Und so gut wie nie wollte jemand gucken, was ich gucken wollte.

Am Tag der Operation musste ich nüchtern bleiben und bekam kein Frühstück. Ich hatte die Antithrombosestrümpfe an, die komische Netzunterhose, zu der die Schwester ‚unser sexy Höschen' sagte und das Operationshemd, das nur hinten den einen Knopf hat und in dem man sich recht nackt fühlt. So lag ich also im Bett und wartete. Leider ging es nicht um 8.00 Uhr los, sondern erst um 9.30 Uhr. Ich wurde im Bett zum Operationssaal gefahren und musste auf eine Matte rutschen, die dann auf den Operationstisch gefahren wurde. Man lag praktisch in der Luft und fühlte sich wie auf einem fliegenden Teppich. Dann rollte das Ding unter einem weg. Panisch packte ich mein Bett, das einen Meter entfernt stand: „AHH! Ich falle gleich!" Die Pfleger lachten und meinten: „Ja, aber nur ein paar Zentimeter. Unter dir ist schon eine neue Liege." Die hatten gut lachen. Wenn ich auf dem Boden gelegen und mir alle Knochen gebrochen hätte, wäre Schluss mit lustig!

Ich hatte in der ganzen Zeit eine Abneigung gegen das ‚Zugang-in-den-Handrücken-legen' entwickelt. Ich hasste es so sehr. Ich wollte da auch keine Narkose haben. Also lachte ich ein bisschen hysterisch und meinte panisch zum Anästhesisten: „Ich wollte mir die Hände abhacken, damit Sie keinen Zugang reinpieksen können. Das mag ich nämlich nicht, da krieg' ich die Panik." Die Beruhigungstablette hatte ich bereits bekommen und nahm kein Blatt mehr vor den Mund. Er grins-

te und meinte nur: „Ach, so schlimm ist das nicht. Jetzt gibst du erst einmal deine Arme her und legst sie in die Schlingen. Abgehackt wird hier nichts." Also tat ich, was er sagte, dann bettelte ich: „Aber nicht klopfen, ja? Bitte nicht!" Er nahm zärtlich meine Hand, surrte das Gummiband ums Handgelenk und fing an auf meinem Handrücken herumzuschlagen. Patsch, patsch, patsch, patsch, patsch. „AHH!!! Nicht!" Ich entzog ihm meine Hand. „Wenn Sie noch einmal auf meine Hand klatschen, dann klatsch ich Ihnen auch wohin!", versuchte ich, auf die Liege geschnallt, zu drohen. „Ach, jetzt gib mir erst einmal deine Hand zurück. Ich nehm' ja schon die Babynadel. Die ist ansonsten für Zweijährige, aber bei deinen dünnen Venchen ..." „Aber nicht klatschen!" Dann wurde es auch ihm zu bunt: „Also, hör mal zu! Du hast jetzt die Wahl: Entweder wir ziehen das jetzt durch mit der Babynadel, dann muss ich kurz klopfen, oder du kriegst keine Narkose. Dann wirst du ohne operiert. Also?" Dann wurde selbst ich kleinlaut, die ich doch so eine große Klappe hatte: „Mhm. Na gut. Ich brauch' doch eine Narkose!"
Mit der Nadel in der Hand ging es in den Operationssaal. Der Operationstisch war aus Metall, aber auf mir lag eine angewärmte Decke, damit mir nicht zu kalt wurde. Dann bekam man eine Sauerstoffmaske über und über die Vene wurde das Narkosemittel eingespritzt. Ich lachte herum, und der Arzt bat mich zu zählen. Ich plauderte drauflos: „Ja, jetzt wird es gleich kalt im Hals! Und die Zunge wird so schwer, gell. Ich, also, ein bisschen komisch ist das schon. Ich schaff' es nicht bis zehn! Soll ich's beweisen? Eins – zwei ...", und weg

war ich. Eigentlich war die Operation kein freudiger Anlass. Keine Ahnung, wieso ich so aufgedreht war.

Danach wurde ich mehrmals im Aufwachraum wach, wollte aber immer weiterschlafen. Bestimmt vier Mal quengelte ich die Schwester an: „Ich mag schlafen! Lass mich schlafen."

Meine Mama war da, als ich dann doch im Zimmer aufwachte. Sie half mir auch, etwas zu trinken. Man hatte das zweite Ventil hinter das Ohr gesetzt. Mein Hals und das Ohr waren voll mit Desinfektionsmittel. Alles klebte. Ich hatte ein Pflaster hinter dem Ohr und darunter hatten sie wieder die Haare abrasiert. Es waren ja genügend.

Ich aß ein bisschen was und trank Tee. Dann ging die Tür auf – und Philipp kam herein! Was für eine Überraschung. Ich schämte mich zwar wegen dem Outfit und war noch ein bisschen benommen, aber total süß, dass er extra gekommen war! Er erzählte, dass er bei einem Freund in der Nähe gewesen war, und fragte, wie es mir ginge. Leider blieb er nicht lange, da ich ja auch müde war und endlich etwas zu essen bekam.

Meine Hand zitterte komisch herum und verschüttete den Tee. Ich motzte meine Hand an, denn das tat ich in solchen Fällen immer: „Ohh hopp! Jetzt zitter' nicht hier rum!" Meine Mutter fragte mich dann: „Muss ich mir Gedanken machen?" „Warum? Weil ich mit meiner Hand spreche?" „Nein, wegen dem Zivi." „Ach so! Nö." Was ein Quatsch. War ihr eigentlich bewusst, wie ich aussah?

Später wollte die Mama von einer Ärztin wissen, was genau gemacht worden war. Vor allem, weil wir auch nicht wussten, wieso mein Ohr mit Desinfektionsmittel vollgepinselt war. Wir hatten mittlerweile schon viele, sehr viele Schwestern und bestimmt dreißig Ärzte kennengelernt, aber diese übertraf alle in ihrer Unverschämtheit. So meinte sie doch glatt zu meiner Mutter: „Da kann Ihre Tochter selbst Auskunft geben", und marschierte den Gang hinunter. „Klar Mama. Ich weiß alles ganz genau. Ich hatte zwar eine Vollnarkose, stand aber neben mir und hab' assistiert. Jetzt weiß ich natürlich, was da alles war." Manchmal frage ich mich, ob denen nicht klar ist, dass man vielleicht verunsichert ist und viel mitgemacht hat? Man kann doch nicht so patzige Antworten geben, wenn man etwas ganz Normales gefragt wird! Erst recht nicht als Ärztin. Sie können sich nicht vorstellen, was man für einen zusätzlichen Ärger haben kann, nur weil Leute des Pflegedienstpersonals überarbeitet, unterbezahlt und schlecht gelaunt sind. Dafür kann man aber als Patient nichts.

Im umgekehrten Fall gab es zum Glück auch Schwestern wie Judith, die waren wie Engel. Sie bemühten sich, hörten einem zu, nahmen einen in den Arm, opferten ihre Zeit und fragten aus Interesse, wie es einem ging. Ich weiß noch, wie ich eines Tages die Kratzer auf der Folie des abgeklebten Brillenglases sah, da flippte sie fast aus vor Freude: „Das ist doch spitze! Das schreib ich in deine Akte! Kim sieht die Kratzer auf der Folie! Das ist ein gutes Zeichen."

Meine Akte wurde immer dicker, und die Liste mit den Medikamenten, die ich nicht vertrug, wurde auch immer länger. Die Ärzte markierten mit Farben, was abgesetzt wurde oder was sich verändert hatte, sodass bald alles voll war mit Textmarker. Judith gab sich immer solche Mühe, maß mir nach einem Brech-Anfall

sogar Fieber und Blutdruck und wollte mich aus lauter Sorge gar nicht mit Mama ins Elternzimmer gehen lassen. Zur Sicherheit gab sie uns dann die Nummer vom Schwesterntelefon mit. Als ich ihr erzählte, was für ein Drama meine Oma im Krankenhaus abgezogen hatte und dass sie den Kontakt zu uns abgebrochen hatte, obwohl ich so schwer krank war, war sie ganz empört. „Ich wäre froh, wenn ich so ein tolles Enkelkind wie dich hätte! Im Traum würde es mir nicht einfallen, so ein tolles Mädchen hängen zu lassen. Jetzt ärger' dich nicht, wir sind ja für dich da. Ein Glück, dass deine Mama nicht so ein kaltherziger Mensch ist."
Total lieb – und ich zickte herum, weil ich Überfürsorge nicht haben konnte, sondern alles allein machen wollte. Kim selbst. Nach dem Motto: Lass mich das selber machen! Ohh, kaputt.

Tagebucheintrag von Kims Mutter
25.06.09

Bereits morgens fahre ich zu Kim ins Krankenhaus. Der Neurochirurge hat ihr erklärt, dass sie jetzt ein fünfteiliges Shuntsystem im Kopf habe, also Schlauch – Ventil – Schlauch – 2. Ventil/Assistent – Schlauch und Katheter. Das ist natürlich auch weitaus anfälliger. Es ist jetzt auf 100 eingestellt und der Assistent auf 20. Sie hat keine Kopfschmerzen. Mittags gehe ich kurz in die Stadt und als ich wiederkomme, klagt Kim über brennende Rückenschmerzen. Ich sehe nach und bin sprachlos. Sie hat von einem Schulterblatt zum anderen eine 5 Zentimeter breite, offene, rote Verbrennung. Ich hole die Schwester, die ebenfalls entsetzt reagiert und die Ärztin holt. *Die nette von gestern. Sie meint, dass sich darum die Reha kümmern solle. Ich verlange sofort nach dem Neurochirurgen. Plötzlich kommt eine Schwester und erzählt irgendetwas von kalten Kompressen und Salbe, aber nichts passiert. Ich rufe in der Reha an und verlange, dass die Ärzte Kontakt mit dem Krankenhaus aufnehmen. Kims Rücken sieht aus wie verätzt und auch ihr rechtes Ohr ist arg mitgenommen.*

26.06.09

Morgens kann ich sofort mit Kims Ärztin aus dem Jugendwerk sprechen. Ich erkläre ihr, dass ich will, dass aufgeklärt wird, was mit ihrem Rücken passiert ist. Ebenso muss man nach ihrem Ohr schauen, nicht dass sie durch Verätzungen einen Hörschaden zurückbehält. Im Krankenhaus ist die Rede von einem Ausschlag – niemals. Kim soll am nächsten Tag gegen 10.00 Uhr wieder zurückgebracht werden. Ich entschließe mich dazu, noch am selben Abend heimzufahren.

Zurück im Krankenhaus: Ich wunderte mich, wo die Mama auf die Schnelle untergekommen war. Das war mir manchmal wirklich ein Rätsel. Alles wurde wegen mir stehen und liegen gelassen. Wie sie das hinbekam? Das weiß nur der liebe Gott.
Die eine Frau aus meinem Zimmer, die ältere, war die totale Klatschtante. Sie redete und erzählte andauernd irgendetwas oder rannte herum und trug leere Sprudelflaschen weg. Das Essenstablett von jedem Einzel-

nen trug sie raus. Wenn die Schwester es holen wollte, sagte sie: „Ach wissen Sie, ich hab' es schon raus. Dann haben Sie nicht so viel Arbeit. Ich schaff' das gerade so." Ich dachte mir nur: ‚Es zwingt dich ja keiner.' Außerdem nervte es mich, weil ich kaum den letzten Bissen im Mund und das Besteck abgelegt hatte, dass sie sich dann schon freudig mein Tablett schnappte. Wie gerne hätte ich das damals im Krankenhaus selbst gekonnt, aber es ging nicht, es war einfach zu schwer. Jetzt konnte ich es, aber wollte nicht mehr. So schnell kann sich alles ändern. Die halbe Nacht stand die quirlige Frau am Fenster und schaute hinaus. Manchmal riss sie es auf und unterhielt sich mit dem Taxifahrer. Oder sie erklärte meiner Mama: „Ohh, ich habe Sie gesehen! Am Fenster! Da dachte ich mir: Was eine hübsche, junge Frau." Ahh. So was nervte mich wirklich! Vor allem, weil sie mir bestimmt fünf Mal erzählte, dass der Taxifahrer und sie meine Mama so hübsch fanden. Das war nett, aber was sollte ich denn dazu sagen?

Wenn man im Krankenhaus seine Tage hatte – ja, ich weiß, dass das immer noch kein tolles Thema ist, aber nur, damit Sie es sich vorstellen können –, bekam man so komische Einlagen, die so lang wie ein großes Lineal waren, so breit wie meine Hand und so dick wie ein ganzes Paket Watte. Da hätte man auch Pampers anziehen können. Was dachten die denn? Dass man ausläuft wie ein Wasserhahn, den jemand aufgedreht hat? Nein, nein …

Ich hatte wieder sexy Antithrombosestrümpfe an, die zwar nicht so arg rutschten, weil im Gummiband wieder Noppen drin waren, aber angenehm waren sie trotzdem nicht. Dann gab es wieder jeden Abend die

Spritze – nach Wahl in Bauch oder Bein. Wie ich das hasste! Manche Schwestern hatten es echt drauf, da spürte man nichts. Bei anderen jedoch brannte es wie Feuer, und das bestimmt noch fünf Minuten danach! Ich hatte schon über Wochen jeden Tag diese Spritze gekriegt und fragte mich, ob mein Körper nicht langsam genug hatte. Außerdem heißt es doch: Was eine Wirkung hat, hat auch eine Nebenwirkung! War es da genauso? Naja, es klärte einen keiner darüber auf. Diese Tortur musste sein, damit man keine Thrombose bekam. Na gut!

Ich bekam mein *Ondansetron* morgens über den Zugang, den ich von der Operation noch hatte. Es war immer ganz kalt im Arm, wenn die Flüssigkeit einlief, und man konnte an der Haut entlang fühlen, wie weit die Kälte schon gekommen war. Immer noch beobachtete ich sehr skeptisch jedes noch so kleine Luftbläschen, aber ich klingelte nicht mehr, sondern schnipste selbst gegen den Infusionsschlauch. Außerdem hatte mir meine Mama erklärt, dass im Zugang eine extra Vorrichtung war, die verhinderte, dass Luft in die Vene eintreten konnte. Gott sei Dank.

Wie immer fand ich es viel zu hell und viel zu laut im Krankenhaus, deshalb schlief ich tagsüber manchmal vor Erschöpfung ein. Frühmorgens um kurz nach 7.00 Uhr musste man aus dem Bett, denn die Schwestern wollten das Bett machen, und dann kam auch das Frühstück. Danach legte man sich eh noch einmal hin, weshalb ich dieses Theater immer noch unnötig fand. Ohh, eigentlich finde ich nicht, dass ich arg verwöhnt bin, was das Essen angeht, ich mag halt nicht gern Fleisch, Fisch, Vanillepudding und Rosenkohl. Na gut, ich mag auch kein fettiges Essen, und beim Frühstück ist das Problem, dass ich eben keine Marmelade mag oder Honig oder so. Käse mag ich auch nicht jeden Tag essen. Aber ich liebe Frischkäse. Ich wäre ja glücklich gewesen, wenn ich morgens Frischkäse und mittags Nudeln mit Soße gekriegt hätte – von mir aus auch jeden Tag. Aber nein! Dann gab es irgendwelche pseudo-exklusiven Sachen, die auf dem Papier total hipp klangen, und dann war es irgendwas Banales und schmeckte komisch.

Vormittags kam noch einmal der Neurochirurge und gab mir einen zweiten Implantatepass für den *Shunt*-assistent und eine Broschüre. Jetzt konnte ich zum ersten Mal anhand von Zeichnungen ansatzweise nachvollziehen, wie das Ding in meinem Körper aussehen musste. Zu beachten hatte ich nichts anderes als vorher auch. Danach kam eine Begleitperson, um mit mir zum Röntgen zu schwanken. Ich erklärte ihm, wieso ich noch nicht so gut laufen konnte, und er nahm mich ganz behutsam an die Hand, was echt lieb war. Ich erzählte ihm auch, dass ich umfiel, wenn ich den Kopf zu schnell drehte, da meinte er mit einem Zwinkern: „Jetzt kannst du den Männern gar nicht nachgucken!" Es wurde mein Kopf geröntgt. Ich musste mein Gesicht seitlich an eine Platte pressen und durfte mich nicht bewegen. Das Bild erschien bei den Ärzten im Nebenraum und lachend sagte der eine zu mir: „Mein lieber Mann, hast du viel in deinem Kopf." Ein bisschen robotermäßig sah das auf dem Monitor schon aus. Wie ein Mutant irgendwie. So lustig, wie die Ärzte das vielleicht fanden und wie es manchmal auch klingt, war es ganz und gar nicht. Ich hatte Tränen in den Augen, als ich das Bild sah. Mir wurde bewusst, dass ich abhängig war von einem Schlauchsystem, das in meinem Schädel steckte und jederzeit Verschleißerscheinungen aufweisen könnte. Ein Leben voller Verzichte, denn normal war ich eindeutig nicht mehr.

Der liebe Mann brachte mich wieder hoch und wünschte mir alles Gute, was mich wenigstens ein bisschen aufbaute. Ich schlief wieder ein und wachte abrupt auf, weil die Putzfrau beim Herumwischen mit ihrem Lappen den Telefonhörer heruntergeschmissen hatte. Ahh. Weiterschlafen konnte ich danach nicht mehr, denn die eine Frau hatte Besuch bekommen und die andere telefonierte mit ihrer Freundin. Also schaute ich fern. Dann ging die Zeit wenigstens rum. An diesem Tag hatte ich mich schon morgens gewundert, ob das ein schlechter Scherz sein sollte: *Michael Jackson* war tot? Nie im Leben! Doch dann fragte mich meine Bettnachbarin: „Hast du das auch gesehen, Kim? *Michael Jackson* ist tot! Ich kann es gar nicht fassen!" Ich auch nicht. Selbst als den ganzen Tag die Todesmeldung wiederholt wurde, zweifelte ich daran. Das konnte doch jetzt nicht wahr sein. Aber da sah man wieder, dass keiner den Lauf der Dinge verändern kann. Vielleicht hinauszögern, indem er sich schützt, aber man steckt eben nicht drin.

Lustig fand ich persönlich, dass der *Shunt*assistent laut Broschüre ‚paedi' hieß. „Ich hab jetzt eine Firma im Kopf. Einen Chef und einen Assistenten", erklärte ich mit einem Lachen meiner Mama.

Mittags kamen Schoko und Lola. Wir aßen Kuchen in der Cafeteria, danach saßen wir noch ein bisschen im Freien. Ich hörte mir den neuesten Tratsch aus der Seifenblase an. Außerdem erzählte ich Lola, was Mama zu

mir gesagt hatte, weil ich sie wieder mit einem zugekniffenen Auge angeguckt hatte: „Meine Mama sagt
dann immer ‚Zyklop-Baby' zu mir! Im Krankenhaus damals auch schon." Mama lachte und Lola auch: „Meine
Mama hat ‚Mein Mongo-Baby' zu mir gesagt. Wir sind
beide Babys." Leider mussten sie bald zum Bus, und
auch die Mama fuhr freitags nach Hause, da ich am
nächsten Tag wieder zurückgebracht werden sollte.
Ich hatte einen ganz wunden Rücken, was ich noch
zeigte, jedoch taten die Ärzte so, als wüssten sie nicht,
woher das kam. Mein Rücken war verbrannt, von einem Schulterblatt zum anderen, es fühlte sich an wie
Sonnenbrand. Der Neurochirurge ordnete Kompressen
an, aber irgendwie kam es nicht bis zu den Schwestern
durch. Es brannte weiterhin fürchterlich und keiner tat
etwas. Zur Abschlusskontrolle wurde noch ein weiteres EKG gemacht, was ganz cool war, denn sie ver-
wendeten keine Kleber für die Elektroden, sondern es
waren so Saugnäpfe, die sich an die Haut saugten. Wie
einfach es doch wär', wenn auf der ganzen Welt die
medizinische Ausrüstung besser wäre ...

Tagebucheintrag von Kims Mutter
27.06.09

Das Ohr ist hochgradig entzündet, Kim bekommt Antibi-
otika. Auch die Ärzte in der Reha sehen die große Wunde
auf ihrem Rücken als Verbrennung an. Ich möchte, dass
das schriftlich in ihre Krankenunterlagen aufgenommen
wird, sonst würde später keiner mehr etwas davon wis-
sen wollen.

Es geht voran

Man entließ mich samstags, im Krankenwagen ging es zurück. Begleitet wurde ich von einer Frau, der Fahrer war ein älterer Mann. Ich erzählte der Frau knapp meine Geschichte, man sah ihr an, wie berührt sie war. Ich überging das, denn ich war so unendlich froh, wieder zurückzufahren. Es fühlte sich an wie heimkommen, ich spürte es ganz deutlich in meinem Herzen, wie sehr ich die anderen vermisst hatte. Dieses Mal war es auch anders, denn ich saß im Krankenwagen und brauchte weder Rollstuhl noch Liege und auch keine Brechschale. Es kam ein Notruf über die Sprechanlage. Bevor der Mann Antwort geben konnte, rief die Frau ihm zu: „Was wettest du? Ich sag', zu 80 % ist es unser Einzugsgebiet!" Ich guckte sie schockiert an. „Ja, manche finden es vielleicht makaber, aber nur so kannst du damit umgehen. Wir wetten immer und nehmen es dann lockerer, sonst würde uns der Job kaputtmachen. Gerade wenn man sieht, dass junge Menschen wie du so etwas Schreckliches mitmachen müssen!"
Wieder im Haus C, wurde ich mit großem Hallo begrüßt. Man trug mir sogar meine Tasche ins Zimmer, weil ich nicht schwer heben sollte. Dann zeigte ich den Schwestern meinen verbrannten Rücken. Petra wusste gleich einen Rat und brachte mir Aloe Vera-Salbe von sich mit. Voll süß, ich liebte es, wenn sich Leute Mühe gaben. Die andere Schwester meinte, dass die Verbrennung aussehe, wie wenn mir Flügel wachsen würden. Ein Engel. Auch wenn mir die Vorstellung gefiel, fand ich die Verbrennung nicht so toll. Es ärgerte mich,

dass man so unachtsam gewesen war. Die Vermutung war nämlich, dass das vom Operationstisch kam, auch wenn das keiner zugeben wollte.

Zusätzlich hörte ich auf dem rechten Ohr nichts mehr, denn das Desinfektionsmittel – oder was auch immer die im Krankenhaus auf mein Ohr geschmiert hatten – hatte die Haut verätzt, welche sich jetzt einfach wie Stücke aus Papier abziehen ließ. Wäh, war das eklig. Außerdem rauschte es ganz laut im rechten Ohr. Der Arzt, der Bereitschaft hatte, nahm einen Abstrich von meinem Ohr, und am nächsten Tag kam aus dem Labor die Bestätigung: Mittelohrentzündung. Die Mama drehte fast durch am Telefon, schließlich hätte das nicht auch noch sein müssen.

Man beschloss, mir ein Antibiotikum zu geben, *Amoxicillin*. So ein Mist, jetzt töteten sie wieder alles in meinem Körper ab! Wie sollte ich denn jemals ein gutes Immunsystem aufbauen können? Während ich die lustigen Virenbildchen aus der Verpackung löste, unterhielten sich die Ärztin und mein Lieblingspfleger Gabriel. Ich überlegte: ,Mhm, cillin, cillin ... Die Mama hatte noch gesagt, dass ich die Schwestern erinnern solle, dass ich *Penicillin*-Allergie habe.' Also fragte ich: „Darf ich das überhaupt nehmen? Ich hab doch *Penicillin*-Allergie." Die Ärztin sprang auf: „Ach du Gott. Da habe ich gar nicht danach geguckt! Nein, dann auf keinen Fall! Gabriel, lass die Flasche zu." Wieder einmal hatte meine Mama weise Voraussicht bewiesen. Ich glaube, ich wäre schon tot, wenn wir nicht selbst aufgepasst und mitgedacht hätten.

Das war echt ein Problem, denn man musste ja seine Medikamente immer am Stationszimmer abholen und manche Patienten verstanden nicht so recht, was sie bekamen oder bekommen mussten, weil sie noch nicht so weit waren. Sie nahmen ein, was in den kleinen Gläschen war. Ich jedoch wurde skeptisch, als eines Tages meine Tablette nicht mehr weiß und oval, sondern beige und flach war. Natürlich wollte ich, dass man mir zeigte, dass es das richtige Medikament war. War es auch, die Firma hatte nur dieses Mal Lutschtabletten statt Filmtabletten geschickt.

Nach dieser Operation sollte ich wieder zehn Tage meinen Kopf nicht waschen, die Narbe war genäht worden, die Haare ums Ohr abrasiert und das Ganze musste immer wieder neu abgeklebt werden. Ich litt genug, weil ich nichts hörte und mein Rücken wehtat, dennoch beschloss ich, meinen Kopf zu waschen, also die unoperierte Hälfte. Ich sah so schon schlimm genug aus, da brauchte ich nicht auch noch fettige Haare haben.

Lola und ich machten an diesem Abend zur Feier meiner Rückkehr in der Patientenküche Lasagne warm und hörten Musik auf dem Laptop. Philipp saß bei uns, wir unterhielten uns lange. Ich liebte solche Momente, in denen fast alles wieder in Ordnung war. Zumindest fühlte es sich so an, bis man zum Beispiel aufstand und bemerkte, wie sehr man schwankte oder beim Reden ein Wort absolut unaussprechlich war.

Tagebucheintrag von Kims Mutter
28.06.09

Ich telefoniere wieder mit der Reha. Kim soll nach der Antibiotikabehandlung des Ohrs noch einmal einem

HNO-Arzt vorgestellt werden, der genau nachsehen sollte, ob das Ohr geschädigt ist. Ebenso steht fest, dass die Verbrennung allem Anschein nach vom OP-Tisch stammt. Man hatte wohl das elektrische Skalpell auf dem Tisch abgelegt, wo es sich entlud und Kim einen Stromschlag verpasste. Dieser entlud sich im Rücken und verbrannte sie. Warum denn nicht? Bei unserem Glück in den letzten Monaten, war das jetzt nichts Neues mehr. Nur drauf! Mir hängt das Leben zum Hals raus, manchmal würde ich gerne einfach verschwinden!

30.06.09

Kim wird einem Ohrenarzt vorgestellt, der feststellt, dass das Ohr nicht verätzt sei, sondern entzündet aufgrund des Desinfektionsmittels, das hineingelaufen war. Die Ohrgeräusche, die sie so stark wahrnimmt, kämen aus dem Schlauch hinter dem Ohr. Kim hörte quasi, wie ihr Hirnwasser durch den Shunt in ihre Bauchhöhle lief.

Am nächsten Tag wurde ich bereits zum Ohrenarzt gefahren. Der versuchte, das Ohr zu säubern, und zog die Hautfetzen ab. Im Ohr schmerzte es dabei heftig, und er gab es irgendwann auf, als es einigermaßen in Ordnung war. Ich musste den Hörtest wiederholen. Auf meine Frage, ob das Rauschen im Ohr nachlassen würde, meinte er: „Es ist zu erwarten. Ich denke, es kommt von dem Ventil, das eingebaut wurde." Na gut, hoffen wir mal. Eingebaut, wie das immer klang. Als wäre ich eine Figur aus Bauklötzen. Naja, eingepflanzt klang so nach Science-Fiction ... Implantiert? Mhm, alles klingt ungewohnt und merkwürdig fremd.

Nach Lara zog ein anderes Mädchen zu mir ins Zimmer, das im Rollstuhl saß und morgens Hilfe beim Aufstehen brauchte, Giusi. Sie war total herzig, wir verstanden uns gut. Aber ich kam nicht wirklich damit zurecht, dass jeden Morgen um kurz vor acht die Schwestern bei uns im Zimmer herumliefen und schon „Guten Morgen!" riefen. Ich war ein Morgenmuffel, und dazu kam eben noch, dass mir morgens so schlecht war. Ich musste schon damit kämpfen, nicht zu brechen, obwohl ich bereits um 6.00 Uhr mein Medikament genommen hatte. Da konnte ich nicht auch noch mit munteren, aktiven Leuten klarkommen. Der einzige Vorteil war noch an dem Zimmer, nahe am Stationszimmer zu sein, sodass der Zivi ab und zu vorbeikam und guckte, wie es mir ging oder mit mir Musik tauschte. Wenn ich klingelte, brachte er mir alle halbe Stunde einen neuen Eisbeutel, was ich natürlich auch unbedingt brauchte. Trotzdem wollte ich lieber in ein anderes Zimmer im Neubau. Dort war es im Sommer nämlich kühler. Ich vertrug die Hitze nicht, Sonne auf meinem Kopf machte mich gereizt. Von der Wärme, die sich trotz geschlossener Vorhänge und offener Fenster in unserem Zimmer staute, musste ich mich übergeben. Zufällig kam jemand Neues, ein Mädchen, Hanna, welche sowohl nahe am Schwesternzimmer als auch wegen ihrem E-Rolli in ein größeres Zimmer im Neubau sollte. Diese Beschreibung traf genau auf Lolas Zimmer zu. Entweder sie oder ihre Zimmernachbarin musste umziehen, damit Hanna in das Zimmer einziehen konnte. Lola wollte nicht, also ging Karmen. Ann-Sophie wurde endlich entlassen und in eine andere Klinik verlegt, was Jacques fast das Herz brach. Sie hatte jedoch im Neubau gewohnt, weshalb ich nachfragte, ob ich jetzt dorthin ziehen könnte. Alles war ein bisschen kompliziert, aber es war machbar. Ich zog in Ann-Sophies Zimmer. Weil ihre Zimmerkollegin jedoch am Wochenende auch entlassen werden würde, fragte ich Lola, ob sie nicht zu mir kommen wolle. Erst pienzte sie herum, weil sie Hanna nicht allein lassen wollte, und wenn, wollte sie nur ans Fenster und sie hätte so viel Kram … Ich jedenfalls ging darauf ein, tauschte mit dem Mädchen, das noch für ein paar Tage da war, die Seiten, putzte gründlich (die Putzfrau hatte wohl über den Staub drübergewischt) und pinnte meine tausend Bilder wieder an die Wand. Das Zimmer war größer, man hatte zudem seinen eigenen Tisch sowie eine Kommode und einen großen Schrank. Es hatte mich immer gestört, das bisschen Tisch auch noch teilen zu müssen. Jetzt konnte ich meinen Schreibtisch vollstellen und meine gebastelten Bilder an die Wand hängen. Ich hatte aus all meinen Briefen eine Collage gebastelt und sowohl die Adressen als auch die Briefmarken auf ein großes Blatt geklebt. Damit hatte ich schon begonnen, nachdem ich nur wenige Wochen in der Reha war. Jetzt war das Bild fertig und zierte die Wand. Übrigens war auch das Bad viel größer!

Einmal war ich wieder im Freizeitkeller am Computer und im Internet. Da schrieb mich Finn einfach an. Er wollte wieder mehr für mich da sein. Ich war so schockiert im ersten Moment, als er antwortete, dass ich anfing, am ganzen Körper zu zittern. Ich hatte Tränen in den Augen und vergaß zu atmen. Er fragte, wie es mir ginge, wie wenn nichts gewesen wäre. Vor lauter Sehnsucht und Erleichterung schrieb ich mit ihm und glaubte ihm, dass er sich jetzt melden würde. Wie naiv ich doch war. Dann war ich noch im *ICQ* und wurde bombardiert mit Fragen: „Bist du daheim?", „Wie geht's dir?", „Bist du gesund?" Irgendwann war ich so genervt, dass ich total patzig reagierte: „Denkst du, dass ich fünf Monate nach einem Hirntumor gesund bin und zu Hause sitze?!", und löschte die Person. Um mich abzulenken, fragte ich einen Bekannten, was er die Woche so mache. „Muss arbeiten – und du?" „Hab Therapie." „Therapie?" „Ja klar, bin doch in Reha." „Hä? Wieso?" „Sag bloß, du weißt es nicht?" „Nein?!" „Ich hatte einen Hirntumor und musste Sprechen, Schreiben und Gehen lernen. Bin noch dort, aber es geht mir besser." „Im Ernst jetzt? Du verarschst mich doch." „Nee, darüber macht man keine Witze." „Oh Gott. Ich wusste gar nix! Ich hätte mich gemeldet! Kann man irgendetwas für dich tun?" „Nein. Das ist doch okay. Ich will ganz normal behandelt werden." „Das ist echt ein Schock jetzt." Er dachte ernsthaft, es wäre nur ein dummer Witz von mir gewesen. Wie oft wünschte ich mir das. Oder aufzuwachen und alles war nur ein böser Traum.

Am Wochenende zog Lola dann doch zu mir. Es gab einen Einkaufswagen, mit dem wir auch ihre Sachen durch die Gegend fuhren. Bei mir musste ich schon vier Mal fahren – bei Lola jedoch fuhren wir gefühlte zehntausend Mal hin und her. Als alles geschafft war – und sie hatte wirklich extrem viele Kleider –, wollte ich den leeren Einkaufswagen bei uns stehen lassen. Schließlich hatte jeder von uns neben dem Bett ein ganzes

Regal voller Nudeln, Süßigkeiten, Apfelmusgläsern und vielem mehr, und das passte so gut zusammen. Ich verteidigte mich also: „Das ist voll der Einkaufsladen-style. Das ist Kunst." So blieb der Wagen. Auch die Visite fragte uns: „Was soll denn der Wagen hier drin, räumt den mal weg!" Ich jaulte: „Nein! Ich mag den! Das ist mein Wäscheständer." Aber wir mussten ihn dann doch abgeben, und ich stapelte meinen Kleiderberg auf den Stuhl. Natürlich nur so lange, bis meine Mama wieder zu Besuch kam, davor starteten wir zwei immer eine Wochenend-Aufräum-Aktion. Mit Lola jedenfalls klappte es besser als erwartet, obwohl wir beide recht dominant waren. Wir hängten Poster auf und Postkarten, und es roch so gut bei uns. Einfach nach Lola und mir und Parfüm und unserem Waschpulver, weil meine Mama doch meine Kleider daheim wusch. Vorher hatte es in meinem Zimmer immer nach der fremden Person gerochen, jetzt roch es endlich vertraut und angenehm. An die Tür kam ein Schild mit pinkfarbenen Bildern, Herzchen, Kussmündern und der Aufschrift „Bonbonpinkfarbenes Mädchenzimmer von Lola und Kim". Wir waren aufgedreht wie kleine Kinder, aber ich liebte dieses Zimmer, und zum ersten Mal hatte ich das Gefühl, angekommen zu sein, mich wohl zu fühlen und nicht so merkwürdig wie in der Jugendherberge aus dem Koffer zu leben. Wir fingen ein ‚geheimes Buch' an, das ich immer bei mir trug. Dort hinein schrieben wir, was wir uns vornahmen, und gaben auch jedem Patienten einen geheimen Spitznamen, sodass keiner merkte, dass wir von ihm sprachen. Ein Wunsch war „Am letzten Tag in Reha den ganzen Tag auf hohen Schuhen laufen" oder „Philipp besuchen, wenn wir ganz normal aussehen". Ein anderes kleines Büchlein hatte ich dazu umfunktioniert, Notizen für mein Buch festzuhalten. Ich war jetzt ganz sicher, dass ich ein Buch über meine Erfahrungen schreiben wollte. Bald schon waren viele Seiten vollgekritzelt, teilweise echt unleserlich, wenn es schnell gehen musste und die *Ataxie* sich bemerkbar machte. Vieles konnte ich selbst nicht entziffern oder ich wusste nicht, was ich damit hatte sagen wollen ...

Wenn mich jemand beobachtete oder ich emotional aufgebracht war, war es mit dem Zittern immer viel schlimmer als sonst. Um mich abzureagieren, wollte ich eines Abends Obstsalat machen. Philipp gab mir ein scharfes Messer. Ich zitterte so sehr, dass es ein paar Mal fast schiefging. Ich zerschnitt voller Wut das Obst, bis es klitzeklein war. Philipp saß neben mir und fragte: „Soll ich es nicht besser machen? Wenn du dich schneidest, bin ich schuld. Jetzt beruhig' doch mal, was war überhaupt?" „Ich kann nicht. Ich bin so wütend! Schoko fragte in der Stadt, ob ich wisse, dass mein Kopf schief wäre. Hallo? Ja, das weiß ich sehr wohl! Jeden Tag schaue ich in den Spiegel und leide. Aber das kommt vom kaputten *Hypothalamus* und den schiefen Doppelbildern! Ohh, ich will doch nur gesund werden!" (Damit Sie es verstehen: Der *Hypothalamus* ist ein bedeutsamer Teil des Zwischenhirns, der aus zwei Bildern ein Bild macht. Bei mir wurde er wegen dem Überdruck im Kopf zerquetscht und ich sehe doppelt. Natürlich macht dieser Teil noch viel mehr, anscheinend hat deshalb zu Beginn auch die Regulation der Körpertemperatur nicht mehr funktioniert. Jetzt war unklar, ob sich das mit dem Sehen wieder machen würde oder ob man es jemals wieder reparieren können würde.) Dann schluchzte ich. Philipp nahm mir doch das Messer ab, schnitt den Rest und holte mir einen Löffel zum Essen. Geknickt setzte ich mich auf die Couch und schaufelte mir Obst in den Mund, bis es wieder gut war.

In unserem Zimmer stapelten sich auch bald die Karteikarten und abgerissenen Zettel, weil ich andauernd Anmerkungen aufschrieb, um nichts zu vergessen. Irgendwann musste ich Lola fragen: „Kannst du das lesen? Was kann ich wohl damit gemeint haben?" „Keine Ahnung, frag' mal Robin."

Robin wohnte wie ich im Neubau und teilte sich ein Zimmer mit Rick, der erst fünfzehn geworden war und vom Alter her ins Kinderhaus gekonnt hätte. Nur, dort wäre er auch nicht richtig gewesen. Pubertät halt. Lola war ja auch gerade erst sechzehn geworden, aber so reif in ihrer Art, dass sie jeder für mindestens drei Jahre älter hielt. Robin hatte vor eineinhalb Jahren einen Ski-Unfall gehabt und war in einen zugeschneiten Bachlauf gefahren. Es hatte ihm einen Wirbel zerfetzt, der durch ein Stück Beckenknochen ersetzt worden war. Mittlerweile konnte er laufen, aber nur mit Krücken. In Fachsprache hieß es, er hatte einen inkompletten *Konus Quauda* Querschnitt. Inkomplett, weshalb er nicht im Rollstuhl saß, sondern mit Krücken laufen konnte. Er durfte sogar Auto fahren.

Jedenfalls baute Robin in Elektro eine Binäruhr. Das war total lustig, weil jeder der Jungs selbst die Lichter anordnen durfte. So war Jacques' Uhr sehr, sehr komisch, und Karsten, der eh ein bisschen merkwürdig war, hatte die Lichter so angeordnet, dass selbst er am

Ende nicht mehr wusste, wie man sie lesen konnte. Robin war so stolz auf seine Uhr – und ich hasste sie. Abgrundtief. Rick und ich drückten immer daran herum, wenn wir reinkamen, und Robin drehte durch, weil wir sie verstellt hatten. Ich zickte ihn an: „Deine dumme Blinke-Uhr ist total simpel und beschränkt." Worauf er entgegnete: „Das sagst du nur, weil du sie nicht lesen kannst!" „Stimmt nicht! Es ist ... äh ... 16.32 Uhr." „Das war geraten, du hast gerade erst auf dein Handy geguckt!" „Na und? Ich kann es sehr wohl lesen, im Vergleich zu Rick." „Ja, der ist auch zu dumm. Ich erklär's ihm jeden Tag, doch er rafft es net." „Ich hasse die Uhr!" „Weißt du, was du da sagst? Du HASST eine Uhr? Kommt dir das nicht selbst ein bisschen lächerlich vor?" Die Uhr war immer sein wunder Punkt, er war so stolz darauf, weil er sie doch selbst gebaut hatte und die Lichter so toll angeordnet ... Ich lachte ihn immer aus, wenn er von der Uhr schwärmte, und meckerte: „Oh, die blinkt nur nervig rum, dann kann man nachts nicht schlafen!" An sich war es echt beeindruckend, dass er so etwas konnte, aber es machte mir so viel Spaß, die Uhr runterzumachen. Außerdem hasste ich sie. Egal, was er sagte, immer musste ich irgendetwas Fieses über sein Werk sagen. Er drohte sogar, mir auch so eine dumme Blinke-Uhr zu bauen und mir sie dann mit der Post zuzuschicken!

Immer wenn ich *Mary Poppins* begegnete, fragte sie mich, wie es mir gehe und inwiefern ich Fortschritte gemacht hätte, dabei war sie schon lange nicht mehr für mich zuständig. Es klappte mittlerweile mit dem Malen und dem Gitarrespielen ganz gut, aber ich hatte ein anderes Problem: „Ich schwank' so beim Laufen!

Dauernd lauf' ich gegen die Tür oder einen Tisch. Gucken Sie mal! Ich hab' überall blaue Flecken!" „Ja. Tatsächlich, aber wie sollen wir das ändern?" „Da können wir nichts machen. Ich muss besser aufpassen. Das liegt an dem dummen Doppelt-Sehen, mit nur einem Auge kann ich die Entfernungen voll schlecht abschätzen!" „Dann versuch einfach, besser aufzupassen, ja?"

Abends aß ich manchmal noch auf Station, weil ich von der Küche einen Obstteller bekam (ich hatte mittlerweile das Gefühl, unter Vitaminmangel zu leiden). Ich half jetzt den anderen, Trinken einzugießen oder eine rutschfeste Unterlage zu holen. Einmal war Doris einfach ihre Tablette wegen der *Ataxie* runtergefallen. Also eine von vieren, aber sie konnte nicht sagen, was sie alles bekam und wie die ausgesehen hatte. Also krabbelte ich durch den Raum, bis ich eine weiße Tablette hinter der Heizung fand. Ich war mir nicht so sicher, ob das ihre war, aber sie aß sie einfach auf. Okay. Ein bisschen schockiert war ich trotzdem.

Einmal war es total lustig, als Giusi und ich beim Abendessen saßen. Sie fragte Philipp, ob er ihr aus ihrem Zimmer eine kleine Trinkflasche mit Orangensaft holen könnte. Er kam wieder und sie fragte: „Machst du sie bitte auf? Und kann ich noch ein Glas haben?" Er maulte gespielt genervt: „Sonst noch was? Bin ich dein Bediensteter?" Giusi meinte darauf nur ganz keck: „Hey, ich bin süß, klein und behindert! Du musst mir helfen." Ich musste so lachen und Philipp auch, denn mit so etwas hatte keiner gerechnet, dazu kam noch ihre Klein-Mädchen-Stimme und ein herzerweichender Hundeblick. Vor allem saß sie ja im Rollstuhl, und es war irgendwie so selbstironisch und cool, wie sie mit ihrer Situation umging.

An meinem Schreibtisch schrieb ich jeden Tag Briefe und Postkarten, mittlerweile hatte ich eine große Kiste gefüllt. Ich lief auch jeden Morgen zum Stationszimmer, gab meine Post ab und nahm vom Post-Fenster neue Briefe mit. Wenn ich einmal nichts bekam, war ich richtig traurig. Aber es kam zum Glück nicht oft vor. Man konnte jetzt auch endlich lesen, was ich schrieb, denn ich machte mit meiner Hand gute Fortschritte. Ich konnte mich jetzt auch schminken, ohne dass ich aussah wie angemalt, und Zöpfe flechten. Außerdem wurde es nach der Operation schlagartig besser mit der Übelkeit und ab 10.00 Uhr ging es mir blendend. Seit ich im neuen Zimmer war, saß ich auch nicht mehr auf der Couch. Unser Zimmer war ein Stück den Flur hinunter, aber zum Glück immer noch im ersten Stock. Jetzt war es auch endlich angenehm, im Zimmer zu sein, mit Lola zu plaudern oder etwas zu lesen. Wir reihten unsere Nagellack-Flaschen auf und waren ganz begeistert, wenn es uns gelang, ohne größere Sauerei unsere Nägel zu lackieren. Trotz *Ataxie*! Es war eben durch und durch ein ‚bonbonpinkfarbenes Mädchenzimmer'. Wir liebten es auch, Schuhe oder neue Kleider zu kaufen, denn das lenkte uns ab und machte uns wenigstens für den Moment glücklich. Robin regte sich natürlich über Lolas Kleidermassen auf und begann irgendwann, unsere Schuhe zu zählen: „Euer Schuhschrank ist voll. Und an der Heizung stehen auch bestimmt acht Paar." „Ja, aber das sind nur Ballerinas und *Flipflops*! Und Turnschuhe braucht man wegen Sport!" „Sind Ballerinas und *Flipflops* etwa keine Schuhe?" „Mhm, joa, aber die nehmen nicht viel Platz weg!" „Ist dir klar, dass in diesem Zimmer mittlerweile 26 Paar Schuhe sind? Das macht 13 Paar für jeden! Dabei hat jede von euch zu Hause mindestens noch einmal 20 Paar Schuhe!" „Ja, aber die braucht man auch, und manche zieh' ich gar nicht mehr an, also zählen die auch nicht." „Du weißt genauso gut wie ich, dass man nicht acht Paar Ballerinas braucht. Das eine Paar hast du sogar eine Nummer zu groß gekauft, nur weil du die in Rot haben wolltest! Dabei hast du die schon in Schwarz!" „Aber Robin, ich ... ja. Rote Schuhe sind hübsch, gell!" Das mit den Schuhen hat er nie verkraftet. Jedes Mal, wenn wieder eine von uns welche von zu Hause mitbrachte oder neue kaufte, ging die Diskussion von vorne los. Außerdem sagte er dauernd: „Das ist eine dreiste Lüge, man BRAUCHT nicht so viele Schuhe!" oder „Kim, du hast wirklich genug Paar!" Dann stampfte ich mit dem Fuß auf und zog eine Schnute oder guckte beleidigt und quengelte, weil ich nicht zugeben wollte, dass er recht hatte. Robin zögerte auch nie, den Leuten, die in unser Zimmer kamen oder uns neu kennenlernten, zu erzählen: „Das sind Kim und Lola. In ihrem Zimmer stehen 26 Paar Schuhe, und sie besitzen mindestens genauso viele Schals, Ohrringe und Nagellackfarben. Dabei hat jede daheim noch einmal mindestens genauso viel. Wenn du einen dm oder H & M eröffnen willst – sie leihen dir bestimmt was. Naja, aber genau genommen, sind sie ganz arm dran und haben NICHTS zum Anziehen. Deshalb laufen sie auch manchmal strümpfig durch die Gegend – sie haben nämlich keine Schuhe. So, und Kim behauptet felsenfest, es gäbe die Farbe Pfefferminzgrün." „Hallo? Geht's noch? Die gibt es ja wohl auch. Es gibt Grasgrün, Jadegrün, Pfefferminzgrün, Froschgrün, Dunkelgrün, Saftgrün, Olivgrün, Hellgrün ... Es gibt ja wohl nicht nur sieben Farben oder was." „Ja, aber Pfefferminzgrün?!" „Wart', wir fragen Lola: Lola, welche Farbe hat mein neuer Ordner?" „Helles Tannengrün?" „Ha!" „Nix da, es könnte auch Pfefferminzgrün sein, gell?" „Ja, stimmt." „Ihr spinnt doch, die Farben gibt es gar nicht! Das denkt ihr euch aus in eurer bunten Welt." „Robin, es gibt sowohl Tannen als auch Pfefferminze! Und die haben ja wohl ein anderes Grün als jetzt Gras oder ein normaler Buntstift!" „Aber das sagt kein Mensch so. Außer euch vielleicht. Und naja, ihr seid ... sagen wir mal: außergewöhnlich." Er konnte ganz und gar nicht verstehen, dass wir so viele Dinge taten und sagten, um uns normal und gut zu fühlen, und schon gar nicht, dass wir nun mal sehr kreativ waren und mehr als sieben Farben kannten. Oder wenn wir davon schwärmten, endlich wieder auf hohen Schuhen laufen zu können und dann ganz tolle neue Schuhe kaufen würden. „Für was denn? Ihr habt doch bestimmt zu Hause genug hohe Schuhe!" „Oh Robin! Aber jetzt, wo es wieder geht, da braucht man neue! Das ist doch etwas ganz anderes."

PV-Sprecherin

Da Ann-Sophie weg war, wurde eine neue PV-Sprecherin gebraucht, und ich wurde gewählt. Meine neue Aufgabe war wirklich gut für mich, denn nun musste ich üben, laut zu sprechen, und das vor Publikum. Natürlich war das so eine Sache mit Jacques, denn während ich redete, kritzelte er erst seinen Arm mit Edding voll und dann meinen. Ich führte die Abkürzung FK für Freizeitkeller ein. Er fand es total lustig, jedes Mal noch ein K hinten dranzukritzeln, sodass auf jedem Aushang: „Montag – FKK" stand. Er wäre auch nackt rumgerannt, wenn wir ihn nicht davon abgehalten hätten. So wie er nie Schuhe anhatte, weil er es zu gewöhnlich fand. Naja, irgendwann hatte ich angefangen, ihn einfach so zu nehmen, wie er war. Also gab ich ihm meinen Arm und redete weiter. „Also, am Donnerstag ist wieder die Einkaufsfahrt, wie jede Woche. Wer hat einen Vorschlag für Freitag? Wer ist dafür, wieder zu grillen? – Jacques! Was machst du da?!" „Ich male Raketen", dann lachte er. „Deine Raketen sehen aus wie Penisse!" „Ja, das könnte man meinen, aber das ist Kunst." Ahh. Hab' ich schon erwähnt, dass er verhaltensgestört ist? Also manchmal hatte man wirklich das Bedürfnis, ihn zu hauen, jetzt zum Beispiel, da sowohl auf meinen Beinen als auch auf meinem linken Arm Penisse mit Edding gemalt waren. Und ein ‚Eunuchen-Zyklop', welchen er selbst erfunden hatte und ständig irgendwo hinkritzelte.
Am nächsten Tag war ich total aufgedreht. Jacques lief eh die ganze Zeit barfuß herum, sodass man ihn für ei-

nen *Hobbit* hielt, also wollte ich auch. Aber barfuß war es mir zu kalt, trotz Sonnenschein. Also lief ich sockig durch die Gegend und freute mich unglaublich. Vor allem, mit den Socken über den Rasen zu laufen, war so lustig! Es machte mich immer noch glücklich, auf Gras zu laufen. So viele Monate hatte ich es sehnsüchtig vermisst! Dann hüpfte ich über den Grashügel und war so unendlich gut gelaunt. Ich versuchte, nur noch auf Zehenspitzen zu trippeln, und fiel nach ein paar Minuten ins Gras. Dort blieb ich liegen und lachte, bis Lola vom Raucherpoint angerannt kam und wissen wollte, ob alles okay sei. „Ja, ich hab nur Socken an!" „Oh Kim, du hast echt'n Knall. Wenn ich nicht wüsste, warum du da bist, würde ich sagen: Da stimmt was nicht!" Dann lachte sie, half mir hoch, und wir rannten kichernd rein.

Zwei Tage später fuhr ich wieder mit Lola in die Stadt, wir machten uns einen schönen Abend. Bei *H & M* zogen wir verdammt hohe Pumps an und stöckelten durch den Laden. Es war total wackelig, wir brachen uns fast die Beine, aber es machte uns so viel Spaß. „Ah, es geht, es geht! Kim, ich kann auf hohen Schuhen laufen!" „Ja, sau cool! Ich auch!" Wir lachten und freuten uns wie Kinder am Weihnachtsabend. Dabei war ja gar nichts passiert.

Am Wochenende war Sommerfest und Tag der offenen Tür. Meine Eltern wollten mittags kommen und meine Theateraufführung anschauen. Morgens hatte ich vorgehabt, mit dem Sozpäd Fische zu kaufen, denn ich war neuerdings die Hüterin des Aquariums und total stolz auf meine vertrauensvolle Aufgabe. Leider gab es nur Fische im Haus C – „Kim, Fische sind doch tolle Tiere!" – und keine anderen Tiere, obwohl ich immer bettelte. Im Kinderhaus gab es schließlich auch Meerschweinchen! Außerdem hatten wir dauernd Essen übrig, sodass ein Hausschwein echt süß gewesen wäre. Oder eine Katze! Oder ein Hund! Ich vermisste meinen Kater Muffin so sehr, aber außer den Fischen und den Hunden von unserem Sozialpädagogen Matze gab es keine Tiere. Nicht mal das Hausschwein konnte ich durchsetzen. Dabei hätte ich mich auch darum gekümmert – und Jacques fand es auch eine prima Idee! Ich bettelte so sehr und guckte echt goldig, aber ich bekam meinen Willen nicht. Dabei hätte ich es Mr. Pig genannt! Und es hätte bei Jacques im Bett schlafen können! Matze machte aus seinen Hunden Therapiehunde. Manche Patienten durften mit ihnen Gassi gehen, aber leider nur wenige, damit sie sich auf ‚ihren' Patienten besser einstellen konnten.

Da Lola ständig vergaß, dass sie ein Kühlschrankfach hatte und dann alle Joghurts abliefen, und ich manchmal fast die Fische nicht fütterte, hängten wir ein großes Schild in unser Zimmer, auf dem stand: „Fische / Kühlschrank?" Regelmäßig wurden wir natürlich gefragt, was es damit auf sich habe.

Tagebucheintrag von Kims Mutter
04.07.09

Wir fahren zu Kim, es ist Sommerfest. Sie bekommt überraschend Besuch von Joe, Tom und Samy. Sie sind eine Weile unterwegs und müssen am selben Tag wieder zurück. Ralf, Kim und ich machen einen Ausflug nach En-

gen und an die Aachquelle, danach gehen wir noch es-
sen. Als Antwort auf meine letzte Magenspiegelung be-
komme ich einen Anruf, ich solle dringend zum Blut-
nehmen kommen, man habe etwas gefunden. Manchmal
denke ich, dass, wenn man etwas Schlimmes finden wür-
de, das Ganze endlich vorbei wäre und ich meine Ruhe
hätte.

Ich saß also auf der Couch und wartete auf Matze wegen dem Einkaufen, als absolut überraschend auf einmal Samy, Tom und Joe auftauchten. Ich hatte nichts
geahnt und war verblüfft. Wie sehr ich Besuch liebte,
war echt total krass. Wenn ich es im Voraus wusste,
freute ich mich tagelang darüber, dass jemand kam.
Wenn der Besuch dann da war, konnte ich stundenlang erzählen und versank total in der Welt meines
Gegenübers. Es war wie eine Flucht aus der Seifenblase, dabei hielt uns ja keiner fest. Trotzdem kam man
sich manchmal eingesperrt vor. Wenigstens die Gedanken waren frei ... An dem Tag saßen wir ein bisschen draußen auf dem Balkon und redeten viel miteinander. Dann wollten wir wieder rein, aber ein Patient
hatte die Balkontür zugeschoben – so ein Idiot. Also
klopften wir an die Scheibe, bis uns jemand hereinließ.
Es machte mich total glücklich, dass Joe mit dem Bus
von der Evangelischen Jugend gekommen war. Mit
dem Bus war ich sogar schon in Korfu gewesen, es hingen so viele Erinnerungen daran! Samy war mir in der
Zeit eine so gute Freundin geworden, dass ich mich
manchmal fragte, wieso wir zuvor so wenig miteinander gemacht hatten, schließlich hatte ich sie so lieb

gewonnen! Mit Tom war es genauso. Ich hatte ihn lange nicht gesehen gehabt, und jetzt war er trotzdem für mich da! Wir fuhren mit dem Bus zum Rheinfall nach Schaffhausen. Ich saß vorne und mir wurde nicht schlecht. Wir liefen einmal fast um den ganzen Wasserfall herum. Tom und Samy nahmen mich links und rechts an die Hand, voll süß. Sie passten gut auf mich auf, und ich fühlte mich richtig wohl, obwohl da so viele fremde Menschen waren. Die Treppen waren total anstrengend und immer wieder meinte Samy: „Brauchst du meine Hand? Willst du eine Pause machen?" Es war voll schön, Tom fuhr sogar extra mit dem Bus vom Parkplatz runter, damit ich nicht so weit laufen musste. Leider gingen sie schon mittags, da sie zurückmussten.

Auf der großen Wiese war ein Zelt aufgebaut worden. Alle kamen wegen dem Sommerfest zusammen, der Chefarzt mit Sonnenhut, Ärzte, Therapeuten und Patienten. Viele hatten ihre Familien eingeladen, und die Stimmung war bei Kuchen und Grillwürstchen einfach klasse. Nachmittags hatten wir unseren Theaterauftritt. Wir spielten drei improvisierte Szenen. Das klappte total gut mit uns, denn wir waren geübt im Improvisieren. Es gab zwar ein Mikro, aber leider konnten ein paar noch nicht laut und deutlich sprechen, weshalb man nicht alles verstand. Aber dafür wurde Verständnis gezeigt, schließlich waren wir krank. Dave lachte sich dauernd über sich selbst kaputt, was echt sehr ansteckend war. Auf jeden Fall gefiel es mir, und meine Mama machte Fotos. Die mochte ich zwar wegen des Pflasters am Kopf und dem Rollator nicht, aber es war trotzdem eine schöne Erinnerung. Mama und Papa spielten noch mit mir *Mensch-ärgere-dich-nicht* und *Skippo*, was so langsam zum Standardprogramm wurde. Dann gingen sie ins Elternzimmer, und ich ließ mir den Rücken einschmieren, der sich mittlerweile häutete. Gabriel zog ganze Streifen Haut ab, weil es mich so juckte, und cremte dann die neue Haut ein. Ich hatte sowohl Robin als auch Lola, Philipp und Jacques gezeigt, dass ich verbrannt worden war. „Ich bin jetzt ein Engel!" „Hä, wieso das?" „Ja, guck doch, mir wachsen Flügel." Jacques meinte dazu: „Also ich finde, es sieht eher aus wie ein Bumerang." „Ohh. Du bist echt ein Spielverderber." Dann lachte er sich kaputt.

An dem Abend hatte Petra ein Kind mitgebracht, Alissa, sie war sechs. Da ich gut mit Kindern zurechtkomme, malten wir gemeinsam auf dem Boden liegend. Dann verpackten wir Jacques' Geschenk, denn er hatte am nächsten Tag Geburtstag. Extra für ihn hatte ich ein Geschenkpapier mit Piraten darauf gekauft, denn das passte so gut zu ihm. Daheim hätte ich niemals jemandem zum 18. Geburtstag Piratenpapier schenken können, bei ihm war es aber lustig. Ich schenkte Alissa ein paar *Smarties,* und wir machten Seifenblasen am Fenster, total süß. Zwischendurch hockte Philipp bei uns rum, was ich sehr angenehm fand. Ich unterhielt mich so gern mit ihm und war froh, wenn er mal Zeit hatte. Bis ‚die Enttäuschung' kam. Ich hatte so keine Lust, etwas mit ihm zu machen, aber er wollte zugucken. „Bei was denn? Wie ich das Geschenk einpack'?" „Ja. Gern!" Ahh. Na gut. Philipp flüsterte mir zu: „Jetzt hopp, der hat gar keine Freunde, der tut mir so leid. Jetzt sei nicht so!" Ich hab' mich dann mit ihm abgegeben, aber nur Philipp zuliebe. Denn eigentlich war ich der Meinung, dass ich Patient war und dort zum Erholen und nicht, um den Clown für andere zu spielen.

Abwechslung war für mich, mit meiner besten Freundin Liz zu telefonieren. Ich glaube, wir haben nur dreimal telefoniert, aber jedes Mal bestimmt zwei Stunden, denn ich vermisste sie so! Ich lachte dann laut am Telefon und bequatschte alles Mögliche mit ihr. Ich liebte es so, wenn ich normal reden konnte, schneller und trotzdem verständlich. Es war toll, dass die Leute nicht mehr ungeduldig auf die Uhr schauten oder mit dem Fuß trippelten, wenn ich sprach. Es hatte auch immer gestört, dass ich nicht mitdiskutieren konnte, denn bis ich etwas sagte, waren die anderen schon lange ein Thema weiter. Immer wieder musste ich – von der Logopädin Frau Main aus – meine Mama und meine Freundinnen fragen, ob die Stimme wieder so war wie vor den Operationen. Es wurde besser, jedoch war die Stimme immer noch ein bisschen heller und langsamer.

Mama, Papa und ich waren sonntags im historischen Engen und bei der Aachquelle und danach etwas essen. Ich war mittlerweile echt gerne unterwegs, jedoch wurde ich immer noch unsicher, wenn mich jemand genauer betrachtete. Schade, dass meine Eltern nicht die ganze Zeit bleiben konnten. Sie mussten auch wieder fast drei Stunden zurückfahren. Ich jedoch blieb. Zum Glück war es Sonntag, und die Leute kamen von ihrem Wochenende zu Hause zurück. Also winkte ich unserem Auto hinterher und wackelte ins Haus C zurück.

Morgens um 8.00 Uhr fahre ich ins Krankenhaus zum Blutnehmen. Mittags ist Mircos Termin wegen der Jugenduntersuchung beim Kinderarzt. *Seine Blutergebnisse bringen einen sehr schlechten Schilddrüsenwert hervor, und er muss zum Internisten, damit Bilder von der Schilddrüse gemacht werden können, um auszuschließen, dass Mirco einen bösartigen Knoten hat. Der Schock sitzt tief, bei unserem Glück im Moment bin ich auf alles gefasst. Ich erzähle dem Arzt von Kims Hirntumor, und er veranlasst, dass bei Mirco ebenfalls Bilder vom Gehirn gemacht werden, um zu sehen , ob er nicht vielleicht auch einen Tumor hat. Um mich abzulenken, gehe ich trotz des ganzen Dramas zur Fahrschule. Es ist für kurze Augenblicke wie eine Pause.*

Jacques hatte am nächsten Tag Geburtstag und den Tag zuvor feierte er in der Malachei am Rhein unten in seinen Achtzehnten hinein. Bevor wir jedoch runterliefen, backten wir ihm einen Schokoladenkuchen, den wir ihm am nächsten Tag geben wollten. Das ganze Haus roch total lecker. Alle motzten uns an, dass das gemein von uns sei. Lola und ich machten uns schön, zogen enge Jeans an und sahen echt gut aus. Ja, ich konnte wieder Jeans anziehen! Es ist echt verblüffend, was Kleider aus einem machen. So marschierten wir ein paar Mal, natürlich rein zufällig, am Stationszimmer vorbei. Dass Philipp und alle anderen uns so aufgetakelt sahen, war ebenso Zufall. Dann liefen wir los.

Jacques trug die Anlage und sang den ganzen Weg schon nervige Lieder: „*Mein Freund und ich wir sind gespannt, denn bald geht's wieder rund ... Kiffen ist gesund.*" Dann mussten wir umdrehen, weil er etwas vergessen hatte und noch auf einen anderen Kerl warten wollte. Uns war das dann zu dumm. Wir bettelten Robin an, dass er uns hinunterfuhr. Der hatte nämlich sein Auto da und konnte auch fahren. Und er tat es sogar. Natürlich war aber noch keiner da, und wir mussten warten, bis Jacques endlich kam. Während wir im Auto saßen, machte Lola abartig laut *Please don't stop the Music* an. Wir tanzten im Sitzen herum und waren so hübsch zurechtgemacht, weil wir so Lust darauf gehabt hatten. Es hätte besser gepasst, in einen Club zu gehen statt in die Pampa. Lola hatte mir sogar meinen Pony angeglichen. Ich hatte seit Wochen gebettelt, dass sie mir die Haare schneiden sollte: „Kim, spinnst du? Ich schneid' bestimmt nicht mit *Ataxie* und deiner Bastelschere an deinem Kopf herum!" Naja, aber jetzt schnitt sie mir den Pony, denn zum ersten Mal konnte man ihn wieder gleich lang schneiden – und er war nicht mehr auf einer Seite lang und auf der anderen Seite abgesäbelt. Yeah, wieder ein Schritt Richtung Normalität! Endlich kamen die anderen und wir sprangen schnell aus dem Auto. Die BVBler hatten sich allesamt freigenommen und schliefen dort im Gebüsch. Lola und ich mussten jedoch spätestens um 22.00 Uhr oben sein, da dann am Sonntag die Türen geschlossen wurden. Die Jungs waren im Rhein schwimmen, aber Lola und ich wollten nicht, denn es war nicht besonders warm. Geschweige denn, dass es uns eh verboten war. Der Rhein hatte total die starke

Strömung, und Till beispielsweise konnte ohne Hilfsmittel gar nicht laufen. Moe half ihm zwar, aber ich fand es trotzdem gefährlich. Da waren ja auch keine Treppen und nichts, nur so ein komischer Hang und Gebüsch. Es war verboten, weil sich ein Patient umgebracht hatte, als die Sozialpädagogen einen Ausflug an den Rhein gemacht hatten. Er war einfach mit dem Rollstuhl ins Wasser gefahren, so weit, dass jede Hilfe zu spät kam.

Philipp hatte uns vorgewarnt, dass im Stationszimmer schon die Alkoholtests lägen, und wir wahrscheinlich blasen müssten. Ich hatte eh nicht vorgehabt, mich jetzt zu betrinken, aber so teilten wir uns ein *Grape* und tranken sonst nichts, während da total komische Gestalten ankamen, nur Jungs, die sich mit Wodka den Rest gaben. Klasse Geburtstag. Dann regnete es abartig, sodass wir bald im Matsch schwammen. Also schleppten wir, so gut es ging, den Ghettoblaster und die Handtücher Richtung Strandbad, dort stand nämlich noch ein leerer Pavillon, verwaist, von einem Festival übriggeblieben. Wir waren so hübsch gewesen, total schön geschminkt und jetzt bis auf die Haut durchnässt und gefrustet, weil die anwesenden Kerle alle irgendwie sau die Freaks waren. Um zu dem Zelt zu kommen, mussten wir fast einen Kilometer durch den strömenden Regen laufen. Das Handtuch, das ich auf dem Kopf hatte, war so durchgeweicht, dass ich es auch hätte weglassen können. Aber wir kamen doch irgendwie an, alle total nass, nur die Anlage war trocken, weil wir sie so geschützt hatten mit unseren Kleidern. Wir hockten in dem Zelt, die Musik lief total laut, die Jungs aßen trockene Brötchen, die sie im Pavillon gefunden hatten, und es regnete immer noch abartig. Dazu kam, dass wir zurückmussten. Aber ich wollte eindeutig nicht durch den Regen den Berg und die Weinfelder hochlaufen. Also riefen wir auf dem Patiententelefon an, in der Hoffnung, dass uns jemand mit Robin verband. Er war ‚Der mit den roten Krücken‘ und unsere einzige Hoffnung. Natürlich war ein anderer Idiot am Telefon. „Ja hey, hier sind Lola und Kim. Wir müssen am Strandbad abgeholt werden! Sag es Robin, das ist echt verdammt wichtig, ja!" Mir war irgendwie schon klar, dass das nichts wurde. Spätestens nach zehn Sekunden würde er vergessen haben, was er tun sollte. Wenn Robin nicht zufällig neben ihm stand, konnten wir es echt vergessen. Ohh, so durchnässt war ich wirklich noch nie gewesen, meine Jeans klebten an mir, selbst meine Unterwäsche war feucht. Dann hupte es. Nein! „LOOOLAAAA, es ist Robin, komm!" Tatsächlich. Kurz vor knapp. Aber nicht, weil es ihm gesagt wurde, sondern, weil er sich gedacht hatte, dass uns besser jemand abholen sollte. Mehr oder weniger ohne zu wissen, wo wir waren, war er losgefahren und rettete uns! Anders wären wir nie und nimmer pünktlich gewesen und hätten erklären müssen, warum wir klatschnass und zu spät waren. So schafften wir es. Oh Gott, wie sehr ich ihn in dem Moment dafür liebte, dass er mitgedacht hatte! Ich wollte nur noch zurück, die Leute nervten mich an, und die Musik war nicht mein Fall, außerdem war mir kalt. Im Nachhinein erfuhr ich, dass er uns sogar gesucht hatte und auf gut Glück dann eben noch ein Stück weitergefahren war.

Montags hatte Jacques richtig Geburtstag, und Lola und ich machten den Schokokuchen fertig. Wir schnitten ihn in Penisform aus, bestreuten ihn mit dunklen Schokostreuseln und bastelten ein Schild, auf dem stand: „Schoko-Penis, weil du so auf ihn stehst." Das war natürlich eine Anspielung auf Schoko. Ich hatte Jacques jede Menge kleinen Schrott gekauft und in dem Piratengeschenkpapier verpackt. Ich schenkte ihm einen Brief, in dem ich ihm schrieb, was für ein toller Mensch er war und dass ich ihn so vermisst hatte, als er drei Wochen in Urlaub gewesen war. Es war so leise gewesen, so vernünftig ... Dann einen aufblasbaren Baseballschläger, eine Wasserspritzpistole, *Spongebob*-Seifenblasen, feuchte Klotücher von *Saubär* und *Smarties*. Im Nachhinein überlegte ich mir, dass ich ihm das nicht hätte schenken sollen, spätestens nachdem er uns dauernd mit dem Baseballschläger schlug. Es tat ja nicht weh, aber es nervte. Vor allem schrien wir immer: „Nicht auf den Kopf!" Also schlug er ihn uns auf den Hintern. Und Schoko verdrosch er regelrecht. „Sei lieb zu Günther! Sag ihm hallo! Sag HALLO, sag es!", dann schlug er weiter. Ja, der Baseballschläger hieß Günther. Die Pistole füllte er und spritzte uns natürlich in den Schritt, auf den Po oder die Brüste und plärrte: „Du milchst." Ahh. Manchmal war er so gestört. Warum hatte ich das noch mal getan? Naja, hinterher ist man immer schlauer. Petra plärrte natürlich durchs Haus: „JACQUES! Du hörst sofort auf, die Leute zu schlagen!" Dann rannte er zu ihr und spritzte sie nass. Er lachte und flüchtete, sie schrie: „JACQUES! Ich nehme es dir ab, wie beim letzten Mal! Du weißt es genau. Das ist NICHT witzig!"

Ich hatte wieder Kunstwerkstatt und nahm eine Leinwand mit, die mir Mama extra gekauft hatte. Dort suchte ich mir aus *Art*-Karten eine Vorlage aus und begann, für meine Freundin Johanna ein Geburtstagsbild zu malen. Irgendwie klappte es ganz und gar nicht, wie ich es wollte, weil die Hand immer zitterte und ich keine geraden Linien mit dem Pinsel hinbekam. Lola war auch da und malte mit Kreide. Vinci hatte Urlaub und Frau Ohnefeld war bei uns. Lola meinte dann: „Oh, Frau Ohnefeld! Ich krieg' 'nen Anfall! Das sieht aus wie im Kindergarten! Ein lila Schmetterling, wie simpel, und das klappt nicht! Ich zerreiße es jetzt!" „NEIN! Vinci will das doch nicht! Hier wird nichts zerrissen! Das ist doch schön! Verändere es doch noch ein wenig!" „Nein, ich hab' darauf keine Lust mehr! Sie können es haben. Ich zerstöre es sonst. Krieg' ich ein neues Blatt?" Sie schüttelte den Kopf und rettete das Bild, schließlich ging es ja darum, dass man malte, um zu verarbeiten und nicht, um etwas Schönes hervorzubringen. Als sie sich wegdrehte, marschierte ich samt Leinwand zum Waschbecken und wusch aus Zorn alle Farben weg. Das funktionierte mit ein bisschen Seife ganz gut. Dann setzte ich mich wieder hin und begann von vorne. „Warst du nicht schon weiter?" „Ja, hab die Leinwand gewaschen." „NEIN. Das hast du nicht!" „Doch, klar. Es sah furchtbar aus." „Das geht doch nicht ... Das sollt ihr doch nicht!" Kopfschüttelnd und fassungslos verließ sie den Raum. Wir waren eben eindeutig temperamentvoll und setzten uns in Kunst höhere Ziele, als wir erreichen konnten. Ziele, die wir früher locker erreicht hätten.

Tagebucheintrag von Kims Mutter
13.07.09

Na gut, dann stellen wir also auch noch die Ernährung wegen der Diagnose Zöliakie um. Eine Darmspiegelung würde ich noch machen müssen, um auszuschließen, dass der Darm bereits befallen sei. Abends hat Mirco seinen Termin beim Internisten. Die Schilddrüse hat keine Knoten, Gott sei Dank. Er muss dennoch ein Jahr Jodtabletten nehmen und regelmäßig zur Blutkontrolle gehen.

Kim-Vanessa Mathes

Sich mit sich und anderen auseinandersetzen

Ich bekam endlich die Fäden hinter dem Ohr gezogen, was bereits verschoben worden war, weil die Wunde zu Beginn schlecht heilte. Danach verklebte Petra meinen Kopf noch einmal mit Pflastern, dann durfte ich endlich meinen ganzen Kopf waschen. Oh Gott, war das ein schönes Gefühl, Wasser im Gesicht zu haben. Unvorstellbar schön! Ach, ich konnte übrigens jetzt seit ein paar Wochen richtig im Stehen duschen. Das war erst recht der Wahnsinn. Beim ersten Mal war es noch ein bisschen wackelig gewesen, aber einfach ein völlig anderes Gefühl, als wenn du immer sitzt. Vor allem hatte ich das Gefühl gehabt, dass meine Hinterseite nie richtig mit abgespült worden war, auch wenn ich dann im Sitzen immer kurz mich hopsend aufgerichtet hatte, um mich zu waschen. Jetzt stand ich da und ließ minutenlang warmes Wasser auf mich rieseln.

Abends kochten Lola und ich in der Patientenküche Nudeln mit Pesto. Mhm. Selbst Soßen aus dem Glas waren mir lieber als das Essen aus der Cafeteria. Ich bettelte Philipp seit Tagen an, dass er mich auch mal ins Bett bringen sollte und nicht nur Giusi. Dabei konnte ich das ja gut allein. Also wollte er mich um kurz vor 22.00 Uhr ins Bett bringen, weil er ja dann Feierabend hätte. Ich protestierte: „Aber ich schlaf' doch eh noch nicht!", lachte und legte mich doch ins Bett. Er deckte mich zu und machte das Licht aus, also lachte ich noch mehr, sodass er zurückkam und sich ans Bett stellte: „Wieso lachst du jetzt?" „Ach, nur so, wenn du weg bist, mach' ich das Licht wieder an und steh auf." „Ja,

aber du wolltest doch ins Bett gebracht werden!"
„Klar, ist auch süß von dir!" Und dann redeten wir bestimmt noch eine halbe Stunde im Dunkeln, bis er ging, weil er längst Feierabend hatte. Er hatte mir ein Lederband geschenkt und um den Arm gebunden, als Tausch gegen sein Armband. Das hatte ich nämlich gemopst und wollte es eigentlich nicht mehr hergeben.

Wir versprachen Hanna, dass wir etwas mit ihr machen würden, vor allem auch, weil es Lola immer noch leid tat, dass sie weggezogen war. Also schminkten wir sie und machten ihr mit dem Glätteisen eine schöne Frisur. Dann lackierten wir ihre Fingernägel in einem grellen Blau und machten uns selbst bonbonpinkfarbene Nägel. Wir zwei waren echt typische Mädchen, ein bisschen tussig, aber es machte uns Spaß, uns so aufzuspielen. Dann guckten wir erst *Chocolat* und danach *50 erste Dates*. Dazu aßen wir Kekse und machten uns einen schönen Nachmittag. Es war also wirklich nicht so, dass Lola und ich zu allen zickig und genervt waren! Ich habe auch viel mit Giusi gemacht, mit Claus Gitarre gespielt und oft genug unternahmen wir was mit den anderen, nur halt nicht immer. Mein Liebling, Domi, sang total oft mit mir auf der Couch herum und ich unterhielt mich lange mit ihm. Irgendwann nannte ich ihn liebevoll meinen ‚petit Papillon'.

Ich musste abends wieder ins Stationszimmer, schließlich war mein Rücken noch verbrannt. Es war eine Schwester da, die zuvor vier Wochen in Urlaub gewesen war, Angelika. Eine ganz liebe Frau. Sie schaute mich an und war ganz verblüfft: „Du hast dich echt gemacht! Du siehst so gut aus, so gesund! Wieder rote

Backen und nicht mehr so blass! Toll. So etwas freut einen immer in diesem Beruf, wenn es auch einmal einem besser und es vorwärts geht." Ich genierte mich ein bisschen, doch es freute mich total. Aber ich hatte auch gemerkt, seit der letzten Operation ging es mir deutlich besser, auch meine charakteristischen roten Backen waren wieder zurückgekommen. Gut, ich hatte wegen der Mittelohrentzündung über eine Woche nichts gehört auf dem rechten Ohr und ständig nachfragen und mein hörendes Ohr zu dem Sprechenden drehen müssen (ich dachte, ich würde taub bleiben!), und auf meinem Rücken würde eine große Narbe zurückbleiben, aber es ging mir gut. Man hatte irgendwann andere Maßstäbe, wann es einem bereits gut ging, denn man wusste, wie schlecht es sein konnte.

Ich konnte manchmal wirklich wütend werden – und zwar wegen der Gesellschaft, den normalen Menschen. Wenn wir donnerstags in die Stadt gingen, wurden wir angeguckt wie Aussätzige. Erst recht, wenn jemand humpelte, schielte oder einen Rollstuhl hatte. Kein Mensch machte einem Platz! Manchmal nur so wenig, dass es einem auf keinen Fall reichte. Und wenn man dann sagte: „Entschuldigen Sie, ich bin krank, ich kann das nicht!", wurde man angeguckt wie ein Stück Dreck. Am liebsten wäre es den Leuten wohl gewesen, wenn wir Behinderten weggeblieben wären. Irgendwo hingesperrt, wo man uns am besten niemals sah. Wenn du allein schon dieses Wort sagtest: „Ich bin BEHINDERT", dann ratterten innerhalb von Sekunden die Sympathiepunkte gen Keller. Du sahst den Leuten regelrecht an, wie sie angewidert dachten: ‚Wie können die nur auch hier sein?' Dass jemand half, den schweren Rollstuhl in den Bus zu hieven, oder vielleicht aufstand, wenn er sah, dass einer mit Krücken stehen musste – nein, das gab es nicht. Wie konnten wir es wagen, ein normales Leben führen zu wollen oder in der Öffentlichkeit etwas zu essen? Ich verstand teilweise, dass das vielleicht eklig wirken konnte, schließlich sah man nicht alle Tage, dass jemand das Essen aus dem Mund fiel, aber man musste doch nicht ununterbrochen hingucken! Ständig diese Gafferei – und es wurde mit dem Finger gezeigt. Es fehlten einfach völlig die Akzeptanz und das Verständnis. Die Medien berichten über Unfälle – doch hat sich jemals jemand gefragt, was aus den Überlebenden wird? Klar ist man erst einmal froh, wenn überhaupt jemand überlebt hat, jedoch genau diese Menschen werden ihr Leben lang kämpfen müssen, da viele schwerstverletzt sind und Schäden im Gehirn davontragen. So jemanden, der vielleicht nach Monaten aus dem Koma erwacht, wieder aufzubauen und einigermaßen zu garantieren, dass er überlebt, das wird völlig übersehen. Sind die Leute also nun der Meinung, dass ein Mensch eher hätte sterben sollen, als danach behindert sein Leben zu führen? Es scheint für Behinderte kein Platz in der Gemeinschaft vorgesehen zu sein, was man daran sieht, dass weder die Pflaster rollstuhlgerecht noch die öffentlichen Verkehrsmittel ausnahmslos darauf eingerichtet sind, dass jemand schlecht zu Fuß ist. Die Höhe ist es, wenn ein Patient einen Anfall bekommt oder sich in der Öffentlichkeit übergibt. Wie kann er es wagen! Und das vielleicht noch ohne Betreuer an seiner Seite, sondern mit einem anderen Patienten. Dass es nicht genügend Pflegepersonal gibt und die Menschen auch einmal selbstständig unterwegs sein wollen – das geht in der Vorstellung der meisten Leute nicht. Dass jemand zu Hilfe kommt, kann man auch vergessen. „Breche ihnen lieber vor die Füße, als es vor lauter Scham runterzuschlucken. Am Ende erstickst du daran." Nur, das musst du dich erst einmal trauen! Denn in solchen Momenten zählt nicht das eigene Wohlbefinden, sondern die Scham und die Angst, schwach zu sein. Es kommt viel zu selten vor, dass jemand die Initiative ergreift und Hilfe anbietet. Klar gibt es Ausnahmen, diese Leute gehören gelobt und es ist wirklich toll. Im *Subway* zum Beispiel kamen wir mit dem Rolli nicht weiter und blieben zwischen Tresen und Absperrung stecken. Ich war zu schwach, den Rolli herauszuziehen. Da ist ein junger Mann aufgestanden und hat uns den Rolli herausgehoben. Das war total lieb – und wir hatten auch gar nicht extra gefragt. Ein anderes Beispiel: Einmal stand im Bus einfach eine ältere Frau auf, um Rick ihren Platz anzubieten, als er sich ein bisschen verzweifelt versuchte, samt Krücken am Geländer festzuklammern. Sonst hat niemand seinen Platz geräumt. Ich will keinen verurteilen, ich möchte eher andere dazu ermutigen zu helfen. Wir brauchen Sie, auch wenn wir es nicht zugeben wollen.

Tagebucheintrag von Kims Mutter
14.07.09

Kim hat bei der Visite mitgeteilt bekommen, dass sie bald nach Hause könne, wenn alles weiterhin gut gehe. Ihre nächste case sei am Ende des Monats. Dort möchte ich, dass sie nachfragt wegen der Augen-OP, der Therapie zu Hause und ob die künftigen Kontrollen vom Hausarzt beantragt werden würden.

Der Termin von der Bildgebung von Mircos Hirn steht an. Es sind keinerlei Veränderungen durch Tumore sichtbar, was mich sehr erleichtert. Jedes Mal, wenn Mirco in den vergangenen Wochen über Kopfschmerzen geklagt hatte, bin ich fast verrückt geworden vor Sorge, dass sich in seinem Kopf auch so ein Monster befinden könnte.

Mehrmals war ich mit Tina unterwegs in der Stadt. Sie lief sehr langsam, hinkte und schwankte manchmal auch zur Seite. Trotzdem wurden wir angerempelt, keiner schien achtzugeben. Der Sozialpädagoge gab mir eine Dose mit *Tavor,* sie selbst hatte eine Tablette im Geldbeutel. Es kam seit ihrem Unfall oft vor, dass sie Anfälle hatte, umfiel und krampfte. Mir wurde erklärt, wie ich die Tablette in ihre Backentasche zu stecken hatte, aber ich sollte auf meine Finger aufpassen, denn der Kiefer krampfte auch, und es war schon vorgekommen, dass jemandem die Finger abgebissen wurden. Ich hatte immer tierischen Respekt und war heilfroh, wenn nichts passierte. Wie hätte ich das denn schaffen sollen? Mit so wenig Kraft, der *Ataxie,* zudem konnte ich nicht laut schreien und um Hilfe rufen. Aber welcher normale Mensch weiß schon, wie er mit einem Anfallspatienten oder Epileptiker umgehen soll? Wer weiß, dass die meisten Medikamente bei sich tragen?

Abends war ich dann meistens total erschöpft. Es war vielleicht unvorstellbar, aber es war noch anstrengender, so langsam zu laufen, als sonst! Außerdem wurden wir angeguckt wie im Zoo, selbst wenn wir nur liefen. Gern hätte ich gerufen: „Ja, wir sind behindert! Und jetzt?"

Meine liebste Therapie wurde ein Teil der Kunstwerkstatt, der sich Malinsel nannte, denn Leben ist Kunst – und ich liebe Kunst! Das fand für zwei bis fünf Leute in einem Raum ohne Fenster statt. An die Holzwände wurden DIN-A1 große weiße Blätter gepinnt, und in der Mitte des Raumes befand sich ein langer Tisch mit allen Farben und jeweils zwei verschiedenen Pinseln. Zusätzlich gab es noch kleine Becher, in denen man selbst Farbe anrühren konnte, ein Waschbecken, Sprühflaschen und weitere Pinsel. Wer nicht mehr stehen konnte, für den gab es einen hohen Stuhl. Es gab sogar einen Föhn, um das Trocknen zu beschleunigen. Die einzigen Regeln waren, dass nicht geredet wurde und man das Blatt nicht weiß lassen durfte. Wer es weiß wollte, konnte es weiß anmalen. Dahinter stand das Konzept, sich bewusst zu überlegen, was man machen wollte. Da die Blätter auch sehr groß waren, musste man sich wirklich Zeit lassen und konnte nicht mal eben in zehn Minuten fertig werden. Vinci war mit dabei, die Therapie ging über neunzig Minuten. Er hängte die Bilder auf, notierte das Datum auf die Rückseite, füllte die Farben nach und war Ansprechpartner, falls etwas gar nicht lief. Für mich war das die schönste Zeit in der Woche, denn ich liebte allein schon den Geruch der Farbe. Als Lola und ich das erste Mal dort waren und das Konzept erklärt bekamen, wollten wir sofort loslegen, die Kittel anziehen und am liebsten uns und die ganze Wand bemalen. Vor allem war es für mich eine Herausforderung, da die Hand oft noch zitterte und ich eh der Typ war, der immer mindestens drei Sachen gleichzeitig machte und genau wusste was und für wen. Während das eine Bild trocknete, malte ich normalerweise das nächste weiter – jetzt hatte ich die Möglichkeit, einfach zu malen, ohne Absicht. Es wurde auch nicht darüber gesprochen, fertige Bilder blieben dort, bis man entlassen wurde. Lola und ich grinsten uns immer über die Farben hinweg an und verdrehten die Augen, wenn jemand mit dabei war, der redete und das Prinzip nicht verstanden hatte. Wir wussten einfach, was die andere dachte. So eine Einheit in der Malinsel lief folgendermaßen ab: Ich kam hin, zog mir einen Kittel an, zog die Schuhe aus und ließ Vinci ein Blatt aufhängen. „Hochkant oder quer?" Mhm. „Quer." Dann betrachtete ich die Farben und entschied mich für eine und zumeist die großen Pinsel. Dann konnte man mit ausladenden Gesten malen, Wasser draufsprühen und alles schön verlaufen lassen. Zu Beginn hielt ich kaum eine Stunde durch, denn dann konnte ich schon nicht mehr stehen, mein Arm tat weh und die Hand zitterte dauernd, sodass ich sie manchmal anfauchte: „Oh hopp, jetzt mach halt gescheit." Lola kicherte. Manchmal maulte nämlich auch sie ihre Hand an, dann musste ich ebenso grinsen. Vinci rügte uns jedes Mal: „Ihr müsst Geduld haben. Es geht nicht darum, dass das schön ist. Es geht rein ums Malen. Das hier ist eine Therapie, kein produzierendes Gewerbe." Jaaa! Schon klar, trotzdem wollte man am Ende ein tolles Bild haben. Ich muss auch zugeben: Ich überlegte mir immer noch, was ich malen wollte und was ich mit dem Bild machen konnte oder wem es am Ende schenken. Aber das verriet ich nicht.

Eines Mittags saßen wir wieder alle zusammen auf dem Sofa, als ich verkündete: „Ich geh' nicht in Ergometer!" Philipp verdrehte die Augen: „Wieso denn nicht? Das ist deine Therapie!" „Ist mir egal. Ich HASSE Radfahren. Bis ich da hingelaufen bin und andere Schuhe anhabe, ist es eh schon rum. Außerdem macht es mich nur aggressiv und das ist hinderlich für meine Genesung." „Ja, alles klar. Aber sonst geht's dir gut, gell?" Karmen lachte sich kaputt und meinte zu Philipp: „Ich geh' auch nicht in Ergometer und nicht in Sport!" „Wieso das? Was ist denn mit euch los? Du sollst aber! Du kannst nicht dauernd einfach aus Lust deine Therapien schwänzen." „Nein. Ich hab' einen Grund: Ich hab' meine Tage." „Ja und? Dann kann man trotzdem Sport machen." „Nein! Kann man eben nicht!" „Wieso denn nicht? Hä?" „Dann spritzt das Blut überallhin ..." Alle verzogen das Gesicht. Das war zu viel Information! Und Karmen: „Das ist kein Grund!" Dann lachte sie nur hysterisch und fing zum hundertsten Mal am Tag an „*Ente Ente Ente Ente Ente ...*" zu sagen. Oder sie rief laut durchs Haus: „Abgelehnt!" Total tabulos erzählten die meisten einfach ihr halbes Leben. Wie Sie sehen, hatten viele ein riesiges Mitteilungsbedürfnis, und das nicht nur, was ihre Krankheit betraf. Manchmal war es wirklich wie im Irrenhaus, verrückt und unglaublich – welcher Mensch erzählt Ihnen im Alltag schon, was er auf der Toilette macht?

Katherina, eine weitere Patientin im Haus C, war seit wenigen Jahren blind. Die Blindheit war die Folge einer

Wirbelsäulen-Operation gewesen. Sie hatte trotzdem ein Freundebuch, in das jeder reinschreiben sollte und aus dem sie dann vorgelesen bekam. Regelmäßig beschwerte sie sich in der Patientenversammlung darüber, dass die Leute einfach Stühle auf den Flur schleppten, aber nicht wegräumten. „Für euch ist das kein Problem! Ich sehe es aber nicht und falle drüber!" Auch sie hatte schon genug mitmachen müssen. Einmal war sie mit Martha zur Nachkontrolle im Krankenhaus gewesen. Zum einen hatte man sie nie angesprochen, sondern immer nur zu Martha gesagt: „Was ist nun mit Ihrer Tochter?", bis sie sagte: „Hören Sie! Katherina ist gerade mal zehn Jahre jünger als ich! Sie ist meine Patientin, nicht meine Tochter. Sie ist zwar blind und schwerhörig, aber nicht dumm!" Dann war der Arzt gekommen und hatte Katherina einfach das T-Shirt hochgezogen, um die Narben von der Wirbelsäulen-OP zu kontrollieren. Da reichte es Martha: „Guter Mann, die Frau ist blind, falls Sie das nicht gemerkt haben! Sie können doch nicht ohne ein Wort einfach an ihr herumreißen!" Das muss man sich mal vorstellen: Da ahnt man nichts und plötzlich zerrt einfach einer an einem herum.

Martha war ,meine' Schwester, also für mich zuständig. Manchmal war sie ziemlich laut und indiskret und auch streng, aber ich liebte ihre lustige Art. Ich sagte immer „Ist meine Schwester da?", und sie fragte „Wo ist eigentlich meine Kim?". Genauso war *Mary Poppins* ,meine' Ärztin und ich ,ihre' erste Patientin. Schmerz verbindet.

Wir spielten andauernd *Mensch-ärgere-dich-nicht*. In der Holztherapie baute Katherina sogar eines für Blinde: Jede Farbe war aus einem anderen fühlbaren Material und die Felder waren in das Holz eingestanzt. Dann konnte sie auch mitspielen. Davor war es immer ein bisschen kompliziert gewesen und sie hatte manchmal die Männchen verwechselt. Das hatte sie jedoch nie davon abgehalten mitzuspielen, und ich war verblüfft, wie gut sie wusste, wo ihre Spielfiguren standen. Oft spielten wir auch ein Würfelspiel, das ich sogar meinen Freunden zu Hause beibrachte. Es hieß 30 up. Man musste mit sechs Würfeln eine möglichst hohe Zahl erreichen, es durfte erneut gewürfelt werden, ein Würfel musste aber bei jedem Wurf herausgelegt werden. Hatte man mehr als 30, kriegte man Pluspunkte, bei weniger Punkten bekam man die fehlenden Punkte abgezogen. Wer Pluspunkte machte, hatte die Möglichkeit, erneut zu würfeln und den anderen Punkte abzuziehen: Hatte er 33, musste er jetzt 3er würfeln. Schaffte er vier Stück, bekamen die anderen 12 Punkte von ihren zu Beginn 30 Anfangspunkten abgezogen. Dauernd zockten wir dieses Spiel mit den Zivis oder Katherina, denn es war ihr Lieblingsspiel. Ja, trotz ihrer Blindheit. Sie hatte manchmal schneller die Punkte erspürt und zusammengerechnet als wir, die wir sehen konnten. Einmal spielten Katherina, Schoko, Lola und ich. Katherina würfelte erst 35 und dann neun 5en, damit waren wir alle kaputt. Sie freute sich unheimlich und wir fingen von vorne an. Lola brauchte mit dem Rechnen immer ein bisschen länger, ich auch, aber das lag am Gehirn. Schoko sagte ihr immer wieder vor, was sie insgesamt gewürfelt hatte. Irgendwann sprang sie auf, Tränen in den Augen, und schrie: „Lass das! Ich kann es schon – irgendwann! Toll für dich, dass dein

Hirn in Ordnung ist!" Dann rannte sie in unser Zimmer. Er schaute mich an, ich sagte nur: „Das hätte jetzt echt nicht sein müssen. Sie kann doch nichts dafür! Geh und entschuldige dich lieber." Das Ganze machte einen wirklich sensibel, ich konnte sie verstehen, blieb jedoch bei Katherina, schließlich konnte die gar nicht einordnen, was gerade passiert war. Außerdem sah sie ja nicht, dass nur noch ich da war. Ich erklärte ihr, was los war. Sie meinte nur: „Er hat es bestimmt nicht böse gemeint. Da muss man nicht so überreagieren!" „Naja, das stimmt, aber es tut ihr trotzdem weh, wenn er so etwas sagt! Dann merkt sie erst recht, dass sie es nicht kann." Wir spielten dann zu zweit ein bisschen weiter. Mit der Zeit gewöhnte man sich an solche Gefühlsausbrüche und man wurde ein bisschen vorsichtiger im Umgang mit den anderen. Es braucht einfach unendlich viel Geduld, wenn das Gehirn verletzt ist. Aber so viel Verständnis hat nicht jeder – und vor allem auch nicht immer. Schoko hatte sich nichts dabei gedacht, wir hatten doch nur gespielt. Doch weh tat es trotzdem.

Philipp hatte eine neue Frisur und Lola und mir gefiel sie nicht. Der Grund war, dass alle Haare kürzer geschnitten waren, außer hinten eine Strähne. Das sah aus, wie wenn man's vergessen hätte oder es so ein Zöpfchen werden sollte. Also klingelten wir, damit er kam. „Philipp, uns ist langweilig!" „Du musst unbedingt dableiben und dich mit uns unterhalten!" „Was ist denn mit euch los?" „Nix. Aber es ist soo langweilig!" Während ich ihn zulaberte, schnappte sich Lola meine Bastelschere. „Komm mal hier rüber." „AHH! Lola, was machst du da? Was soll die Schere?!" „Oh

Philipp, das Zöpfl ist total blöd. Bitte, nur ein bisschen." „NEIN!" „Dann siehst du viel besser aus!" Wir stellten uns beide vor ihn und blinzelten ihn an. So ging das bestimmt eine halbe Stunde, bis ihn Petra rief, weil er helfen sollte, der faule Zivi. Und nein, er ließ uns nicht, obwohl wir so süß fragten.

Mittlerweile fand ich meine Stimme echt annehmbar, auch Frau Main war ganz begeistert von meinen Fortschritten. Es war immer so goldig, wenn sie sich versprach oder irgendetwas Dummes sagte, dann kam immer: „Ja, jeder hat seinen Grund, warum er hier ist." Das sagten auch die Sozpäds und die Schwestern, wenn sie irgendetwas falsch machten oder etwas schieflief. Das war echt lustig, denn irgendwie stimmte es ja.

Am Abend hatte der Freizeitkeller offen. Wir spielten zu acht *Singstar*. Das war so cool, vor allem, weil Nina und ich alle in Grund und Boden sangen. Ich! Wo ich noch Wochen zuvor kaum verstanden worden war und die Wörter nicht richtig rausbekommen hatte. Ich war so glücklich, dass ich total ignorierte, dass meine Stimme kratziger wurde und immer heller vor Überanstrengung. Wir sangen, bis der Keller zumachte. Beim Zurücklaufen wurde mir bewusst, wie sehr mein Hals wehtat. Meine Stimme war voll im Eimer, total piepsig. Tja, das kommt davon, wenn man zwei Stunden *Singstar* spielt. Also schlurfte ich kleinlaut zum Schwesternzimmer und krächzte: „Mein Hals macht weh! Ich hab' zu viel *Singstar* gespielt, das kann die Stimme noch nicht ..." Die Ärztin war gerade da und schaute direkt in meinen Hals. Nicht, dass da schon wieder etwas im Anmarsch war, wo ich doch gerade wieder hörte und die Mittelohrentzündung ausgeheilt war. „Am besten trinkst du einen Tee und bist für den Rest des Abends still. Morgen erklärst du deiner Logo, was war." Philipp kochte mir Wasser in der Schwesternküche. Ich marschierte ihm hinterher, ich konnte mir das erlauben, schließlich war Gabriel da, der sagte nichts, solange man sich anständig benahm. „Was läufst du jetzt im Weg rum? Denkst du, ich kann kein Wasser kochen? Mhm, mit einem 2,5er Abi wird's kritisch. Gell, Streber." Ahh, wie ich es hasste, dass er immer noch darauf herumhacken musste. Das war gar nicht böse gemeint gewesen! Und ich hatte ihm schon tausend Mal erklärt, dass ich dieses Wort hasste. „Ja, deshalb muss ich gucken, was du machst. Fauler Zivi." Als das Wasser in der Tasse war, nahm ich sie ihm ab und marschierte ins Stationszimmer. Ich wollte meinen Tee auf der Theke abstellen, aber manchmal sah ich es nicht gescheit, weil ich ja nur mit einem Auge guckte und das räumliche Sehen schwierig war. Außerdem bin ich schon immer ein Tollpatsch gewesen. Also schlug ich die Tasse aus Versehen gegen das Holz und verbrühte mir mit dem kochend heißen Wasser den Arm. Klasse. Wieder typisch, weil ich immer alles selbst machen wollte. Ich hatte ihm ja die Tasse auch unbedingt abnehmen müssen. „Oh Kim! Komm schnell zum Wasserhahn." Meine Lieblingsschwester Martha zog mich mit und hielt meinen Arm unter kaltes Wasser. Meine Ärztin konnte sich ein Grinsen nicht verkneifen und Philipp motzte herum, weil er die Sauerei wegwischen musste. Mein Ärmel hatte die Haut geschützt, es war nicht so schlimm, aber es brannte und wurde rot. Ich nahm meine halbvolle Tasse und setzte mich kleinlaut draußen auf die Couch. Lachend setzte sich Philipp zu mir: „Du bist echt ein Tollpatsch! Komm, dir zuliebe spiel' ich eine Runde *Mensch-ärgere-dich-nicht* mit."

Frau Main freute sich mit mir, dass ich wieder so schön singen konnte. Sie war echt so süß, mehr wie eine Freundin als wirklich eine Therapeutin. Sie erzählte mir auch, dass, nach dem die Reportage im Fernseher gekommen war, alle anderen Logos immer „wuwuuuuuuuuuu" und „f-fffffffffffft" zu ihr gemacht hätten, da viele diese Atemübung nicht kannten. Aber sie lachte darüber und fand es in Ordnung. Um meine Stimme zu schonen und weil ich immer machen wollte, was Lola in Logo machte, suchten wir Synonyme und spielten *Tabu*, wo ich einfach gewann, was mich den ganzen Tag glücklich machte. Die Nacht zuvor hatte meine Ärztin Nachtwache gehabt und war ewig mit uns auf der Couch gesessen und hatte ebenfalls *Tabu* mitgespielt, total witzig, aber je nach Gegner etwas unfair. Lola hatte ja eine Wort-Findungs-Schwierigkeit und bekam immer Blätter zum Ausfüllen für die Eigenübungen. Sie musste Begriffe finden, umschreiben oder Synonyme suchen. Ich fand das immer total cool und einfach und half ihr auch manchmal. Aber ich sagte es nicht vor! Lola hingegen liebte die Zungenbrecher und langen Wörter, die ich üben musste. Frau Main schüttelte darüber nur den Kopf: „Ja, aber das könnt ihr auch. So bringt das ja nichts." Also musste jeder bei seinen Übungen bleiben. Einmal war ich so aufgedreht, dass ich alle mit meinen Logo-Übungen nervte. Ich rannte durchs Haus und sagte tausendmal: „Bla Blo Bli Blu Blau Blei Bleu!", dabei lachte ich oder schnalzte mit der Zunge. Mir doch egal, was die anderen dachten. Ein paar Tage zuvor hatte Dave andauernd „Zehn Ziegen zogen zehn Zentner Zucker zum Züricher Zoo" gesagt und alle angesteckt. Das hatte mich auch total genervt. Also, gleiches Recht für alle: „Bla Blo Bli Blu Blau Blei Bleu."

Am nächsten Tag malte ich erst bunte Spiralen in der Malinsel und dann meine Hände schwarz an. Die druckte ich darauf ab. Ich war ganz begeistert von meinem Bild und Vinci lobte mich: „Das ist das erste Mal, dass du es geschafft hast, dich eine ganze Stunde zu konzentrieren! Toll."

Die neue Logopädin, Mirja, die auch bei der Theatergruppe dabei war, eröffnete eine neue Therapie: „*Popstars* war gestern – heute ist die *Logo Stimm-Combo!*"

Ich wollte natürlich mitmachen, durfte von Frau Main aus auch. Es gab eh fast niemanden, der so viele Therapien hatte wie ich: Ich hatte immer mindestens fünf, manchmal sogar acht bis zehn. Meine Devise war: Wenn ich schon hier sein muss, kann ich auch so viel mitnehmen wie nur möglich. Also, war ich jetzt auch in der Stimm-Combo. Wir entschieden gemeinsam, dass wir *I will follow him* zuerst singen wollten. Dass wir keine Gesangstalente waren, war klar, wer wollte, konnte auch ein kleines Instrument spielen oder summen. Aber Mirja freute sich immer abartig, wenn wir es hinbekamen, schnell genug mitzusingen oder im Takt zu klatschen. Das war ernsthaft schwer, denn wochenlang hatte ich nicht klatschen können, weil die eine Seite immer viel zu langsam gewesen war. Es ging ja mehr um das Zusammensein und die Freude am Singen. Mirja meinte auch, dass ihrer Meinung nach das

Singen die Möglichkeit sei, seinen Gefühlen Ausdruck zu geben. Es geht einem besser, wenn man singt.

Frau Main hatte schon zu Beginn der Therapie nach einer Tonaufnahme von früher gefragt, um meine Stimme vergleichen zu können. Ich hatte meinem Theaterleiter geschrieben, aber das Band hatte jemand überspielt gehabt. Also blieb uns nichts übrig, als selber etwas aufzunehmen und weiterzuüben. Doch eines Tages fiel mir ein, dass ich ja die Angewohnheit hatte, in jedem Urlaub ein Video vom Zimmer zu drehen. Also schaute ich mit Lola bestimmt zehn Urlaubsvideos von meiner Festplatte an und suchte drei für Logo aus. Die spielte ich dann Frau Main vor: „Herzlich willkommen in Zimmer 218. Wie Sie sehen, ist hier unser tolles Bad, mhm ja, sehr groß ... Im Wohnzimmer sehen Sie eine Alena und eine Liz, ja ..." Frau Main lachte sich kaputt und hatte eine gute Idee: „Das Gleiche machst du jetzt hier auch! Dann haben wir den direkten Vergleich!" Erst war es mir peinlich, dann jedoch marschierte ich selbstbewusst mit dem Diktiergerät durchs Zimmer: „Herzlich willkommen in Zimmer 116 bei Frau Main. Hier sehen Sie eine Fensterfront, sodass es sehr hell und gemütlich wirkt, hier drüben ist die Uhr, auf die ich immer schaue ..." Danach hörten wir die Aufnahmen im Vergleich an. Zwar war alles immer noch etwas holprig und die Stimmlage war höher, aber es war schon recht gut geworden. Ein erster richtiger Erfolg! Ein Fremder hörte mir schon nichts mehr an, meine Mama und meine besten Freunde schon noch, aber der Tumor hatte nun mal vieles verändert. Dass ich kaum noch Dialekt sprach, lag einfach daran, dass es einfacher war, in Hochdeutsch neu sprechen zu lernen, und mit der Zeit fand ich es auch praktischer, sodass ich es beibehielt.

Abends fuhren Lola und ich wieder in die Stadt und kauften uns *Flipflops*, schließlich war es heiß. Gut, am Anfang watschelte ich wie ein Pinguin und fiel fast über meine eigenen Füße, aber ich konnte ja auch noch nicht so lange wieder laufen! Es machte uns glücklich, dass wir wie andere, gesunde Mädchen auch *Flipflops* trugen. Anstatt ins Bett zu gehen, machten Lola und ich immer irgendetwas anderes, denn abends ging es uns endlich gut – wir mussten das ausnutzen. Ab so 22.30 Uhr musste man im Zimmer sein und spätestens um 23.00 Uhr schaute die Nachtwache zum ersten Mal herein. Da wir uns tagsüber nur beim Essen sahen, ich Lola sonst nur am Raucherpoint traf und ab und zu in der Malinsel, genossen wir die gemeinsame Zeit. Lola wurde ein bisschen zu meinem Aufpasser, schließlich waren meine besten Freunde nicht da, um zu gucken, dass ich keinen Blödsinn machte. Sie kommandierte jeden Tag: „Kim! Umkleben!!!" So musste ich das Glas der Brille abwechselnd umkleben und das mindestens für eine Stunde, sonst schimpfte sie mit mir. Abends lackierten wir dann unsere Nägel, tratschten, hörten Musik, bastelten, malten oder taten sonst irgendetwas – außer zu schlafen. Es hieß zwar dann: „Seid aber leise und geht auch bald schlafen." Aber wen interessierte eine solche Anordnung! Wir waren ja im Zimmer und störten keinen. Kurz bevor die Nachtschwester zum zweiten Mal kam, so gegen 1.00 Uhr, machten wir dann doch das Licht aus. Also manchmal. Je nachdem, wer Dienst hatte, gab es dann zwar einen Anschiss, aber wir wussten ja vorher, wer da war, und richteten uns danach. Es war wie verhext, wir waren eben nicht müde und hatten so viele Ideen oder bekamen den Aufräum-Wahn. Einmal rannten wir mitten in der Nacht zum Schwesternzimmer, weil wir Tesa brauchten. Paskal guckte zwar skeptisch, gab uns aber Klebeband. Wir wollten nämlich das Zimmer verschönern und hängten ein riesiges Kunstplakat in die Mitte – sehr vorbildlich mit Tesa, denn die Reißzwecken waren nur für die Korkwand. Eigentlich müsste das jedes Mädchen kennen, das mit ihrer besten Freundin schon einmal – ganz aus Versehen – die ganze Nacht durchgequatscht hat! Es ist so ein Gefühl, man ist ein bisschen aufgedreht, vermischt mit glücklich, wie wenn man den Müdigkeitspunkt überwunden hat und nicht still liegen kann. Das ging so lange, bis wir morgens fast nicht mehr aufstehen konnten, weil wir so müde waren. Da beschlossen wir dann, vor 1.00 Uhr und später um spätestens 24.00 Uhr ins Bett zu gehen, was wir auch uns zuliebe einhielten.

Am nächsten Freitag grillten wir wieder, was ganz cool war, denn dann gab es etwas Gescheites zu essen. Ich hasste jedoch die Hektik dabei, und dass es kaum Platz für alle hatte. Dann musste man ewig anstehen und warten, und dauernd wollte einer vorbei. Ahh. Ich finde, dass das Grillen gemütlich sein sollte, ganz in Ruhe. Deshalb freute ich mich auch so, wenn wir zu Hause grillten, es dort einfach entspannt war. Grillen ist wie Raclette essen, das kann man von mir aus ganz langsam über Stunden machen. Nur keine Hektik. Ich vertrug Stress eh nicht. Stress und Hitze machten mich aggressiv. Wie die Sonne! Wenn die auf meinen Kopf brutzelte, musste ich dauernd nervös wegrücken oder meine Hand heben und mir Schatten machen. Wenn sich dann einer mit mir unterhielt, kriegte ich nichts mit, weil mein Kopf nur noch dachte: ‚Schatten, Schatten, Schatten. Geh raus aus der Sonne, die ist böse.' Man hatte mir nun mal immer wieder gesagt: „Geh nicht zu lange in die Sonne wegen dem *Shunt*." Also irgendwie müssen Sie sich das so vorstellen: Da ist ja bei mir im Kopf ein Schlauch, durch den Hirnwasser läuft. Wenn dann die Sonne da draufknallt, dann kann das Wasser anfangen zu kochen, und das ist schlecht fürs Ventil und man bekommt Kopfweh. Ich sollte immer etwas auf dem Kopf haben und es einfach nicht übertreiben mit der Sonne. Naja, ich hatte früher immer Beachvolleyball gespielt und war stundenlang in der Hitze gewesen. Ich plante also, demnächst einfach eine Mütze aufzuziehen, was sich dann erübrigte, als ich erfuhr, dass ich nie wieder Volleyball würde spielen dürfen. Ich mochte Hitze auch deshalb nicht, weil ich blass wie ein Käse war und letztendlich wochenlang nur im Bett gelegen hatte. Meine Kondition war so schon gleich null, wenn es so heiß war, schnaufte ich wie ein Walross und schwitzte. So schnell verabschieden sich Muskeln, die man über Jahre aufgebaut hat. Schade eigentlich. Naja, man konnte nur hoffen, dass es nächstes Jahr wieder besser würde.

Meine Englischlehrerin ging vier Wochen in Urlaub und fragte: „Kim, denkst du, dass du dann noch da bist, wenn ich wiederkomme?" Ich lachte laut und erwiderte: „Ich muss doch für immer bleiben. Klar bin ich noch da." Ich sagte jedem, der mich fragte, dass ich ‚für immer' in Reha bleiben würde, bis meine Mama einmal traurig meinte: „Ich glaube, dass dir gar nicht klar ist, wie weh das tut, wenn du so etwas sagst." War es mir wirklich nicht, ich wollte ja gar nicht für immer bleiben! Ich wollte heim und an den Baggersee mit meinen Freunden und am Beachfeld rumhängen und ins Kino gehen und Party machen ...

Am Wochenende war totale Langeweile angesagt. Wir spielten entweder *Singstar* oder schauten auf Robins Laptop Filme an. Manchmal war es echt so öde, dass man nichts mit sich anzufangen wusste und am Tag vier Filme guckte oder so. Zum Glück hatte sich Robin einen Ausweis zum DVD-Ausleihen geholt, sodass für Nachschub gesorgt war.

Zur Abwechslung war ein ganz hübscher Kerl im Haus, aber nur für drei Wochen, Nils. Er war am Gehirn operiert worden, da er zuvor Epilepsie gehabt hatte, aber es war gut verlaufen und es ging ihm prima. Er war in der Oberstufe. Ich konnte mich echt gut mit ihm unterhalten und verstand mich mit ihm, hatte aber zu Beginn kaum etwas mit ihm zu tun. Aus Langeweile und weil Nils doch ganz nett war, hockte ich mich dann immer wieder zu ihm und machte beim *Sudoku* mit. Heutzutage muss man als Mädchen den ersten Schritt machen, sonst passiert nie etwas. Ich will jetzt auch nicht detaillierter werden, nur so viel: Es ist schön, wenn einen jemand hübsch findet, trotz Brille und allem. Ich brauchte das zu dem Zeitpunkt so dringend. Jemanden, der mich in den Arm nahm und küsste, der mich mochte, wie ich jetzt nun mal war, weder aus Familie noch Freundeskreis. Beim *Singstar*-Spielen grinste ich natürlich zu ihm rüber, als Nina und ich sangen: *„Ohne dich schlaf' ich heut Nacht nicht ein, ohne dich geh' ich heut Nacht nicht heim ..."* Wir sangen zusammen ein Duett und danach waren alle total berührt. Nina meinte nur: „Das ist echt schön, wenn ihr zwei zusammen singt." Das war einer meiner schönsten Augenblicke. Man lernte so viele verschiedene Leute kennen, und obwohl es uns allen schlecht ging, gab es Momente, in denen andere einfach nur total nett zu einem waren. So sagte einmal ein Junge im Theater zu mir: „Kim, ich find' dich hübsch." Ich war so perplex, dass ich mich bedankte und grinsend weiterlief. Das war echt nett.

Ein Mädchen, das ich in der Reha kennenlernte, hatte einen Autounfall mit ihrem besten Freund gehabt. Er war dabei ums Leben gekommen, sie war mehrere Monate im Koma gelegen. Eigentlich war sie verlobt und schwanger gewesen, das Baby hatte sie jedoch verloren und ihr Verlobter hatte, als sie aufwachte, mit den Worten Schluss gemacht: „Es tut mir leid, aber ich will keine behinderte Freundin." So makaber es klingt, aber es tat manchmal gut zu hören, dass es anderen auch schlecht ging. Dann konnte man sich mit etwas anderem beschäftigen, sich trösten, einen neuen Weg finden ... Es gab jedoch viele Momente, in denen man einfach nur entsetzt war und es einem leidtat, was manche Menschen mitmachen mussten.

Was mir extrem wehtat, war, Mark zu sehen. Einmal sah ich, wie sein Vater weinte, als er das Haus verließ – so ein großer, starker Mann. Mark war Gewichtshebemeister in seinem Bundesland gewesen. Nach einem Autounfall konnte er jetzt nur noch mit Stock laufen, hatte *Ataxie* und große Probleme mit dem Gehirn. Er war echt lieb, aber es war so traurig zu sehen, wie jemand alles verloren hatte: Job, Hobbys, Freundin, Auto. Einmal drehte er durch und würgte Klaas. Keiner wusste, was los war, er hatte sich irgendwie provoziert gefühlt. Es kam aus heiterem Himmel, zum Glück waren sofort die Sozialpädagogen zur Stelle.

Claus, einer meiner Mitpatienten, saß im Rollstuhl und hatte keine Schädeldecke mehr. Er war von einer Brücke auf die Straße gekracht. Es hatte jedoch niemand gesehen und er erinnerte sich nicht mehr. Daher wusste niemand, ob er geschubst wurde oder selbst gesprungen war. Mir tat das so leid: Wie hart muss es sein, mit der Ungewissheit darüber zu leben, ob man sich umbringen wollte oder ob man gestoßen worden ist? „Schmerzen interessieren nicht", sagte einmal eine Schwester im Krankenhaus zu mir, „es geht nur um nachvollziehbare Fakten." Meiner Meinung nach interessiert das sehr wohl, gerade ich kann ein Lied davon singen, wie es ist, wenn dir mehrere Ärzte sagen, dass du dir alles nur einbilden würdest. Ob Claus jemals wieder laufen können würde, zweifelten die Ärzte an. Aber trotzdem durfte man die Hoffnung nicht aufgeben! Zu Ann-Sophie hatte man auch gesagt, dass sie nie wieder laufen können würde. Dann kam sie in eine psychosomatische Klinik und nach zwei Monaten kam sie Jacques besuchen – mit Rollator, und am nächsten Tag lief sie ganz ohne Hilfe. Wir konnten es kaum fassen, schließlich war sie acht Monate im Rollstuhl gesessen, hatte Schmerzen gehabt und konnte ihre Beine nicht strecken ... Jacques weinte vor Freude, er war so überglücklich, und wir stießen mit Sekt an und machten Pizza in Ann-Sophies Ferienwohnung. Es gab auch Geschichten, die gut ausgingen. Das gab einem wieder neuen Mut. Vor allem war es so schön zu sehen, wie Jacques sich für seine Freundin freute.

Am Wochenende durften wir bis um 2.00 Uhr fernsehen oder auf der Couch sitzen, wenn wir uns benahmen, denn Paskal war wieder da. War jemand anderes da, war um 24.00 Uhr schon Feierabend. So kam ich spät in unser Zimmer und Lola fragte nur: „Kim? Hast du was mit Nils?!" Ich brauchte nicht antworten, sie lachte schon und meinte nur: „Wir haben es echt drauf." Leider wurde er bald entlassen, genau fünf Tage hatten wir zusammen – und er hatte Tränen in den Augen, als er sich verabschiedete. An dem Tag war ich auch echt traurig, wobei es für mich anscheinend nie so ernst war wie für ihn. Ich finde einfach, dass man nicht „Ich liebe dich" sagt, wenn man den anderen gar nicht wirklich kennt. Vor allem nicht, wenn man noch gar nichts ernsthaft miteinander hat. Das ist echt ein heikles Thema ... Ich wollte nichts erfinden und hab dann ein bisschen unromantisch gesagt: „Das ist süß von dir." Was Lola wiederum endlos lustig fand – anderes Thema bitte! Schließlich war es echt süß von ihm.

Robin wurde mein bester Freund vor Ort. Keine Ahnung, ob es daran lag, dass Finn so ein kaltes Biest oder Nils weg war, aber er wurde echt alles für mich. Angefangen hatte es damit, dass ins Haus C ein Wachkomapatient kam, Steven. Irgendwie war es ein Versuch, ob die wenigen Schwestern seine Betreuung trotz knapper Besetzung leisten konnten. Man war der Meinung, dass die Patienten trotz Wachkoma mitbekamen, was um sie herum geschah. Deshalb stand auch immer seine Tür offen. Man wollte, dass er uns hörte und sich zugehörig fühlte. Manchmal ertappte ich mich dabei, wie ich mir vorstellte, dass er aufwachte und sich daran erinnerte, wie jemand immer vor seiner Tür vor sich hin gesungen hatte, mit dem Finger am Heizkörper klimperte oder „Bla Blo Bli Blu Blau Blei Bleu!" machte. Das tat ich nämlich. Vielleicht hörte er es ja. Auf jeden Fall hatte er ein anderes Bett bekommen, und weil Robin so groß war, bekam er das alte Bett. Es war ein elektronisches und es machte mir tierisch Spaß, es ganz in die Höhe zu fahren. So saß ich dann wie die Prinzessin auf dem Thron in der Luft und baumelte mit den Beinen. Anfangs hatte er auch noch eine Gelmatratze, das war vielleicht göttlich! Aber die wurde dann doch gebraucht. Ich hockte trotzdem weiterhin fast ununterbrochen drüben. Drüben deshalb, weil er genau gegenüber wohnte. Mein Nachbar quasi. Zwei Wochen zuvor noch hatten uns Robin und Rick dauernd geärgert. Als wir unser tolles Türschild aufhängten, hing später ein Zettel daran: „Liebeshöhle von Kim und Lola, 25 Euro die Stunde, wir stehen auf natürliche Behaarung." Wir rissen den Schrott natürlich sofort ab und rannten schreiend durch das Haus. Erst schlugen wir auf Nils ein, dann bemerkten wir, wie Robin hämisch lachte. Er war der Schuldige! „Ahh, du Idiot!" „Bist du noch ganz dicht, was soll denn der Mist?" Wir schlugen ihn, denn er fand sich so extrem geistreich und lustig mit seinen dummen Zetteln jeden Tag. Naja, dazu muss man sagen: Wir hatten beide noch nicht wirklich viel Kraft, deshalb tat es ihm auch nicht besonders weh. Jedenfalls schien er Gefallen daran zu finden, dass wir uns so aufregten. Also hing bestimmt eine ganze Woche jeden Tag irgendein anderer blöder Zettel an unserer Tür. Bis wir bei ihm einen aufhängten mit der Aufschrift: „Verweiszimmer – Wenn du auf Verweise stehst, komm zu uns, wir haben immer eine Idee. 17 Verweise sprechen für sich." Sie schrieben selbst immer wieder etwas dazu: „Ich hab's sau drauf." „Ich auch!" Dann schrieb ich: „Das glaubst auch nur du!", und so weiter. Rick zum Beispiel strich fast täglich die Zahl durch, weil er dauernd neue Verweise bekam, bis da stand „26". Er bekam aber auch aufgrund seines Alters viel schneller einen Verweis. Wenn wir um 1.00 Uhr noch nicht im Bett waren, motzte vielleicht jemand – gab aber keinen Verweis. Aber er machte auch sehr viel Blödsinn. Robin war ja noch nicht lange da und erst seit Kurzem sein Zimmergenosse, aber er machte natürlich immer mit. So klauten sie die weißen Gummihandschuhe, die die Schwestern ab und zu benutzen, füllten sie mit Wasser und schmissen sie aus dem Fenster. Oder sie warfen sie vor das Fenster von den Bewohnern unter ihnen, sodass mitten in der Nacht Ballons zerplatzten. Natürlich wusste der unten dann, dass sie das waren, und da alles voll mit zerplatzten Handschuhen lag, war das der Beweis. Rick war auch noch voll der Schussel. Bei der Handschuh-Aktion hatten sie das halbe Bad unter Wasser gesetzt – und er lief ja an Krücken. Natürlich rutschte er aus.

Einmal saßen wir wieder alle auf der Couch herum, als Nina anfing, an ihren Oberschenkeln herumzudrücken. Sie war da, weil sie MS hatte und sich selbst spritzen musste, aber derzeit ging es ihr gut. MS ist *Multiple Sklerose* und eine Erkrankung des Nervensystems, eine Autoimmunkrankheit. Die Leute können davon nicht geheilt werden, sie bekommen immer wieder Schübe, während denen irgendetwas kaputtgehen kann. Die Arme oder Beine können gelähmt sein oder Organe versagen. Mit Medikamenten kann man das Ganze abschwächen und versuchen, die Schübe hinauszuzögern. MS hatten einige, Karmen auch. Bei ihr war es festgestellt worden, weil sie in der Schule ohnmächtig geworden war. Bei jedem verläuft die Krankheit anders. Sie ist nicht ansteckend, erblich oder tödlich – und nicht jeder endet im Rollstuhl, es kann aber vorkommen, da die Patienten nach Schüben oft sehr geschwächt sind. Es war schon irritierend zu sehen, wie Nina sich spritzte oder Ellena mit Infusionen im Arm auf der Couch lag. Nina jedenfalls motzte die ganze Zeit herum: „Oh, meine Oberschenkel sind so dick. Das stört mich total! Wenn die doch ein bisschen dünner wären ..." So ging es die ganze Zeit, bis Philipp zu ihr meinte: „Du hast doch einen Freund, oder?" „Ja." „Kriegt der ab und zu einen hoch?" Stille. Hallo? Wie indiskret war das denn? Was war jetzt mit dem los? Nina wurde rot: „Ähm, ja?" „Na – dann kann es ja so schlimm mit deinen Oberschenkeln nicht sein." Dann ging er ins Schwesternzimmer. Wir waren alle baff. Naja, es war sehr krass ausgedrückt, aber eigentlich hatte er recht.

Meine Patentante und mein Patenonkel waren total bemüht und schickten immer wieder Überlebenspakete mit Süßigkeiten und kleinen Geschenken, die mich ablenkten und für ein paar Stunden glücklich machten. Ich schrieb an über dreizehn verschiedene Leute Briefe und bekam von allen Antworten. Außer von Finn. Aber dass mir das fast das Herz brach, sagte ich bereits.

Beeinträchtigt oder krank zu sein, beinhaltet eine Art Schizophrenie: Auf der einen Seite möchte man keine Hilfe, man will endlich wieder selbstständig sein Leben leben können. Einfach mal allein sein. Doch auf der anderen Seite will man Mitleid. Oder zumindest Mitgefühl, man braucht es, im Mittelpunkt zu stehen, schließlich geht es einem schlecht und allein ist man nahezu unfähig, irgendetwas zu erreichen. Dieses Wechselspiel zwischen Hilfe ablehnen und Aufmerksamkeit verlangen macht, dass man schwierig wird. Gefühle wechseln im Minutentakt.

So konnte es in der Reha durchaus sein, dass man erst nett und freundlich reagierte, wenn jemand fragte, wie es einem ging, beim nächsten Mal jedoch laut, abweisend und schroff war. Natürlich nicht absichtlich. Im Nachhinein tat es mir immer leid. Meistens entschuldigte ich mich auch dafür, aber so sehr ich es vermeiden wollte, war ich nahezu machtlos dagegen. Seit den Operationen war ich manchmal nicht mehr Herr meiner Gefühle – und wer meine Geschichte nicht kannte, war verletzt und reagierte beleidigt. Wer es wusste, empfand genauso, doch er akzeptierte meine Entschuldigungen. Dass es trotzdem nicht in Ordnung war, ist mir auch klar. Was ich gemerkt habe, ist jedoch, dass ich sehr froh sein kann, dass meine Familie das alles mitgetragen hat. Mama, Papa und Mirco. Ich liebe sie so sehr. Und meine besten Freunde waren da. Kommentarlos.

Unser Nachbar Rick war ein total guter Fußballer gewesen, mit vierzehn bereits hatte ihn ein Talentscout entdeckt und ihm einen Vertrag in Liverpool angeboten. Dann jedoch hatte er eine Zyste im Rückenmark gehabt und musste operiert werden. Als ich ihn kennenlernte, saß er im Rollstuhl. Manchmal schien ihn das aber wenig zu stören, denn mit seinem vorherigen Zimmerkollegen Nanne hatte er nur Mist gebaut. Rollstuhlwettrennen und Rollstuhl-Boxauto – wie die kleinen Kinder: „Komm, ein Crash!" Nanne war ebenso ein Kindskopf gewesen und stellte nur dummes Zeug an. Er war mit fünfzehn eines Abends betrunken auf die Idee gekommen, *Parcours* zu machen, war auf den Dächern herumgesprungen und dann eingekracht. Er fiel fünf Meter tief in eine Werkstatt auf blanken Beton. Wäre er einen Meter weiter rechts gefallen, hätten ihn Maschinen aufgespießt. So hatte er einen Wirbel angebrochen und sein linkes Bein war Matsch. In die Reha kam er, weil sein Bruch heilen musste, danach sollte er neu laufen lernen. Zu Beginn konnte er nicht einmal das Bett verlassen, die Therapeuten kamen teilweise zu ihm ins Zimmer. Weil er so groß war, hatte er später einen riesigen Rollstuhl, und sein Bein wurde aufgestützt wie eine Lanze. So fuhr er dann durch die Gegend, aber anstatt aufzupassen, machte er Stunts zusammen mit Rick. Mit den Wochen lernte dieser im Gehwagen zu laufen und am Ende hatte er nur noch Krücken. Da war Nanne aber schon lange weg. Er wurde entlassen, als er laufen konnte, auch wenn er von sich aus viel zu früh die Krücken wegließ und sein Korsett für die Wirbelsäule nicht anzog. Naja, sehr eigensinnig eben. Aber trotzdem echt ein lieber Kerl. Nur zusammen waren sie wirklich nervig gewesen! Dauernd ließen sie laut aus ihren Handys Musik laufen oder es liefen „*deine Mudda*"-Sprüche. Die zitierten sie am laufenden Band und kreischten fast vor Lachen dabei.

Wie im Kindergarten. „*Deine Mudda spielt hinterm Lidl Poker um Pfandflaschen!*" „*Wenn deine Mudda im gelben T-Shirt den Berg hochrennt, denken die Leute, die Sonne geht auf.*" Sie fanden sich so witzig und geistreich und erfanden selber Sprüche, nahmen sie auf und spielten sie uns in Endlosschleife vor. Dabei war das soo unlustig. Wenn man sie ermahnte, machten sie komische Fratzen und atmeten gekünstelt ein und aus, als würden sie hyperventilieren. Dann ließ man sie natürlich in Ruhe. Freaks. Ihr Lieblingswort war: „Fatal. Boah, des war fatal! Fatales Ding." Nanne hatte großes Glück gehabt und wurde bald entlassen. Es war immer schön, wenn jemand gehen durfte, auch wenn er nicht völlig gesund war. Zumindest war er dann fähig, in sein altes Leben zurückzukehren und hatte ein ganz großes Stück von einem harten Weg geschafft.

Zuerst dachte man zwar, dass Rick vernünftiger werden würde, wenn Nanne weg war, aber jetzt schien er erst recht Dummheiten zu machen, wo Robin da war. Einmal wollte er unbedingt Robins Krücken aus dem Fenster schmeißen, welcher aber motzte: „Ah, spinnst du? Nein! Dann kriegst du nie wieder meinen Laptop!" Also schmiss er seine eigenen aus dem Fenster. Prima. Wie sinnvoll! Petra flippte aus und schrie natürlich: „HERR HAUSMANN, DU HOLST SOFORT DIE KRÜCKEN ZURÜCK!" Naja, wie sollte er das denn machen? Er konnte ja jetzt nicht mehr laufen und mit seinem Rollstuhl konnte er nicht auf den Rasen vor dem Haus. So war er halt. Schmiss seine Krücken aus dem Fenster, ohne darüber nachzudenken, dass er sie gar nicht zurückholen konnte. Also lieh er sich Robins Krücken und tappte hinunter. Mit vier Krücken kam er zurück, aber er brauchte Ewigkeiten. Ist ja klar, er war ja mit zweien schon total langsam. Ich fragte, warum er das denn gemacht hätte, wenn er doch eh immer Ärger bekam. „Weiß nicht, war doch lustig."

Rick hatte seine ganz eigene Art und sagte dauernd total witzige Schimpfwörter. Also ich fand sie jedenfalls immer so lustig, die anderen meistens nicht so. Jedenfalls sagte er zu diesem Zeitpunkt ständig irgendetwas mit ,Hexe' oder ,Michi'. So rief er zum Beispiel: „Oh Robin, du Hexenbengel, wo ist dein Laptop schon wieder?" Oder er fragte: „Was macht der Gesichts-Michi denn?" Mich schüttelte es dann immer vor Lachen, da er völlig ernst die dümmsten Wörter sagte. Dabei hätte er froh sein sollen, dass er Robins Laptop überhaupt bekam. Eine der Schwestern hasste er echt abgrundtief, dabei verstand ich nie warum. Wenn sie nur in seine Nähe kam, bekam er die Krise und regte sich im Nachhinein noch total auf: „Ahh, die Hexe, sie soll wegbleiben!" oder „So 'ne Gesichtshexe, die kann mich mal." Irgendwann bekam er sogar einen Verweis, weil er sie mal wieder Hexe genannt hatte und wir auch schon anfingen, sie, wenn sie nicht da war, so zu nennen. Dabei fand ich das gar nicht so böse. Zu uns sagte er auch manchmal: „Ohh, du Zauberhexe." Wir machten auch keinen Aufstand deshalb!

Naja, jedenfalls war er nicht einmal beteiligt, wenn zum Beispiel wieder Wasserbomben flogen, denn Robin machte genug Unfug allein. Aber Rick bekam den Ärger. Zu Recht würde ich sagen, schließlich musste sich Robin genug von ihm gefallen lassen. Rick saß manchmal stundenlang auf dem Klo und sang vor sich hin und warf irgendetwas herunter, weil er so ein Tollpatsch war, sodass Robin nicht ins Bad konnte. Dann fragte mich Robin total genervt: „Sitzt er immer noch auf dem Klo?" Dabei war es ja offensichtlich, dass Rick noch im Bad war. Oder er aß ihm die Süßigkeiten weg und nahm sich ohne zu fragen seinen Laptop. Einmal warf Rick Wasserballons an das Fenster unter ihnen. Keine zehn Minuten später kam Theresa, die Sozialpädagogin, reingestürmt und machte ihn zur Sau: „RICK! Es reicht! Bist du noch ganz sauber?! Wir haben es dir oft genug gesagt, das ist nicht mehr witzig! Benimm dich endlich mal, du weißt genau, was für dich auf dem Spiel steht!" Während sie tobte und schimpfte, standen Robin und Schoko hinter ihr und lachten sich lautlos kaputt. Als sie weg war, quengelte er: „Oh, ihr Hexengurus, das war nicht witzig." Er machte dann so ein bedröppeltes Gesicht und tat einem richtig leid. Das tat er mir auch, wenn die Schwestern reinkamen, um ihm zu sagen, dass er seine Medizin noch nicht abgeholt hatte, statt sie ihm mitzubringen! Jetzt musste er wieder mit den Krücken nach vorne wackeln, was viel länger dauerte. Naja, Robin war der Meinung, dass er eh stinkfaul sei, deshalb schade es ihm nicht: „Er ist ja meistens schuld. Es hat schon seinen Grund, warum die dauernd schreien." Naja, faul waren sie beide, denn ihr Zimmer war meistens das reinste Chaos. Zumindest auf Ricks Seite. Ich lag dann auf Robins Bett rum und las oder machte Rätsel, während er *Fifa 2009* spielte oder irgendwelche Gangster-Musik laufen ließ. Vor ein paar Wochen war ich mit meiner Mama im Aldi Lebensmittel kaufen gewesen, damit ich mir ab und zu etwas kochen konnte. Da hatte ich ein „*Biene Maja* Bilderrätselbuch für Kinder ab vier Jahren" entdeckt, das ich unbedingt haben wollte. Ich bekam es und machte von da an jeden Tag Kinderrätsel. Es war wirklich hilfreich, denn oft musste man malen, Labyrinthe machen, sich Sachen merken oder Buchstaben nachfahren, was die ideale Übung für meine Hand war. Ich erzählte es meiner Ergo, und die meinte ganz stolz: „Das ist echt gut, mit den Kleinen mache ich so was auch. Nur wollen die Größeren normalerweise solche Rätsel nicht machen!" Mir machte es trotzdem Spaß. Im Schreibtraining machte ich auch so etwas und malte Zickzack oder Wellenlinien. Da war es echt Quatsch, wenn einem so etwas zu kindisch war. Mir machte es Spaß und es half mir. Naja, mir machten Kindersachen eh Spaß. Einmal schrieben Bibi und ich aus Langeweile die ersten 150 *Pokémon* auf. Wir konnten sie tatsächlich alle auswendig. 150 Stück! Das beschäftigte uns und alle Mitpatienten einen ganzen Nachmittag. Ja, da war also noch jemand genauso fernsehgeschädigt wie ich. Auch Kinderlieder oder *Disneyfiguren* kannte ich alle – wundersamerweise hatte mein Gehirn so etwas sicher abgespeichert.

Ob Robin oder Rick in ihrem Zimmer waren oder nicht, störte mich gar nicht, ich war so dreist. Naja, manchmal machte ich, waren sie nicht da, als Überraschung ihre Betten und schrieb Robin Briefchen: „Leider warst du ja wieder nicht da. Hab dein Bett gemacht! Ich lass' mein Rätselheft da, wenn du weitermachen magst." Robin brachte mir auch einmal ein Buchstabenmalbuch vom Einkaufen mit. Auch so eine Art Lernspiel für Kinder. Ich freute mich riesig, weil ich es so süß fand und gar nicht kindisch.

Tage später kam ganz überraschend ein kleines Paket von Amelie: Es waren die DVDs vom Abigottesdienst und dem Abiball. Es war so süß, dass Amelie extra alles für mich aufgenommen hatte. Also nahm ich mir den Laptop und setzte mich auf mein Bett und begann zu schauen. Vieles wiederholte sich, mehrmals hörte ich den Abichor singen und heulte, als Amelie in der Kirche eine Fürbitte für mich verlas. Das war so lieb von ihr. Mir wurde wieder bewusst, was mein Schicksal eigentlich für andere bedeutet hatte. „Wir beten für unsere Mitschülerin Kim und ihre Familie ..." Ich schämte mich mit, als sich jemand versang, klatschte aus Reflex, als Alena den fünften Preis bekam, und wurde völlig mitgerissen von dem ganzen Trubel, fast so, als wäre ich dabei. Ich hatte vor Wochen auch entschieden, dass Alena das mit meinem Zeugnis und den Punkten regeln sollte. Sie war einfach so schlau und würde das schon richtig machen, sodass am Ende ein guter Abischnitt für mich herauskam, ich vertraute ihr da voll und ganz. Klar war es ein schwacher Trost für jemanden wie mich, die ich so gerne selber eine Rede gehalten hätte, nur eine DVD vom eigenen Abiball zu sehen – aber es half mir. Ich fühlte mich nicht so vergessen und allein. Die Kleider und Frisuren betrachtete ich genaustens und entdeckte das ein oder andere doppelte Kleid und lachte. Es tat so weh, nicht dabei gewesen zu sein, das alles hätte nie passieren sollen! Und doch freute ich mich, wenigstens jetzt zu sehen, wie es gewesen war. Ich kannte das alles ja nur aus Erzählungen: die Skandale wegen der Outfits und den ganzen Ablauf ... Jetzt sah ich es und vermisste die Lehrer, die Schule, meine Mitschüler. Alles hatte ohne mich geen-

det. Das tat so weh! Jetzt würden alle in der ganzen Welt verstreut sein, ohne dass ich die Chance gehabt hatte, mich zu verabschieden. Es machte mich müde und erschöpfte mich, weshalb ich dann rüberging zu Robin und Rick, um mich abzulenken. Es war keiner da, aber es war total warm in ihrem Zimmer. Also legte ich mich ein bisschen auf die Decke und schlief ein. Nach Stunden wachte ich auf. Robin saß neben mir an seinem PC. „Oh, bist du aufgewacht? Also ähm, wir waren schon essen. Ich wusste nicht, ob ich dich hätte wecken sollen. Wär' alles falsch gewesen, glaub ich." „Nee, ist okay. Ich wollte mir eh Spaghetti kochen."
Irgendwann kam alle paar Minuten eine Schwester rein, wenn ich bei Robin war, und ich wurde ständig rausgeworfen. Das ging so weit, dass ich fast ausflippte. Echt, andere Leute hatten mit dem halben Haus was am Laufen und wir waren nur Freunde, aber uns kontrollierte man! Saß Robin bei mir, kam nie jemand, es lag anscheinend auch an dem Zimmer, da Rick ständig Blödsinn machte und überwacht werden musste ...
Naja, aber so rebellisch wie ich nun mal war, legte ich es auf Ärger an: „Wieso gehen wir nicht einfach zu dir? Da kannst du auch schreiben und malen!" „Nein, grad zu leid nicht." „Oh Kim, das gibt doch nur Ärger!" „Ja, sie werden noch sehen, was sie davon haben. Mit mir legt man sich nicht an! Ich war ein halbes Jahr lieb und nett. Es reicht." Ich verlangte ein Gespräch mit dem Sozialpädagogen, weil ich so wütend war, denn ich sah es echt nicht ein, mein Verhalten zu ändern. Ich las extra die Hausordnung, dort stand nichts davon, dass sich ein Mädchen nicht im Zimmer eines Jungen aufhalten durfte, also war es nicht gegen die Regeln. Ich

war manchmal kurz davor, irgendetwas zu zerschlagen, um mich abzureagieren.

Irgendwann fand ich einen anderen Weg und schrieb. Am 17. Juli zum Beispiel: „Ich bin aggressiv. Aber so was von. Boah es fängt an, mich so anzukotzen, dass du, wenn du etwas fragst, nie einfach ein ‚Ja' oder ‚Nein' kriegst, sondern die Leute stottern, rumdrucksen, ausschweifen oder gar nicht antworten. Gut, sie können nichts dafür, und es war bei mir nicht besser – aber jetzt ist es unmenschlich, mich hier leben zu lassen! Normalerweise würde ich jetzt meinen Volleyball – bäbäääm – irgendwo an die Wand klatschen, ein paar Aufschläge machen, bis ich völlig außer Atem bin – aber NEIN, ich darf ja kein Volleyball mehr spielen. Außerdem krieg' ich die Krise, weil ich andauernd bei Robin aus dem Zimmer geschmissen werde. Und er ist der Einzige hier, mit dem ich mich unterhalten kann! Der mich daran hindert, völlig durchzudrehen. Beispiel: Ich lieg bei ihm rum und bin total zornig und erklär ihm grad, dass ich Hasstiraden und Schmähreden auf einem Podium führen sollte – da kommt eine ganze Horde rein, lacht lautstark, kitzelt sich und benimmt sich wie im Kindergarten. Bemerken uns dann, bleiben stehen und glotzen uns dumm an. ‚Hehe, wir besuchen dich Robin.' Boah, superklasse – merkt ihr nicht, dass ich da bin?! Dann stehen sie noch 'ne Weile rum, ich hab zum Glück nichts gesagt, und gehen nach fünf Minuten. Ich rede endlich weiter, rege mich auf – und zack, eine Schwester kommt rein, mal wieder. ‚Kim, gehst du bitte aus dem Bett?' ‚Kim, du gehst jetzt!' – Geht's eigentlich noch? Jetzt grad beim Essen war in der Cafeteria nicht mal mehr ein Platz an meinem

Tisch! Weil sich so ein dummer Idiot da hinsetzen musste, der gar nicht zu uns gehört. Auf meinen Platz! Dann hab ich mich halt woanders hingesetzt, bei zweien, denen ich dann geholfen hab mit dem Brötchen und dem Kaba. Trotzdem. Ich bin grad so auf 180! Total rebellisch und revolutionär. Würde gern meine Mama anrufen oder die Therapien boykottieren oder die Schwestern. Mir egal, ob sie was dafür können, man kann es auch übertreiben. Und beruhigen will ich mich auch nicht. Gestern Abend auch. ‚Wisst ihr, wie viel Uhr es ist? Ich glaub, ich seh' nicht recht! Jetzt aber rüber, Kim!' Und das um 23.00 Uhr! Dann bin ich wieder zurück und hab ihm was aus meinem Buch vorgelesen. ‚Meinst du, ich bin dumm? Kim, du gehst sofort rüber!' Mir reicht es einfach. Dass hier irgendwelche Leute miteinander etwas haben, wird total übergangen, aber wenn ich nur drüben SITZE, krieg' ich Stress. Und das am helllichten Tag! Nachher kann ich mit meinem Sozialpädagogen reden und dem werde ich auch sagen, dass ich jetzt nicht mehr klein beigebe. Lieber kriege ich tausend Verweise oder werde rausgeschmissen. Auf die paar Wochen kommt es auch nicht mehr an."

Letztendlich hatte ich mich beruhigt, noch bevor der Sozialarbeiter mit mir sprach. Ich verstand das ganze Drama ja. Es gab zum Beispiel eine Patientin, Jennifer, die seit ihrem Unfall total unberechenbar war. Ihre Hemmschwelle im Gehirn war abgestorben, weshalb sie jede Woche mindestens einen neuen Freund hatte und gleich am ersten Tag mit ihm auf dem Flur rumknutschte. Dabei blieb es nicht, was einem ja wohl recht klar war – ihre Hemmschwelle war schließlich hinüber. Hinter ihrem Rücken wurde sie auf das Übelste beschimpft, weil sie absolut leicht zu haben war. Sie drängte sich förmlich auf, jedem, und war zu uns Mädchen wirklich asozial. Das Traurige war eigentlich, dass die Jungs es ausnutzten, um ihren Spaß zu haben. Wir fanden das nur widerlich. Mir tat sie leid. Zu Beginn wollte ich mich mit ihr anfreunden, aber man kam gar nicht an sie ran, sie war zu uns nur zickig und gemein. Philipp meinte einmal: „Guck mal, wie traurig: Wenn sie hier rauskommt und draußen findet das einer raus, wird sie bis aufs Letzte ausgenutzt. Das ist ja wie Prostitution, ohne dass der andere dafür zahlt. Das tut mir wirklich weh zu sehen, aber man kann sagen, was man will." Lustig war es nur einmal, als ich auf der Couch saß. Ihre Mutter war zu Besuch und sie schleppte ihren derzeitigen Freund an: „Guck mal, Mama, das ist mein neuer Freund!" Die guckte nicht einmal hin: „Oh Jennifer, du hast immer einen neuen Freund. Komm jetzt." Dann ging sie einfach die Treppe runter. Naja, jedenfalls war sie ein Grund, wieso die Schwestern so misstrauisch waren.

Der Sozialpädagoge redete ja mit mir, als ich mal wieder so wütend war, und sagte, er drehe in solchen Fällen an seinem Ehering und beruhige sich mit schönen Gedanken. Das fand ich lächerlich. Was sollte das an meinem Zorn ändern? Ich musste einfach schreiben oder reden. Deshalb überzog meine Psychologin auch immer, da mir eine halbe Stunde in der Woche nicht reichte. Ich war in manchen Situationen einfach total sarkastisch geworden, weil ich anders nicht mit der Schwere der Situation umgehen konnte.

Abgekapselt

An diesem Montag war Jacques nicht da und ich machte allein PV. Wie immer traf ich mich um Viertel vor sechs mit dem Sozialpädagogen und besprach die Vorschläge für das Wochenende. Dann ging ich hoch in den Gemeinschaftsraum, wo schon alle Patienten versammelt waren. Ich liebte dieses Gefühl, es hatte was vom Einlaufen in eine Arena. Alle schauten auf mich und hingen an meinen Lippen. Ein echt schönes Gefühl. Jedenfalls war es mittlerweile so weit, dass ich mich mehr und mehr abkapselte, weil ich es nicht ertrug, mit kranken Menschen zusammenzuleben. Ich verbrachte meine Zeit in Robins Zimmer oder bei Lola. In der Patientenversammlung wurden wieder unnötige und für mich dumme Fragen gestellt: „Können wir auch einmal in ein anderes Land fahren? Wo es warm ist?" Klar, wenn man höchstens sechzig Kilometer wegfahren kann, da sind auch so viele warme Länder in der Gegend. „Können auch mal mehr als sieben Leute mit?" Der Bus war nur so groß, wie schon tausendmal gesagt. Wollten sie die Leute stapeln, oder was? Viele Leute gaben einfach dauernd ihren Senf dazu und fielen dir ins Wort, wobei sie keiner gefragt hatte. Klar mussten sie auch versuchen, sich durchzusetzen, doch wenn ein anderer sprach, redete man doch nicht einfach gleichzeitig, bis der andere aufhörte, oder? Was ist denn das für eine Art und Weise? Deshalb sagte ich auch so Sachen wie: „Du merkst doch gerade, dass ich rede, oder? Kannst du bitte in Zukunft warten, bis ich fertig bin UND DANN erst deinen Mund aufmachen? Danke." Das waren leider auch noch genau die Leute, die nicht richtig sprechen konnten. Sie stotterten dann in einer Lautstärke Dinge durch den Raum, dass man gar nicht zuhören konnte, weil man so gestresst war. Das war echt krass, denn sie schrien ja fast und trotzdem verstand man kein Wort, weil es doch wieder so langsam und abgehackt war, dass man nach ein paar Sätzen die Geduld verlor. Da konnte ich dann verstehen, warum man mir damals auch so ungern zugehört hatte. Ich versuchte trotzdem, nette und erklärende Antworten zu geben, und schaute zwischendurch flehend zu Robin. Der verstand mich wortlos, bemerkte meine Bemühungen und hörte auch meine Genervtheit heraus, was die anderen nicht taten. Deshalb bepisste er sich fast vor Lachen, während ich bemüht war, die Fassung zu wahren. Ahh. Rick laberte die ganze Zeit. Ich musste ihn ständig ermahnen, weil mich keiner mehr verstand. Dann klackerte er auch noch mit seinen Krücken vor sich hin, bis es mir reichte: „Rick, hör sofort auf oder ich nehm' deine Krücken, schmeiß sie vom Balkon und lach'!" Da guckte er mich wieder ganz bedröppelt an, dabei hatte er es ja herausgefordert! Bei ihm konnte ich mir so etwas erlauben, er wusste ja, dass ich es nicht böse meinte. Aber zu dem Zeitpunkt hätte man mich besser nach Hause entlassen sollen, denn es reichte wirklich.

Abends guckten wir mal wieder einen Film auf Robins Laptop. Rick hatte sich seinen Rollstuhl neben das Bett gefahren und guckte im Sitzen mit. Ich war zu ihnen gegangen, nachdem meine ungeliebte Schwester dagewesen war und hockte jetzt im Schlafanzug bei ihnen rum, aber das war mir egal. Klar wurde ich zwischendurch rausgeworfen, dabei fragte ich mich, was die dachten, was passieren würde, wenn wir zu dritt DVD guckten! Ich kam jedoch nach dem Rauswurf wieder und wir redeten ewig und ich holte mein Rätselspiel rüber. Da musste man immer herausfinden, wie es zu bestimmten Todesfällen gekommen war. Das war so lustig, vor allem, weil Rick manchmal echt ein bisschen doof war und auf die allerdümmsten Ideen kam. Also laut Robin waren sie nicht doof, sondern der Knaller, weil sie so mega absurd waren.

Rick war manchmal so naiv und beschränkt, dabei war sein Papa so ein netter, höflicher Mann! Recht alt schon und viele dachten, es wäre sein Opa, aber total gelassen und herzig. Jedenfalls schimpfte er immer mit ihm, wenn er zu Besuch war, aber Rick lachte nur. Er lief auch ganz gebückt und war so eine liebe Erscheinung. Am Türschild zum Beispiel sagte er: „Oh, was steht da? Doch nicht etwa Verweis?" Rick erwiderte total frech: „Ach, des kannste ohne Brille eh net lesen, komm!" Robin und ich lachten, und sein Papa war so süß und wünschte uns jedes Mal alles Gute: „Bis bald, ich gehe jetzt! Noch eine gute Genesung, passt gut auf euch auf, ja?"

In der nächsten Nacht machten wir natürlich weiter. Robin wusste bei den Rätseln manchmal alles viel zu schnell, dann machte es keinen Spaß. Jedenfalls saß ich da und wir vergaßen die Zeit, Robins Süßigkeiten dabei mampfend. Um 1.30 Uhr kam Gabriel rein und sah mich in der Höhe sitzen und mit den Beinen baumeln. Jede andere Schwester hätte mich, glaub ich, getötet. Er meinte total lässig: „Es ist Zeit, geh' mal in dein Zimmer." Lola schlief immer schon, wenn ich zurückkam. Ich machte dann leise ihr viel zu helles Nachtlicht aus und legte mich auch schlafen. Manchmal ging ich dann nach zehn Minuten wieder zurück und huschte über den Flur, aber zu der Uhrzeit hatte ich auch keine Lust mehr, denn ich war müde.

Mir ging es immer besser, ich wurde zwar manchmal richtig rebellisch und trotzig, aber natürlich nie zu meinen Therapeuten. Die fanden mich weiterhin motiviert und ausgeglichen. War ich meistens auch. Der Vorteil an der Naivität der meisten Leute war einfach, dass sie nicht mitbekamen, wenn man kurz angebunden oder ironisch war. Sie nahmen jedes Wort ernst und freuten sich auch noch, egal, wie manipulativ ich manchmal war. Meine Englischlehrerin drückte das einmal so nett aus: „Kognitiv war noch nie einer so weit wie du, schon gar nicht zu Beginn."

An diesem Tag hatte ich von Samy ein total schönes Geschenk bekommen. Sie hatte eine Mappe gebastelt mit Bildern und sie mir geschickt. Es tat so gut zu sehen, dass man zu Hause nicht vergessen worden war und immer noch vermisst wurde. Bis jetzt war sie immer da für mich, was mir sehr half.

Es wurde wieder Zeit für eine dumme Aktion von Jacques, zumindest hatte man das Gefühl, dass er nervös wurde, wenn er keinen Blödsinn anstellte. So auch diesmal. Ich kam mittags zu Rick und Robin und Jacques saß da und kriegte sich gar nicht mehr ein vor Lachen. Auf dem Flur schon hatte Marie, die Putzfrau in unserem Stock, geflucht wie ein Kesselflicker. Also fragte ich mich, was hier eigentlich los war. Robin verdrehte die Augen: „Jacques hielt sich mal wieder für sehr lustig und kam auf die dumme ..." „Total die geile

Idee!" „Jedenfalls hat er Maries Putzwagen geklaut, ihn einfach in unser Bad geschoben und sich auf mein Bett gehockt, so, wie wenn nichts wäre." Jetzt musste auch ich lachen, irgendwie war es schon lustig. „Und dann?" „Ja, erst hat sie auf dem Flur rumgeschrien und den Wagen gesucht, dann hat sie gedacht, es wäre wieder Rick. Naja, aber wie sollte er das mit Krücken gemacht haben? Egal, sie kam zu uns ins Zimmer. Da saß Jacques und hat sich vor Lachen fast bepisst. Das war es schon." „Gell Kim, das war geil!" „Ja!" „Oh, ich wusste, dass es dir gefällt!" Das stimmte sogar, denn ich fand seine Aktionen immer total gut, es kam ja auch keiner zu Schaden, von dem her fand ich es in Ordnung. Total langweilig ohne ihn, außerdem hatten wir schon genug schlimme Zeiten hinter uns, ein bisschen Spaß musste einfach sein. Außerdem liebte ich unsinnige Aktionen – und von denen konnte er genügend vorweisen. Zum Beispiel hatte er eine halbvolle *Fanta*flasche offen stehen lassen, bis Wespen hineingekrabbelt waren. Dann hatte er ein Kondom darübergestülpt, war zum Freibad gefahren, hatte die Flasche geschüttelt und sie über den Zaun geworfen. Als er das erzählte, fiel ich vor Lachen fast vom Stuhl. Hatte der Ideen! „Ja, auf dem Verbotsfoto, das am Eingang vom Freibad hängt, bin ich nackt, hab' einen blauen Iro und renn' gerade über die Wiese." Soo geil! Er hatte auch Hausverbot bei sämtlichen *McDonalds*-Filialen in der Umgebung seines Heimatortes, weil er dort ständig Dummheiten machte und mit Vorliebe auf die Dächer der Kinderrutschen kletterte. Oder er vergrub den Salat in ihren Blumenbeeten mit der Begründung, er wolle ihn wieder einpflanzen. Schließlich war es ein

Gartensalat, oder etwa nicht? Er wusste ja, dass ihm außer maximal einer Geldstrafe nichts Schlimmes drohte, da er nachweislich verhaltensgestört war. In manchen Momenten war er das ja auch, es war schließlich nicht so, dass er all das nur aus Spaß machte. In seinem Kopf lief einfach alles ein bisschen anders ab. Manchmal war er so direkt und frei von Vorurteilen, wie man es sich von anderen nur wünschen konnte. Manchmal jedoch war er richtig krass verrückt und seine Ideen gingen echt zu weit.

Wir waren ganz aufgedreht von der Sache mit dem Putzwagen. Ich rief begeistert: „Ich hab' Klebetattoos von den Kaugummis von meinem Bruder!" „Welche?" „Auf einem steht ‚I love Mum', das andere sind Flügel ..." „Hol sie!" Also holte ich sie und wir klebten sie uns gegenseitig auf den Bauch. Oh Gott, war das lustig! Das hatte ich schon seit der Grundschule nicht mehr gemacht – und jeder andere würde sich bestimmt nicht eine ganze Menge Klebetattoos mit mir auf den Körper kleben ... Genau dafür liebte ich es, mit Jacques befreundet zu sein.

Tagebucheintrag von Kims Mutter
22.07.09

Nach Absprache mit Kim entscheiden sich die Ärzte für eine weitere Verlängerung von sechs Wochen. Ich nehme Kontakt zu Kims Schule auf wegen dem mündlichen Abitur, das noch aussteht. Ansonsten ist man sehr zufrieden mit ihrem Zustand.

Wir hatten Visite und das hieß, dass wir ab 13.00 Uhr im Zimmer warteten. Bis jemand kam, räumten Lola und ich auf, ließen Musik laufen, rasierten die Beine, lackierten uns die Nägel und hockten dann auf den Betten und tratschten. Wir waren wirklich ‚girly'. Die Visite fragte wie immer, ob alles klar war, und es wurde kurz besprochen, was es wichtiges Neues gab. Ich fragte natürlich: „Ja, es geht mir doch immer besser. Darf ich denn bald mal heim?" Wäre ich nicht gesessen, hätte es mich umgehauen, als es hieß: „Ja, darüber müsste man mal nachdenken. Wie lange würdest du denn gerne noch bleiben?" Wow. Kein ‚Müssen', es ging ums ‚Wollen'. Danach fragten sie: „Was macht eigentlich der Strich auf dem Boden?" „Das ist eine Klebeband-Linie!" „Ja klar, aber was soll das? Wolltet ihr das Zimmer teilen? Nein, das wäre Quatsch, dann hätte einer ja zwei Schreibtische und der andere die Betten!" „Nee, wir üben balancieren!" Ich war einen Tag zuvor ins Schwesternzimmer gerannt: „Wir hätten gerne Klebeband zum Balancieren! Danke, tschüss." Wir konnten doch beide nicht gut balancieren. Darauf übten wir jetzt und liefen hin und her. „Ach so. Gute Idee." Wir waren echt vorbildlich mit dem Balancieren, und ich klebte auch die Brille um, damit das andere Auge üben konnte. Naja, nur wenn Lola mich anmotzte: „Kim, ich hab' es gesehen! Kleb' jetzt deine Brille um." „Ja, ich wollt' nur noch schnell …" „Nein, mach es jetzt!" „Gut, Mama." Ich war ja dankbar, dass sie aufpasste.

Im Musikunterricht spielten wir *Singstar*, weil nicht mehr viel Zeit blieb, da die Visite so spät zu uns gekommen war. Frau Rauch fand tatsächlich meine Stimme schön: „Du singst gut, das klingt schön." Ohh, war ich glücklich. Im Theater sammelten wir in einer Art Brainstorming alles, was über den Film *Titanic* gewusst wurde. Das wollten wir später in einer Art Improvisation aufführen. Da ich mit keinem verliebt spielen wollte, entschied ich mich dafür, die Mutter zu spielen. Naja, es würde sich noch einiges ändern, aber davon ahnte ich nichts.

Abends war ich wieder bei Rick und Robin, als auf einmal Lola reinkam und irgendwas wollte. Sie stand in einem kurzen Nachthemd vor uns und drückte sich jeweils eine Hand auf die Brust. Sie plauderte, als wäre das das Normalste auf der Welt. „Also Robin, hast du den Film? Kann ich dann deine Festplatte ausleihen?" „Ja?" „Okay, gut. Kim, kommst du dann auch rüber?" Dann lief sie hinaus, aber Robin plärrte ihr noch hinterher: „Äh, Lola? Was tust du da eigentlich?" „Nix", sie lachte, „ich hab keinen BH an!" Und weg war sie. Ich lief ihr lachend hinterher, im Zimmer kicherten wir beide wie kleine Mädchen in der Schule. Es regnete in Strömen und wir rannten aufgeregt ans Fenster. Es stürmte heftig, wenn man seinen Arm aus dem Fenster streckte, war er nach wenigen Sekunden klatschnass. Wir waren begeistert! Und wollten hinaus. Dumm nur, dass die Tür unten geschlossen war. Also rannten wir trotz Nachtruhe raus auf den Flur und in den zweiten Stock. Wir wollten unbedingt auf den Balkon! Da kam uns jedoch die Nachtschwester schon entgegen: „Ja, was soll denn das? Was macht ihr hier? Es ist Nachtruhe, ab ins Zimmer!" „Bitte, bitte, lass uns raus! Es regnet so schön und es ist warm." „Bitte, nur kurz, nur auf den Balkon!" „Nein. Also wirklich. Mein Mann wurde vor einer Woche fast vom Blitz erschlagen. Das ist nicht witzig bei so einem Sturm. Geht jetzt schlafen." Mhm. Doch eine Hexe. Also gingen wir betrübt ins Zimmer, doch wer dachte, dass wir dort blieben, kannte uns schlecht. Wir rannten erst zu Robin, rissen das Fenster auf und streckten uns hinaus, aber wir wurden nicht nass genug, weshalb wir wieder aus dem Zimmer rannten. Dann huschten wir hinunter ins Erdgeschoss, wo die zwei Apartments waren, klopften und schlichen hinein. Es war das Zimmer von Anna, die gerade im Bad war. Im Dunkeln flüsterten wir ihrer Zimmernachbarin zu: „Es regnet, dürfen wir an euer Fenster? Wir wollen raus!" Sie war etwas schockiert. „Ähm, ja?" Wir stürmten bereits los und kletterten auf die Fensterbank. Ich war schon zur Hälfte draußen, ein Bein bereits auf dem nassen Rasen, als mich Lola wieder reinzog. „Was meinst du, wenn die Hexe gleich in unser Zimmer kommt und wir pitschnass sind? Sie hatte es extra verboten." „Tzz, ohh!" „Nix ohh. Ihr Mann wurde fast erschlagen, die dreht durch, wenn wir nass sind!" Also rannten wir wieder hoch. Meine rechte Seite war zwar bereits nass, aber das bemerkte zum Glück keiner, weil wir uns sofort in die Betten legten und uns dort ausmalten, wie toll es wäre, im Regen zu stehen.

Ich vertrug mittlerweile wieder ein bisschen die Sonne, zwar nicht auf dem Kopf, aber auf dem Körper ging es. Aus Musik hatte ich mir *Das Ding* ausgeliehen und schrieb die Lieder, die mir gefielen, in mein Notizbuch ab. Das Ganze verband ich mit einem Sonnenbad. Meine Mama hatte mir mein geliebtes Erdbeerhandtuch mitgebracht. So lag ich dann hinter der Schule im Bikini auf dem Rasen und schrieb. Mein Kopf war mit einem

Hut bedeckt und extra im Schatten. Lola gesellte sich auch dazu und wir lagen einfach nur da und genossen die Wärme und die Stille. Schließlich hatten wir uns nicht ausgesucht, dort zu leben (es zwang uns auch keiner zu bleiben, aber wir wussten selbst, dass es notwendig war, wenn wir gesund werden wollten, brauchten wir die Therapien), und an manchen Tagen hatte man wirklich keine Lust mehr auf dumme Gespräche.

Bei zwei Mitpatienten jedoch fragte ich mich ernsthaft, ob sie nicht vor ihrem Unfall bereits bescheuert gewesen waren. Der eine kiffte sich um den letzten Verstand und färbte sich die Haare blau. Dass das noch nie besonders ‚in' gewesen war, schien er weder zu verstehen noch schien es ihn zu interessieren. Der andere besaß eindeutig mehr Muskeln als Verstand. Robin und ich saßen am Raucherpoint auf der Bank und genossen es, im Freien zu sein. Die beiden Idioten saßen mir gegenüber. Auf einmal meinte der Blaue: „Alter, Anarchie wär' voll cool." „Ja, klar, Mann. Anarchie." Ich meinte dazu nur: „Wieso das denn? Was soll toll daran sein, Selbstjustiz zu üben?" „Keine Gesetze, da mach ich, was ich will!" „Ja, voll cool. Braucht man keine Polizei, nix." Dann schauten sie doof herüber. Ich bekam so eine Wut – der wusste bestimmt nicht mal, wie man Anarchie schreibt. Ich drehte mich zu Robin um und sagte: „Die sind mir zu dumm, lass uns hochgehen." Dann stand ich auf und ging. Die beiden waren aber echt so beschränkt, dass sie selbst das nicht rafften, nicht einmal wirklich bemerkten, dass meine Aussage auf sie bezogen war. Der eine von ihnen inhalierte mit Rick immer Desinfektionsmittel, weil wir dazu ja Zugang hatten. Andere waren total abhängig von *Morphium*, Koffeintabletten, *Baldrian* oder *Antidepressiva*. In jedem Bad war so ein Spender mit Desinfektionsmitteln, und ständig roch es danach, schließlich mussten es die Schwestern und Ärzte immer benutzen. Das würde ich zu Hause bestimmt nicht vermissen, das Geräusch der kleinen Pumpe und den Geruch nach Desinfektionsmitteln, aber man war eben schon total daran gewöhnt.

Oben angekommen, schimpfte Robin mit mir: „Oh, Kim. Warum musst du dich immer auf so etwas einlassen? Ich saß doch auch da und hab es über mich ergehen lassen. Das kann dir doch egal sein!" „Aber wenn der so einen Stuss redet?" „Dann lass ihn doch. Sein Problem. Du kannst die Welt nicht retten." „Aber dann weiß er es vielleicht besser." „Der rafft doch eh nicht, was du redest. Kim, mit so jemand kannst du nicht intellektuell diskutieren. Gib es auf!" Doch manchmal hatte ich das Gefühl, dass ich einfach an dieser Wut festhalten musste. Sie machte nichts besser, aber sie gab mir das Gefühl, wieder atmen zu können, einfach nicht auf gleicher Stufe zu stehen mit den anderen Patienten. Nur weil wir alle krank waren, hieß das noch lange nicht, dass wir außerdem noch irgendetwas gemeinsam hatten. Mit denen wollte ich nichts gemeinsam haben, und ich hatte Angst, dass der Tumor mich auf dieselbe Stufe gestellt hatte, sodass normale Menschen mich nun genauso nervend und dumm fanden ... Robin und ich waren in manchen Punkten das krasse Gegenteil voneinander. Während ich mich einmischte und mich aufregte und wie ein Klugscheißer rüberkam, lachte er, es ging ihm alles zum einen Ohr hinein und zum anderen wieder hinaus. Einfach total relaxt. Ich musste wirklich endlich lernen, ein bisschen entspannter mit solchen Leuten umzugehen, ich war manchmal echt zu impulsiv. Danach tat's mir immer leid. Robin sagte dazu: „Vor allem ist das total unüberlegt von dir. Irgendwann bemerkt mal einer, was du da tust und so direkt sagst und rächt sich dann. Mach dir's doch nicht immer so schwer. Kann dir doch echt egal sein, du hast schon ganz andere Situationen gemeistert."

Am nächsten Tag war Freitag und am Wochenende stand weder Besuch an noch fuhr jemand von uns nach Hause. Lola und ich hatten aber keine Lust, nur rumzuhocken und nichts zu tun. Wir fuhren zwar oft genug mit Robin einkaufen oder DVDs ausleihen, aber man konnte auch nicht ununterbrochen Filme gucken. (Offiziell durften wir gar nicht mitfahren, glaube ich.) Es war ein Neuer gekommen, Farhon, und Philipp hatte uns schon vorinformiert: „Also, es kommt einer, der war letztes Jahr schon da, ein ganzes Jahr. Farhon. Ist halb arabisch, halb türkisch, aber ein ganz lieber Kerl und sieht echt gut aus! Der ist nur zur Kur über die Ferien da, der ist schon wieder recht gesund. Er wohnt im Dorf, weil hier kein Platz mehr ist." Zufällig war Schoko total gut mit ihm befreundet. So hatten wir von Anfang an Kontakt zu ihm, außerdem war er mit mir in einer Schulklasse. Farhon war echt ein sympathischer Kerl, aber manchmal schlug doch der Macho in ihm durch. Zwar eher scherzhaft, aber trotzdem: „Jetzt lass mich mal, ich weiß, dass alle Frauen auf mich stehen ..." „Schweig still, Frau!" „Ach geh weg, Frau!" Jedenfalls fuhren wir mit dem Bus mit ihm ins Dorf und kochten zusammen. Aus Lolas und meinem Fundus an

Lebensmitteln hatten wir Nudeln und Fertigsoße ausgesucht. Meine Mama hatte mir sogar ein Glas Erbsen und Karotten gebracht, weil ich das so mochte. Leider gab es keine wirkliche Möglichkeit, die zu kochen. Aber ich aß Mandarinen aus der Dose und Apfelmus. Wie gesagt, wir kochten mit Farhon, schauten Fernseh und surften im Internet, es war total witzig. Zur Feier des Tages, schließlich hatten wir alle drei schwere Schicksalsschläge überlebt, kauften Farhon und Lola eine Flasche Sekt. Die tranken wir zu dritt über den ganzen Abend verteilt, der stieg uns allerdings total zu Kopf. Ich hatte knallrote Backen und Lola kicherte andauernd, bis sie erklärte: „Also ich glaube, das ist so, wie wenn du einem Kleinkind Alkohol geben würdest. Weil die Synapsen im Gehirn doch neu zusammengewachsen sind. Oder so." Naja, auf jeden Fall schlug es schneller an, weil wir ja alle seit Monaten nichts getrunken hatten. Wir waren uns gar nicht so sicher, ob wir überhaupt durften, wegen der Medikamente, aber so dumm es vielleicht klingt: Manchmal musste man auch einmal ausbrechen. Wer dauernd ,überwacht' wurde und unfähig war, das meiste allein zu tun, brauchte Momente wie diesen. Einfach loslassen, vergessen, was gewesen war, normal sein. Es handelte sich ja nicht um einen Dauerzustand. Weil Wochenende war, wurde die Tür zwar erst um 23.00 Uhr verschlossen, trotzdem fuhr kein Bus mehr zurück. Also schrieb ich Philipp eine SMS. Ich war der Meinung, dass er uns ja schnell abholen könnte. Mir zuliebe wenigstens. Nichts war, als Antwort kam: „Ich darf das nicht. Sorry, das geht echt nicht." Zornig antwortete ich ihm, dass das gemein wäre, da es regnen würde, er sich total blöd anstelle. Das schien ihn nicht zu beeindrucken. Fast schon schadenfroh schrieb er: „Der Regen wird euch Zicken nicht schaden." Na toll. Lola hatte schon Kleider von Farhon an, weil sie beim Einkaufen des Sekts total nass geworden war. Er hatte natürlich auch keinen Regenschirm und wir mussten total weit laufen. Also überwand ich mich und klingelte bei den Nachbarn. Mir war das total unangenehm, zudem war ich auch ein klein bisschen eifersüchtig, Lola bei Farhon zu lassen. „Hallo! Ich komme von Ihrem Nachbarn, wir haben leider keinen Schirm und wollten fragen, ob sie uns einen ausleihen könnten. Wir müssen noch ins Jugendwerk zurücklaufen!" Ein alter Mann hatte die Tür aufgemacht und war wirklich lieb, als er antwortete: „Ja, warten Sie mal einen Moment." Er lief zurück ins Wohnzimmer, wo man den Fernseher hörte. Auf einmal kam seine Frau anmarschiert, lief hinter ihm her und rief: „Was ist denn da los?" Sie drängelte sich an die Tür und in dem Moment rutschte ihre Hose auf den Boden. „Huch." Sie zog sie hoch und watschelte schnell wieder zurück in die Wohnung. Der Mann gab mir einen Schirm und sagte: „Ihr könnt ihn einfach vor die Tür stellen, wenn ihr ihn nicht mehr braucht! Auf Wiedersehen." Dann war die Tür zu. Ich musste so lachen und irgendwie auch nicht. Hatte ich das gerade wirklich gesehen? Das war so verrückt, so unwirklich gewesen. Die anderen beiden lachten sich den ganzen Weg zurück über die alte Frau kaputt, nachdem ich ihnen davon erzählt hatte.

Zu dritt quetschten wir uns unter den Schirm. Zwar drückten wir uns an Farhon, trotzdem wurde meine linke und Lolas rechte Seite nass. Farhon kam noch mit rein, denn er wurde später rausgelassen, schließlich gehörte er ins Haus, er konnte nur nicht bei uns wohnen. So wie jeden Freitag und Samstag blieben wir mit Gewalt bis nachts auf, einzig aus dem Grund, weil wir es durften und es sonst verboten war. Also schrieb ich noch Briefe und Lola in ihr Tagebuch. Zwischendurch saß Farhon noch bei uns herum und bewies seine Massierkünste. Wir waren einfach an Philipp vorbeimarschiert und hatten ihn keines Blickes gewürdigt. Wir schworen uns, ihn zu ignorieren. Ich war sauer auf ihn und ging sofort zu Robin, dem ich eh alles erzählte. Der Verräter verstand ihn auch noch: „Ja, aber er arbeitet doch hier. Was erwartest du denn?" Da war's mir zu dumm, ich ging zu uns ins Zimmer. Lola war da und guckte mich an wie ein Hündchen. „Bist du böse?" „Nur auf Philipp. Wieso?" „Ich will nicht, dass zwischen uns ein Kerl steht!" „Tut doch auch nicht! Nein, keine Angst, du bist mir zu wichtig!" „Gut. Du mir nämlich auch!" Dann balancierten wir noch auf unserer Klebeband-Linie herum wie Ballerinas. Immer wenn es besser wurde, lobten wir uns gegenseitig. Farhon kam wieder zu uns, obwohl es schon voll spät war. Wir hörten Musik und redeten ein bisschen, dann sahen wir sie – die Spinne! Eine riesige, fette, monströse, schwarze Spinne! Oder zwei. Schreiend rannte ich rüber auf Lolas Bett. „AHHHHHHH! Mach das weg, bitte, mach das weg, mach das sofort WEG! BITTE!" „Ja, wie denn?" „AHHHHHHHHHH!" „Jetzt hört doch auf zu schreien! Gebt mir ein Papier oder so!" Wir konnten nicht aufstehen, nur schreien: „Da, nimm das Glas!" „Okay. Die ist aber schon groß." Dann stellte er sich auf den Stuhl und drückte das Glas an die Decke, doch die Spinne fiel nicht hinein. „Ich brauch doch ein Papier. Oder einen Schuh." „Nicht meinen Schuh!" Ich wimmerte und gab ihm mit spitzen Fingern ein Papier. „Also gut." Dann fiel das Untier in das Glas. Er kam damit auf uns zu und fragte: „Wohin?" „AHHHHHHH!" „Geh weg, geh weg ... HILFE! Geh doch weg, bitte geh weg damit!" Wir schrien und stürzten auf mein Bett, das auf der sicheren Seite des Zimmers war. „Oh Mädels. Schreit doch nicht so!" Hier muss ich kurz erwähnen, dass ich Insekten hasse! Einmal war ein Tausendfüßler im Zimmer gewesen, ich hatte so lange geschrien, bis Karsten von nebenan kam und ihn mit einem Fünf-Cent-Stück wegschieben wollte. Er zerdrückte ihn dabei, was mich noch mehr zum Schreien gebracht hatte. Wie widerlich!

„Raus! Aus dem Fenster damit!" Wir schrien weiter, sodass Farhon das Blatt und die Spinne hinausschüttelte. Dann wollte er das Glas wieder auf Lolas Kommode stellen. „Spinnst du? Wäh! Mach es weg, mach es weg, mach es weg!" „Schmeiß es raus!!!" „Wie – nach draußen?" „Schmeiß das Glas nach draußen! SOFORT! Wir brauchen es eh nicht mehr!" „Los! AHHHHHHHH!" Wir schrien, dann warf er das Glas raus auf den Rasen. Endlich. Es ging nicht kaputt, sondern lag jetzt draußen im Gras. Zum Glück hatte in der Nacht Paskal Nachtwache und er sagte nichts dazu, dass Farhon noch bei uns herumsaß. Er hatte auch nichts dazu gesagt, als wir um eins zu ihm gekommen waren und nach Tesa gefragt hatten. Nur einmal, als ich nachts um halb zwei Briefe ins Stationszimmer brachte, schrie er mich an: „Schon mal auf die Uhr geguckt? Ich glaub', du spinnst! Geh jetzt schlafen und weck' nicht das ganze Haus auf!"

Ohh, regte ich mich auf. Ich war doch leise! Die über uns trampelten über den Flur, während ich nur Briefe schrieb! Ab dem Tag war er nicht mehr meine Lieblingsnachtwache.

Manchmal konnte Farhon total schroff und grob sein, dann war er wieder liebevoll und einfühlsam. Oft genug war er nur verdammt frech, und wenn wir ihn zum Beispiel aus Spaß auf die Brust hauten, tat er das einfach auch. So etwas Dreistes! Trotzdem unterhielt ich mich gern mit ihm, er war vom Niveau her einfach auf demselben Level und so alt wie ich. Das merkte man Lola doch an, wenn man sie besser kannte. Manchmal war sie nur sechzehn und eine kleine Zicke, weshalb ich dann gerne Leute um mich hatte, die gleich alt waren. So wie Robin. Der hatte es irgendwann total raus, wie man mit mir umgehen musste. Wenn ich durchdrehte und wütend war, sagte er nichts, bis ich mich beruhigt hatte. Wollte er nicht auf meine Fragen antworten, ignorierte er sie und tat so, als hätte er sie nicht gehört. Ich dachte mir dann meinen Teil. Außerdem war es so, dass ich dauernd von einem Thema zum nächsten sprang, und wenn mir eine Frage unangenehm war, dann lenkte ich geschickt mit etwas ab, sodass mein Gegenüber vergaß, was es wissen wollte. Naja, wer mich kannte, blieb beharrlich und erinnerte mich daran, so auch er.

Samstags besuchten mich völlig überraschend Samy und Tom und brachten Stephen und Luke mit. Luke! Ich freute mich so, dass er wieder da war. Dabei hatten wir uns kaum gekannt zuvor. Ich hatte Lola von ihm erzählt gehabt, weil er echt toll aussah, und jetzt, als wir durchs Haus liefen, machte ich hinter ihm Gesten und fuchtelte durch die Luft, damit Lola verstand, dass er es war. Sau peinlich! Zum Glück sah er es nicht. Ich zeigte mein Zimmer und fragte sie, wo sie schlafen würden. „Ja, im Bus oder so." Ich war Feuer und Flamme, rannte zum Stationszimmer und füllte den Heimfahrtsschein nachträglich aus. Ich wollte bei meinen Freunden in der Ferienwohnung schlafen. Würden wir ja – oder so. Samy hatte mir erzählt, dass alle Jungs im Abnehmwahn waren. In meiner Vorstellung war Stephen nur noch ein halbes Hemd, also sagte ich zu ihm: „Soo dünn bist du jetzt gar nicht." Ahh. Natürlich war er beleidigt, dabei erklärte ich ihm sofort, dass das nicht böse gemeint war. Ich mochte ihn genau so, wie er war. Ich sollte endlich anfangen, zuerst zu denken und dann zu sprechen.

Wir fuhren mit dem Bus erst in die Schweiz tanken und mopsten dabei eine Sonnenblume von einem Feld. Als wir über den Zoll fuhren, versteckte ich sie natürlich. Am Schluss fragten die Grenzpolizisten: „Haben Sie etwas anzumelden?", machten gar einen Aufstand wegen der Blume! Weil wir hier im Grenzgebiet waren, fuhren wir oft hin und her. Jedes Mal wurden wir gefragt, ob wir etwas anzumelden hätten. Einmal meinte der Zollmensch sogar: „Wo habt ihr denn die Drogen versteckt?" Tom antwortete eiskalt: „Im Auto hinter uns!" Der Zöllner grinste: „Nee, da sitzt eine alte Frau. Also viel Spaß euch!" Wir lachten die ganze Zeit, vor allem, weil er die Dame einfach durchgewunken hatte. Man stelle sich nur mal vor, wir hätten wirklich irgendwas bei ihr versteckt. Total lustig! Es war so witzig und so schön, endlich mal wieder pfälzischen Dialekt zu hören. Wir gingen Eis essen und saßen am Rhein.

Unterwegs aßen wir Würstchen und Kinderriegel und alles durcheinander. Ich fragte: „Krieg' ich auch ein Würstchen?" Tom antwortete: „Du bist Vegetarier!" „Äh nein?" „Wenn du willst." Dann beäugten sie mich skeptisch, wie ich das Würstchen aß. Immer wieder gab es Sticheleien von Stephens Seite, weil ich ihn mal vor langer Zeit wegen Luke versetzt hatte. Aber das war echt lange her und ich hatte mich schon gefühlte tausend Mal entschuldigt. Naja, egal wie eng ich mich an ihn kuschelte oder mich fast nur mit ihm beschäftigte, machte ich zwei Sekunden etwas mit Luke, war aller Friede vorbei. Als es zum Beispiel darum ging, wer wo schlief, kam von ihm nur: „Schlaf doch bei Luke im Schlafsack" – und das in einem absolut beleidigten Ton. Dabei war das schon längst Geschichte mit Luke und mir! Keiner ging darauf ein, Samy grinste nur verschwörerisch. Dass ich das mit dem ‚nicht-so-dünn' gesagt hatte, hatte nicht gerade dazu beigetragen, dass er wieder versöhnt war mit mir.

Es war einfach unmöglich, direkt am Bodensee zu parken, um dort zu schlafen. Entweder waren da Campingplätze oder Bahnschienen oder irgendetwas anderes. Wir fuhren stundenlang durch die Gegend, aber fanden keine Stelle. So langsam hatten wir auch Hunger, schließlich hatten wir dann einen Einmalgrill an der Tankstelle ergattert. Also fuhren wir am Ende ans Strandbad in der Nähe der Reha und grillten auf einer Kiesbank versteckt am Rhein, ohne Besteck, einfach Steaks im Fladenbrot. Samy hatte als Vegetarierin einen Salat. Es hätte echt total romantisch sein können, wenn die Jungs nicht so kindisch gewesen wären. Stephen saß mit Samy auf einer Isomatte und ich setzte mich zu Luke, der jedoch mindestens einen Meter Abstand hielt, aufs Handtuch. Ahh. Hundertpro nur, weil Stephen so ein Geschiss gemacht hatte. Dabei wollte ich ja gar nichts mehr von ihm. Ich hätte es nur schöner gefunden, mich anzulehnen, als so merkwürdig aufrecht sitzen zu müssen. Es war so schön mit dem kleinen Feuer, dem Wasser und den Lichtern der Häuser in der Ferne ... Als das Feuer kleiner wurde, wurde uns kalt und wir wollten alle zum Bus zurück. Luke wollte eigentlich zuerst am Wasser schlafen, aber die Schnaken fraßen einen fast auf. Also zerrten und schoben sie mich im Dunkeln den Hügel hinauf, schließlich konnte ich auf geradem Boden schon kaum laufen, und raufklettern war sehr bedenklich, erst recht im Dunkeln. Tom zog mich dann an der Hand hinauf.

Yeah, irgendwann hatte ich es geschafft, ohne hinzufallen! Gut, mein Knie war voll mit Erde, zudem hatte ich tierische Angst gehabt, aber für meine Umstände fand ich es doch sehr erstaunlich und hatte mich an Toms Hand sicher gefühlt. Außerdem war es so süß von den anderen, wie sie sich bemühten, mich teilhaben zu lassen, und einfach so mit mir umgingen, als wäre alles in Ordnung. Als würden wir einfach aus Spaß in Süddeutschland im Bus schlafen und am Rhein grillen und nicht, weil ich dort in Reha war. Wir schliefen recht schnell ein, Stephen, Samy und ich schliefen jeweils auf einer Sitzbank im Bus, Tom und Luke auf dem Boden. Ja, es war eng und sehr unbequem, aber es ging. Frühmorgens wachte ich von selbst auf und nahm meine Tablette gegen die Übelkeit. Mir war schon ein bisschen schlecht, aber ich riss mich einfach zusammen. Wir putzten die Zähne mit Wasser aus der

Wasserflasche, Samy ging sich am Rhein das Gesicht waschen. Danach fuhren wir wieder hoch zur Reha und gingen in mein Zimmer. Boah, ich war echt müde, die anderen nicht weniger. Wir unterhielten uns noch ein bisschen und dann verließen sie mich schon wieder, schließlich mussten sie noch drei Stunden zurückfahren. Wieder war ich allein. Leider.

So saß ich in meinem Zimmer und kam mir so unendlich nutzlos vor. Wie viel zu oft. Man hat keinen Nutzen, keine Aufgabe. Ich wusste nichts mit mir anzufangen, denn Schreiben oder Malen war zu anstrengend und machte mich nur aggressiv. Ich war einfach zu müde dafür, zudem zitterte die Hand, weil ich so erschöpft war. Robin kam auch erst abends wieder und Lola war mit irgendjemandem unterwegs. Also legte ich mich ins Bett und schlief, bis sich abends Robin zu mir setzte, mich weckte und mir von seinem Wochenende erzählte.

Eigentlich gingen die Tage so dahin, die Therapien liefen gut, KG hatte ich nicht mehr, sondern nur noch Sportgruppe, weil ich nicht mehr einzeln gefördert werden musste ... Ich liebte das Kochen und wurde immer besser. Wegen dem Induktionsherd musste ich extra nachfragen, weil das ja ein Magnetfeld war und ich mit dem *Shunt* nicht an große Magnete durfte. Der Arzt meinte jedoch nur: „Nein, das ist kein Problem, solange du deinen Kopf nicht auf die Herdplatte drückst." Das hatte ich nicht vorgehabt, mied aber aus Sicherheit trotzdem den einen Herd. Meistens fragten mich die anderen beim Kochen um Rat oder ich musste die Sachen abschmecken, was mich echt stolz machte. Mittags war ich einmal allein da, weil die anderen noch

Visite hatten, und Frau Nihls und ich diskutierten über einen Zeitungsartikel, in dem stand, dass eigentlich das Wassersparen schaden würde, weil unsere Rohrsysteme für mehr Verbrauch angelegt waren und dann nicht mehr richtig durchgespült würden. Man war auch der Meinung, dass die nächsten Kriege nicht um Wasser geführt werden würden, da es weitaus günstiger und effektiver wäre, Wasser zum Beispiel zu entsalzen. Es war toll, mit ihr zu diskutieren, und ich kam mir zum ersten Mal wieder intelligent vor. Endlich hatte ein Gespräch richtig Anspruch und Niveau.

Sicher, ich führte auch anspruchsvolle Gespräche mit anderen, aber nie über so ein Thema, das war schon etwas ganz anderes. Ich hatte früher Erdkunde-Leistungskurs gehabt, ich konnte ganz viele Beispiele und Argumente anbringen, und Deutsch-Lk, sodass ich auch gelernt hatte, zu argumentieren und rhetorisch geschickt zu diskutieren. Und jetzt kam es zurück! Strike. Manche Wörter kamen mir schwer über die Lippen, aber sie waren wieder da. In meinem Kopf. Der Rest würde schon werden.

Was mir gerade auffällt: Seit ich krank geworden war, hatte ich fast nie Nachrichten geguckt oder Zeitung gelesen. Das Jahr 2009 war nahezu ereignislos an mir vorbeigegangen. Außer dem Amoklauf in Winnenden, dem Erdbeben in Chile und dem Tod von *Michael Jackson* hatte ich nichts mitbekommen. Aber ich hatte Stopfen in der Hauswirtschaft gelernt und Nähen und Kochen! Ich wäre schon eine gute Partie gewesen, wenn man außen vorließ, dass ich nicht wusste, was in der Welt vor sich ging. Naja, zumindest hatte ich einen *Keinohrhasen* genäht und Frau Nihls war ganz begeistert gewesen, wie toll ich das gleich konnte. Mein Kissenbezug, den ich gemacht hatte, war echt schön, und das mit dem Kochen klappte auch wirklich gut. Ohh, aber einmal war Frau Nihls nicht da, und ich hatte Kochen in einer anderen Gruppe mit Leuten, die einfach noch stärker eingeschränkt waren und sehr langsam. Naja, zuerst riss ich mich zusammen und dachte mir: ‚Sie können ja nichts dafür, du warst am Anfang nicht anders.' Dann sollten wir jedoch Gemüse für die Gemüsepfanne schneiden. Ich war auch nicht besonders schnell, weil die Hand manchmal zitterte, aber in der Zeit, in der ich drei Paprika, zwei Tomaten, eine Zwiebel und zwei Bananen für den Nachtisch schnitt, zerkleinerte das Mädchen neben mir genau eine halbe Paprika. Das andere Mädchen schnitt auch an ihrer ersten Paprika herum, aber so klein, dass ich fast die Krise kriegte. „Du musst das nicht so minimalistisch machen!" „Mhm was?" Sie hatte nicht verstanden, was ich von ihr wollte. „Also – nicht so klein! Das soll kein Paprikabrei werden! Wir wollen noch etwas zu beißen haben." Manche Sachen waren so selbstverständlich für mich, wie zum Beispiel, dass in einer Gemüsepfanne das Gemüse ruhig größer als einen Zentimeter sein durfte, dass ich vergaß, dass es für andere nicht so war, sondern extra erwähnt werden musste. Es nervte total – und ich bewunderte mal wieder die Geduld der Therapeuten. Vor allem, weil das eine Mädchen stundenlang vom *Edeka* schwärmte, allerdings bekam sie dort keine Ausbildung, sondern durfte immer unbezahlt Praktikum mache. Ich verstand das absolut nicht: „Ja wieso? Das bringt dir doch nichts!" „Doch, sie sind alle so nett im *Edeka*. Das ist ein toller

Edeka. Wir arbeiten sehr gut zusammen. Ich bin langsam, aber es ist dann schon in Ordnung. Ich will da wieder Praktikum machen. Es ist ein toller *Edeka.*" „Ja, aber wieso nur Praktikum? Wieso lernst du nicht dort?" „Es macht Spaß im *Edeka.* Alle sind so nett, wir arbeiten gut zusammen." Sie schien glücklich damit, dass sie Praktikum machen durfte. Also gab ich es auf und ärgerte mich später bei Robin, der aber der Meinung war, dass das ihr Problem sei. Ja. Er hatte ja recht, aber es nervte eben! Da musste man über Stunden dasselbe hören, niemand unterbrach sie einmal! Klar war sie krank, aber ich auch – und noch mussten wir es alle zusammen aushalten. Das Problem war nur, dass solche Leute nicht merkten, dass man genervt war oder nur noch kurzangebunden antwortete ... Leider. Da half es nicht einmal, direkt zu sein, sie redeten einfach weiter, wo jeder normale Mensch aufhören würde. Deshalb hatte ich mir mehrere Stunden anhören müssen, wie toll der *Edeka* in ihrer Heimatstadt sei. Nach diesem Tag wollte ich heim, aber unbedingt, also lief ich rüber und heulte: „Robin! Ich mag nicht mehr!" „Jetzt hopp. Du hast ganz andere Sachen ausgehalten. Magst du einen Keks?" Er war eindeutig überfordert mit meinen Launen.

Abends war mal wieder das Sportangebot des Sozialpädagogen dran. Man konnte mit anderen Patienten in der Sporthalle Ball spielen, Ergometer fahren oder Seil hüpfen. Ich war so ein Untalent im Federball, schon immer gewesen ... In der Reha war es nicht besser geworden, ich sah auch den Ball noch doppelt, wenn er in der Höhe schwebte, und ich konnte meinen Arm nicht immer koordinieren. Lola mühte sich eine Viertelstunde mit mir ab, doch der längste Wechsel waren vier Ballkontakte. Prima. Ich hatte keine Lust mehr und sie spielte mit jemand anderem. Sie hatte zwar behauptet, dass es auch an ihr läge, nur jetzt lief es ja mit einem anderen Partner einwandfrei. Der Beweis dafür, dass das eindeutig nicht mein Sport war. Also spielte ich mit Domi Basketball, was ganz gut klappte. Er drehte sich einmal zu mir um und fragte: „Wer bist du? Ich bin *Nowitzki!*" Dann dribbelte er um mich herum. Ich lachte und spielte das Spiel mit. Ja, ich weiß, dass ich nicht Ball spielen sollte, aber ich hatte so ein Bedürfnis. Außerdem war ich der Meinung, dass ich ihn ja nicht fest auf den Kopf bekam, wenn ich allein ein paar Bälle schlug oder pritschte oder wenn wir auf den Basketballkorb warfen. Mit dem aufblasbaren Wasserball konnte so oder so nichts Schlimmes passieren. Ansonsten übte ich auf der Bank zu balancieren, weil das Gleichgewicht noch mein größtes Defizit war.

Danach gingen wir eine DVD ausleihen und im *Lidl* Chips kaufen. Ich liebte es, zwischen den DVD-Regalen herumzulaufen und laut zu rufen: „Ohh Robin, gucken wir das? Ohh, hast du gesehen, was da steht? Ohh, den Film wollte ich schon IMMER gucken! Ohh, der ist toll, gucken wir den?" Ich freute mich wie ein kleines Kind im Spielzeugladen. Es war auch eine schöne Abwechslung zum sonstigen Seifenblasen-Alltag. Abends guckten wir dann im Fernsehraum Film. Wenn der gerade besetzt war, schauten wir auf Robins Laptop. Weil niemand mitgucken wollte, guckten wir allein *Twilight*. So ein schöner Film! Dann wollte ich ihm etwas sagen: „Ah, das ist so wie … Ohh, jetzt weiß ich es nicht. Das Wort." „Meinst du …" „Nix sagen. Lass mich, es fällt mir ein!" Und dann sprach ich nicht mehr, sondern starrte die Wand an. Mit jeder Minute wuchs meine Angst, es vergessen zu haben. Robin schaute mich an und wartete geduldig. Nach fünf Minuten absoluten Schweigens bewegte ich mich wieder, denn es war mir eingefallen! Jetzt konnten wir auch weitergucken. Wie schön es war, wenn jemand einen einfach so nahm, wie man war. Mit allen Macken. Ein echter Freund eben.

Das Ende der Reha naht mit einem Drama

Am nächsten Tag hatte ich ganz früh Ergotherapie. Wir wiederholten den Feinmotoriktest. Ich hatte genügend Punkte, sodass ich offiziell ohne Feinmotorikstörung war, wenn ich auch noch im unteren Normbereich lag. Ich war so glücklich, dass ich ins Schwesternzimmer rannte, mich vor den Schreibtisch platzierte und lachend rief: „Vor euch steht das Mädchen, das keine Feinmotorikstörung mehr hat! Strike!" Alle anwesenden Personen freuten sich tierisch mit mir.

Mittags war *case*. Es wurden nur nette Sachen gesagt. Es gab auch nicht viel Neues. Ich hatte mein Schicksal mittlerweile angenommen, drehte in Menschenmengen nicht mehr durch und war auch nicht mehr so stark verunsichert, wenn mich jemand anstarrte. Naja, ich musste mich ja wohl oder übel zusammennehmen. Wenn ich noch länger missmutig und ängstlich wäre, würde noch mehr Zeit ungenutzt vergehen. Mama hatte am Telefon durchgegeben, was ich alles fragen sollte. Mit meinem Block war ich dann zur *case* marschiert. Meine Lehrer waren der Meinung, dass ich das langsame Schreiben damit kompensierte, dass ich bereits im Kopf selektierte, was wichtig war. So auch jetzt. Ich schaffte es nicht, alles mitzuschreiben, so pickte ich mir die wichtigen Sachen schriftlich heraus, den Rest merkte ich mir. Aber ich konnte wieder die Leute angucken, zuhören, mir das Gesagte merken und gleichzeitig mitschreiben. Ganz multitasking. Yeah, es kam wieder! Ob sich mein Gehirn einfach einen anderen Weg gesucht oder den kaputten Teil repariert hatte, weiß ich nicht so recht ... Schließlich ist man sich ja auch nicht einig darüber, ob Gehirnzellen neu gebildet werden konnten oder nicht. Egal wie, solange es ging, war es in Ordnung! Aber genau deshalb wurden auch viele Einzeltherapien gestrichen und ich wurde Gruppen zugeteilt, da ich keine Einzelförderung mehr benötigte. Ein bisschen tat mir das leid, denn ich wollte meine Therapeuten behalten (wie damals schon beim Umzug), aber ich fand mich damit ab. Außerdem war es ein gutes Zeichen, denn ich wollte bald nach Hause! Psychologie hatte ich noch einmal die Woche, jedoch war Frau Luft zufrieden mit mir und so plauderten wir meist einfach ungezwungen über meine Woche. Die Tests vom Anfang hatten wir ebenfalls wiederholt, ich hatte sie mit Bravour gemeistert. Strike, wie ich mich freute! Immerhin bedeutete es, dass ich Fortschritte machte, auch wenn ich nicht überall im oberen Drittel lag. Ich bekam auch Entspannungsgruppe eingetragen, wo einem eine Fantasiereise oder etwas anderes vorgelesen wurde. Eigentlich sollte ich mich entspannen und meine Krankheit ein bisschen vergessen, ich schlief jedoch jede Woche ein, so entspannt war ich.

Danach telefonierte ich mit Liz, was ich schon viel zu lange nicht mehr gemacht hatte – dementsprechend dauerte das Gespräch auch fast zwei Stunden. Anschließend war ich so aufgedreht, wollte nicht in Therapie und musste deshalb unbedingt noch Annabelle anrufen. Die Nummer wusste ich nicht mehr so genau und probierte zwei, drei verschiedene Sachen aus. Ahh, es war mir so peinlich, mit fremden Menschen zu reden. Aber ich legte nicht gleich auf, sondern entschuldigte mich auch noch. Frau Main schlug ich das anschließend als Logo-Übung vor – wäre ja mal eine Idee, bei fremden Menschen anzurufen. Zurück zum Telefon. Auf einmal meldete sich Annabelles Mama und ich stotterte: „Ohh, hallo, hier ist Kim. Ist Annabelle da?" Sie hatte ja auch seit Monaten nichts von mir gehört und war ganz begeistert, dass ich anrief. Teilweise verstand ich es nicht, denn Pfälzisch war am Telefon echt schwierig zu verstehen, wenn man den Dialekt nicht mehr gewohnt war zu hören. Ich sprach ja mittlerweile keinen Dialekt mehr. „Ja wie geht dars dann? Wäsch schun, wann'd häm derfsch?" Das war voll goldig, sie erkundigte sich nach meinem Befinden, was ich machen würde, wann ich heimdürfte ... Annabelle war leider nicht da, aber ich plauderte ein bisschen mit ihrer Mama, das war auch lustig.

Es ging wirklich in allen Bereichen bergauf. Es lief fast schon zu gut, da hätte mir klar sein müssen, dass wieder etwas kommen musste. Irgendwie konnte es nie einfach nur gut sein! Ich sollte echt vorsichtig werden, sobald es mir gut ging. Quatsch, damit rechnet ja keiner. Ich soll schon besser auf mich achtgeben und nicht immer so unsinniges Zeug machen, wie ich das manchmal tu'. Ja, ich weiß – aber trotzdem kann man sich nicht vor allen Eventualitäten schützen. Auch meine Mama konnte das nicht, wie sehr sie es auch unbewusst versuchte. Ironisch sagte sie mittlerweile: „Ja, ‚gut' ist was für die andern. Uns wär' bestimmt langweilig, wenn nichts passieren würde." So traf es mich. Mal wieder. Hätte ich es vermeiden können? Machen Sie sich selbst ein Bild davon.

Wie immer hatte ich meine kleine braune Umhängetasche bei mir, in der sich ein kleiner Geldbeutel mit Implantate-Pass, Krankenkarte und Personalausweis, ein bisschen Geld, mein Handy, mein MP3-Player, ein *Labello* und mein Behandlungsplan befanden. Diese Sachen musste ich teilweise immer bei mir haben. Also ich meine nicht nur den *Labello*, sondern den Plan, damit ich wusste, wo ich hinmusste, und den Ausweis für den Fall, dass mir etwas zustieß. Zuerst hatte ich Englisch und danach sofort Sportgruppe. Also rannte ich zur Sporthalle, nahm meine Sachen mit rein und legte sie auf die Bank. Ich hatte sogar extra an Turnschuhe gedacht und tauschte sie gegen meine Lieblingsballerinas mit den Erdbeeren darauf. Die halbe Stunde war immer sehr anstrengend, vor allem, wenn man auf den Crosstrainer oder das Trampolin sollte. Wie bei einem Fitnesstest ging es alle fünf Minuten zum nächsten Gerät. Zum Glück war nicht alles so anstrengend! Danach musste ich ganz dringend auf die Toilette: „'Sollte ich zurück ins Haus? Oder schnell hier in der Sporthalle gehen?' Ich entschied mich, gleich hier zu gehen, und lief in die Umkleide. Dort war ein anderes Mädchen, Schakkeline. Wir wollen jetzt mal keine Vorurteile haben, aber genauso sah sie aus: Etwas zu kräftig für die Leggins, die sie anhatte, und auch ein bisschen zu korpulent für das Top mit den viel zu dünnen Trägerchen. Gut, das war gerade die Untertreibung des Jahres. Dazu sah sie nicht sehr hübsch aus, hatte schwarz gefärbte Haare und ihr rundes Gesicht mit der eingedrückten Nase war viel zu stark geschminkt. Mich erinnerte ihr ganzes Auftreten an ein Nilpferd, und das hatte rein gar nichts mit ihrer Behinderung zu tun, denn viel mehr waren es ihr enges Outfit und der tiefe Ausschnitt, der sie aber nicht attraktiver machte.

Ich legte also meine Tasche, die Trinkflasche und die Schuhe schnell auf die Bank und ging aufs Klo. Keine zwei Minuten später kam ich wieder raus, aber es war keiner mehr da. Schakkeline schien schon gegangen zu sein. Ich nahm meine Sachen und ging zur nächsten Therapie. Es war ein Tag wie jeder andere auch, sehr schwül und heiß, Sommer eben. Abends regnete es unnormal stark, aber Lola und ich hatten Einkaufszettel geschrieben und wollten unbedingt mitfahren in die Stadt. Wir liehen uns extra einen Schirm bei den Schwestern, doch bevor wir zum Bus gingen, lief ich noch einmal an die Zentrale, um noch Geld von meinem Konto abzuheben. Als ich die zehn Euro einstecken wollte, machte ich meine Tasche auf und – mein Geldbeutel war weg!

Tagebucheintrag von Kims Mutter
22.07.09

Kim ruft an und sagt, dass ihr Geldbeutel gestohlen wurde mit allen Ausweisen, also dem Personalausweis, beiden Shuntausweisen und dem CT-Pass. Sie hat zwar einen Verdacht, aber das nützt auch nichts. Wenn sie nicht auftauchen, werden wir alle Ausweise neu besorgen müssen. Auch die Krankenkarte ist weg. Das konnte ja nur uns passieren ...

Ich bekam die Panik und steckte das Geld in die Hosentasche, dann rannte ich zurück ins Haus, direkt in mein Zimmer. Lola rief ich unterwegs zu, dass mein Geldbeutel weg sei. Ich schmiss in unserem Zimmer alles durch die Gegend, schaute unter dem Bett, suchte alle Taschen und Hosen durch, aber ich fand nichts. Inzwischen schrie Lola durchs ganze Haus: „KIM! DER BUS!" Ich schrie zurück: „ICH KANN NICHT! GEH OHNE MICH!"

Ahh, musste das jetzt sein? Wo verdammt war mein Geldbeutel? Ich hatte meine Tasche doch immer bei mir. Da ich mein Zimmer komplett auf den Kopf gestellt hatte und auch sicher war, dass er nicht dort sein konnte, lief ich zum Stationszimmer: „Mein Geldbeutel ist weg! Ich hab' mein ganzes Zimmer durchsucht!" „Bist du dir ganz sicher? Was ist denn alles drin?" „Ja, er ist weg! Also mein Perso, Geld, meine Krankenkarte ... Also nicht viel Geld, darum geht es auch gar nicht. Oh Gott – da sind meine *Shunt*ausweise drin! Die brauche ich, ich soll die doch immer bei mir tragen! Oh nein!" „Okay. Was hattest du denn für Therapien? Wir schreiben auf jeden Fall jedem, den du hattest, seit du deinen Geldbeutel vermisst, eine Mail. Sollte er bis die Tage nicht auftauchen, telefonieren wir mit dem Krankenhaus. Die sollen dir einen neuen Ausweis anfertigen."

Natürlich war ich total neben mir und konnte auch nicht stillsitzen. Ich stellte meinen Tagesablauf nach und begann, alles noch einmal abzulaufen. Ich ging selbst dahin, wo ich nicht gewesen war. Es regnete abartig, aber ich war so aufgewühlt, dass es mir egal war. Ich schluchzte, war bis auf die Haut durchnässt,

aber ich lief weiter, rüttelte an verschlossenen Türen und sprach jeden an, der mir entgegenkam. Am Ende lief ich nochmals zur Sporthalle, wo zum Glück noch die Ärzte und Therapeuten miteinander Basketball spielten. Heulend platzte ich rein und sorgte für einigen Tumult. Ich fragte, ob ich in der Umkleide gucken dürfte. Dort war aber nichts. „Hast du etwas gefunden?" „Nein ... Und das Wichtigste sind die Shuntausweise! Ich brauche die für meinen Kopf!" „Wir fragen auf jeden Fall herum, jetzt beruhige dich erst einmal. Geh zurück und zieh dich um, du bist ja ganz nass." Ich ging zurück zum Haus, wollte aber nicht hinein, weil ich das Gefühl hatte, selbst schuld zu sein. Hätte ich doch besser aufgepasst! Also lief ich weiter ziellos durch den Regen. Irgendwie war mir gerade alles egal, sollte ich halt krank werden. Ich wusste genau, was meine Mama sagen würde. Je länger ich draußen herumlief, desto länger konnte ich hinauszögern, sie anzurufen. Außerdem hatte ich die wahnwitzige Idee, dass mein Geldbeutel ja irgendwo im Gebüsch liegen könnte. Also lief ich weiter und suchte wie eine Verrückte im regennassen Grün. Es wäre wieder alles gut, wenn er doch nur hier liegen würde! Ach, ich hätte es vielleicht noch verstanden, wenn man mein Handy genommen hätte, vielleicht das Geld, und den Geldbeutel irgendwo hingeschmissen hätte, aber so war es nicht! Ich hatte sowohl mein Handy noch als auch meinen Mp3-Player – was wollte ein anderer Mensch denn mit den Ausweisen von den Ventilen in meinem Hirn? Wie dämlich war das denn?
Mittlerweile war ich klatschnass, aber ich spürte den Regen nicht, weil ich so wütend war. Geht's noch? Wie

konnte man in einer Reha nur beklaut werden? Anderen Kranken auch noch etwas wegzunehmen, als hätten sie es nicht schon schwer genug! Naja, ich wollte auch keinen beschuldigen, vielleicht hatte ich ihn auch verloren. Nur konnte ich mich nicht erinnern, meine Tasche auch nur aufgemacht zu haben – außer morgens, um Geld in meinen Geldbeutel zu tun. Nach der dritten Runde um das Haus hatte ich mich einigermaßen abreagiert und wollte einfach nicht noch nasser werden. Ich fror. Also ging ich, einen schrecklichen Anblick abgebend, hinein: Triefend nasse Haare, der Mascara schwarz über das Gesicht verlaufen, Klamotten, die an meiner Haut klebten, Gänsehaut und schlotternde Zähne ... So ging sofort ich in die Telefonkabine im Flur und wählte die Nummer von zu Hause: „Mamaaa, hier ist Kim." Ich wollte gar nicht absichtlich so klingen, aber ich piepste wie ein kleines Kind, dem man seinen Lolli weggenommen hatte. „Was ist passiert?" „Mama, mein Geldbeutel ist weg!" „Wie weg? Hast du in deinem Zimmer geguckt?" „Ja, überall, ich hab' schon alles abgesucht! Mein Handy und der MP3-Player sind nicht weg." „Wann hast du ihn zum letzten Mal gehabt? Hast du deine Tasche irgendwo liegen lassen?" „Ja, ich glaub', als ich aufs Klo bin. Ich lass' die eigentlich nie irgendwo aus den Augen!" „Ohh Kim. Hat das jetzt sein müssen? Als hätten wir nicht genug zu tun!" „Mama! Das war ja keine Absicht. Dafür kann ich nichts!" „Sag ich doch auch nicht! Jetzt guck, dass du ihn findest! Das gibt's doch nicht. Am Freitag wollten wir dich heimholen! Was meinst du, wenn unterwegs was passiert? Für den Perso können wir den Reisepass nehmen, aber ohne Krankenkarte nimmt dich kein Krankenhaus auf!" „Es tut mir leid, ich guck ..." „Melde dich, damit ich Bescheid weiß."

Ich fühlte mich schlecht. So schlecht! Also ging ich zu Robin und legte mich, so nass wie ich war, einfach auf sein Bett. Er war grad Wäsche waschen und Rick hatte mal wieder seinen Laptop geschnappt und guckte *Saw*, was er nicht sollte. Es war dunkel und ich lag einfach nur da und atmete. Ein, aus, ein, aus ... Ich musste ganz konzentriert atmen, um nicht durchzudrehen und zu hyperventilieren. Am liebsten wäre ich weggerannt, wie ich es gern tat, wenn mich Situationen überforderten. Ich durfte einfach nicht daran denken, was es bedeutete, dass die ganzen Ausweise weg waren. Robin kam und sah mich still auf dem Bett liegen. Ich muss echt ein schlimmes Bild abgegeben haben. Außerdem war jetzt seine Bettwäsche nass. Er setzte sich zu mir und sagte nichts. Dann holte er Kekse und gab mir einen. Gut. Schokolade. Dann fing ich auf einmal an, wie ein Wasserfall zu reden: „Oh Robin! Mein Geldbeutel ist weg und er wurde bestimmt geklaut, ich kann ihn nicht finden und die Mama sagt, dass das nicht hätte sein müssen und ich wollte doch am Freitag heim und wenn jetzt was passiert, nimmt mich kein Krankenhaus, denn man muss doch wissen, was in meinem Hirn steckt! Wir haben gar keine Kopie von dem zweiten Ausweis und die erste stimmt auch nicht mehr, weil es doch geändert wurde und jetzt bin ich ganz nass und ich frier' und außerdem sind wir in der Reha, wie kann es sein, dass man hier beklaut wird? Mein Handy ist noch da, so ein Hirnriss, was will jemand mit 15 Euro und meinen *Shunt*ausweisen und ..." Ich konn-

te nicht aufhören, es war so furchtbar! Er nahm mich in den Arm und sagte nur: „Jetzt kannst du da eh nichts machen. Du gehst jetzt duschen, ziehst dir etwas Warmes an und dann sieht alles schon besser aus. Dann überlegen wir uns etwas. Die Schwestern haben ja schon den Therapeuten Mails geschickt und morgen fragst du auch noch nach. Auf, geh!"
Ich grinste kurz und ging bedröppelt zu uns rüber. Verdammt, sah ich aus. Also suchte ich mir etwas zum Anziehen in dem totalen Chaos. Vor Verzweiflung hatte ich vorhin alles ausgeleert, hingeschüttet und alle Kleider aus dem Schrank gezerrt, sodass es aussah, als hätte jemand eine Bombe geworfen. Ich duschte bestimmt eine halbe Stunde, weil ich den Geruch von meinem Shampoo liebte und es brauchte, dass einfach nur warmes Wasser über meinen Kopf lief. Die Welt stand still. Solange ich duschte, war alles in Ordnung, mir konnte nichts passieren. Mir war auch klar, dass das nichts änderte, aber es gibt nichts Schöneres, wenn draußen alles schlecht und böse ist. Einfach nur das warme Wasser, der Geruch nach Shampoo und ein warmes Bad, sollte draußen doch die Welt im Regen versinken. Leider musste ich irgendwann damit aufhören, auch wenn ich es lange hinauszögerte. Dann fischte ich Boxershorts aus einem der Kleiderhaufen, holte Schokolade aus meinem Kühlfach, machte meine Heul-CD an und setzte mich mitten hinein ins Chaos und fing an aufzuräumen. Ich sortierte die Sachen um mich herum in stiller Lethargie. Zwischendurch kam Robin rüber, sah mich auf dem Boden sitzen, fragte, ob alles okay sei, und ging, weil er wusste, dass ich allein sein musste. Wie ich es liebe, wenn Leute das spüren. Dann

ist es einfach okay, dass sie wieder gehen. Voll goldig: Im Nachhinein sagte er, dass ich so fertig aussah und er einfach nur total überfordert war mit der Situation, mir deshalb den Keks gab.

Lola kam später rein und überstieg meinen Kleiderhaufen. Dann betrachtete sie mich und meinte: „Hast du gesehen, dass wir dir einen *Cheeseburger* auf den Schreibtisch gestellt haben? Als Aufmunterung. Hast du deinen Geldbeutel gefunden? Soll ich dir was helfen? Hey, morgen suchen wir weiter. Wir planen das richtig, wie eine Mission!" Wir räumten also gemeinsam auf, machten andere Musik an und sangen mit, was mich ein wenig aufmunterte. Dann nahm ich meine Tüte mit dem *Cheeseburger*, ging rüber zu Robin, kuschelte mich in die Decke und mampfte meinen Burger, schließlich hatte ich vor lauter Suchen nichts zu Abend gegessen. Rick war natürlich neidisch und maulte bestimmt zehn Minuten, dass er auch gerne einen Burger hätte. Dann atmete ich tief durch und fragte Robin: „Schauen wir bitte einfach einen Film? Egal was."

Am nächsten Tag ging die Suche weiter, nachdem ich mir die halbe Nacht überlegt hatte, wo mein Geldbeutel noch sein könnte. Also schaute ich auch in jeden Mülleimer, an dem ich vorbeikam, so wie es meine Mama gesagt hatte. In Psychologie erklärte ich Frau Luft, dass ich jetzt nicht untätig bei ihr sitzen könnte, um Gespräche über unnötige Sachen zu führen. Ich müsste jetzt etwas tun. Sofort. Also ließ sich mich an den Computer. Ich entwarf eine Vermisstenanzeige. Dann durfte ich die Seite zehn Mal ausdrucken, sie lieh mir ihren Tesaroller und entließ mich, damit ich überall mein Plakat aushängen konnte. Ich suchte zuerst Lola, dann machten wir uns zusammen auf den Weg. Bevor wir anfingen, hatte ich schon keine Lust mehr. Es machte mich zornig, dass die Sonne schien und der Tag so tat, als wäre alles prima. Gar nichts war prima! Es machte mich auch aggressiv, dass ich jetzt Zettel aushängen musste und völlig aufgeschmissen war, statt gemütlich im Schatten zu sitzen und auszuruhen. Lola und ich gingen von Haus zu Haus, von Station zu Station – jedem, der es hören wollte oder auch nicht, erzählte ich, dass mein Geldbeutel verschwunden war und wie wichtig es für mich sei, ihn wiederzubekommen. Trotzdem schimpfte ich: „Lola! Nimm die rechte Hand zum Kleben!" „Aber dann verdreht sich das Tesa!" „Pienz net! Ich nehm' auch die rechte Hand!" „Ja, na gut ... aber dann sieht das alles ein bisschen schief aus!" „Macht doch nix!"

In der Sporthalle hatte man nichts gefunden. Auch mehrere Therapeuten hatten schon per E-Mail geantwortet, dass bei ihnen nichts liegen geblieben war. Naja, ich hoffte, es würde per Mundpropaganda die Runde machen. Dann telefonierte ich niedergeschlagen mit meiner Mama – und war danach noch niedergeschlagener. Ich patzte zuerst Papa an, der den Hörer abnahm, aber nichts dafür konnte. Ich war oft gemein zu ihm, aber ich ertrug es nicht, mit jemand anderem zu sprechen als mit meiner Mama. Sie wusste alles, und ich musste nicht noch unnötig lange erklären, wer was war und so. Ich war zickig, ungeduldig und gemein, dabei wollte ich das alles gar nicht. Aber jetzt sofort wollte ich heim, und jetzt sofort sollte alles wieder in Ordnung sein! Meistens sagte ich: „Ist die Mama da?", bevor er etwas fragen konnte, damit ich nicht mit ihm reden musste. Ich glaube, dass ich es nicht konnte, weil ich ihm sofort anhörte, wenn er enttäuscht von etwas war. Von mir. Ich hatte das Gefühl, dass er Fortschritte erhoffte, und wenn ich nichts zu bieten hatte, fühlte ich mich doppelt schlecht. Es tat mir so leid!

Wo mein Geldbeutel sein könnte, hatte ich wirklich überall geguckt. Also musste ich jetzt annehmen, dass ihn jemand genommen hatte ... Sogar *Mary Poppins* kam auf mich zu, nachdem sie meinen Zettel gelesen hatte. „Kim, ich habe überall gesucht! Ich habe, glaube ich, geträumt, dass dein Geldbeutel auf einer Heizung lag – also habe ich alle Heizungen abgetastet ... aber da war nichts. Es tut mir so leid!" Das war echt süß, wie sie sich Mühe gab und suchte und sogar davon träumte! „Ist schon okay, ich muss eben weitersuchen."

Ich hatte meinen Geldbeutel nur in der Umkleide kurz aus den Augen gelassen, da, wo zuerst auch Schakkeline gesessen hatte. Ohh, ich konnte das Mädchen nicht leiden. Das aus dem Grund, weil sie damals bei Frau Draph gewesen war, als auch der Vorfall mit dem ‚hudeln' war. Dauernd hatte sie begeistert gerufen: „Ach, die Farbe ist ja schön!", „Das haben Sie ganz super ausgesucht!" und „Da haben Sie ja etwas Tolles gemalt!" Oder sie fragte zuckersüß: „Frau Draph? Können Sie mir helfen?" Das totale Geschleime. Dann die Höhe: Ann-Sophie und ich saßen einen Tag später bei Vinci und malten, sie saß mit am Tisch. Dann meinte sie auf einmal mit ihrem komischen Dialekt, der mich schon gleich abnervte, total aufgesetzt: „Oh, hier ist es viel schöner! Ich find' das total dumm bei Frau Draph.

Die ist so bescheuert! Und mischt sich dauernd ein." Ich dachte, ich höre nicht recht. Wie falsch war das denn jetzt? Ich war einfach manchmal zu direkt und impulsiv, jedenfalls meinte ich dann nur eiskalt: „Komisch. Das hat man dir gestern nicht angemerkt – so entzückt, wie du von Frau Draph warst." Dann stand ich auf, packte mein Bild weg und sagte zu Vinci: „Ich geh jetzt, mit so falschen Leuten kann ich nicht in einem Raum arbeiten." Naja, bei ihrer Intelligenz wäre denkbar, dass sie nicht einmal gerafft hat, dass ich von ihr gesprochen hatte.

Jedenfalls war ich jetzt mehr oder weniger so verzweifelt, dass ich ins Kinderhaus ging, wo Schakkeline untergebracht war. Oh Gott, ich war da noch nie gewesen. Als ich reinkam, roch es irgendwie nach Zoo oder Kindergarten, so ein bisschen stickig nach Knete und Klebstoff. Also ging ich nach oben und suchte eine Schwester, denn dort gab es mehrere Gruppen. Alle waren gerade beim Essen und die Schwester meinte, ich solle in einer halben Stunde wiederkommen, sie würde eine Schwester von Schakkelines Gruppe dazuholen. Also marschierte ich wieder zu uns, setzte mich in der kurzen Zeit zu Robin und motzte, bis es wieder an der Zeit war zurückzulaufen. Irgendwie war es mir total unangenehm, denn das kam jetzt so rüber, als würde ich sie beschuldigen, was ich ja nicht wollte! Aber ich brauchte die Ausweise von meinem Kopf. Ich hatte auch auf meine Vermisstenanzeige draufgeschrieben, dass sie lebenswichtig wären und es mir nicht um das Geld gehen würde. Ich erklärte der Schwester, was Sache war. „Mhm, das ist jetzt wirklich total schlecht für dich. Also, ich rede mit unserem Sozialpädagogen,

Herrn Flick. Der kümmert sich um solche Sachen und ist auch zuständig für Schakkeline. Er wird sich bei euch drüben melden!" So ging ich wieder und hatte kaum etwas erreicht.

Am nächsten Tag stand gegen Mittag ein mir fremder Mann bei uns im Haus. Er suchte mich. "Hallo, mein Name ist Flick. Ich würde gerne einmal mit dir reden." Also setzten wir uns auf die Couch. "Also Folgendes: Wir hatten mit der Schakkeline schon öfter das Problem, dass sie Sachen an sich genommen hat. Meistens Geld. Ihre Zimmerkollegin klagte auch schon, dass ihr zehn Euro fehlen würden. Jedenfalls habe ich selbst in ihrem Zimmer geschaut, aber natürlich kann auch ich nicht ihre Schubladen aufsperren. Klar kann ich nicht sagen, dass sie es genommen hat, das will ich auch gar nicht. Ich möchte dir nur erklären, dass es wahrscheinlich sein könnte. Was fehlt dir denn genau? Ausweise hat man mir gesagt, stimmt das?" Ich war erst einen Moment schockiert. Klasse, da hatte ich mir genau die Richtige ausgesucht. "Ja. Personalausweis, *Shunt*ausweise, also für die Ventileinstellungen in meinem Gehirn, Krankenkarte und Geld. Aber darum geht es nicht, es waren eh nur 15 Euro. Die Ausweise sind für mich lebenswichtig. Ich darf ohne sie nirgends hingehen und auch das Jugendwerk nicht verlassen." "Ja. Ich verstehe, wo das Problem liegt. Also ich werde versuchen, mit ihr zu reden. Am besten kommst du nachher noch einmal rüber und wir gehen zusammen zu ihr."

Ahh, ich hasse solche Situationen so abartig, aber da musste ich jetzt durch. Ich ging also nach einiger Zeit wieder ins Kinderhaus, Herr Flick erwartete mich bereits. „Gut, dann komm mal mit." Wir klopften an eine Tür und gingen hinein. Links von uns lag Schakkelines Zimmer. Sie saß im Dunkeln, hatte Kopfhörer in den Ohren und sang grauenhaft in einer enormen Lautstärke vor sich hin. „Schakkeline! Hier ist jemand für dich. Schakkeline! Hallo!" Sie bemerkte uns erst gar nicht. Dann machte sie einen Kopfhörer raus: „Ja? Was?" „Also hi. Mein Geldbeutel ist seit gestern verschwunden. Genauer gesagt, hatte ich meine Tasche immer bei mir, außer in der Umkleide nach der Sporttherapie. Da legte ich meine Sachen auf die Bank und ging aufs Klo. Du hast da gesessen. Hast du vielleicht irgendetwas gesehen? Oder ihn vielleicht aus Versehen genommen?" Lol, war das jetzt nett gesagt. Wer nimmt bitte aus Versehen einen Geldbeutel? „Nee. Also ich hab die Tasche schon gesehen. Die is' runtergefallen. Aber ich hab' sie nur aufgehoben. Rausgefallen is' glaub' nix." Dann steckte sie den Hörer wieder ins Ohr und sang weiter. Hallo? Ich stand da noch! War's das jetzt? Ich guckte Herrn Flick skeptisch an. Er zuckte mit den Schultern und drehte sich um, also verließen wir ihr Zimmer. Draußen meinte er dann: „Es tut mir sehr leid für dich. Ich werde noch einmal mit ihr reden, aber mach dir keine Hoffnungen. Ich glaube nicht, dass sie deine Ausweise behalten hat, wenn sie es gewesen ist." Am Boden zerstört, schlurfte ich zurück und rief als Erstes meine Mama an. „Mama! Also ich war grad drüben im Kinderhaus und hab auch mit ihrem Betreuer gesprochen …" Ich erzählte ihr, was ich erfahren hatte. „Na Kim, für mich war sie es eindeutig. Vor allem mit der Vorgeschichte. Es passt auch dazu, nur das Geld zu nehmen und Handy und MP3-Player in der Tasche zu lassen, die könnte man nämlich identifizieren. Jetzt müssen wir uns was einfallen lassen für morgen, wenn wir dich holen wollen. Hoffen wir, dass nichts passiert. Jetzt sag den Schwestern, dass sie im Krankenhaus anrufen sollen wegen den *Shunt*ausweisen. Ich telefoniere mit der Krankenkasse."

Ich gab Bescheid und ging dann in mein Zimmer. Ich hasste es, aufgeben zu müssen, und eigentlich wollte ich nicht einsehen, dass das jetzt passiert war. Das gab es doch nicht! Man konnte einem Kranken doch nicht in der Reha seine Papiere stehlen! Wahrscheinlich hatte sie sie einfach weggeworfen, dabei waren sie so wichtig für mich! Ich hatte hier nichts Wertvolleres gehabt. Das ist, als würdest du einem Todgeweihten das Seil durchschneiden, das ihn noch vor dem Sturz in die Tiefe rettet. Okay, das klingt übertrieben – aber so fühlte ich mich! Wenn jetzt etwas wäre mit dem Kopf, hätte ich weder eine Krankenkarte noch einen Nachweis über die Einstellungen in meinem Kopf. Ich wusste sie, weil ich versuchte, mir alles zu merken – aber was wäre, wenn ich nicht mehr ansprechbar sein sollte? Ich glaube, dass diese Angst kaum nachvollziehbar ist, aber es war ein Engegefühl, das einen kaum atmen ließ. Ich hörte übertrieben genau auf meinen Körper und hatte bei jedem kleinsten Anzeichen von Kopfschmerzen so unglaubliche Angst, einfach umzufallen und zu sterben, weil keiner Bescheid wusste. Ich wollte zu meiner Mama. Jetzt!

*Christian fährt mit mir in die Reha, um Kim übers Wo-
chenende heimzuholen. Ohne Geldbeutel. Ich bin froh
darüber, einen Freund wie ihn zu haben. Bedingungslos
sind er und Tine die ganze Zeit über für mich da. So etwas ist wirklich schön.*
*Muffin freut sich immer total, wenn Kim zu Hause ist. Die
Zeit vergeht viel zu schnell, zwei Tage später fahren Ralf
und ich sie wieder zurück ins Jugendwerk. Es ist immer
sehr anstrengend für mich, so ein Wochenende. Freitags
sechs Stunden mit dem Auto und sonntags je nach Ver-
kehrslage wieder sechs bis acht Stunden Autofahrt. Es
ist Wahnsinn, wie viele Stunden ich in den letzten sechs
Monaten hinter dem Steuer auf der Autobahn verbracht
habe.*

Meine Mama und Christian hatten mich tatsächlich
heimgeholt, obwohl ich doch keine Ausweise hatte. Es
war ein wunderschönes Wochenende daheim, freitags
war Liz da, weil ich sie bereits auf der Fahrt anrief und
fragte, ob sie kommen wolle. Wir redeten viel, und es
war so cool, die neusten Sachen zu erfahren und sie
wiederzusehen! Samstags Elm, um mit mir den Laptop
zu reparieren, und sonntags überraschend Niko, obwohl er nicht gerade um die Ecke wohnte. Ich hatte
Elm auch eine Postkarte gemalt und geschickt gehabt,
aber wir konnten uns beim besten Willen nicht daran
erinnern, wieso ich eine Ente daraufgemalt hatte. Naja,
lustig war es trotzdem! Alles in allem echt angenehm

und so normal. Muffin drückte ich natürlich so oft und fest ich konnte. Umso mehr freute ich mich darüber, dass die anderen immer sofort kommen wollten, um mich zu sehen! Ich wollte natürlich nicht mehr zurück, aber es war ja ein Ende in Sicht.

Dienstags war wieder Visite und ich hatte zur Abwechslung einmal weder Fragen notiert noch irgendein anderes Anliegen. „Also Kim, was wäre dein Vorschlag, wie lange du bleibst?" „Ohh. Also ich würde sagen, ich bleibe jetzt über die Sommerferien noch hier, danach kann ich daheim ja das mündliche Abi nachholen. Ich nehm' ja auch noch Medikamente." „Die kann dir aber auch dein Arzt verschreiben. Dein Antrag läuft übermorgen ab. Wir schreiben nun einen neuen von noch vier Wochen, was ausreichen sollte. Also dann wäre am 28.08. dein Entlassungstag. Hast du irgendwelche Einwände?" „Nö." In zwei Tagen lief der Antrag aus und niemand hatte etwas gesagt! Jetzt blieb ich sogar freiwillig noch vier Wochen. Yeah! Ich war so aufgedreht und glücklich. Es passte perfekt, denn Annabelle hatte am 29. August Geburtstag und da wollte ich spätestens zu Hause sein. Sobald sie weg waren, rief ich daheim an, und Liz schrieb bestimmt fünf SMS, und als die Visite an mir vorbeilief, lachten sie, weil ich so grinste und ins Telefon rief: „Ja! Stell dir vor! Ich darf heim! Ich habe ein Datum!" Meine Mama war irgendwie nicht so begeistert, also fragte ich: „Freust du dich denn nicht? Willst du mich nicht daheim haben?" „Quatsch! Das hat doch nichts mit freuen zu tun! Aber dir muss klar sein, dass du hier nicht sofort einen Arzt an deiner Seite hast, wenn etwas ist. Außerdem nimmst du noch Medikamente. Ich fänd' es auch nicht gut, einfach so von jetzt auf nachher alle Therapien abzubrechen. Das muss gut überlegt und abgesprochen sein, das geht nicht so einfach ... Klar freue ich mich trotzdem!"

Am nächsten Tag schon überkam mich wieder ein absoluter ‚Ich-will-hier-weg-Anfall'. Also setzte ich mich in die Telefonkabine, zog die Beine an und hockte beleidigt auf dem Stuhl. „Mama?", quengelte ich ins Telefon, „Mama, ich will heim!" „Ach Kim. Gestern war doch noch alles gut! Das sind doch nur noch vier Wochen. Jetzt hast du doch schon so lange durchgehalten!" „Ja, aber ich mag nimmer! Ich will jetzt heim. Jetzt!" „Jetzt reiß dich zusammen, ja? Das schaffen wir doch, oder?" „Aber ich mag nicht." „Ach Kim, bald ist's vorbei!" „Ja ..." „Ist es jetzt wieder gut? Kopf hoch, der Muffin vermisst dich auch schon!" „Ja. Ich ihn auch. Tschüss, Mama."

Wie bereits erwähnt, hatte ich manchmal den Eindruck, ich sei fernsehgeschädigt. Ich fragte sogar extra meine Mama: „Habe ich SO viel Fernseh geguckt?" „Ja, also als Kind schon." Jedes Lied, jede Figur, jeder Titelsong schien in meinem Kopf abgespeichert zu sein. Dafür schienen Sachen wie Physik und Chemie keinen Platz mehr gehabt zu haben. Ich wusste Songtexte von vor über zehn Jahren jetzt noch auswendig, dafür konnte ich nicht einmal mehr genau sagen, was wir in Mathe in der Oberstufe alles gemacht hatten, wo das doch so wichtig gewesen wäre wegen dem mündlichen Abi. Das Fernsehen hatte anscheinend eine höhere Priorität in meinem Hirn. Sonderlich sinnvoll war es nicht, aber es gefiel mir. So sang ich ununterbrochen alle Kinderlieder, die mir einfielen. Robin machte auch mit und war fasziniert, was ich alles auswendig rumsingen konnte. Es war mir echt egal, ob das irgendjemanden nervte, ich freute mich einfach, dass ich etwas wusste und wieder singen konnte.

Allen Insassen des „Bonbonpinkfarbenen Mädchenzimmers" ging es mittlerweile einigermaßen gut, naja, so gut es einem eben gehen kann nach einem Gehirntumor oder mehreren Schädelbrüchen. Eines Abends lag ich auf dem Bett und las. Lola hüpfte durchs Zimmer und probierte Schuhe an. Die meisten ihrer Schuhe standen unter der Heizung am Fenster, welches offen stand. Ich dachte mir nichts dabei, bis sie auf einmal schrie, aus der Hocke umkippte, sich den Kopf hielt und anfing zu weinen. „Lola! Was hast du gemacht? Ist alles okay?" „Mein Kopf ..." Sie wimmerte und bekam keinen ganzen Satz heraus. „Ich klingel, ja?" Ich war total panisch und hatte auf einmal tierische Angst, dass etwas ernsthaft kaputtgegangen war in ihrem Kopf. Die Schwester nahm Lola mit und sie kam erst nach einer halben Stunde mit einem Eisbeutel wieder. „Was war los? Ich hatte solche Angst um dich!" „Ich hab' mir den Kopf volle Kanne am Fenster gestoßen, da guck!" Sie hatte einen blutigen Riss im Kopf. „Oh Gott! Und jetzt?" „Ja, die Schwester hat mit dem Arzt telefoniert. Der meinte aber, da der Riss zwei Finger hinter dem ersten Bruch läge, wäre wohl nichts passiert. Ich soll es kühlen. Mir ist so schlecht jetzt ..." „Das ist doch total gefährlich?! Das blutet sogar!" „Ja, aber der Arzt meinte, es ginge schon ... Du, ich leg mich hin, sonst übergeb' ich mich." Ich war so wütend! Hallo? Ihr Schädel war gebrochen, sie hatte eine Hirnblutung gehabt – bei dem Schlag musste man das doch kontrollieren! Den folgenden Tag sollte sie sich ausruhen und Jacques gab uns die ersten drei *Dr. House*-Staffeln. Lola fing schon morgens an, sie auf dem Laptop zu schauen. Ich mochte es erst nicht, dann jedoch packte auch mich die Sucht und ich rannte regelrecht nach der Therapie ins Zimmer zurück. So lagen wir dann im Bikini auf dem Bett (weil es doch Sommer war und so heiß), Lola hatte einen Eisbeutel auf dem Kopf, und wir schauten DVDs. Es war echt viel zu warm, um sich anzuziehen, und wir waren auch zu faul, wir guckten ja nur Fernsehen. Es war total spannend, vor allem kannte ich oft die genannten Medikamente, weil man sie mir auch schon gegeben hatte. Genauso war es mit den meisten Krankheiten, schließlich lebten wir ja in einer Art Krankenhaus. An sich war es merkwürdig: Zwei Kranke gucken in der Reha eine Arztserie – aber es half uns wirklich, dem Alltag zu entfliehen. Es war gleichzeitig vertraut und doch ganz entfernt. Naja, ich musste dauernd fragen, warum irgendetwas passierte und wer was war und warum die Leute das getan hatten, weil ich es nie abwarten konnte, bis es im Film erklärt wurde. Nach jeder Folge musste ich auch erst einmal fragen, was jetzt noch passieren würde und was derjenige sich dabei gedacht hatte. Oder ich fragte, ob Lola auch die schönen Schuhe gesehen hatte, die die eine Frau angehabt hatte ... Irgendwann reichte es ihr: „Kim – du kannst auch einmal abwarten! Es wird nun mal nicht alles erklärt, du musst dir auch was denken. Allein, ohne mich! Wir machen jetzt etwas aus: Du hast in jeder Folge drei Fragen. Das reicht. Danach keine mehr, einfach drei. Dann lernst du mal abzuwarten!" „Oh, aber wenn ich dir was zeigen will?" „Drei! Bei *The Unborn* war es auch total schlimm mit dir! Wie ein kleines Kind hat dich alles verstört. Du plapperst dauernd: Oh, das ist unlogisch! Was soll denn das? Wieso tut er das nur? Kim! Horrorfilme sind nun mal unlogisch – oder denkst du, es gibt wirklich Untote? So ist es meistens im Film, also akzeptier' es." „Man weiß es aber nicht!" „Ach Kim, nimm es doch nicht so ernst! Es ist nur im Film, ja?" Dann schauten wir weiter, bis ein hübscher Kerl auftauchte: „Oh, der sieht aber gut aus." „Eins." „Das war keine Frage!" „Guck!" „Oh Gott, warum blutet die jetzt? Ich dachte, die ist geheilt!" „Zwei." „Gib mir wenigstens eine Antwort. Das ist unfair!" „Kim, ich weiß es doch nicht!" „Aber du hast doch aufgepasst? Hast du nicht hingeguckt? Die wollten die doch entlassen, oder?" „DREI!" „Nein! Das war nur eine Frage auf deine Antwort! Das zählt als eins!" „Nein, tut es nicht. Okay, weil es neu für dich ist: zwei." Zehn Minuten später platzte es aus mir heraus: „Haben die nicht schon eine Biopsie gemacht? Was machen die denn jetzt schon wieder?" „Nein, ich glaub' nicht! Guck! So, das waren drei Fragen. Jetzt bist du still." Nach der Folge war ich nicht viel schlauer, aber Lola machte mir klar, dass sie auch nicht mehr wusste. Mit der Zeit gewöhnte ich mich daran und fragte manchmal sogar gar nichts mehr. Mhm, ich merkte auch, dass ich manche Fragen höchstens dem Regisseur stellen könnte, denn Lola war ja nicht allwissend. Wir guckten mehrere Stunden am Stück, machten nur Rauchpausen für Lola, dann ging es weiter, bis Frau Main samt Ärztin reinkam und Terror machte, warum Lola nicht wenigstens in Logo ginge, schließlich war das ja nicht anstrengend und fernsehen könnte sie ja auch später. Wir waren beide extrem genervt. Wie feige von Frau Main, die Ärztin anzuschleppen! Also trottete Lola gereizt mit und kam eine halbe Stunde später schimpfend hochgerannt. Klar guckten wir dann weiter, schließlich war die Sucht ausgebrochen. Wir schafften alle drei Staffeln in einer Woche, schließlich taten wir nichts anderes – und Lola sollte sich nun mal ausruhen. Wir schauten sogar so lange, bis nachts die Nachtwache kam und sich aufregte. Naja, nur ein bisschen, schließlich waren wir zwei Süßen sonst immer lieb und stellten ja nie etwas an. Nie!

Doch es überkam Lola und mich mal wieder, dass wir weg und nicht mehr in der Reha bleiben wollten. Wir waren drauf und dran, einfach unsere Taschen zu packen und abzuhauen. Das kann man sich vielleicht nicht vorstellen, weil es eigentlich mehr wie in einer Jugendherberge war, aber manchmal kam es uns vor wie im Gefängnis. Wenn dann auch noch die Schwester irgendetwas verbot, wurde es wirklich unaushaltbar. Ahh, es war so schlimm, außerdem hatten wir *Dr. House* schon ganz fertig geguckt. Also marschierten wir zu Robin und erklärten ihm, dass wir heim wollten. „Robin. Wir halten es nicht mehr aus." „Es geht einfach gar nicht mehr!" „Wir müssen jetzt gehen. Sonst drehen wir durch!" „Ja, jetzt, auf der Stelle!" Er sagte nichts, sondern lag mit seinem Buch auf dem Bett und schaute uns amüsiert zu, wie wir völlig aufgebracht auf ihn einredeten. „Robin! Jetzt reicht es. Wir hatten wochenlang genug Geduld." „Ja, es reicht einfach!" „Ohh, aber wenn wir abbrechen, dann werden wir auch net gesund." „Aber Kim, es geht einfach nicht mehr! Wir müssen raus." „Ja schon, wir brauchen aber einen besseren Plan!" Am Ende hatten wir die Idee, in die Stadt zu fahren und uns einfach zu betrinken, weil wir es nicht mehr aushielten. Wir machten es nie, aber es war gut, eine Art Fluchtplan zu haben. Auch wenn es nur eine geistige Flucht war. Manchmal fiel mir auf, dass ich oft solche Pläne schmiedete – man muss sie nicht ausführen, es hilft schon, sich Gedanken darüber zu machen. Naja, wir hatten Glück, denn es gab eine Beachparty im Strandbad. Abwechslung! Also machten wir uns hübsch und liefen am Abend mit Schoko und Jacques durch die Weinberge. Es war so schön am Rhein, wir tranken Cocktails, tanzten ein bisschen und mussten natürlich viel zu früh zurück, da die Tür geschlossen wurde. Auf dem Rückweg verlor Jacques im Dunkeln einen *Flipflop* auf dem Feld. Wir fanden ihn nicht wieder, obwohl wir mit unseren Handys herumleuchteten. Er ließ dann auch den zweiten Schuh am Wegrand zurück. Ich fand das total dumm: „Jacques, für was machst du das?" Er erklärte völlig logisch: „Damit wir wissen, wo wir morgen suchen müssen." Es war tatsächlich nicht so dumm, wie ich gedacht hatte, denn sie fanden tatsächlich beide Schuhe am nächsten Tag wieder.

Ich stampfte noch am besagten Abend in Robins Zimmer und war völlig aufgebracht. Ein bisschen war mir auch der Cocktail zu Kopf gestiegen, schließlich vertrugen wir wirklich nichts. „Ohh Robin. Was ein Mist. Also wenn ich zu Hause bin, dann geh ich dauernd weg – DAUERND – und dann komm ich nicht um 23.00 Uhr heim! Sondern nach 23.00 Uhr, ganz spät!" Das mit der Uhrzeit sagte ich bestimmt hundert Mal. Robin lachte nur und bestätigte mich: „Ja. Dann bleibst du GANZ lange weg, sogar bis nach 23.00 Uhr." „Genau! Mindestens!" Ich wäre so gerne neben ihm eingeschlafen, mir war eh so warm und schwindlig im Kopf, aber ich musste wieder rüber in mein kaltes Bett. Lola schlief schon, was eindeutig besser war, so fertig, wie sie war. Samstags hatten wir uns nur zu viert eingetragen für den Ausflug mit der Sozialpädagogin Theresa: Robin, der Schweizer, Klaas und ich. Sieben passten in den Bus und normalerweise schrieben sich die Leute, weil sie es nicht verstanden, sogar als 8., 9., oder 10. Patient auf. So waren wir nur zu viert, aber genossen die Fahrt. Zuerst waren wir am Bodensee in einer Stadt auf dem Wochenmarkt und sahen einen Zeppelin am Himmel. Das war total lustig, weil so viele Leute da waren, überall Bands spielten, an den verschiedensten Ständen Waren angeboten wurden, auch eine Hochzeit war ... Die Stimmung war richtig klasse. Es war ein sonniger Tag und unglaublich schön einfach. Theresa und ich liefen auch noch zum Flohmarkt, während die Jungs über den Markt schlendern wollten. Es war so aufregend. Wir stöberten auf dem riesigen Flohmarkt herum, probierten Ringe an und lachten wie kleine Kinder. „Suchst du eigentlich irgendetwas Bestimmtes?" „Mhm nee, ich guck einfach nur." Am Ende fanden wir eine Ledertasche, die total gut zu Theresa passte. Ich fand, sie sah ein bisschen so aus, als hätte sie *Pinocchio* gehört. Wir trafen die Jungs wieder in der Innenstadt, wo sich Klaas bei einem italienischen Feinkostladen Parmesan und Schinken gekauft hatte. Er hatte manchmal schon merkwürdige Ideen, aber war sonst ein echt lieber Kerl. Klaas war eine Frühgeburt gewesen und hatte jetzt eine *Hemiparese* rechts. Das bedeutete, dass er seinen rechten Arm nicht ganz ausstrecken konnte und einfach seine rechte Körperseite beeinträchtigt war. Nicht wirklich gelähmt, aber eben nicht so, wie seine linke Seite. Ich glaube, dass ich mich wirklich gut mit ihm verstanden hätte, wenn ich ihn zu einem anderen Zeitpunkt kennengelernt hätte ... So hatte ich jedoch kaum die Geduld, noch jemanden richtig kennenzulernen. Er war noch nicht lange da, er kam immer über den Sommer, um sich ein bisschen zu verbessern, was seine Motorik betraf, und er ging dort auch zur Schule, um nichts zu vernachlässigen. Wir verbrachten einen tollen Tag miteinander. Da der Schweizer aus Platzgründen in einem Apartment im Haus D wohnte, beschlossen wir, auf dem Rückweg noch einzukaufen und zusammen zu kochen. Das war echt toll, wir machten Bandnudeln mit Sahne-Lachs-Soße und Tomatensoße. Vor dem Fernseher vertilgten wir unser Mahl und Robin lachte, weil er mal wieder nichts gemacht hatte. Klaas und ich waren beide sehr dominant und wollten vieles allein machen, was er prima zu nutzen wusste und sich, faul wie er war, zurückzog, um uns das Feld zu überlassen. Eigentlich nicht dumm, sondern total frech.

Sonntags waren wir abends noch ein bisschen unten am Strandbad, also Lola, Jacques und ich. Es war so toll, dass Lola und ich mittlerweile ein bisschen Sonne vertrugen, also sonnten wir uns. Meine Mama hatte mir extra einen Bettbezug mitgebracht, der jetzt unsere Decke war und so gut nach unserem Waschpulver roch! Wir waren auch im Rhein baden ... ein paar Mal hatte ich richtig Angst, mitgerissen zu werden. Ich kam auch nur mit Jacques' Hilfe wieder raus, weil ich kaum das Gleichgewicht stehend im Wasser halten konnte. Gut, es war verboten, weil sich doch ein Patient umgebracht hatte, aber wir wollten unbedingt – und es war so heiß. Ein Glück, dass alles gut gegangen war! Wir aßen dann noch Pommes am Kiosk und trafen zwei Therapeuten und die Ärztin. Mist. Sie schaute uns prüfend an und sagte: „Ihr seid nass. Ihr wisst schon, dass es euch verboten ist, im Rhein zu baden? Das ist kein Spaß, sondern wirklich gefährlich." „Ähm. Ja?" „Bleibt bitte draußen. Das ist zu schwierig für euch! Ich werde es jetzt nicht melden, aber seid froh, dass trotz der Strömung nichts passiert ist." Es war trotzdem schön und irgendwie fühlte es sich so toll verboten an, im Strandbad zu sein. Auf dem Rückweg durch die Berge pflückte Jacques sich einen Maiskolben und schälte ihn aus den Blättern. Lola riss im Vorbeigehen die Haare (oder was Maiskolben da so Fusseliges haben) ab und ich lachte über sein dummes Gesicht. Aber es war sein Ernst: „Das war Günther! Du hast ihn getötet!" Eigentlich musste man so lachen, aber auch wenn es total skurril war – es war sein Ernst, deshalb ging man besser darauf ein. „Quatsch Jacques! Sie hat ihm die Haare rausgerissen, da ist man nicht gleich tot!" „DOCH! Sehr wohl! Was meinst du, was passiert, wenn ich dir alle Haare auf einmal am ganzen Körper abreiße?" „Oh Jacques, es tut mir leid, jetzt krieg dich wieder ein." „Nein. Jetzt kann ich ihn wegwerfen. Toll, Lola. Das war ganz prima, du hast ihn getötet." Dann warf er ihn ins Feld und regte sich zehn Minuten nur darüber auf und bemitleidete den armen Günther. Den nächsten Maiskolben, den er pflückte, packte er auch aus, Lola rief gleich: „Na siehste, ein neuer Günther, der hat auch Haare!" Aber Jacques sagte kleinlaut: „Nein, der ist blöd, der lebt nicht." „Ach komm, der ist doch gut!" „Nein, der hat komische Haare." „Hatte der andere doch auch!" „Nein, das waren Günthers Schamhaare, die sind komisch." „Jacques, du hast doch echt einen Schuss! Das war doch sein Kopf!" Wieder warf er den Maiskolben weg, und wir marschierten weiter. Auf einmal schrie er Lola an: „Du hast Günther ganz grausam getötet! Er konnte sich nicht einmal wehren!" Da war es vorbei, ich konnte mich nicht mehr zusammenreißen. Ich musste so lachen, dass ich auf dem Feldweg einfach umfiel. Plumps, da lag ich. Ich konnte auch nicht aufstehen, nur liegen und laut lachen. Lola lachte auch und Jacques schmollte.

„Kim, steh auf, da vorne ist schon eine Frau stehen geblieben. Die denkt, du brauchst Hilfe! Hopp jetzt!" Also zogen sie mich hoch und wir liefen weiter – bis wir eine Nacktschnecke auf dem Weg entdeckten. „Oh, guckt mal, wie süß!" Ich schrie: „NEIN! Du lässt das da liegen! Das fasst man nicht an, Jacques!" „Das? Kim, das ist ein er! Das ist Günthers Bruder. Sogar sein Zwillingsbruder, Frederick!" „Jacques, das ist jetzt nicht dein Ernst, das geht zu weit!" „Doch klar. Guck doch." „Maiskolben und Nacktschnecken können keine Zwillinge sein!" „Sagt wer?" „Jeder! Das ist nicht möglich." „Natürlich geht das! Nur weil du es noch nie gesehen hast, heißt das nicht, dass es nicht geht!" „Lola! Sag was." „Mhm. Frederick und Günther? Was für beknackte Namen!" „LOLA!" „Was denn?" „Das ist jetzt nicht euer Ernst! Schnecken und Maiskolben sind NICHT verwandt." „Doch, Zwillinge sogar." Ich musste stehen bleiben und den Kopf schütteln, dann lachte ich doch. „Ist euch klar, dass wir schon eine halbe Stunde diskutieren? Wenn uns jemand hört! Ihr seid doch verrückt! Nacktschnecken und Maiskolben mit Namen, dabei leben sie nicht einmal!" „Nacktschnecken leben sehr wohl!" „Ja, aber sie sind keine Zwillinge von Maiskolben!" „Das weißt du doch nicht." „Auf keinen Fall sind sie verwandt mit Maiskolben!" Jacques konnte einen in den Wahnsinn treiben mit seinen verqueren Ansichten. Vor allem war es sein purer Ernst, er lachte nicht, egal wie hysterisch ich schon war oder ob ich vor Lachen am Boden lag. Dann diskutierte man mit demselben Ernst über Themen, die so abartig sinnlos waren ... wo es doch eigentlich echt nur zum Lachen war. Mit wem könnten Sie darüber diskutieren, ob Nacktschnecken und Maiskolben Zwillinge sind? Und das nüchtern und völlig ernst? Eben, man würde Sie für verrückt erklären. Aber das war typisch Jacques. Doch verhaltensgestört! Genauso wie er einmal mit einer roten Teekanne aus seinem Zimmer kam: „Riech mal!" Wäh, stank das Gesöff. „Was ist das?" „Naja, es war einmal Pfefferminztee! Aber es schimmelt nicht!" „Wie alt ist das denn?" Dann meinte er ganz stolz: „Schon ein halbes Jahr!" Wie ein Weinkenner schwenkte er die Kanne unter seiner Nase und lachte. „Und was tust du damit?" „Aufheben und ziehen lassen. Gutes braucht Zeit." Dann ging er, als wäre es ganz selbstverständlich, als züchteten wir alle Tee im Schrank.

Einmal startete er eine tolle Aktion, da er sein Fahrrad so liebte. Gegen Geld fuhr er ins Dorf und kaufte ein, er bekam 20 % auf den Einkauf und ein bisschen was fürs Fahren. Das lief total gut, er musste ständig Besorgungen machen. Lola und ich genossen das, denn wir erfuhren so, was die Leute gekauft haben wollten. Ganz toll für uns Tratschtanten. Es war ohnehin ein ständiger Zigarettenhandel im Gange, und die Eltern, die im Haus D wohnten, mussten immer etwas mitbringen. Es gab schon wirklich krasse Sachen bei uns. Eine Zeit lang waren alle verrückt nach Flaschendrehen, dann wurden Lebensmittel gedealt oder Paul hatte zum Beispiel eine KÜB. Ich fragte Lola nach ‚KÜB'. „Ja, KÜB, er hat was mit Ann, aber nur für hier, seine Frau weiß das. Kur-Übergangs-Beziehung." „Na toll, wie erbärmlich." „Ja, vor allem, weil Ann schon sein zweites KÜB ist, davor war es Tina." Dazu fiel mir echt nichts mehr ein.

Montags hatte ich wieder Gitarre und lernte ein neues Lied. Ich war so begeistert, dass ich mich mit meiner Gitarre zu Robin aufs Bett setzte und stundenlang übte und vor mich hin sang, während er Computer spielte. Dann überkam mich wieder der totale Übermut – ich wollte unbedingt ein Tempo aus dem Fenster werfen. Also schnappte ich mir eins und ließ es wie eine Prinzessin aus ihrem Turm fallen. Robin verdrehte die Augen, ich kicherte verrückt. „Noch mehr, noch mehr! Ich brauch' ganze Packungen!" Also gab er mir zwei Packungen und ich versuchte mit Feuereifer, sie in das Fenster unter mir zu werfen. Aber das war voll schwer, weil ich ja einen Bogen nach unten werfen musste, damit mein Päckchen nicht an die Wand zwischen den Fenstern knallte. Ich freute mich, aber ich schaffte es nicht ganz. „Kim, bist du jetzt fertig?" „Ja, ich brauch' mehr!" „Ich hab' keine mehr, du hast alle rausgeschmissen." „Ohh. AHH! Schweizer, komm mal her! Kannst du bitte die Tempos hochwerfen? Ich brauch die … sie sind mir runtergefallen!" Draußen lief einer vorbei, den ich anbetteln konnte. Der Schweizer warf mir die Packungen wieder rein, was ich zum Totlachen fand. Dann wollte ich sie wieder rauswerfen, aber der unten drunter machte sein Fenster zu. Dann war es nicht mehr so lustig irgendwie, außerdem tat Robin schon wieder so, als würde ich mich aufführen wie im Kindergarten. Dabei war das alles Ansichtssache, schließlich übte ich, mit meiner Hand zu werfen, also alles nur Training. Ich fand das löblich.

Aber das fand meistens auch nur ich, wie damals, als ich das Geländer runtergerutscht war und mich auf den Rollator gestellt hatte, aber das war ja nur einmal – und ich hatte aufgepasst. Es war Sommer und heiß und ab und zu hat man dumme Ideen, oder nicht? So kam in mir manchmal einfach der Rebell durch, ich musste irgendetwas Dummes machen. Also zog ich statt kurzen Hosen einfach Boxershorts an. (Mittlerweile konnte ich sogar im Stehen Hosen anziehen und brauchte nur noch manchmal eine Wand oder das Waschbecken, um mich festzuhalten.) Das mit den Boxershorts bemerkte eh fast keiner, schließlich waren sie ja weit und bunt kariert. Ich fand es trotzdem extrem lustig. Amelie und ihre Freundin waren so sogar einmal in die Schule gekommen, also war es in der Reha erst recht in Ordnung.

In der Cafeteria saßen wir mal wieder beim Mittagessen und keiner hatte großen Hunger, weil es in dem Glaskasten einfach viel zu warm war. Robin pfiff aus Spaß laut durch die Finger. Schon plärrte die Küchenfrau: „Jacques! Es reicht!" Ich lachte mich kaputt. Der Arme. Er ignorierte es und fing mit mir eine Diskussion darüber an, ob Bandnudeln und Schleifennudeln gleich schmecken würden. Dabei ist das Schwachsinn! Schmecken sie nämlich nicht. Die Hitze stieg Jacques irgendwann zu Kopf und er fing an, in seiner Suppenschüssel alles Mögliche zu mischen: Salz, Pfeffer, Suppe, Maggi, Milch, Kabapulver, Salatsoße und Vanillesoße von meinem Essen. Er rührte um und ich lachte mich kaputt: „Jetzt musst du es auch essen!" Dann probierte er. „Ich will auch!" Robin schüttelte missbilligend den Kopf: „Wäh Kim, lass des!" „Nein, ich will!" Trotzig beharrte ich darauf, dass ich probieren wollte. Also probierte ich auch, keine Ahnung, es steckte mich immer so an, wenn Jacques Dummheiten machte. „Wäh Jacques, sau ekelhaft!" Dann freute er sich und brachte sein Tablett weg, als wäre nichts gewesen.

Einmal telefonierte ich mit meiner Mathelehrerin und besprach die Aufgabenbereiche für das mündliche Abitur, schließlich durfte ich bald heim, und so langsam sollte alles in Gang kommen. Abends führte ich eine Endlosdiskussion mit Robin. Wegen der Brille. Ich hasste es eben, dass ich doppelt sah und diese bescheuerte Brille anziehen musste mit der einen matten Scheibe. Klar gab es Schlimmeres, aber ich litt! Wenn ich sie abzog, sah ich alles komisch verdreht und auch noch zwei Bilder in unterschiedlichen Farben. Dann musste man jedem erklären, wieso die Brille so halbmatt war, und es behinderte mich, weil ich damit nicht normal aussah! „Du übertreibst, dabei ist das nicht so arg, wie du jetzt machst. Als wär's mega schlimm, dabei bist du doch hübsch!" „Das stimmt überhaupt nicht. Jeder guckt mich dumm an oder fragt, ob meine Brille beschlagen sei! Das Einzige, was ich je hübsch an mir fand, waren meine Augen, weil sie 'ne schöne Farbe haben und meine Wimpern so lang sind. Prima, ein Auge sieht man nicht mal und das andere steckt hinter einer Glasfassade!" „Kim, dir ist schon klar, dass das total oberflächlich ist?" „Ich und oberflächlich! Die Gesellschaft ist so oberflächlich! Wenn sie es nicht wäre, hätte ich ja gar kein Problem. So will mich aber keiner ansprechen oder verliebt sich in mich!" „Ach Kim, man kann's auch echt übertreiben. Meinst du, Nils hätte dich jemals attraktiv gefunden, wenn es so schlimm wäre? Außerdem sind wirklich nicht alle so, was meinst du – Philipp unterhält sich trotzdem voll gern mit dir. Und seine Exfreundinnen sehen alle aus wie Topmodels." „Na und?! Sich unterhalten und mit jemandem zusammen sein zu wollen, sind zwei Paar Dinge!" „Kim! Also jetzt reicht's echt. Noch vor Wochen konntest du noch nicht laufen – und jetzt guck dich an. Nicht mal mehr die Haare sehen komisch aus, alles, was da noch bleibt an Schaden, ist dieses klitzekleine Brillenglas. Du bist hübsch. Das hab ich dir schon oft genug gesagt. Meinst du, ich habe nicht solche Gedanken? Ich muss immer mit Krücken laufen, ich denke nicht anders als du. Außerdem glaube ich, dass du jetzt eher jemanden findest, der dich liebt, weil du bist, wie du bist – und nicht, weil er dich so gutaussehend findet. Klar gehört das dazu, aber du hast so viel mehr zu bieten." „Aber ich will wieder normal aussehen ... ich will nicht mehr auffallen." „Ja, das wollen wir alle. Aber du bist doch auf dem besten Weg! Und jetzt hör auf, so eine Schnute zu ziehen, dann siehst du noch schlimmer aus." „Ohh, du Depp." „Hey, jetzt lachst du doch schon wieder. Also, kleine Pienze, das wird schon."

Philipp hatte das Ende seines Zivildienstes erreicht. Patrick war vor einem Monat gegangen, doch Philipp hatte vier Wochen verlängert gehabt. In letzter Zeit hatte ich nur noch wenig mit ihm zu tun, da mein Zimmer ja woanders war und ich einfach nicht mehr oft auf dem Sofa herumsaß. Außerdem hatte er eine neue Freundin, „Sie ist nicht so blond wie die davor!". Allein dieser Kommentar hatte gereicht, dass ich irgendwie beleidigt und eingeschnappt war. Toll, wie oberflächlich war das denn? Da konnte ich es gleich vergessen. Außerdem regte ich mich darüber auf, dass Anna ihm dauernd hinterherrannte und unbedingt mit ihm Handtücher verteilen wollte. Das hatte ich nie gemacht, ich war nur früher ab und zu mit ihm die Post holen gegangen, wobei ich einmal fast hinfiel und er mich noch an der Jeans festhielt. Jetzt war es mir zu doof. Aber zum Abschied bastelte ich ihm eine Collage und schrieb eine Karte, weil ich ihn echt gern hatte. Alle hatten sich versammelt, um ihn noch einmal zu drücken und alles Gute zu wünschen. Es war irgendwie total traurig. Anna heulte und rannte aus dem Raum, Philipp lief natürlich hinterher, um sie zurückzuholen. Ahh, das war so verlogen. Lola dachte dasselbe und meinte zu Philipp: „He du, wir würden auch weinen, aber leider können wir es nicht mehr. Wir könnten aber auch aus dem Raum rennen, so ist es nicht ..." „Ach, jetzt seid doch nicht so. Sie ist wirklich traurig." „Ist ja nicht böse gemeint! Lola und mir ist es auch nach Heulen zumute! Du sollst nicht gehen!" Das Einzige, was an dem Abend noch einigermaßen erfreulich war, war, dass wir ihm an den Hintern fassen durften. Wie das klingt, ich muss echt lachen! Also, wir hatten ihm seit Wochen angedroht, dass wir an seinem letzten Tag keine Hemmungen mehr haben würden. Das hatten wir demzufolge auch nicht, also kniffen wir ihn in den Po. Aber er lachte, also war es schon in Ordnung.

Rick war unglaublich in Karmen verliebt, die immer wieder mit Karsten zusammen war und dann wieder bei ihm saß. Dabei war sie verrückt! Als ich sie vor Monaten auf B1 kennengelernt hatte, hatte sie fast nie auch nur ein Wort gesagt. Seit sie in Haus C war, rannte sie durch die Gegend und sang oder drehte anders durch. Wenn sie Kaffee trank, wurde sie unaushaltbar, deshalb bekam die Cafeteria die Anweisung, ihr kein Koffein mehr zu geben. Sie reagierte wirklich so wie andere auf Drogen, total aufgedreht und hyperaktiv. Dann entdeckte sie *Redbull Cola* und ließ sich das immer aus der Schweiz mitbringen. Sie behauptete, dass Koks drin wäre, und wurde noch viel verrückter davon. Es ist echt unvorstellbar, wie sie darauf reagierte ... Sie kicherte und brabbelte sogar wirres Zeug. Naja, jedenfalls stellte sich Rick an wie der erste Mensch und rannte ihr nach wie ein Hündchen, obwohl sie total bekloppt war. Robin und ich zogen ihn dauernd damit auf und gaben ihm Tipps, aber er machte alles falsch. Er schrieb ihr tausend SMS, wenn sie nicht da war, ließ sich alles gefallen und dackelte ihr hinterher. Rick meinte einmal: „Sie ist so schön, sie ist mindestens eine 9." Beleidigt fragte ich: „Toll, und was bin ich? Mhm?" „Würd' sagen eine 8." Ich erzählte es Robin, weil ich es schon süß von ihm fand, auch wenn Karmen einen Punkt mehr hatte. Welche Punktzahl er mir geben würde, verschwieg Robin natürlich. Er gab mir darauf nie eine Antwort. Rick wollte Karmen so sehr gefallen, dass er mich zwang, ihm seinen Iro zu blondieren, als ich Robin Strähnchen in seine Wuschellocken färbte. Dabei hatte er schwarze Haare, und ich sagte schon vorher, dass das dumm aussehen würde. Naja, auf seine Verantwortung hin machte ich es – es wurde rostfarben. Seine Mama fand es schrecklich, er fand es cool.

Es war wieder Zeit für einen Versuch. Wie das klingt, ‚Kim das Versuchskaninchen'. Also, wir wollten einfach erneut ausprobieren, das Medikament wegzulassen. Ich bekam *Ondansetron* am Abend vorher, wie immer, sollte es aber nicht nehmen, sondern zur Sicherheit in die Hosentasche stecken. Ich hatte fürchterliche Angst, schon am Abend vorher. Aber meine Mama hatte am Telefon gesagt: „Wenn du dir schon vorher Angst machst und dir einredest, dass du nicht ohne Medikament den Tag überstehen kannst, dann wird das auch nichts. Wille versetzt Berge. Du willst doch bald heim und es ohne Tabletten schaffen. Jetzt konzentrierst du dich ganz darauf und dann schaffst du das schon." Deshalb sagte ich mir, dass es klappen würde. Das hatte ich beim letzten Mal auch gesagt, aber dann hatte ich doch gebrochen, wie wenn's kein Morgen mehr geben würde, was mich dann noch mehr enttäuscht hatte … Aber man musste den Willen dazu haben durchzuhalten.

Tagebucheintrag von Kims Mutter
30.07.09

Das Ondansetron wird ganz abgesetzt. Natürlich sind wir gespannt, was passiert.

Ich wachte morgens auf, mir war ein bisschen schlecht, wie immer, nichts Besonderes. Dienstags hatte ich wie immer Kochen und sagte Frau Nihls sofort Bescheid, dass es sein könnte, dass ich aufs Klo rennen und brechen müsste oder so. Sie verstand das Problem – und ich bekam eine ganz einfache Aufgabe. Wir machten Pilz-Geschnetzeltes mit selbst gemachtem Brot. Es schmeckte gut, ich konnte sogar etwas essen. Es blieb drin. Dann hatte ich nachmittags zum ersten Mal Schreibtraining, weil die Ergotherapie abgesetzt worden war. Ich schrieb Texte in ein Heft ab, dann wurde die Schnelligkeit bei einem Diktat gemessen. Danach hatte ich Theater. Leider war Hanna entlassen worden und auch der Junge, der ‚Jack' gespielt hatte. Also brauchten wir eine neue Besetzung – oder mussten die *Titanic* ohne uns untergehen lassen. Eigentlich hatte ich mich gewehrt, weil ich mit keinem Kerl verliebt spielen wollte, aber mittlerweile waren wir nur noch zu viert, und ich war das einzige Mädchen. Also gut! Aber ich bestimmte mit, dass Tobi ‚Jack' spielen sollte, denn mit ihm fand ich es okay. Tobi war damals auch bei der Reportage dabeigewesen, er saß im Rollstuhl. Er hatte vor Jahren einen schlimmen Autounfall gehabt und hatte auch das Sprechen neu lernen müssen. Jetzt klappte es gut, nur manchmal war er noch zu leise. Wir spielten die Szene, wo Rose über die Reling steigt und springen will. „Es ist kalt und ich friere, aber ich kann das nicht mehr ertragen! Ich muss springen, mein Verlobter behandelt mich wie sein Eigentum. Ich springe jetzt. Eins – zwei –" „Was tun Sie da?" „Wie? Was tue ich da? Lassen Sie mich in Ruhe!" Es war eigentlich ganz cool, denn wir hatten nie einen Text gesehen, und doch klappte es, ohne dass uns jemand etwas vorsagen musste. Tobi lachte, als uns der Therapeut lobte: „Ja, wir sind alte Hasen. Wir waren selbst schon im Fernsehen." Eigentlich hatte er recht. Wie das klang!

Abends berichtete ich ganz stolz bei den Schwestern, dass ich den ganzen Tag schon nicht gebrochen hatte. Angelika grinste und meinte zu Martha: „Guck dir mal an, wie sie strahlt! So rote Backen und ganz klare Augen. Da hoffen wir mal das Beste für dich! Es geht wirklich bergauf." Ging es ja auch, nur mein Zehnagel war eingewachsen. Dabei hatte ich gar nichts gemacht. Jedenfalls kam Creme drauf und sie bastelten ein Pflaster um meinen großen Zeh. Angelika malte noch Augen und einen Rüssel darauf, denn das Pflaster sah aus wie ein Elefantenbaby. So lief ich dann durch die Gegend, mit *Flipflops* und einem weißen Elefanten an meinem Zeh. Ich rief meine Mama an, wie so oft, und berichtete stolz von meinem überstandenen Tag. Sie schien aber nicht so ausgelassen zu sein wie ich. „Ja freust du dich denn nicht? Ich hab' nicht gebrochen!" „Kim, noch haben wir es nicht geschafft. Klar ist es toll, dass du es bis jetzt geschafft hast. Jetzt warten wir erst einmal ab, wie es die nächsten Tage wird. Ich kann mich jetzt nicht darüber freuen, weil, wenn es morgen wieder schlecht wird, dann zieht mich das zu sehr runter. Wir machen Schritt für Schritt." Schade. Aber sie hatte recht und die Angst, dass es wieder losging, saß mir ebenfalls die ganze Zeit im Nacken. Es macht einen verletzlich und angreifbar, wenn man Ängste hat.

Im August war jeden Mittag von 12.00 Uhr bis 12.30 Uhr eine kleine Aufführung oder andere Aktion geplant. Das Konzept nannte sich ‚Augustwiese'. Wir hatten sogar eigens ein Lied dafür gewählt, das zu Beginn und zum Ende gespielt wurde. *My heart beats like a jungle drum radidididim dim dim dim ...* Heute gab es Cocktails, die wir in Hauswirtschaft bereits angemischt und in Flaschen gefüllt hatten. Für jeden der vier Drinks hatten Co und ich Gläser mit einem andersfarbigen Zuckerrand versehen. Dann gab es noch Fruchtspieße ins Glas. Ein Getränk kostete 80 Cent. Es war schönes Wetter, die Getränke schmeckten gut und der Schweizer und ich waren von Frau Nihls als Helfer eingespannt worden. Wir verwalteten das Geld und hatten unseren Spaß, denn ich machte mit meinem Fotoapparat dumme Bilder von uns. Ja, ich ließ mich sogar fotografieren. Danach saßen wir alle noch im Freien zusammen, so ungefähr zehn Patienten. Wir verstanden uns als Gruppe echt gut und machten viel Blödsinn zusammen. So alberten Klaas, Robin und der Schweizer natürlich auf dem einzigen Stuhl herum, den es gab. Sie hatten sich alle aufeinander gesetzt und zerdrückten Robin fast, der unten saß. Wir anderen saßen auf einer Bierbank. Sie bewarfen uns und sich gegenseitig mit Eiswürfeln und benahmen sich wie im Kindergarten, aber es tat gut, so ausgelassen zu sein.

Abends wurde mein Pflaster am Zeh gewechselt, Simona machte das. Da das Pflaster nicht richtig abging, holte sie aus einer Schublade eine kleine Sprühflasche. „So, das habe ich gefunden, das ist Pflaster-Weg-Spray. Ich wusste nicht, dass wir so etwas haben." „Echt? Ich wusste nicht einmal, dass es so etwas gibt! Ich will auch so eins! Mir hätte man genug Schmerzen ersparen können mit so einem Spray." „Ja, das Problem ist, glaube ich, dass das nicht sehr verbreitet ist. Aber du kannst dir ja mal eins wünschen." Ich konnte es gar nicht fassen. Da gab es so etwas, und kein Mensch benutzte es! Wie dumm war das denn? Wie oft hatte ich die Zähne zusammengebissen und gedacht: ‚Jetzt haben sie's geschafft. Jetzt hängt meine Haut mit am Pflaster.' Ich bin für ‚Pflaster-Weg-Sprays' in Krankenhäusern, am besten so viele wie nur irgend möglich, am allerbesten würde ich mir eines zu Weihnachten wünschen! Ich bekam noch einen Zettel, den mir meine Ärztin geschrieben hatte, auf dem stand, wie das Ventil in meinem Kopf hieß und wie man den silbernen Verstell-Koffer dafür nannte. Das machte mich dann schon wieder wütend, weil ich es einfach nicht lesen konnte! Also es ist manchmal echt die Höhe, wie kritzelig manche Ärzte schrieben, total unleserlich, dabei wäre es wirklich wichtig, dass man lesen konnte, was sie da aufschrieben. Ich marschierte zu Robin und Rick, aber es war keiner da. Da ich die Tür zugeknallt hatte, musste ich sie wieder aufmachen. Meiner Wut machte ich Luft, indem ich die Tür am Griff packte und mit Wucht aufriss. Irgendwie hatte ich mich verschätzt und haute mir die Tür dermaßen selbst ins Gesicht, dass mir die Luft wegblieb und mir schwindelig wurde. Ich sank auf die Knie und fing an zu schluchzen. Aua, das tat so abartig weh! Es hätte mich nicht gewundert, wenn ich Nasenbluten bekommen hätte. Bestimmt hatte ich Depp mir jetzt zu allem Elend auch noch die Nase gebrochen! Noch völlig benommen, taumelte ich den Flur entlang zu den Schwestern. „Ich hab' mir die Tür volle Kanne gegen den Kopf geschlagen, aber ich darf das nicht." „Das darf so gesehen niemand. Hattest du Nasenbluten?" „Nein, aber meine Nase tut so weh!" „Dann lass mal sehen. Also gebrochen ist sie nicht. Ich würde sagen, du legst dich jetzt hin und wenn irgendetwas wehtun sollte, dann klingelst du! Willst du gleich einen Eisbeutel mitnehmen?" Mit meinem Eisbeutel im Gesicht schlurfte ich zu Robin und setzte mich wie ein Häufchen Elend auf sein Bett. „Was hast du denn jetzt schon wieder gemacht?" „Oh, weil du nicht da warst, hab ich mir aus Versehen die Tür ins Gesicht geknallt!" „Kim-Vanessa, bestimmt nicht wegen mir!" „Ja und! Aber trotzdem. Wenn du da gewesen wärst, wär's nicht passiert." „Du bist echt der Hammer. Okay, wir wissen beide, dass du selbst dran schuld bist, also diskutieren wir jetzt nicht. Magst du einen Keks?" Das sagte er andauernd, wenn wir über irgendetwas diskutierten: „Wir wissen beide, dass ich recht habe", oder „Wir wissen beide, dass das jetzt unnötig war"... Aber Schokolade machte fast alles wieder gut. Also aß ich glücklich meinen Keks. Aber nur einen, denn mittlerweile lehnte ich weitere immer ab, weil ich nicht dick werden wollte. Wenigstens das nicht auch noch, jetzt, wo ich mehr Essen in mir behielt. Deshalb lief ich auch ständig rüber und rief: „Rick, ich hab was zu essen für dich!" Ich verfütterte immer mal wieder den Inhalt meines Kühlschrankfaches an ihn oder brachte ihm etwas zu essen aus der Stadt mit. Einmal stand Kuchen im Aufenthaltsraum, den ich auf eine Serviette stapelte. Ich ging zu ihnen und rief: „Rick! Ich hab was für – ohh nein! Ach. So ein Mist. Jetzt ist es mir runtergefallen. Ahh! Eigentlich hatte ich dir Kuchen mitgebracht." „Ach was, ich ess' das trotzdem!" „Ja? Ok." So aß er, was ich ihm brachte und auch Robins Vorräte, sodass er dauernd zum *Lidl* fahren musste, weil wieder nichts mehr da war.

Jacques machte wirklich sehr viel Blödsinn, aber er hatte auch eine andere Seite. Er konnte so einfühlsam und intelligent sein, dass man völlig vergaß, warum er eigentlich da war. Eines Abends lag ich wieder bei ihm auf dem Bett. Er las mir aus seinem Buch vor. Ja, er schrieb ein Buch, es war so fantasievoll und toll. Er sagte sogar ganz traurig: „Ich will ihn nicht sterben lassen, aber ich muss. Das macht mich traurig. Kennst du das, dass du eine Person so lange begleitet hast und sie dann nicht gehen lassen willst?" Ich weiß nicht mehr genau, um was es ging, auf jeden Fall räumte ein Mensch die Welt auf, was total mitreißend war. Jacques meinte auch, dass ein Buch mit weniger als 300 Seiten nichts Besonderes wäre, was mich noch mehr anspornte, an meinem Buch weiterzuschreiben. Es half mir einfach, wenn ich schrieb. Manchmal musste ich stundenlang damit weitermachen, um mich selbst zu beruhigen. Denn wenn etwas aufgeschrieben war, ließ es mich los. Ich musste dann nicht dauernd daran denken und aufpassen, dass ich es nicht vergaß. Oft saß ich mit meinem Laptop auf dem Schoß bei Robin und schrieb. Er schaute nie, was ich schrieb, weil er der Meinung war, dass ich es ihm selbst zeigen würde, wenn ich wollte – oder auch nicht. Wenn ich nach Stunden dann aufhörte, war ich oft völlig erschöpft, traurig und müde. „Ohh, ich kann nicht mehr, mir tut alles weh! Krieg' ich einen Keks?" „Klar. Immer wenn du schreibst, erzählt dein Gesicht deine Geschichte. Man sieht dir voll an, was dir durch den Kopf geht und dass es dich total mitnimmt. Aber hör' nicht auf. Mach' eine Pause, ja? Ich finde es gut, dass du das machst. Das gibt dem Ganzen einen Sinn, oder nicht?" Genau der Meinung war ich auch, und irgendwie brauchte ich es, dass jemand anwesend war, auch wenn ich nicht wollte, dass er mitlas, weil ich mich ein bisschen schämte. Aber so fühlte ich mich nicht so allein, wenn ich schrieb und alles wieder durchlebte, vor allem die schlimmen Zeiten … Ich schrieb, und es kam mir so vor, als könnte ich wieder nicht laufen, ich schämte mich für das Brechen und litt ein zweites Mal. So war es auch bei Lola, denn sie hatte jede Nacht fürchterliche Albträume, in denen sie ihren Unfall und die Zeit im Krankenhaus erneut durchlebte. Irgendwann bekam sie *Baldrian*, damit sie traumlos schlief. Aber es ist schlimm, solche Momente lassen einen nie wieder los. Viele bekamen auch Antidepressiva oder hatten fast täglich Psychologie. Das wird oft total vergessen, dass ein Mensch zwar körperlich gesund wird, die Psyche aber viel mehr Zeit braucht. Wer psychisch leidet, leidet oft viel schlimmer als jemand, der ‚nur' verletzt ist. Außerdem kann niemand sagen, wie lange es dauern wird, bis die Psyche heilt.

Es ging mir besser und ich freute mich auf die Wochenenden, denn endlich war es möglich wegzugehen. Menschenmengen machten mir nicht mehr viel aus, da es mit dem Laufen auch besser klappte. So waren wir an einem Wochenende mit Lolas Mama in Konstanz in der Stadt und im Einkaufszentrum. Es war total schön und so normal. Aber es war viel los und einmal fiel Lola fast rückwärts ins Schuhregal, weil sie im Stehen einen Schuh anprobierte und nirgends ein Stuhl frei war. Es war wirklich erstaunlich, wie gut es einem tat, den Lärm der plappernden Menge zu hören, den Geruch nach Pizza, Kaffee und neuen Schuhen einzuatmen, sich gesund und normal zu fühlen ... bis man sein Spiegelbild sah und einem bewusst wurde, dass man eine Illusion lebte. Wir wollten doch nur wieder dazugehören!

Es gab Tage, die waren einer Ohnmacht gleich, dann war ich so voller Wut, dass ich manchmal am liebsten nur noch geschrien und geheult hätte. Für was? Wieso ich? ICH WILL DAS ALLES NICHT! Doch dann kam wieder der Gedanke, dass es mir auch nichts brachte, so etwas zu fragen. Es war bereits passiert, man musste jetzt sehen, was man daraus machte, egal, wie weh es tat. Das musste man sich so lange einbilden, bis man es glaubte. Außerdem machte es einen stärker und man konnte sich immer auf den Moment freuen, an dem man es geschafft hatte! Man musste dieses Kreisen um das eigene Leid unterbrechen und aufhören, dauernd über sich selbst nachzudenken. Denn dann warf einen nichts mehr so leicht um und man konnte echt stolz auf sich sein. Irgendwann wollte ich einmal sagen können: „2009? Ja, da wurde ich gesund. Ich hatte einen Hirntumor und mehrere Operationen, ich habe Sprechen, Schreiben und Laufen gelernt und ein Buch geschrieben." Wenn ich das einmal so sagen kann, dann weiß ich, dass ich das Beste aus meiner Situation gemacht habe.

Donnerstags hatte ich einen externen Termin wegen der Studienwahl im Arbeitsamt, wo der Mann vom sozialpädagogischen Dienst gemeinsam mit mir hinfuhr. Wir unterhielten uns total gut im Auto, und ich war froh, dass ich es packte, ohne mich zu übergeben. In meiner Hosentasche hatte ich natürlich eine Tüte versteckt, zudem eine ganze Flasche Trinken dabei, damit ich es durchstand. Das hatte die Sache mit dem *Shunt* mit sich gebracht: Wenn ich nicht genug trank, bekam ich sofort Kopfschmerzen und es wurde mir ganz elend. Lola und ich trugen eigentlich immer Plastikgetränkeflaschen mit uns herum, denn aus Gläsern gab es nur etwas beim Essen, und auch im Zimmer hatte jeder eine Kiste mit Sprudelflaschen stehen. Ich vermisste es irgendwann sehnlichst, aus einem Glas zu trinken, wann ich wollte. Vor allem aus einem schönen Glas, nicht aus den komisch verkratzten Gläsern aus der Cafeteria, von denen täglich welche runterfielen. Ich hatte auch bestimmt fünf kaputt gemacht bisher ... Also ich musste immer etwas trinken oder ein Bonbon oder einen Kaugummi im Mund haben wegen des Geschmacks und dem komischen Schleim im Hals. Das war total anstrengend für mich, da ich noch nie viel getrunken hatte, da es mir einfach keinen Spaß machte zu trinken. Es war dumm und nervig – jetzt musste ich es tun, wenn ich keine Schmerzen haben wollte.

Im Arbeitsamt war es total interessant – ich hatte so etwas wie eine Studienberatung. Ich konnte viele Fragen stellen und bekam auch eine Menge Prospekte und Unterlagen mit und hilfreiche Internetadressen.

Die zwei Männer waren anfangs total mitgenommen und schockiert, als ich ihnen erzählte, wieso ich überhaupt in der Reha war und wie sehr mich der Tumor aus meinen Lebensplänen gerissen hatte. Mittlerweile war es so, dass ich den Weg, den ich vorgehabt hatte, nicht mehr gehen wollte. Ich hatte oft genug mit Frau Luft darüber geredet. Eigentlich hatte ich ja einen Studienplatz an der Berufsakademie für BWL Industrie. Von 400 Leuten war ich ausgesucht worden, ich hatte Zusagen von den best angesehensten Unternehmen gehabt. Mein Problem war jetzt, dass ich nicht mehr belastbar war. Außerdem hatte ich vorgehabt, ins Ausland zu reisen, was jetzt so gut wie undenkbar war. Ich musste mit meinem Kopf in der Nähe einer neurochirurgischen Station bleiben, für den Fall, dass mit dem *Shunt* etwas war. Außerdem musste man jedes Jahr mit einem CT kontrollieren, ob der Tumor wieder nachgewachsen war. Also musste ich in Deutschland bleiben oder zumindest in Westeuropa.

So hatte ich das jedoch nie gewollt. Ich wollte nichts Halbes machen. Also musste ich mir einfach eingestehen, dass ich dem Stress nicht standhalten könnte. Deshalb entschied ich mich schweren Herzens gegen das BA Studium. Gemeinsam suchten wir nach Alternativen in der Nähe von meinem Zuhause, denn ich wollte unbedingt bei meiner Familie sein, zumindest in der Nähe, wo ich doch so lange auf sie verzichtet hatte. Es war wirklich hilfreich, ins Arbeitsamt zu gehen, es war auch etwas Neues für meine Begleitung vom sozialen Dienst, denn normalerweise hatten sie einfach niemanden im Jugendwerk, der eine Studienberatung brauchte oder sich in dem Stadium kurz nach dem Abitur befand.

Nachdem wir zurückgekommen waren, eilte ich in die Cafeteria. Die anderen waren gerade fertig und gingen schon wieder. Also beeilte ich mich mit dem Essen und schlang schnell den Wurtsalat hinunter. Danach fühlte ich mich von dem ganzen Tag so geschlaucht, dass ich mich unbedingt hinlegen wollte. Aber davor musste ich noch Robin erzählen, was mir geraten worden war. Also ging ich mit all meinen Unterlagen zu ihm und fing an zu erzählen. Auf einmal merkte ich, wie es mir heiß wurde. Ich hielt freiwillig den Mund. Da war auf einmal total viel Speichel drin. Immer wenn ich schluckte wurde es noch mehr, wie eine plötzlich sprudelnde Quelle. Dann merkte ich, wie mir Luft aufstieß. Nein, das konnte jetzt nicht wahr sein! Nicht hier, nicht jetzt! Ich sprang auf, rief: „Ohh, mir ist gerade ganz schlecht, ich muss mal ..." Dann rannte ich los, über den Flur und stürzte in unser Bad. Doch es war schon zu spät, das ganze Essen kam hoch und ich brach einfach auf den Boden. Ich hatte es nicht mehr bis zur Toilette geschafft. Vom Wurstsalat hatte ich Stücke in der Nase und im Mund, mir war so elend und ich zitterte am ganzen Körper. Es war widerlich. Ich schnappte mir mein Handtuch und ließ mich auf mein Bett sinken. Dann klingelte ich. Gabriel und Martha waren da, sahen die Sauerei und Martha seufzte: „Oh Schätzl, jetzt hatten wir es doch gerade geschafft." Dann stöhnte sie: „Genau das hasse ich an diesem Job." Ich wimmerte: „Es tut mir so leid! Ich wollte das doch nicht ..." „Quatsch, dafür kannst du doch nichts. Es ist aber nicht gerade eine der schönsten Aufgaben, die ich hier habe." Die Putzfrau war schon weg, also putzten die beiden das Bad. Martha gab mir dann meine Zahnbürste und schickte mich zu Robin ins Bad. Ich putzte meine Zähne, erklärte ihm kurz, dass ich unser Bad vollgespuckt hatte und ging wieder. Martha verfrachtete mich ins Bett und sagte: „Du ruhst dich jetzt aus, das war vielleicht doch alles zu viel. Die Ärztin haben wir informiert, sie guckt nach dir."

Das Heikle an der Sache war, dass sich Probleme mit dem Hirndruck durch Übelkeit, Kopfschmerzen und Erbrechen bemerkbar machten. Wenn so etwas vorkam, dann konnte man es in meinem Fall nicht einfach als Lappalie abtun, sondern es konnte bereits das erste Alarmzeichen dafür sein, dass etwas nicht in Ordnung war. Ich blieb also im Bett und ruhte mich aus. Die Ärztin kam, leuchtete in meine Augen, kontrollierte Blutdruck und Puls, aber es ging mir wieder gut. Ging es immer, nachdem ich so gequält erbrochen hatte, denn dann war das Schlimmste vorbei. Nun musste man weiter kontrollieren, ob noch einmal irgendetwas passieren würde. Auf jeden Fall sollte ich mich den Rest des Tages ausruhen. Ich hörte Musik und schlief. Ich war total down und hatte tierisch Angst, dass mein Kopf kaputt war oder der ganze Mist von vorne losgehen würde. Augen zu, Bettdecke bis unter die Nase und hoffen, dass alles wieder gut wäre, wenn man aufwachte. Solche Angstmomente gab es einfach total oft, vor allem, wenn ich außerhalb der Seifenblase war. Dann dachte ich ununterbrochen: ‚Was, wenn jetzt etwas passiert? Wo ist das nächste Krankenhaus?' Dann befühlte ich meinen Kopf und versuchte, auf jede Kleinigkeit meines Körpers zu hören. Außerdem wurde man gemustert, komisch betrachtet, beobachtet, ignoriert – da die Leute nicht wussten, was sie sagen sollten – oder man wurde merkwürdig gehemmt ausgefragt. Anscheinend konnten die Leute einen nicht mehr ohne diesen mitleidigen Ausdruck anschauen, wenn sie erfuhren, was man mitgemacht hatte. Manche wollten einen auch behüten, dabei war es doch längst passiert. Und die ständigen Fragen: „Wird es irgendwann besser? Bist du jetzt geheilt? Aber der Tumor war schon gutartig – oder? Musst du wieder operiert werden?" Wenn ich das wüsste, dann wäre ich Gott. Nein, man wusste es nicht, nicht einmal die Ärzte. Noch einmal zum Verstehen: Dass der Tumor gutartig war, bedeutete nur, dass er nicht ins Gehirn hineingewachsen war, sondern eher separat blieb. Der Tumor an sich war deshalb nicht auf einmal etwas Gutes. Er war trotzdem böse, denn er gehörte da nicht hin, nur wuchs er langsam und eine Chemotherapie hätte nichts bewirkt. Trotzdem klebte die Tumorhaut immer noch an meinem Kleinhirn – und der Tumor konnte wieder wachsen beziehungsweise blühen, wie es so schön hieß. Eine nette Umschreibung für eine grauenhafte Tatsache. Wie das Wort gutartig auch ein beschönigendes Wort für eine schreckliche Sache ist, denn das Böse am Gutartigen war nun einmal, dass man keine Chemo ansetzen konnte. Aber das Komische war, dass die Leute so etwas anscheinend brauchten. Nette Ausdrücke schienen sie zu beruhigen. Auf der anderen Seite hatten sie Angst vor bestimmten Worten wie ‚Tumor' oder ‚behindert' oder ‚Koma'... Die Ärzte hatten zu Beginn von ‚etwas Raumforderndem' und ‚einem Gebilde' geredet, was aber aus dem Tumor nichts anderes gemacht hatte. Meiner Meinung nach machte die Angst vor dem Wort die Angst vor der Sache noch schlimmer. Klar hatte ich auch Angst zu sagen, dass es sich wirklich um einen Tumor handelte, aber da es doch so war, würde mein Schweigen nichts an der Tatsache ändern.

Ich hatte übrigens auch bemerkt, dass die Leute schockierter reagierten, wenn ich sagte „Ich hatte einen Gehirntumor", als wenn ich meinte „Ich hatte einen Tumor". Viele fragten dann nicht einmal nach wo, da sie schon viel zu geschockt waren, und umgingen das Ganze, indem sie fragten, ob es mir schon besser gehen würde. Schnell das Thema zu wechseln, änderte nur leider auch nichts an dem, was geschehen war. Die Bewunderung war zwar nett, aber es brachte mir nichts. Schön, dass die Leute bewunderten, dass man stark war – aber manchmal hatte man doch gar keine andere Wahl. Es gab keine Auszeit, keine Pause. Nicht nur einmal hatte ich zu meiner Mama gesagt: „Mama, ich kann nicht mehr stark sein!" Zum Glück hatte sie erwidert: „Das musst du auch nicht. Für das sind wir eine Familie. Wir sind gemeinsam stark, auch für dich." Auch wenn mich andere Menschen für mein Durchhaltevermögen bewunderten, war ich trotzdem nicht Tag für Tag eine Kämpfernatur. Ich sah die Bewunderung manchmal einfach als Kompliment an und ging nicht weiter darauf ein. Was ich viel dringender brauchte, war Unterstützung, und dass ich wusste, dass da immer jemand wäre, um mich aufzufangen, wenn ich fiel. Wenn ich nur gewusst hätte, was werden würde, doch ich konnte darauf keine Antworten geben. Und dann bekamen die Leute erst recht diese glänzenden Augen, sodass man genau wusste, dass sie am liebsten weinen würden. Dann tröstete man und sagte Sachen wie:

„Ja, es ist schlimm, aber im Moment geht es mir doch gut! Es kommen noch OPs, auch wegen dem *Shunt*, aber es geht schon!" Dabei würde man selbst so gerne weinen. Weinen und nicht mehr aufhören, bis die Tränen einen fortspülten wie *Alice im Wunderland*. Die Frage, wie man so etwas aushielt, war durchaus berechtigt. Doch ich wusste es selber nicht. Ich sagte dann immer: „Ich glaub', ich bin hart im Nehmen. Es ist nun mal so, wie es ist. Ich bin froh, dass es jetzt bergauf geht und mache das Beste aus der Situation. Ich lebe jeden Tag mit der Ungewissheit, aber ich lebe!" Danach ging es mir jedes Mal total schlecht, mir wurde wieder klar, wie schlimm das alles war, aber ich biss dann die Zähne zusammen und lenkte mit einem anderen Thema davon ab. Nur nicht schwach werden – dabei standen die Tränen schon hinter meinen Augen. Ich dachte immer: ‚Wenn ich einmal nachgebe, wird es mich wieder runterreißen und ich ertrinke in dem ganzen Leid.' Ich machte mir oft genug über mich Gedanken, hatte jedoch mit Psychologen, Therapeuten, Familie und Freunden geredet – und mittlerweile kam ich zurecht. Ich musste mir nur immer wieder sagen, dass ich stark bleiben sollte, mir einreden, dass es einen Sinn hatte, dass ich so leiden musste.

Meine Mama hatte mich in dieser ganzen Zeit mitgetragen, sie war nicht nur mein Vorbild, was das Durchhalten anging, sondern sie war oft der Grund, warum ich weiterkämpfte. Das hatte nur sie verdient. Wenn ich reden wollte, war jemand für mich da, ansonsten legte ich mir Antworten zurecht, mit denen sich die Leute zufriedengaben. Wer wirklich mehr wissen wollte, fragte dann nach und bemerkte, dass hinter der

Antwort „Es geht mir gut" eine ganz andere Wahrheit steckte. Aber überhaupt darüber zu reden, half mir eigentlich zurechtzukommen. Das Schwierige war nur, dass immer wieder etwas kommen konnte und alles so unsicher war. Sich darüber aufzuregen, dass die Menschen auf den Mond flogen und über 800 Meter in die Höhe bauten, aber kein Material erfinden konnten, das keine Verschleißerscheinungen aufwies, war vielleicht angebracht, aber es warf einen nur zurück, weil es doch nichts änderte. Es war nun mal so, wie es war.

Manchmal saß Robin bei mir, wenn ich aufwachte, und machte in meinem Rätselheft weiter, manchmal wachte ich allein auf. Aber allein zu sein, war längst nicht mehr so schlimm, ich war es ja nie wirklich. Ich brauchte nur die Tür aufmachen oder klingeln und schon war Hilfe da.

Tagebucheintrag von Kims Mutter
07.08 - 13.08.09

Wir verbringen unseren Sommerurlaub bei Kim. Als Familie unternehmen wir viel, auch mal mit Mirco allein. Es kehrt ein wenig Ruhe ein in unser stressiges Leben. Kims Entlassungstermin steht fest, es ist der 28.08.09. Ich freue mich sehr und gleichzeitig habe ich riesige Angst vor der Verantwortung und vor der Zukunft.

Abschied von der Reha

Meine Familie machte wieder Urlaub bei mir, sie wohnten eine Woche im Elternhaus. Das war total schön, denn ich hatte meinen Bruder schon ewig nicht gesehen. War der groß geworden! Jetzt konnten wir jeden Tag etwas zusammen unternehmen, sie fuhren nicht nach zwei Tagen schon wieder nach Hause. So trafen wir uns freitags nach meiner letzten Therapie und gingen ins Kino, in *The Hangover*. Der Film war so lustig, mein Bruder lachte die ganze Zeit laut vor sich hin. Außerdem liebte ich Popcorn so sehr zu dem Zeitpunkt, weil ich es so vermisst hatte. Einmal hatte mir Lola sogar welches mitbringen müssen, als sie im Kino war. Danach waren wir beim Italiener essen. Wir saßen draußen, weil es noch recht warm war an diesem Abend. Es ist ein wunderschönes Gefühl, mit seiner Familie etwas zu unternehmen. Man fühlt sich so, als könnte einem nichts passieren, weil Mama und Papa mit am Tisch sitzen. An einem anderen Tag fuhren wir mit dem Touristenschiff über den Bodensee und schauten uns die Blumeninsel *Mainau* an. Es war so tolles Wetter, es roch so gut nach Blumen und ich hatte meine Liebsten um mich. Ein perfekter Tag. Mein Bruder und ich machten nur Blödsinn mit der Kamera, er filmte, wie ich Blumen aß oder so tat, als wäre ich der Touristenführer: „Welcome to *Mainau*, here you can see beautiful flowers. Ja, wie Sie sehen, ist es hier wunderschön und Sie können …" Wir bekamen uns jedes Mal kaum noch ein vor Lachen und hatten wirklich unseren Spaß. Das Schmetterlingshaus war einer der Höhepunke, gerne hätte ich welche mitgenommen, weil sie so wunderschön und groß waren. Dann schauten wir noch die kleine Kapelle der Insel an. Draußen jedoch schrie mein Bruder auf einmal: „KIM, RENN!" Ich schaute entsetzt meine Mutter an. „Eine WESPE!!!" Dann zerriss es mich fast vor Lachen, meine Eltern genauso, während mein Bruder längst das Weite gesucht hatte. Er hat eine riesige Wespenphobie, doch ich verstand, wenn er aus Panik wegrannte. Aber das war echt lustig gewesen, kreischt einfach auf einmal los „Kim, RENN!", und alles dreht sich nach uns um. Ich genoss die Zeit so sehr, doch leider verging die Woche viel zu schnell und ich musste die drei wieder zum Auto bringen und zusehen, wie sie davonfuhren. Nun ja, es war kein Abschied für lange Zeit, denn schließlich durfte ich bald nach Hause!

Jacques wurde zwei Tage vor mir entlassen, was zwar total traurig war, aber ich würde dann ja auch gehen. Zurück blieb Lola, was mir wirklich leidtat. Meine Mama schickte uns einen Karton voll mit Süßigkeiten. Wir aßen zum Abschied so viel Süßes, wie wir konnten, guckten *Dr. House* und genossen unsere letzte Woche. Am letzten Samstag machten wir zu dritt ein Abschiedsfotoshooting. Das erste Mal, dass ich erlaubte, viele Bilder von mir zu machen, trotz Brille und kurzer Haare. Wir posierten und hatten unseren Spaß. Vor allem als Jacques wie ein Schimpanse auf dem Geländer der Schule herumkletterte. Sonntags waren wir mit Lolas Mama im Bodensee baden. Es war so cool, denn wir fuhren mit offenem Verdeck Auto, hörten *Sweet Home Alabama* und streckten die Arme in den Fahrtwind. Lange schon hatte ich mich nicht mehr so frei und wohl gefühlt. Im Strandbad war es extrem lustig, wir planschten total vergnügt im Wasser herum – Lola und ich gingen nur so weit, wie wir stehen konnten. Ein bisschen weh tat es schon, all die normalen Menschen zu sehen – und dass mir kein Junge nachsah. Wie auch, mit der Brille und meiner Mütze auf dem Kopf ... Gut, ich wusste, dass ich schon viel geschafft hatte, wieder sehen und hören konnte, laufen, sprechen, schreiben – aber ich litt, denn gesund war ich noch nicht. Jeden Tag tut es weh, nicht mehr hübsch zu sein und vielleicht nie völlig gesund zu werden. Es war schlimm und ich war so neidisch auf die gesunden, vergnügten Kinder, die im flachen Wasser planschten. Zum Glück lenkten Lola und Jacques mich ab und wir turnten völlig gelöst im Wasser herum. Man durfte diese Gedanken nicht zulassen, sonst wurde man nur unglücklich. Also genoss ich das tolle Wetter, Lolas Mama fotografierte uns, und ich tauchte sogar einmal nach einem Stein für meinen Papa – der sammelt nämlich Steine. Abends waren wir noch essen und kamen gerade in letzter Minute noch im Haus C an. Was für ein wundervoller Tag! Abends flehte Lola: „Kim, du sollst nicht gehen!", was mir so leid tat! „Lola! Bitte. Sag mir das nicht dauernd! Ich bin doch noch da bis nächsten Freitag!"

Tagebucheintrag von Kims Mutter
17.08.09

Heute habe ich meine Darmspiegelung. Es ist so weit alles gut, in Zukunft würde ich die glutenfreie Ernährung einhalten müssen. *Zu Hause soll alles schön sein, wenn Kim endlich wieder nach Hause kommt. Ich bespreche mich auch noch mit unserem Hausarzt, der mir die ganze Zeit mit Rat und Tat zu Seite stand. Ich glaube, dass es ihn auch sehr mitgenommen hat, was Kim für ein Schicksal getroffen hat.*

Die Zeit verflog. Schon standen wir mittwochs mit Jacques am Auto und sahen zu, wie er seine Sachen einlud. Alle hatten sich versammelt und umarmten ihn. Ich konnte nicht bis zum Ende bleiben, weil mir so nach Heulen zumute war, also ging ich essen. In der Cafeteria wurde mir bereits bewusst, wie sehr ich ihn vermisste. Es war so still und ordentlich – ich wollte nur noch heim. Wenn er nicht gewesen wäre, hätte ich bestimmt nicht so lange durchgehalten. Lola war zwar meine beste Freundin, aber Jacques mischte nun mal den Laden auf und hielt alle bei Laune.
Er rief mich später immer mal wieder an. Eines Tages erzählte er mir, dass Ann-Sophie sich nicht mehr meldete, sich verneinen ließ und auflegte, sollte sie doch am Telefon sein. Allem Anschein nach war Schluss mit den beiden. Das tat mir so leid für ihn! Das war wie nach dem Motto: Ja, im Rollstuhl bekam sie keinen Besseren ab, und jetzt, da es ihr gut ging, war er abgeschrieben. Die beiden hatten sich eine gewisse Zeit lang gebraucht, und für Ann-Sophie war das jetzt vorbei. Dabei hatte Jacques sich so für sie gefreut und sogar geweint, als sie wieder laufen konnte! Ich fand es nur gemein und hinterhältig – und er tat mir leid, weil er sie wirklich geliebt hatte.

Jetzt kam auch langsam für mich die Zeit, mich zu verabschieden. Ich hatte für meine Ärztinnen Körbe geflochten, für die Ergo ein Schild gemalt, für die Logo hatte ich Glücksschweinchen gebastelt und eine Karte geschrieben. Jede Menge Abschiedsgeschenke also. Ich besuchte nach und nach noch einmal alle Therapeuten, nahm Kopien und Unterlagen mit und regelte die letzten Sachen. Ich legte extra einen Ordner an für die Blätter aus dem Schreibtraining, aus Logopädie und der Ergotherapie, damit ich auch zu Hause weiterüben konnte. Ich lag jetzt im Normbereich – aber nicht in meinem. Ich konnte jetzt vielleicht gerade so einen kurzen Text schnell genug schreiben, aber ich hatte vor Kurzem noch 20 Seiten Abitur in sechs Stunden geschrieben, es war also noch lange nicht geschafft. Mein Schwerbehindertenausweis kam endlich, darin war ich zu 50 % behindert. Das ermöglichte mir nicht besonders viel, da ich keine Marke hatte, um zu parken oder öffentliche Verkehrsmittel umsonst zu benutzen, aber es würde ein bisschen Erleichterung verschaffen, wenn ich mich entschuldigen musste, weil ich etwas nicht konnte. Klar hatte ich mich immer dagegen gewehrt, aber letztendlich stimmte es ja – ich war nicht mehr so wie ein gesunder Mensch. Alle drei Jahre würde man einen neuen Nachweis bringen müssen, um den Ausweis zu verlängern, was ich ein wenig schwachsinnig fand. Also bei mir veränderte sich vielleicht wieder etwas, aber es gab auch Fälle, wo sich seit Jahren nichts geändert hatte und auch nicht ändern würde. Selbst die mussten weiterhin einen Nachweis ihrer Behinderung liefern. Es war unglaublich, was für ein Papierkram auf einen zukam, wenn man aus dem System fiel.

In meiner letzten Woche wurde natürlich noch ein abschließendes CT angeordnet. Ich wurde ins Krankenhaus gefahren. Als ich endlich im CT lag, kam eine Schwester und wollte mir einen Zugang legen. Ich protestierte: „Halt! Was machen Sie denn da?" „Ich muss einen Zugang legen wegen dem Kontrastmittel." „Was für ein Kontrastmittel denn?" „Auf dem Schrieb vom Ihrer Klinik steht, dass Sie ein Kontrastmittel-CT bekommen sollen. Der Arzt hier weiß auch Bescheid." „Mir wurde aber nichts gesagt. Ich lasse mir keinen Zugang legen, solange ich nicht mit dem Arzt gesprochen habe und er mir erklärt hat, was das soll." „Gut, ich schicke ihn rein." Dann kam ein echt freundlicher Arzt und erklärte mir: „Das hier ist Ihr abschließendes CT. Wir müssen Kontrastmittel spritzen, weil man überprüfen muss, ob der Tumor wieder nachgewachsen ist. Wenn Sie möchten, lege ich Ihnen einen Zugang." „Ja bitte. Ich hab' aber Rollvenen und über Wochen habe ich ständig Zugänge gelegt bekommen und meistens hat es nicht einmal geklappt ... also, bitte passen Sie auf!" „Ja, kein Problem, wir kriegen das hin." So zuversichtlich wie er war, bekam er es auf Anhieb hin, einen Zugang zu legen. Das Kontrastmittel schmeckte widerlich im Hals. Überall wurde es mir zudem ganz heiß, sodass ich erst panisch dachte, ich hätte mir in die Hosen gemacht. Die Entwarnung kam eine Viertelstunde später: Es hatte sich dieses Mal kein Kontrastmittel angereichert. Puh, Glück gehabt. In einem Jahr würde die nächste Kontrolle sein. So fuhr ich erleichtert zurück in die Reha.

Es war absolut unfassbar, wie viele Kleider und Kleinkrams ich über die Wochen angesammelt hatte! Meine Mama hatte bei ihrem letzten Besuch schon eine Menge mitgenommen, aber es nahm einfach kein Ende. Allein die tausend Briefe und Postkarten von meiner Pinnwand füllten eine ganze Kiste, dann die vielen Nagellacks und *Labellos*, Schuhe und T-Shirts, Bücher, CDs, Kissen ... Lola lachte nur, als sie die Berge an Taschen und Tüten sah. „Wie viele Tüten hast du da eigentlich? Du hast doch nicht ernsthaft jedes Mal die Tüten aufgehoben, wenn wir einkaufen waren, oder? Du spinnst doch! Die braucht doch keiner!" „Doch, sehr wohl. Du siehst ja, wie ich sie brauche!" „Ja, aber die kleinen vom *dm* brauchst du nicht. Oder willst du jetzt T-Shirts einzeln verpacken?" „Ja, das stimmt schon ..." „Kim, du darfst nicht gehen!" „Lola!!!" Dann schaute sie mich herzerweichend an und blinzelte die Tränen weg. Ich wollte sie doch gar nicht allein lassen! Aber daheim waren meine Familie, Liz, Annabelle, Elm ... Ich vermisste sie so sehr, es war an der Zeit zu gehen.

Tagebucheintrag von Kims Mutter
28.08.09

Ralf und ich fahren, mit vielen leeren Taschen und Koffern beladen, in die neurologische Klinik zu Kim. Es hat sich eine Menge Zeug angesammelt in den sechs Monaten Rehaaufenthalt. Fleißig packen wir alles ein und verabschieden uns überall. Irgendwie verlässt man ja doch Freunde, die dasselbe Schicksal durchmachen, wie man selbst. Aber die Freude, sie heimzuholen, überwiegt doch sehr, sodass wir glücklich sind zu sagen: Endlich zu Hause!

An meinem letzten Tag waren meine Eltern schon früh da, um die tausend Sachen ins Auto zu verladen und um allen Tschüss zu sagen. Allein schon die Körbe, die ich geflochten hatte, und alle anderen Sachen, die ich in der Ergo gebastelt hatte, füllten eine ganze Tasche. Aus der Malinsel nahm ich so viele Bilder mit, dass wir sie einrollten und die Rolle schwerer war als mein Kater zu Hause. Die Mama witzelte: „Der Papa hätte doch den Hänger mitnehmen oder noch besser, gleich mit dem LKW kommen sollen ... Wie viele Jahre warst du weg?" Dann besuchten wir *Mary Poppins* und meine alte Station noch einmal und verabschiedeten uns überall. Ich machte sogar ein Abschiedsfoto mit ihr, was total Spaß machte. Dann mussten Mama und ich noch einmal zum Chefarzt, weil ich noch eine Liste bekam. Die hatte meine Ärztin extra zusammengestellt, weil ich danach gefragt hatte. Die Liste zählte alle Sachen auf, die ich aufgrund des *Shunts* nicht mehr durfte: keine Ballsportarten, nicht durch Magnetschranken oder abgepiepst werden, kein Boxauto, kein MRT ... Es war schon einiges, aber das meiste wusste ich ja bereits. Am schlimmsten war es, Lola und Robin zu verlassen. Robin schenkte mir *Prinzessin Lillifee*-Shampoo und *Labellos* und wünschte mir von Herzen alles Gute. Wir würden in Kontakt bleiben. Mit Lola waren wir noch Eis essen in der Cafeteria, trafen Madeleine und ihre Mama nach Wochen wieder und waren schockiert über das, was sie zu erzählen hatten. Man hatte Madeleine entlassen, dabei hatte sie gerade angefangen, Wasser zu trinken, aber es hieß, sie mache zu wenige Fortschritte. Ihre Schwester war jedoch noch auf der Station B1. Ihre Mama wohnte jetzt mit Madeleine im Elternhaus, was aber finanziell nicht länger tragbar war. Jetzt wollte ihre Schwester auch entlassen werden, dabei war es besser, wenn sie noch blieb. Madeleines Mutter suchte jetzt seit Wochen eine Wohnung, fand aber nichts mit zwei behinderten Kindern im Rollstuhl. Dabei verdiente sie ihr eigenes Geld und versuchte, ohne staatliche Hilfe über die Runden zu kommen. Sie hatte sogar eine Wohnung gefunden gehabt, jedoch wurde die an eine Hartz IV-Familie vergeben, da man den ganzen Wohnblock für Arbeitslose eingerichtet hatte. Was für ein Quatsch! Da fiel mir echt nichts mehr ein ... Da versuchte eine Frau, mit zwei behinderten Kindern klarzukommen, ohne dem Staat auf der Tasche zu liegen, und dann bekam sie nicht einmal eine Wohnung! Wir wünschten ihr alles Gute, drückten die Daumen und sagten auch noch an der Rezeption „Auf Wiedersehen!".

Dann war es Zeit, auch Lola Tschüss zu sagen. Ich umarmte sie ganz oft und versprach, mich zu melden. Wir waren ein Herz und eine Seele gewesen, und jetzt zum ersten Mal seit Wochen für längere Zeit getrennt. Als wir mit dem Auto losfuhren, war ich traurig. Es war ein bisschen so, als würde man sein Zuhause hinter sich lassen, aber ein anderes Daheim wartete bereits auf mich. Seit über einem halben Jahr war ich außer für drei Wochenenden nicht zu Hause gewesen, ich vermisste so viel, dass der Abschiedsschmerz schnell ver-

gessen war. Im Auto drehte ich die Musik auf und wartete sehnsüchtig, dass mir die Landschaft wieder bekannt vorkam und ich endlich zu Hause ankam.

Daheim

Tagebucheintrag von Kims Mutter
26.10.09

Kim klagt über Schmerzen im Bauch. Sie sagt, dass es sich wie Muskelkater anfühlt. Ich mache ihr eine Wärmflasche.

Wie es mir daheim erging und was sich weiter verbesserte, ist eine andere Geschichte. Doch der nächste Rückfall kam schneller, als erwartet – ich muss es Ihnen unbedingt noch erzählen. Keine drei Monate war ich daheim, als ich Bauchschmerzen bekam. Zuerst dachte ich, dass es vom Trainieren gekommen war, schließlich hatte ich auch in den Beinen Muskelkater. Ich hatte gerade drei Tage bei Annabelle gewohnt, die zum Studieren weggezogen war, war zum ersten Mal wieder auf einer Party gewesen – und es ging mir erstaunlich gut. Klar war die Brille abgeklebt und die Ungewissheit blieb, aber ich lebte und genoss mein Leben, keine Ahnung, wie lange das so sein würde. Doch meine Bauchschmerzen wurden immer heftiger, bis ich kaum noch schlafen konnte. Ich war wieder zurück von Annabelle. Es vergingen ein paar Tage zu Hause, ohne dass die Schmerzen schlimmer wurden.

Tagebucheintrag von Kims Mutter
27.10.09

Sie hat immer noch Bauchschmerzen, jedoch kommen jetzt auch noch Fieber, Schnupfen und eine verstopfte Nase hinzu. Ich schicke Kim zum Hausarzt, der ihr Cipro 250 mg, ein Antibiotikum, verschreibt. Abends sind die Bauchschmerzen schlimmer, sie hat richtige Koliken.

28.10.09

Um 8.00 Uhr rufe ich den Hausarzt an, er soll zu uns nach Hause kommen. Kim liegt mit starken Bauchschmerzen auf der Couch. Ich weiß nicht, ob es vielleicht der Schlauch vom Shuntsystem ist. Es ist zu gefährlich, weshalb unser Hausarzt sofort eine Einweisung ins Krankenhaus schreibt und einen Krankenwagen ruft. Ich packe schnell ein paar Sachen und rufe Ralf auf dem Handy an, er soll sofort kommen. Der Krankenwagen hält im Hof und Kim wird rausgetragen. Kims Opa steht am Hoftor und ist den Tränen nahe, keiner weiß, was schon wieder los ist. Ich kläre noch mit Ralf, dass ich mich wieder melde, wenn ich weiß, wo wir sind und wie es weitergeht. Er soll sich um Mirco kümmern. Purer Stress! Alles kommt wieder hoch, dabei war gerade ein wenig Ruhe eingekehrt. Schon wieder stürzt alles über mir zusammen.
Wir fahren ins nächste Krankenhaus, da Kim nicht gerne nach Baden-Württemberg will. Dort angekommen, werden gleich eine Urinuntersuchung und ein Ultraschall gemacht. Der behandelnde Arzt, Dr. Grau, hat einen Verdacht auf Blinddarmentzündung, es kann aber auch der Shuntkatheter oder eine Bauchfellentzündung sein. Er

erklärt uns, dass man wenig Zeit habe, da die Bakterien der Entzündung durch den Schlauch ins Hirnwasser steigen könnten und dies könne lebensgefährlich für Kim sein. Da es in seinem Krankenhaus keine Neurochirurgie gibt, will er, dass Kim doch nach Baden-Württemberg geht, auch wenn sie nicht will. Er telefoniert mit der dortigen Notfallaufnahme und erklärt dem Sanitäter vom Krankenwagen die brisante Situation. Dieser darf uns erst verlassen, wenn er Kim einem Arzt übergeben hat. Um 10.50 Uhr kommen wir in der Notdienstzentrale an. Der Sanitäter regelt alles, wir werden schon erwartet und Kim bekommt sofort Blut genommen. Gegen 13.10 Uhr erscheint der Oberarzt mit den Blutergebnissen. Die Entzündungswerte sind erschreckend hoch. Kim muss noch heute operiert werden.

Mittwochmorgen rief ich dann mit dem Handy vom Bett aus bei uns unten im Haus auf dem Telefon an, weil mich niemand rufen hörte. Meine Eltern stützten mich und legten mich auf die Couch. Sie riefen sofort unseren Hausarzt an, der auch gleich kam. Er überlegte: „Naja, der Schmerz ist mehr links und im ganzen Bauch und anscheinend wird es mit der Wärmflasche besser. Deshalb würde ich nicht sagen, dass es der Blinddarm ist. Willst du ins Krankenhaus?" Ich wollte nicht, aber es ging nicht mehr anders. Das Problem ist, dass sich in meinem Bauch der Katheter vom *Shunt* befindet, der sich rasch entzünden und eine Bauchfellentzündung auslösen kann. Also kam der Krankenwagen und holte mich ab. Am Hoftor stand mein Opa und heulte. Meine Mama fuhr mit in das nächste Krankenhaus, das ich mir ausgesucht hatte. Wieder einmal ging es einfach ins Krankenhaus, ohne dass ich eine Tasche gepackt hatte. Das würde Mama später machen und ich würde wieder wissen müssen, was ich brauchte und wo das zu finden war.

Mama hatte den zwölfseitigen Abschlussbericht von der Reha dabei, den wir gerade vom Arzt bekommen hatten, schließlich mussten wir jedem neuen Arzt erst einmal die ganze Litanei erzählen. Sie las mir vor: „Du bist ein C 71,6. Falls jemand fragt." „Toll, das sagt mir jetzt viel." „Da wird dein Tumor nicht als gutartig bezeichnet, sondern als C 71,6, also als bösartiger Kleinhirntumor. Aber sie haben endlich zugegeben, dass sie dich verbrannt haben. Wusste ich es doch." „Das mit dem Rücken?" „Ja. Die Verbrennung am Rücken kommt von der Operation. Sie schnitten da mit Elektronik, der Tisch war aus Metall. Anscheinend hat man das Gerät abgelegt und es entlud sich, was zur Verbrennung geführt hat." „Na toll. Können die nicht aufpassen?" „Sein müssen hätte es wirklich nicht." Es war richtig heftig zu lesen, was alles passiert war, was man alles aufgeschnitten und entfernt hatte – und was man an Medikamenten in mich hineingepumpt hatte. So viele Infusionen, Tabletten, Tests und Diagnosen – und das alles innerhalb von wenigen Monaten. Wenn ich das alles aufstapeln würde, könnte ich bestimmt mein ganzes Zimmer füllen. Kein Wunder also, dass ich so oft müde war und es mir jeden Morgen immer noch schlecht war, auch wenn ich nicht mehr erbrach. Mein Körper musste das alles ja irgendwie abarbeiten. Meine Mama hatte mir auch einmal erklärt, dass ich, wenn ich irgendwann ein Kind bekommen wolle, besser noch warten sollte. Man müsse seinem Körper ein paar Jahre geben, die Schadstoffe auszuschleusen. Das Thema ist eh ein Schwieriges ... Klar würde ich es mir irgendwann wünschen, aber der Druck einer normalen Geburt wäre viel zu hoch für meinen Kopf, dann liegt mein Katheter im Bauchraum, und die Gefahr, dass der Tumor weitervererbt wird, ist einfach enorm hoch. Selbst den Menschen, die ich am wenigsten mag, wünsche ich dieses Schicksal nicht. Schon gar nicht meinem Kind. Das tat weh, aber es war die Wahrheit. Im Moment stellte sich die Frage ja nicht, ich musste abwarten, ob ich überhaupt lange genug gesund leben würde.

Zurück zu meinem Blinddarm. Im Krankenhaus erklärten wir kurz meinen Fall. Naja, kurz ist relativ. Der Arzt bezeichnete mich treffend als ‚schwierigen Kasus'. Er machte einen Ultraschall von meinem Bauch, jede Berührung ließ mich zusammenzucken. Es tat höllisch weh. „Da ist deine Blase. Die ist ganz schön schwarz, sie scheint voll zu sein." „Ich weiß, ich muss auch mal." Aber er drückte weiter auf meinem Bauch herum. Dann erklärte er: „Also, vom Befund würde ich sagen, dass es der Blinddarm ist. In Ihrem Fall jedoch kann es auch der *Shunt* sein. Es tut mir leid, aber das ist mir zu heikel. Wir haben keinen Neurochirurgen, falls etwas sein sollte. Sie hätten sofort nach Baden-Württemberg fahren sollen." „Aber ich wollte hier in diese Klinik!" „Das ehrt uns, aber in diesem Fall muss ich nein sagen, so leid es mir tut. Glauben Sie mir: Ich mache das normalerweise nicht. Sonst behandle ich jeden Patienten. Aber jetzt werde ich mit den Kollegen telefonieren und dann einen Krankentransport organisieren." Dann ging er.

„Warum heulst du jetzt?" „Ich will das nicht. Ich hab da keinen Bock drauf! Ich will da nicht hin, nicht schon wieder der ganze Scheiß!" „Ach Kim. Wir schaffen das schon. Vielleicht ist es nur der Blinddarm und dann ist der Schmerz weg, ja?" „Nein Mama, ich kann nicht mehr! Nicht schon wieder ..." „Doch, jetzt guck mal, was du schon geschafft hast! Das wird. Aber du darfst nicht immer so wegzucken. Die Ärzte müssen deinen Bauch nun mal anfassen. Beiß die Zähne zusammen, ja?" „ Ja, aber das tut so weh! Können wir wenigstens aufs Klo?" „Klar. Ich frag nach einem Rollstuhl." Wie oft sie das schon gesagt hatte, dass ich mich zusammenreißen soll. Klar versuchte ich, stark zu sein, aber es war wirklich heftig. Ich konnte kaum aufrecht sitzen, mir war so elend. Wir fuhren aufs Klo. Ich wurde fast ohnmächtig, als ich mich aufrichten musste. Es ging wirklich nicht mehr, die Schmerzen waren zu krass. Ich schaffte es gerade so, meine Blase zu entleeren, dann musste ich sofort in den Rollstuhl, sonst wäre ich auf den Boden gefallen. Als hätten wir nichts Besseres zu tun, ging es dann wieder in den Krankenwagen und in Richtung eines anderen Krankenhauses. Das Leben ist einfach nicht planbar, man sollte es gar nicht erst versuchen.

Der Sanitäter meinte aufmunternd: „Der Krankenwagen ist gefedert, also du dürftest recht angenehm liegen." Mama meinte bissig: „Prima, das hätten wir mal gebraucht, als sie mit Schmerzen und Tumor im Kopf durch die Gegend gefahren wurde." Stimmt, das waren entsetzliche Schmerzen gewesen bei jedem Holpern und Ruckeln. Ich sagte auf der Fahrt zu dem Sanitäter: „Mein ganzes Leben wollte ich unbedingt einmal bei Bewusstsein mit dem Krankenwagen fahren! Jetzt bin ich bestimmt schon zehn Mal gefahren, hab' es meistens nicht mitgekriegt, und es war weder besonders spektakulär noch angenehm. Meistens war es eng und kalt und es roch so nach Krankenhaus." Er grinste mich entschuldigend an: „Ja, es ist echt nicht so komfortabel ..." „Ich glaube, ich heirate mal einen Neurochirurgen. Oder Millionär. Nein, beides. Ich krieg' dann bestimmt so einen Koffer, um das Ventil zu verstellen, und einen Krankenwagen. Naja, für was, weiß ich auch nicht, es ist ja nicht so, als müsste man oft irgendetwas verstellen ... Aber ein Millionär könnte mir so einen schenken. Dann hätt' ich die Macht ..." Ich kicherte vor mich hin, die Vorstellung war zu gut. Die beiden Sanitäter waren echt lieb und total berührt, als wir ihnen erzählten, um was es sich handelte. Sie brachten uns ins Krankenhaus und wünschten mir noch alles Gute. In der Ambulanz mussten wir erst einmal die ganze Litanei von vorne erzählen, dann wurde mein Bauch von den verschiedensten Ärzten abgetastet. Jedes Mal, wenn ich wimmerte und wegzuckte, sah ich den Blick meiner Mutter (sie riss dann so ihre Augen auf, ganz streng sieht das aus) und biss die Zähne zusammen. Der Arzt, der uns aufnahm, war wirklich lieb. Mir fiel auf, dass er Linkshänder war. Mit einem Grinsen fragte ich: „Gibt es extra Operationsbesteck für Linkshänder?" Erstaunt blickte er auf, wurde rot und meinte: „Nö, die sind für alle gleich." Die Oberärzte kamen zu dem Schluss, dass es wohl eine hochgradige Blinddarmentzündung kurz vor dem Durchbruch sei. Sie erklärten, dass man vier Schnitte in den Bauch machen und CO_2 hineinlassen würde. Dann operiere man mit langem Geschirr, was sich Schlüssel-Loch-Technik nenne. Ein Neurochirurge kam hinzu, hörte es sich an und schlug die Hände über dem Kopf zusammen. „Das ist nicht Ihr Ernst! Sie hat doch einen *Shunt!* Das Gas würde direkt in ihr Gehirn strömen, das geht nicht!" „Ach so. Und wenn wir ihn abklemmen?" „Man kann das doch nicht einfach abklemmen! Nein, bitte kein Gas!" „Gut, dann werden wir die alte Methode anwenden und normal schneiden." Noch am selben Tag wurde ich operiert. Aber man hatte mir einen Zugang in die Armbeuge gelegt, der auch für die Narkose verwendet wurde. Man musste also gar nicht auf meinen Handrücken klopfen. Wenigstens das. Und es war der Blinddarm, zum Glück.

Tagebucheintrag von Kims Mutter

Sie bekommt sofort Infusionen mit 1000 ml Perfalgan angehängt. Eine Diskussion geht los, keiner weiß, wie man den Bauch aufschneiden soll, denn niemand kann genau sagen, wo das Schlauchsystem im Bauch liegt. Es wird zum Glück ein Neurochirurg hinzugezogen, siehe da, wir kennen ihn! Es ist unser Dr. Blumor, der damals das mit der ,Wurzel' gesagt hat.
Um 14.30 Uhr wird Kim auf Station gebracht. Zur Begrüßung haben wir direkt eine unfreundliche Schwesternschülerin. Irgendwie hatten wir es ja geahnt, dieses Krankenhaus hatten wir noch nicht anders kennengelernt. Um 15.00 Uhr, nach langen Erklärungen und Diskussionen mit der Narkoseärztin, bringe ich Kim in den OP. Um 18.30 Uhr ist sie fertig und wird zurück ins Zim-

mer gebracht. *Ralf ist ebenfalls da. Die Ärzte haben einen großen Bauchschnitt gemacht und ein Drainageschlauch liegt ebenfalls in ihrem Bauch. Eine Ärztin kommt noch auf Station und erklärt uns, dass zum Glück noch einmal ein Neurochirurge vorbeigekommen sei und ihnen gesagt habe, dass man das nicht tun dürfe, denn bei Kim würde das Gas durch den Shunt in der Bauchhöhle direkt ins Gehirn aufsteigen. Das sei lebensgefährlich. Da stellt sich mir wieder einmal die Frage, warum ich mir bei sämtlichen Ärzten und Schwestern den Mund fusslig rede und erkläre, was mein Kind alles hat und was man unbedingt beachten soll, sodass es in ihre Akte geschrieben wird, wenn diese keiner liest, wenn es drauf ankommt! Was sagt mir das? Man muss tausend und abertausend Mal nachfragen, jeden ansprechen und sich einmischen, auch wenn man dafür gehasst wird. Tut man das als Mutter nicht, bringen sie dein Kind vielleicht um (der berühmte Arztfehler). Die Ärztin erklärt weiter, dass sie deshalb einen größeren Bauchschnitt gemacht hätten, um sicher zu gehen, dass man den Shunt nicht erwische. So weit ist aber alles okay, es war der Blinddarm, und der ist jetzt draußen.*

Frisch operiert und zurück auf der Station, konnte ich kaum aufstehen, da ich solche Schmerzen hatte. Meine Eltern waren da – und meine Freunde hatten sich auch schon angekündigt. Abends hatte ich wieder das Gefühl des Verlassenwerdens, als meine Eltern schließlich gingen, aber zumindest gab es einen Fernseher. Wieder konnte ich nicht auf die Toilette laufen, sondern musste auf den Topf. Fürchterlich.

Tagebucheintrag von Kims Mutter
29.10.09

Ich komme schon morgens ins Krankenhaus, aber bis dahin ist mir noch keine freundliche Krankenschwester auf dieser Station begegnet. Dr. Blumor hat den Schwestern erklärt, dass man Kim sehr gut beobachten müsse, und ihnen gesagt, welche Anzeichen darauf hindeuten würden, dass es mit ihrem Kopf Probleme gäbe. Dann solle man ihn sofort anpiepsen.

Als ich ins Zimmer komme, hat sie bereits erbrochen. Ich gehe zu den Schwestern und frage, ob man den Neurochirurgen anpiepsen könne. Man sagt, der wäre bereits unterwegs. Er kam tatsächlich rasch. Kim muss sofort ins CT, um Bilder vom Gehirn und den Ventilen zu machen. Einer der Assistenzärzte liest den Pass von den Ventilen falsch und glaubt, dass sich diese verstellt hätten. Zum Glück mischt sich Dr. Blumor rechtzeitig ein. Die Sache ist ihm nicht geheuer und er ruft in dem Krankenhaus an, wo Kim der Shunt implantiert worden war, weil auch er nicht genau Bescheid weiß über ihren Shunt. Dort hat man Kim noch gut in Erinnerung. Der dortige Arzt erklärt ihm, dass die Ventile richtig eingestellt wären, der Pass jedoch falsch gelesen worden sei, da es sich um zwei Ventile handle. Danach versucht Dr. Blumor zwei Mal, Hirnwasser aus dem Shunt zu entnehmen, was sehr schmerzhaft für sie ist. Er bekommt es hinter dem Ohr jedoch nicht hin. Kim weist ihn dann darauf hin, dass es am Oberkopf besser gehe und dort damals auch der andere Arzt Liquor entnommen hätte. Das Labor vom Hirnwasser fällt – natürlich – schlecht aus. Kim hat bereits Bakterien im Liquor. Es muss sofort Antibiotikum gegeben werden, er versucht es mit einer Kombination aus Cefuroxin und Metronidazol, zusätzlich bekommt sie vier Flaschen à 1000 ml Perfalgan am Tag, alles über Infusionen.

Dr. Blumor will mit mir sprechen. Er ist entsetzt, was nach der Entlassung aus ihrem Krankenhaus am 4. März 2009 mit Kim passiert ist. Tja, darüber sind wir auch entsetzt, aber man kann es nun mal nicht rückgängig machen. Er fragt mich, warum man nach der Tumorentfernung nicht gleich einen Shunt gelegt hat. Ich muss es mir verkneifen, laut loszulachen. Das fragt er mich? Das soll er lieber sich selbst oder seinen Chef fragen! Er erklärt mir, dass er Kim auf die Neurochirurgie nehmen würde, wenn es innerhalb der nächsten Stunden durch das Antibiotikum nicht besser werden sollte. Ich sage ihm, dass Kim auf keinen Fall auf die Station mit der bösen Schwester zurückkommt und erläutere gleich den Vorfall. Er ist erneut entsetzt und verspricht mir, dass sie dort nicht hinmuss. Er verabschiedet sich mit den Worten: „Es ist furchtbar, wie das alles bei Kim gekommen ist. Ich wünsche Ihnen viel Kraft für die Zukunft." Dann rät er mir von der künftigen Augenoperation ab, denn das sei, laut ihm, viel zu gefährlich, und man könne schließlich gut leben mit einer Mattfolie auf der Brille. Dann geht er zu Kim und stellt ihr dieselbe Frage: „Wieso hat man dir nicht gleich bei der Tumorresektion einen Shunt gelegt?"

Ich glaube, er hat verstanden, welches Schicksal sie dadurch erlitten hat. Aber der Arzt, der entschieden hat, keinen Shunt zu legen, wird seine Gründe gehabt haben. Das ist für uns durchaus nachvollziehbar. Es lag in seinem Ermessen, und er wollte ihr das vielleicht ersparen.

Es hatte ja keiner wissen können, inwieweit sich ihr Körper erholen würde. Wir sind immer noch sehr dankbar, dass er Kim gerettet hat, sie am Leben ist.

Kim ist es immer noch schlecht, die Schwester will ihr Vomex geben. Sie erklärt wieder einmal, dass sie darauf allergisch sei, dabei steht das ganz dick in ihrer Akte. Wir schlagen vor, dass man ihr Kefatril geben soll, denn das hat sie in letzter Zeit gut vertragen. Die Schwester wirkt beleidigt.

Am nächsten Morgen war ganz früh Visite. Man tastete meinen Bauch ab. Kaum waren die Ärzte draußen, ging es los: Ich übergab mich mehrmals. Da das auch ein Zeichen für Probleme mit dem *Shunt* war, kam natürlich bald ein Neurochirurge. Ich kannte ihn noch von der Tumor-OP: Es war derjenige, der den Tumor als ‚Wurzel' bezeichnet hatte. Sein Name war griechisch und viel zu lang, keiner wusste, wie er richtig hieß, also wurde er zu Doktor K oder Dr. Blumor. Ich erklärte ihm, was nach meiner Entlassung alles geschehen war, und er fragte mich tatsächlich: „Warum haben wir dir eigentlich keinen *Shunt* gelegt?" Ich war absolut baff. „Das ist eine gute Frage, das frage ich mich auch oft. Dann wäre mir viel erspart geblieben." Er war ernsthaft bestürzt über die Fehlentscheidung seines Chefs, aber es war nun mal geschehen. Da ich weiterhin brach, wollte er mit der Spritze Hirnwasser aus dem *Shunt* entnehmen. Das kann, glaub ich, kaum einer nachvollziehen, wie weh das tut. Man spürt einfach, wie sich die Spritze in den Kopf bohrt und das Hirnwasser rausgesaugt wird. Ich rief: „Ich will das nicht!

Das tut weh!" Doktor K redete auf mich ein: „Kim. Wir müssen das aber tun, wir haben gar keine andere Wahl." Er piekste an meinem Kopf herum, stieß fester zu und irgendwann fragte ich: „Hat es geklappt?" „Äh, nein. Wir machen es wohl morgen." Dann wollte er einfach aufgeben und gehen, doch das sah ich nicht ein. „Nein. Sie machen das jetzt, jetzt haben wir schon damit angefangen. Sie müssen weiter oben pieksen, da hinten ist doch das Ventil!" Und noch einmal höllische Schmerzen, aber es klappte endlich. Dann ging er mit meinem Hirnwasser davon. Später kam er wieder, um mich mitzunehmen ins CT. „Also wir haben lange überlegt wegen einer Bildgebung. Die Strahlenbelastung ist ja doch sehr hoch!" Haha, das ist jetzt wirklich witzig. Strahlenbelastung, gleich zerreißt es mich. Noch KEINEN MENSCHEN hat das bisher interessiert! Ich hatte mittlerweile sogar zwei Röntgenausweise mit CTs und Röntgenbildern, da einer schon voll war. Das alles innerhalb eines Jahres – und jetzt, beim dreißigsten Bild oder so, kam er mit der Strahlenbelastung. Tzz, da fiel mir nichts mehr ein. Schließlich war es jetzt wirklich wichtig! Nach der CT-Aufnahme bekam Doktor K die Panik: „Auf was steht dein Ventil?" „Auf 120. Also das Ventil auf 100 und der Assistent auf 20. Die haben das in einen Ausweis geschrieben, mir wurden doch die zwei Ausweise geklaut!" Er lief panisch davon und wollte am liebsten sofort mein Ventil verstellen, da es auf dem Bild nur 90 anzeigte. Ein Glück, dass er bei den Neurochirurgen anrief, die mich operiert hatten und die mich noch so gut in Erinnerung hatten. Dort wurde ihm erneut erklärt, dass ich ein zweites Ventil hatte und somit alles stimmte. Abweichungen von 10 ml waren normal, also stimmte 90-100 für das erste Ventil. Echt. Hätte der fast noch das Ventil verstellt! So ein Drama – immer wegen meinem Kopf. Dann kam er noch einmal wieder und redete auf mich ein, weil er von Mama erfahren hatte, dass noch mindestens eine Augenoperation wegen den Doppelbildern folgen würde. Das sei gefährlich und würde mehr schaden als helfen! Ich konnte es nicht fassen. Er war Neurochirurge! Was hatte er denn für eine Ahnung? Außerdem war es eben nicht einfach, mit einem abgeklebten Brillenglas zu leben! Was wusste er schon? Und dass man blind werden konnte, glaubte ich ihm auch nicht. Selbst wenn, war das ein Risiko, das ich bereit war einzugehen ...

Meine Familie und auch Tante und Onkel kamen zu Besuch, um mich abzulenken. Zu allem Elend war ich auf einer Chirurgie, wo man es nicht gewohnt war, wenn jemand brach. Sie wussten nicht, was sie mit mir machen sollten. Man merkte den Schwestern an, wie genervt sie bereits waren. Ich wimmerte: „Ich kann nicht aufstehen!" „Doch, du gehst jetzt mit, wenn du auf die Toilette willst." „Wir sollten zu dritt sein, ich kippe sonst um!" „Nein, das wirst du nicht!" Wir standen auf, keine zwei Schritte später wurde es mir schwarz vor Augen. Die Schwester ließ mich aufs Bett fallen, holte Schmerzmittel, hängte es mir an und schnauzte nur: „Wenn das durch ist, gehen wir wieder." Ich nahm meinen ganzen Mut zusammen und fragte: „Warum sind Sie eigentlich so böse und gemein zu mir?" „Ich bin nicht gemein, ich bin nur streng. Mein Job erfordert eine gewisse Strenge." Ich hatte Angst, aber musste auch aufs Klo, und irgendwann klingelte ich doch und bat die Schwester, die hereinkam, mir einen Rollstuhl zu geben. Damit klappte es sogar ganz gut. Ich schrieb Annabelle eine SMS, wie sehr ich litt und dass ich heimwollte. Sie antwortete, ich solle durchhalten. Dann kam mir noch eine dumme Idee: „Ich glaub', die haben meinen Blinddarm jetzt auch im Kim-Lager." Sie antwortete nur: „Du spinnst doch."

Nachts taumelte ich allein aufs Klo, weil die strenge Schwester Nachtdienst hatte. Aber in der Kabine wurde es mir schwarz vor Augen, weshalb ich mich auf den kalten Boden legen musste. Dort lag ich bestimmt zehn Minuten, weil ich mich nicht traute zu klingeln. Ich fror langsam am kalten Fliesenboden fest und mein Bauch tat weh. Am nächsten Tag erzählte ich es meiner Mama, sie drehte fast durch: „Kim! Spinnst du? Du musst doch klingeln! Die müssen dir helfen! Was meinst du, passiert, wenn du ohnmächtig wirst? Da kann so viel kaputtgehen! Das machst du nicht noch einmal! Damit ist uns auch nicht geholfen, wenn du auf dem Klo elendig stirbst, nur weil du aus Angst nicht klingelst!"

Tagebucheintrag von Kims Mutter

Jeden Tag gehe ich ungern, aber mit erhobenem Kopf in die Klinik. Am liebsten würde ich im Gang mal einen Schrei loslassen. Was maßen sich einige der Krankenschwestern eigentlich an? Sind sie Gott, dass sie so über andere Menschen richten können? Ich kann nachvollziehen, wenn sie vielleicht ihren Job nicht gerne machen, sie sich unterbezahlt fühlen oder sie überfordert sind –

aber so ein Verhalten ist untragbar. Vor allem gegenüber Menschen, die wahrlich schon genug erlitten haben und noch genug werden erleiden müssen. Das ist eine riesige Frechheit. Immer wieder muss ich mir vor Augen halten, dass es auch andere Ärzte gibt und wir dafür dankbar sind. Dankbar, dass es Ärzte gibt, die solche ‚Monster von Tumoren' aus einem Hirn entfernen können oder die richtige Intuition haben und eines anderen Leben retten. Zum Glück haben wir in den vergangenen zehn Monaten auch Schwestern und Pfleger mit ‚dem Herz am rechten Fleck' kennengelernt. Ich danke all jenen sehr. Meine Erfahrung ist jedoch, dass man dankbar für Hilfe sein muss und nicht auch noch Freundlichkeit erwarten darf.

Ich musste auch wieder die bescheuerten Antithrombosestrümpfe anziehen – ich hatte sie schon fast vermisst. Nicht. Also fragte ich die Schwester: „Wann muss ich keine mehr anziehen? Ich lauf' doch!" „Erst wenn man mehr oder weniger auf vier Stunden kommt, kann man die weglassen." Ich musste so lachen, als ich das Elm erzählte: „Wer bitte läuft vier Stunden oder mehr durchs Krankenhaus? Ja, mir ist langweilig, jogg' ich mal durch die Flure, oder was! Wie lächerlich ist das denn?" Er meinte dazu nur: „Ich glaub', ich lauf nicht einmal daheim mehr als vier Stunden …"
Wie ich es mir schon gedacht hatte, brauchte ich des Öfteren einen neuen Zugang, aber die Ärztin kam mit meinen dünnen Venen nicht zurecht, weshalb die Oberschwester kommen musste. Sie wollte in den Handrücken stechen, dabei kann ich das doch gar nicht

ab und heulte los „Nein! Überall, aber nicht da! Ich will das nicht!" Sie hielt weiterhin meine Hand fest und erklärte: „Es geht hier nicht darum, was Sie wollen. Wir brauchen einen Zugang, also legen wir einen Zugang." Gesagt, getan, so stach sie mir in den Handrücken, was doch so weh tat. Wir hatten alle Unverträglichkeiten bei den Schwestern angegeben und trotzdem musste ich extrem aufpassen. Als ich brach, hörte ich schon, wie die Schwester draußen rief: „Zieh mal *Vomex* auf." Also plärrte ich: „Halt, nein! Ich vertrag das nicht!" Also fragte sie genervt: „Was dann?" „*Kefatril?*" „Gut, wenn Sie das so genau wissen." Das war doch echt die Höhe, ich wusste es ja auch nur, weil es wichtig war! Hätten wir nicht ein Auge darauf, wäre ich schon tot. Das Hirnwasser wies Bakterien auf, die anscheinend durch den *Shunt* vom Bauch her aufgestiegen waren. Das hieß, dass ich wieder Antibiotika bekommen musste. Wegen meiner *Penicillin*-Allergie mussten erst wieder zwei andere gefunden werden. Am Ende hatte man welche und wollte am Tag darauf auch weg von den Infusionen.

Tagebucheintrag von Kims Mutter

Als ich zu Kim komme, bekommt sie keine Infusionen mehr. Man möchte ihr das Antibiotikum als Tablette geben, das sei besser. Es geht ihr jedoch schlecht. Ich versuche, mit einer Schwester zu klären, wer das angeordnet hat. Sie antwortet ausweichend und sehr pampig, dass das egal sei und schon seine Richtigkeit habe. Ich erkläre ihr ganz ruhig, dass Kim mit Sicherheit aus die-

sem Grund wieder erbrechen wird. Sie lässt mich einfach stehen.

Um 17.00 Uhr bringt uns eine Schwester, die wir sehr schlecht verstehen, weil sie kaum Deutsch spricht, zwei Antibiotikatabletten. Kim jammert, dass sie die nicht schlucken könne. Die Antwort lautet: „Du musst aber." Mit viel Tee schluckt sie sie doch, keine drei Minuten später kommen sie samt Mageninhalt wieder. Die zwei Brechschalen sind voll. Ich drücke auf die Klingel und es dauert ewig, bis jemand kommt. Eine Schülerin. Die sieht die gefüllten Brechschalen und kippt fast um. Sie läuft dann raus und schickt eine Schwester, welche mir endlich die Brechschalen abnimmt. Ich sage ihr, dass ich doch zuvor erklärt hatte, dass Kim die Tabletten erbrechen würde. Keine Reaktion, Tür zu. Nach fünf Minuten kommt die schwer verständliche Schwester wieder und bringt erneut die zwei Tabletten. Hilfe! Ich habe das Gefühl, ich bin im Zirkus. Ich frage mich ernsthaft, was das soll. Sie hatte doch gesehen, was passiert! Zu allem Elend fährt sie mich in einem barschen Ton an, dass wir das ja allein regeln könnten, wenn wir doch alles besser wüssten. Bitte!

Ich bleibe die Ruhe in Person und erkläre, dass der Neurochirurg angeordnet hatte, dass Kim Infusionen bekommen sollte. Aber nein, die Schwester weiß es besser, rennt raus und holt sich zur Verstärkung eine zweite Schwester. Zu zweit keifen sie herum, dass Kim, wenn sie zu Hause wäre, auch keine Infusionen bekommen würde und sie die Tabletten jetzt nehmen solle. Ich bitte darum, die Tabletten wenigstens zu zermörsern. Sie gehen tatsächlich auf meinen Vorschlag ein. Kim löffelt das Pulver.

Nachdem ich gegangen bin, bricht Kim sowohl das Bett, den Zimmerboden als auch den Flur voll. Danach wird endlich einmal der Arzt angepiepst. Zu Hause informiere ich mich im Internet über das Antibiotikum und muss zu meinem Entsetzen feststellen, dass diese Kombination eine Kreuzallergie bei Menschen mit Penicillinallergie hervorrufen kann. Außerdem darf das zweite Mittel nicht zermörsert werden, weil es dann einen Bitterstoff bildet. Ich rufe sofort auf Kims Station an und erkläre dies der Schwester, die darüber nicht sehr erfreut ist, aber sie will es weitergeben.

In der Nacht zuvor hatte zu allem Elend die Schwester aus dem Tagdienst Nachtschicht, die bereits sehr unfreundlich zu Kim war. Aus Furcht schleppte sich Kim nachts allein über den Flur zur Toilette. Dort wurde ihr schwindlig und sie lag eine Ewigkeit allein auf dem kalten Boden im WC, weil sie sich nicht traute, nach dieser Schwester zu klingeln. Wieder frage ich mich: Wo ist die Bildzeitung, wenn man sie braucht?

Ich musste riesige Trümmer von Tabletten schlucken, die ich sofort wieder erbrach. Wir hatten die Schwestern extra vorgewarnt gehabt, aber sie wollten es unbedingt versuchen. Also klingelte meine Mama nach der Schwester, welche die Sauerei wegputzte und uns zwei neue Tabletten brachte – die ich wieder erbrach. Wie dumm, wirklich! Was glaubte sie denn, was passieren würde? Dann war sie schon entnervt. Wie wenn ich das mit Absicht machen würde! Es war auch für mich fürchterlich, und außerdem waren die Schwestern nur patzig und keine große Hilfe ... ach, ich wollte heim!

Die Mama fragte nach: „Können wir die Tabletten vielleicht mörsern?" Also bekam ich Tablettenpulver, was
sogar drin blieb. Mama ging und Elm kam. Ich plauderte mit ihm und war froh über die Ablenkung. Dann
ging es wieder los, ich merkte, wie mir schlecht wurde
und ganz viel Spucke in meinem Mund schwamm. „Du,
ich geh mal kurz aufs Klo." Aufstehen konnte ich mittlerweile langsam und vorsichtig. Auf dem Flur kam mir
eine Schwester entgegen und ich rief: „Mir ist schlecht,
schnell, eine Schüssel! Schnell, bitte …" Sie rannte los,
doch es war zu spät. Ich brach drei Mal mitten auf den
Flur und sank auf einem Stuhl, der zufällig an der Wand
stand, zusammen. „Hier, die Schüssel, ohh weh. Geht
es?" Ich brach noch einmal in die Schüssel und dann
ging es einigermaßen. Sie half mir aufs Klo und zurück
ins Zimmer. Ich putzte meine Zähne und erklärte Elm,
dass ich gerade den Flur vollgebrochen hatte. Kaum
war ich fertig, wurde mir schon wieder schlecht: „Mir
ist schlecht … ohh weh." „Soll ich raus?" „Ja, bitte."
Und wieder übergab ich mich. Das ganze Abendessen
verabschiedete sich, danach war es nur noch orange.
Wie ich es hasste, ich hatte es doch gerade geschafft
gehabt. Die Schwester kam, nachdem ich geklingelt
hatte, nahm die vollen Schalen mit und ich rief nach
Elm. Er kam wieder rein und ich wimmerte: „Es tut mir
so leid, aber mir ist schlecht …" Er schien es zu verstehen und fragte: „Soll ich besser heimgehen?" „Ja, bitte. Es tut mir leid." „Hey, du kannst doch nichts dafür."
Dann war ich wieder allein. Zum Glück war niemand
mit mir im Zimmer, die Frau, die da eigentlich hätte liegen sollen, lag auf der Intensivstation. Ich rief Mama
an und erzählte ihr, was passiert war. Eine Stunde spä-

ter kam eine Schwester rein: „Das war kein *Penicillin*. Ihre Mutter hat unrecht." Ich verstand gar nichts. Dann rief Mama auf dem Handy an: „Hör zu, ich wollte ihnen am Telefon erklären, wieso du brichst, aber sie wissen es ja besser. Also, das eine Antibiotikum wird oft nicht vertragen, wenn jemand *Penicillin*-Allergie hat. Das nennt man Kreuzallergie. Das andere darf nicht zermörsert werden, weil es dann einen Bitterstoff bildet, den man erbricht. Sie sollen dir Infusionen geben. Ich habe alles ausgedruckt."

Ich wollte nur noch nach Hause, ich konnte einfach nicht mehr. Was für ein Drama. Wegen dem Theater musste ich eine ganze Woche dableiben. Zum Glück kamen Liz, Annabelle, Elm, Catherina, Amelie und viele andere. Anders wär ich bestimmt vereinsamt. Naja, ich Tollpatsch schaffte es, mir mehrmals den Haltegriff vom Bett an den Kopf zu hauen, und einmal hätte ich mir fast den Knöchel an der Bettkante gebrochen. Ach, ich sollte wirklich nicht im Krankenhaus sein, vor allem war jetzt alles wieder zunichte gemacht worden. Gerade hatte ich mir ein bisschen Kondition antrainiert, nun musste ich wieder vier Wochen auf Sport verzichten ... Durch das Liegen fühlte ich mich schon ganz schwach, schwankte wieder mehr beim Laufen und auch die Hand zitterte wieder. Das gab es doch nicht! Hatte das jetzt sein müssen? Dann das Krankenhausessen: Ich musste wieder der Versuchung widerstehen, den Kartoffelbrei an die Wand zu klatschen. Es hätte bestimmt ein lustiges Geräusch gemacht.

Tagebucheintrag von Kims Mutter

Ich komme ins Krankenhaus und man hat Kim in ein anderes Zimmer verlegt. Und was sehe ich? Eine Infusion! Der Arzt hatte am Abend zuvor dann doch entschieden, dass Kim nur Infusionen bekommen sollte. Kim freut sich, denn angeblich soll sie schon am nächsten Tag nach Hause entlassen werden. Naja, die haben wahrscheinlich genauso die Schnauze voll wie wir.

Am vorletzten Tag wurde ich auch noch verlegt, total unnötig, aber ich hielt meinen Mund. Ich kam zu einer Frau, die 96 und schwerhörig war, aber ansonsten ganz fit. Nachts konnte ich jetzt nicht mehr schlafen, weil sie so schnarchte, aber es war ja nur noch eine Nacht. Dafür war die Frau echt lustig und freundlich zu mir. Der Anästhesist sagte zu ihr: „Ja, also wenn ich Ihnen etwas vorschlagen dürfte ..." Da antwortete sie einfach: „Ja, dann schlagen Sie mir mal etwas vor, ich kenne mich gar nicht so gut aus. Wenn Sie es für gut halten, mache ich mit." Mir erzählte sie, dass sie nur so fit wäre, weil die Männer früher nie etwas gemacht hätten und sie bis 70 Spargel hätte stechen müssen. „Ich mag meinen Garten und mein Haus. Wehe, ich wache nicht mehr auf. Hören Sie, ich war 51 Jahre mit demselben Mann verheiratet. Das hat man heute auch nicht mehr so." Zur Schwester sagte sie am Abend: „Hören Sie, Sie haben da etwas in meinem Arm vergessen! Nehmen Sie das mit!" „Nein, das ist Ihr Zugang, den brauchen Sie!" Das Personal musste immer mit ihr schreien, weil sie es sonst nicht hörte, was umso witziger war. Obwohl ich mich gut mir ihr verstand, war ich heilfroh, als mich meine Mama am nächsten Tag abholte.

Tagebucheintrag von Kims Mutter

Ich kaufe ein kleines Geschenk im Teeladen und fahre um 9.00 Uhr ins Krankenhaus. Ich stelle es Kim frei, das Geschenk den Schwestern zum Abschied zu geben oder es mit nach Hause zu nehmen und selbst zu essen, denn ich werde mich nicht verabschieden. Kim gibt das Geschenk Schwester Sarina, welche noch die Netteste war. Da man ihr schon in aller Frühe den Entlassungsbericht gegeben hat, können wir sofort gehen. Endlich, denn mein Bedarf ist vollends gedeckt. Im Auto lese ich den Entlassungsbrief – und zum Schluss gibt es wieder einen lauten Lacher, denn die empfohlene Medikamentengabe für den Hausarzt zur Weiterbehandlung sind ausnahmslos alle Medikamente, auf die Kim hochgradig allergisch reagiert. Hatte ich etwas anderes erwartet? Ich bin nur froh, dass der Spuk erst einmal wieder vorbei ist und hoffe von ganzem Herzen, dass wir jetzt Zeit bekommen zum Durchatmen und zum Krafttanken für den nächsten Krankenhausaufenthaltskampf.

Zu allem Elend hatte sich meine Zunge wieder entzündet wegen dem Antibiotikum, aber die Ärzte meinten, dass es wieder weggehen würde. Wir wollten nicht mehr diskutieren und verabschiedeten uns einfach mit einer Kleinigkeit von den Schwestern. Also, ich brachte es der Schwester, die ich mochte, denn Mama wollte sich nicht mehr verabschieden. Daheim musste ich sofort zum Hausarzt und bekam natürlich etwas für den Mund verschrieben (weil es eben doch keine Lappalie war). Wir mussten auch mit ihm ausmachen, wie das mit dem Fädenziehen sein würde, und er würde auch mehrmals mein Blut kontrollieren müssen, ob die Bakterien abgestorben waren. Das war auch so etwas! Mir hatte man gesagt, dass sich die Fäden auflösen würden. Tzz, reingelegt. Natürlich nicht, die mussten gezogen werden. Catherina hatte so eine kleine Blinddarmnarbe – und meine war echt groß, es waren sogar ein großer Strich und noch mal ein kleinerer. Die Ärzte hatten vorsorglich ‚ein bisschen' mehr aufgeschnitten, weil sie sehen wollten, wo der Katheter lag und sie ihn ja nicht aus Versehen beschädigen wollten. Na toll.

Wenigstens war ich jetzt wieder daheim, auch wenn ich zum dritten Mal damit anfangen musste, Kondition aufzubauen und richtig laufen zu lernen. Wie Sie sehen blieb ich weiterhin ein ‚schwieriger Kasus' und nichts verlief normal, nicht einmal eine Blinddarm-OP. Was erst einmal bleibt, sind die Doppelbilder, die tägliche Übelkeit, die Verlangsamung beim Schreiben ... Die nächsten Ziele nehmen wir jedoch bereits in Angriff: das mündliche Abitur, die Augen-Operationen. Und ich hab zwar eine neue Krankenkarte, aber ich brauche immer noch einen neuen Personalausweis.

Aber wir werden nicht aufgeben, gemeinsam werden wir das schaffen. Irgendwie.

Epilog

So gerne möchte ich aufwachen, aber leider ist es nicht nur ein böser Traum. Es ist mein Leben und ich muss es akzeptieren, so ungewiss und furchtbar es manchmal auch sein mag. Wenn ich Ihnen einen Ratschlag geben kann, dann der: Man muss das Beste aus seinem Schicksal machen und dem Leid zum Trotz glücklich sein.

Ob ich glücklich bin? Ob es mir gut geht? Ja, ich denke schon, denn im Moment muss ich keine Medikamente nehmen und liege nicht im Krankenhaus. Mir geht es gut genug, um für die meiste Zeit zu vergessen, dass ich die Person bin, von der dieses Buch handelt, und dass sich diese Geschichte keiner ausgedacht hat.

Ich habe jetzt nur Narben am Kopf, am Rücken und am Bauch, aber das war bestimmt noch nicht das Ende. Ich sehe doppelt. Der *Shunt* wird nicht ewig halten. Der Tumor kann wieder wachsen. Es ist nicht wieder alles gut, aber ich kämpfe, denn ich habe Träume: Ich möchte studieren, reisen, Auto fahren, arbeiten gehen, Sprachen lernen, mich verlieben, hübsch gefunden werden ... und deshalb werde ich nicht aufhören. Erst recht nicht, weil so viele hinter mir stehen, die mich lieben und die ich liebe. Sie hätten es nicht verdient, dass ich kampflos aufgebe. Ja, ich bin anders, aber anders zu sein, bedeutet nichts Negatives. Anders sein ist nicht schlecht, das habe ich in der ganzen Zeit gelernt. Anders ist interessant.

Aus Liebe weiterzumachen, erscheint mir ein guter Grund. Danke, dass ich nie allein sein musste. Kim

PS: Meine Bitte an Euch ist, dass Ihr aufwachen sollt. Ihr habt es gut, seid dankbar und lasst die nicht im Stich, denen es schlecht geht. Wenn sie Eure Zuwendung nicht wollen, können sie das sagen, aber enthaltet sie ihnen nicht vor. Danke, Ihr werdet das schon gut machen, keine Angst.

Danksagung von Kim

Puh, ich habe mein Buch fertig. Dies verdanke ich vor allem meiner wunderbaren Familie, die mich nie hat hängen lassen. Ich liebe euch mehr als mein Leben. Mama, Papa, Mirco und Muffin. Das klingt so banal, aber es ist einfach nicht selbstverständlich, so etwas mit auszuhalten!

Mama, ich weiß, dass das Buch für dich nicht einfach war, aber bitte hör mir zu: Du bist keine böse Mama, selbst wenn es manchmal so scheint, wie wenn ich nur genervt von dir wäre. Du bist so, wie du bist, so wie ich bin – und du warst schon immer mein größtes Vorbild. Wir haben das nur geschafft, weil es dich gibt und du nicht locker lässt, sonst gäbe es weder mich noch dieses Buch. Ich finde keine Worte dafür, wie dankbar ich bin, dass du meine Mama bist!

Ich danke wunderbaren Menschen wie meiner Ärztin Frau Haffke und Dr. Bani, dass sie intuitiv handeln und Leben retten. Auch meines. Ebenso danke ich allen anderen Ärzten und dem Pflegepersonal in den Krankenhäusern, die sich um mich gekümmert haben. Mein größter Dank und Respekt geht an das Hegau Jugendwerk in Gailingen. Die Therapeuten, Schwestern und Ärzte vollbringen wahre Wunder und haben mir mein Leben zurückgegeben. Ich bewundere ihre Arbeit. Besonders erwähnen möchte ich Herrn Rinninsland, der immer an mich geglaubt hat, die Kunst in mir wieder erweckte und der mein erster Leser war.

Meine liebe Oma Dürkheim, mit 87 hast du mir immer noch geschrieben und mich NIE allein gelassen. Selbst wenn ich nur so kritzelig antworten konnte. Solche Menschen, die alles geben in aufrichtiger Liebe, gibt es leider viel zu selten. Zum Glück habe ich dich an meiner Seite.

Laura und Markus, ihr seid verrückt und das Beste, was einem passieren kann. Ihr habt mir gezeigt, dass es okay ist, den Verstand verloren zu haben. Man kann es dennoch schaffen.

Lisa, Lisa, Flo – was soll ich sagen? Ohne meine besten Freunde wäre ich nicht, wer ich bin. Ihr seid es wert, dass man für euch durch solche Strapazen geht.

Ebenso danke ich der Maria-Ward Schule LD, sie hat meine Lehrer und uns Mädchen zu offenherzigen Mitmenschen gemacht und mich nie hängen lassen. Ich weiß, dass es nicht selbstverständlich ist, dass Lehrer einem schreiben und einen im Krankenhaus besuchen.

Und natürlich nicht zu vergessen: Danke an den Geest-Verlag, der mich immer unterstützt und von Anfang an ermutigt hat weiterzumachen.

Niemand soll sich übergangen fühlen, deshalb einen ganz dicken Kuss und DANKE an alle anderen, die mich und meine Familie bedingungslos unterstützt haben – vielleicht nicht namentlich erwähnt, aber doch unvergessen in meinem Herzen. Ich nenne euch Freunde, weil ihr es seid! Ihr habt mich gerettet.

Danksagung von Kims Mutter

Das ungute Gefühl des Ausgeliefertseins ist allgegenwärtig, das Verzweifeln, sich Ängstigen ... Ein Gefühl der Ohnmacht begleitet einen ununterbrochen. Allen, die uns auf diesem Weg begleitet haben, gilt ein riesengroßes DANKE – fürs Zuhören, Aushalten, Ertragen, Mut-Machen, Immer-Da-Sein. Zuerst und im Speziellen an alle Ärzte und Schwestern: Dankeschön. Ebenso an Familie Gartner, die diesen Weg immer noch mit uns geht. Und an Freddy, meinen weltbesten Fahrer und seine Frau Ute für bedingungslose Freundschaft. Schön, dass es euch gibt!
Besonderer Dank gilt meinem Mann und meinem Sohn. Danke, dass ihr ausgehalten habt! Ich liebe euch von ganzem Herzen. Wie Franz von Sales bereits sagte: Was wir brauchen, ist ein Becher Verstehen, hunderttausend Liter Liebe und ein Ozean Geduld.
... Danke Gott für meine Tochter.
... Kim, ich bin immer für dich da.
    Deine Mama

Dieses Buch entstand mit freundlicher Unterstützung:

Neurologisches Krankenhaus und Rehabilitationszentrum
für Kinder, Jugendliche und junge Erwachsene

| Kandel | 0 72 75 · 4400 | www.soko4400.de |

| Kandel | 0 72 75 · 55 00 | www.schoettinger.de |

I-dibbel Geschenke und Schreibwaren, Hermes-Paket-
shop, Hatzenbühl
Verbandsgemeinde Jockgrim
Salon Petra, Jockgrim
Face Kosmetikstudio Katrin Arnoldi-Hansen, Jockgrim
Praxisgemeinschaft für Ergotherapie Susanne von
Stackelberg-Sprich, Landau
Familie Gartner, Hatzenbühl
Ute und Freddy Jäger, Landau
Familie Mächerle, Hatzenbühl
Monika Pfalzgraf, Erlenbach
Familie Frank Scherer, Hatzenbühl
Familie Vongerichten, Rheinzabern
Wir danken herzlich!